Gabriele Mielke

Vermarktung des Spitzenhandballs

GABLER RESEARCH

Gabriele Mielke

Vermarktung des Spitzenhandballs

Eine ökonomische Analyse der Handball-Bundesliga Frauen

Mit einem Geleitwort von Prof. Dr. Marie-Luise Klein

GABLER

RESEARCH

Bibliografische Information der Deutschen Nationalbibliothek
Die Deutsche Nationalbibliothek verzeichnet diese Publikation in der Deutschen Nationalbibliografie; detaillierte bibliografische Daten sind im Internet über <http://dnb.d-nb.de> abrufbar.

Dissertation Ruhr-Universität Bochum, 2009

1. Auflage 2010

Lektorat: Ute Wrasmann | Jutta Hinrichsen

Gabler ist Teil der Fachverlagsgruppe Springer Science+Business Media.
www.gabler.de

Umschlaggestaltung: KünkelLopka Medienentwicklung, Heidelberg
Gedruckt auf säurefreiem und chlorfrei gebleichtem Papier

ISBN 978-3-8349-2242-7

Geleitwort

In der Sportökonomie ist der Ligasport seit Jahrzehnten eines der zentralen Forschungsgebiete. Während in den USA vor allem die vier großen Profisportarten American Football, Baseball, Basketball und Eishockey umfangreich untersucht wurden, konzentrierten sich in Europa, so auch in Deutschland, die Studien zumeist auf die ersten Fußballligen. Erst in jüngster Zeit finden in Deutschland weitere Teamsportarten, wie Handball, Basketball und Eishockey, das Interesse von Sportökonomen. Diese Sportarten sind im Vergleich zum Fußball als ressourcenschwach einzuordnen. Gerade sie müssen daher ihre Wettbewerbsfähigkeit durch besondere Managementanstrengungen sichern.

Dieses Problem der Ressourcensicherung angesichts einer überwältigenden Konkurrenz durch die weitaus bekannteren Männer-Teamsportligen gilt noch einmal verstärkt für den Frauenteamsport. Inwieweit es einer Frauenbundesliga gelingt, in diesem Umfeld Markterlöse zu erzielen und sich als Mitanbieter im Teamsportmarkt zu behaupten, untersucht Gabriele Mielke am Beispiel des Frauenhandballs. Sie realisiert damit zwei Ziele. Zum einen stellt sie auf der Basis einer differenzierten empirischen Bestandsaufnahme der Marktsituation der Frauenhandball-Bundesliga Wissen zur Verfügung, das als Grundlage strategischer Marketingentscheidungen auf Liga- und Klubebene dienen kann. Zum anderen trägt ihre Studie durch den gewählten komplexen markttheoretischen Ansatz und den besonderen Anwendungsfall Frauenhandball zum Erkenntnisfortschritt in der ökonomischen Teamsportforschung bei.

Neben der Anwendung eines innovativen regionalen Ligasport-Marktmodells und einer anspruchsvollen statistischen Überprüfung des Einfluss der Determinanten dieses Modells auf die Markterlöse der Frauenbundesliga-Vereine, liegt ein besonderer Verdienst der Arbeit von Gabriele Mielke darin, erstmals die wirtschaftliche Situation der beiden höchsten Ligen im Frauenhandball systematisch abgebildet und ihre Wettbewerbsfähigkeit im Teamsportmarkt analysiert zu haben. Damit konnten zugleich einige grundsätzliche Probleme der Vermarktung des Frauenteamsports gegenüber dem populäreren Männerteamsport aufgezeigt werden, aber auch die kreativen Lösungsversuche von Seiten der Vereine und des Ligaverbandes. Durch den Vergleich von Vereins- und Vermarktungsdaten der Frauen- und Herren-Bundesliga wurde die ökonomische Analyse zudem partiell auf den Handballsport insgesamt ausgeweitet. Es wird insgesamt eine Fülle an historischen und aktuellen Fakten über die Entwicklung, die aktuelle Organisation und die Steuerung der Frauen-Handball-Bundesliga sowie über regionale Standortkonstellationen dargelegt, die auf die Vermarktung der Frauenhandball-Vereine Einfluss nehmen. Aufbauend auf den Erkenntnissen ihrer empirischen Untersuchung identifiziert die Autorin dann bestehende Vermarktungspotentiale im Frauenhandball und entwickelt eigene Vorschläge, durch welche strategischen Maßnahmen diese erschlossen werden können.

Es ist dieser anwendungsorientierten Arbeit zu wünschen, dass sie bei den Verantwortlichen in der Praxis des Handballsports, insbesondere den Bundesliga-Vereinen, wie auch im Deutschen Handballbund und im Ligaverband der Frauen eine hohe Resonanz findet.

Prof. Dr. Marie-Luise Klein
Ruhr-Universität Bochum

Vorwort

Das Interesse an einer ökonomischen Betrachtung des Sports steht in Deutschland seit den 1980er Jahren im Fokus unterschiedlicher Forschungsarbeiten. Dabei stehen meist ökonomische Fragen und Probleme des hoch professionalisierten und kommerzialisierten Männerteamsports und hier des Fußballs im Mittelpunkt. Erst in jüngerer Zeit rücken auch Ligen außerhalb des Fußballs in das Blickfeld sportökonomischer Forschung. So etwa auch in dem vom Bundesinstitut für Sportwissenschaft geförderten Forschungsprojekt zur Vermarktung ressourcenschwacher Teamsportarten in Deutschland. Aus meiner Mitarbeit an diesem Projekt, in dem explizit der Männerteamsport untersucht wurde, entstand letztlich die Idee für die vorliegende Arbeit. Denn auch im Frauenteamsport existieren Spitzenligen, die bislang von der sportökonomischen Forschung nahezu ausgeblendet wurden. Es gibt faktisch in der europäischen Sportökonomik keine genaueren Untersuchungen zu Ligamärkten des Frauenteamsports. Diese erhebliche Lücke in der Literatur soll mit dieser Studie ganz bewusst in einer ökonomischen Marktperspektive, mit teilweise komparativen Vergleichen zu weiteren Frauenteamsportarten aber auch zum Männerhandball, angegangen werden. Dabei verharren die Ausführungen nicht auf einer abstrakten theoretischen Ebene, sondern beinhalten konkrete, praxisorientierte Handlungsimplikationen. Letztere sind prinzipiell auch für weitere Teamsportclubs aus anderen Sportarten nutzbar.

Die vorliegende Arbeit wäre ohne die tatkräftige Unterstützung vieler Personen nicht möglich gewesen. Daher möchte ich an dieser Stelle all jenen meinen Dank aussprechen, die maßgeblich zum Gelingen dieser Dissertation beigetragen haben.

So geht mein besonders herzlicher Dank an meine wissenschaftliche Betreuerin Prof. Dr. Marie Luise Klein, Leiterin des Arbeitsbereiches Sportmanagement und Sportsoziologie der Ruhr-Universität Bochum, die mich während dem gesamten Promotionsverfahren unterstützt und betreut hat. Dank gilt außerdem Prof. Dr. Christoph Breuer, Inhaber des Lehrstuhls für Sportmanagement an der Deutschen Sporthochschule Köln, der sich bereit erklärt hat, das Zweitgutachten zu übernehmen.

Ein besonderer Dank gilt auch Dr. Angela Deitersen-Wieber und Dr. Markus Kurscheidt, die mir stets mit ihrer Fachkompetenz, ihrem ausgesprochen analytischen Blick und ihrer Menschlichkeit zur Seite standen. Dank hat sich zudem Christel Lambertus-Laatz verdient, die sich bei den Korrekturarbeiten der Druckfassung der Arbeit engagiert hat.

Danken möchte ich außerdem den Marketingverantwortlichen aller Teams der 1. und 2. Handball-Bundesliga Frauen sowie den Verbandsvertretern, da ohne ihr Mitwirken die Arbeit nicht möglich gewesen wäre.

Schließlich hat zum Gelingen der Arbeit hauptsächlich ein außergewöhnliches privates Umfeld beigetragen. Meinen mich uneingeschränkt unterstützenden Eltern schulde ich weit mehr als ich hier anführen kann. Ihnen widme ich die vorliegende Arbeit. Auch meiner Schwester sei an dieser Stelle gedankt, die mir mit ihrer Familie stets einen Ort geboten hat, an dem die Belastung des Promotionsalltags gegenstandslos wurde.
Zu guter Letzt möchte ich einen Dank an meinen Freund aussprechen, der während der gesamten Zeit meine Launen ertragen musste und mir die nötige Kraft zur Fertigstellung dieses Promotionsprojektes gegeben hat.

Gabriele Mielke

Inhaltsverzeichnis

Abbildungsverzeichnis

Tabellenverzeichnis

Abkürzungsverzeichnis

ARD	Arbeitsgemeinschaft der öffentlichrechtlichen Rundfunkanstalten
ATSB	Arbeiter-Turn- und Sportbund
B	Regressionskoeffizient
B2B	Business to Business Marketing
B2C	Business to Consumer Marketing
BBL	Basketball Bundesliga
Beta	Beta-Koeffizient
BL	Bundesliga
BL FFB	Bundesliga Frauenfußball
DAH	Deutscher Arbeiterausschuss für Handball
DBS	Deutsche Sportbehörde für Athletik
DEL	Deutsche Eishockey Liga
DFB	Deutscher Fußball Bund
DFL	Deutsche Fußball-Liga
DHB	Deutsche Handballbund
DHfL	Deutsche Hochschule für Leibebungen
DJK	Deutsche Katholische Jugendkraft
DKB	Deutsche Kreditbank
DM	Deutsche Mark
$	US-Dollar
DOSB	Deutscher Olympischer Sportbund
DRA	Deutscher Reichsausschuss für Leibesübungen
DRL	Deutscher Reichsbund für Leibesübungen
DSB	Deutscher Sportbund
DSF	Deutsches Sport Fernsehen
DT	Deutsche Turnerschaft
Eds.	Editors (Herausgeber)
EHF	Europäische Handball Föderation
EM	Europameisterschaft
€	Euro
e.V.	Eingetragener Verein
GbR	Gesellschaft bürgerlichen Rechts
GmbH	Gesellschaft mit beschränkter Haftung
HBL	(Toyota) Handball-Bundesliga
HBVF	Handball-Bundesliga-Vereinigung-Frauen
HBVM	Handball-Bundesliga-Vereinigung-Männer
HMG	Handball Maketing Gesellschaft
Hrsg.	Herausgeber
http	Hypertext Transfer Protokoll
IAHF	Internationale Amateur Handball Föderation
IHF	Internationale Handball Föderation
KGaA	Kommanditgesellschaft auf Aktien
Max.	Maximum
Min.	Minimum
Mio.	Millionen
NETHC	Northeast Team Handball Conference
OLS	ordinary least squares method (einfache Kleinstquadratemethode)
o.V.	ohne Verfasser
T	T-Wert

Tsd.	Tausend
TV	Television (Fernsehen)
§	Paragraf
PATHF	Oceania Handball Federation sowie Pan-American Team Handball Federation
PR	Public Relations/Öffentlichkeitsarbeit
Rel.	Relation
Sign.	inferenzstatistischer Signifikanzwert
SWOT	Stärken-Schwächen- und Chancen-Risiken-Analyse
USA	United States of America (Vereinigte Staaten von Amerika)
USATH	USA Team Handball
VBAV	Verband Brandenburgischer Athletik-Vereine
WM	Weltmeisterschaft
WNBA	Women's National Basketball Association
WUSA	Women's United Soccer Association
www	World Wide Web
ZDF	Zweites Deutsches Fernsehen

1 Einleitung

1.1 Problemaufriss und Gegenstand der Untersuchung

Teamsportarten erfreuen sich in Deutschland einer hohen Beliebtheit als aktiv betriebener Sport wie auch für Zuschauer. Das hohe öffentliche Interesse und die zunehmende Professionalisierung und Kommerzialisierung des Mannschaftssports hat auch zu einer verstärkten (wirtschafts-)wissenschaftlichen Beschäftigung mit dem deutschen Teamsport und hier insbesondere dem Fußball geführt (vgl. etwa Hammann, Schmidt & Welling, 2004; Berens, 2003; Hübl, Peters & Swieter, 2002; Swieter, 2002; Erning, 2000). Allerdings wirft das Fußball-Fieber in Deutschland schon seit jeher einen Schatten auf die Entwicklung anderer Teamsportarten, weil sie nicht annähernd so stark in den Medien vertreten sind und wissenschaftlich analysiert werden. Diese Beobachtung trifft im Übrigen generell auf Europa und weite Teile der Welt zu (vgl. u.a. Desbordes & Chadwick, 2007; Zimbalist & Szymanski, 2005; Dobson & Goddard, 2001). Jene Asymmetrie zeigt sich noch einmal verstärkt im Nischenmarkt des Frauenteamsports; er bleibt von der wissenschaftlichen Teamsportdiskussion bislang weitgehend unbeachtet.

Dabei verzeichnet gerade der Frauenteamsport in den letzten Jahren einen beachtlichen Aufschwung. Er hat aufgrund von veränderten ökonomischen, sozialen, politischen und kulturellen Entwicklungen im Spitzensport in jüngster Zeit an Aktualität gewonnen. Der Sportsoziologe Digel prognostizierte speziell dem Frauenhandball bereits in den 1990er Jahren eine besondere Zukunftschance. Zu forcieren wären allerdings eine Aufwertung des Images und eine gezieltere Vermarktung des Frauenhandballs (vgl. Digel, 1993, S. 27ff.). Dem Handballsport der Männer wird ebenfalls seit Jahren ein noch ungenutztes Vermarktungspotential bescheinigt. „Handball hat das Potenzial, sich hinter Fußball als Mannschaftssportart Nummer zwei zu positionieren, wenn es Liga und Verband endlich gelingen würde, in Vermarktungsfragen enger zusammenzuarbeiten" (Klotz et al., 2005, S. 17).

Während sich die öffentliche und wissenschaftliche Diskussion zu wirtschaftlichen Fragen bisher auf die Topligen des Männerteamsports, insbesondere des Profifußballs beschränkt hat, wird in dieser Arbeit erstmals der Spitzenhandballsport der Frauen in Deutschland unter einer ökonomischen Perspektive untersucht. Die voranschreitende Professionalisierung und Kommerzialisierung stellt speziell die Frauen-Bundesligavereine immer stärker vor die Herausforderung, die vorhandenen Ressourcen effizient zu nutzen und ihre finanzielle Situation zu verbessern. Bislang waren die Vereine entsprechend der Philosophie von Amateur-Sportvereinen eher marktfern ausgerichtet. Aber in der Leistungsspitze des Frauenhandballs machen es der erhöhte Kostendruck, die verschärfte sportartinterne sowie -externe Konkurrenzsituation und eine forcierte Erfolgsorientierung unerlässlich, die sich bietenden Vermarktungspotentiale in diesem Nischenmarkt optimal auszuschöpfen. Denn auf den Teamsportmärkten sehen sich die Frauenteams einer sehr starken, historisch gewachsenen und durch kommerzielle Interessen vorangetriebenen Konkurrenz durch Männerteams gegenüber. Die Vereine sind schon deshalb zur Erschließung ökonomischer Potentiale gezwungen, um ihre Existenz und sportliche Mindestanforderung (die Wettbewerbsfähigkeit in der Bundesliga) zu sichern. Mittel- und langfristiger sportlicher Erfolg ist schließlich nur mit soliden Vereinsfinanzen zu erzielen. Für die Bundesligavereine ist die Beschaffung und Bereitstellung der notwendigen Ressourcen zur Aufrechterhaltung eines sportlich nachhaltigen Spielbetriebs mithin ein zentrales ökonomisches Problem. Dabei besteht die Kernherausforderung zunächst in der – auch perspektivischen – Absicherung der wirtschaftlichen Stabilität. Denn die Bundesligaclubs müssen in der Lage sein, sich langfristig durch am Markt generierte Einnahmen zu finanzieren. Dies erfordert wiederum ein Vereinsmanagement, das professionell und nach ökonomischen Gesichtspunkten agiert, um die Clubs nach Maßgabe der finanziellen Möglichkeiten ziel- und zukunftsorientiert zuverlässig zu führen.

Vor diesem Hintergrund kann die Sportökonomie dem Frauenhandball wertvolle Erkenntnisse und Handlungshinweise dahingehend liefern, welche Strategien verfolgt werden können, um mehr Zuschauer-, Sponsoren- und Medienaufmerksamkeit zu gewinnen. In zunehmendem Maße wird der wirtschaftliche Markterfolg also zum Steuerungsmechanismus für Entwicklungspotentiale im Spitzensport, auch im Frauenhandball. Eine fundierte (sozio-)ökonomische Betrachtung des Frauenhandballs, hier insbesondere der beiden Bundesligen und ihrer Vereine, kann als Grundlage strategischer Entscheidungen Wettbewerbsvorteile in finanzieller und in der Folge auch in sportlicher Hinsicht verschaffen. Denn eine gezielte Bearbeitung relevanter Ligasportmärkte eröffnet der Sportart und ihren Vereinen zusätzliche Entwicklungsperspektiven. Im Zuge der Professionalisierungstendenzen der Sportart, wie der Gründung einer eigenen Frauenhandball-Ligagesellschaft – Handball-Bundesliga-Vereinigung-Frauen (fortan HBVF) – und der Umwandlung einiger Handballvereine zu Kapitalgesellschaften, aber auch kontinuierlich steigender Zuschauerzahlen und einer hohen Zahl an ausländischen Spielerinnen, wird sich für die Bundesligavereine die Wettbewerbsintensität ohnehin nicht mehr abmildern. Eher ist zu erwarten, dass der Positionierungsdruck auf den Frauenhandball weiter zunimmt und immer durchdachtere marktstrategische Konzepte erfordert. Damit wächst auch die bereits aktuell gegebene Notwendigkeit, ökonomische Zusammenhänge im Frauenteamsport wissenschaftlich zu analysieren.

1.2 Ziel der Arbeit, Forschungsfragen und Untersuchungsansatz

An dieser Problem- und Zielstellung setzt mithin die vorliegende Untersuchung an. Dabei wird die Grundthese vertreten, dass auch Frauenhandball – welcher realistischer Weise keine Aussicht auf einen Spitzenplatz im Zuschauer-, Sponsoren- und Medieninteresse hat – seine sportliche und wirtschaftliche Situation durch ein effizientes Management sowie eine strategische Entwicklung und

Vermarktung seines Produkts „Handball-Bundesliga Frauen“ (fortan Handball BL Frauen) verbessern oder zumindest vorhandene Ressourcen sichern kann.

In der hier angestrebten ökonomischen Analyse des Frauenhandballs in Deutschland ist daher zunächst geboten, die aktuelle Vermarktungssituation der Bundesligaclubs differenziert zu untersuchen. Denn – wie generell im Leistungssport – muss auch der Spitzenhandball der Frauen gezielt für die Vermarktung gegenüber interessierten Abnehmern wie Zuschauer, Sponsoren und lokale Medien produziert werden. Anhand dieser theoretisch fundierten Bestandsaufnahme werden dann strategisch erfolgversprechende Vermarktungsaktivitäten identifiziert, um abschließend konkrete Handlungsempfehlungen für das Marketing-Management von Verband und Vereinen der Handball BL Frauen geben zu können.

In diesem Kontext stellen sich relevante Forschungsfragen, deren Beantwortung sowohl für die Handlungspraxis der Vereine der Handball BL Frauen als auch für die sportökonomische (Grundlagen-)Forschung – insbesondere die Sportmanagement- und -marketingforschung – aufschlussreiche Erkenntnisse versprechen. Solche zentralen Fragen sind:

(1) Welche historischen, institutionellen und sozioökonomischen Rahmenbedingungen wirken auf die Entwicklung und Vermarktung des Frauenhandballs ein?

(2) Welche Vermarktungserlöse erzielen die Clubs der Handball-Bundesliga Frauen derzeit und von welchen Determinanten wird deren Höhe hauptsächlich beeinflusst?

(3) Welche Entwicklungs- und Vermarktungsoptionen eröffnen sich dem Spitzenhandball der Frauen in Deutschland unter den vorerst gegebenen Rahmenbedingungen?

(4) Wie kann sich Frauenhandball künftig im Teamsportmarkt besser positionieren?

Die genannten empirischen und vermarktungsstrategischen Fragestellungen ergeben sich aus dem der Arbeit zugrunde liegenden theoretischen Ligasport-Marktmodell (vgl. Kurscheidt, Klein & Mielke, 2009). Das für den Männerteamsport entwickelte Modell soll dabei auf den Nischenmarkt Frauenhandball übertragen und zu diesem Zweck teils modifiziert werden. In seiner Grundstruktur bildet es Rahmenbedingungen der Vermarktung ab, die auf die Gestaltung des „Produkts“ Handball-Bundesligaspiele sowie die Vermarktungsergebnisse einwirken. Dieser analytische Zugang ermöglicht das Verhältnis der Ressourcenausstattung (resource based view) auf der Inputseite (vgl. dazu Barney, 2003; Grant 1991) und externer marktlicher Verwertungserfordernisse und -möglichkeiten (market based view) auf der Outputseite (vgl. Porter 2000 & 1999) des Marktmodells für den Spitzenhandball der Frauen zu erfassen und zu bewerten.

Prinzipiell ist die Studie im sozioökonomischen Sinn[1] multiperspektivisch angelegt. Der methodologische Fokus liegt gleichwohl auf einer Marktanalyse des Frauenhandballs mit Schwerpunkt auf empirischen Fragen des strategischen Marketing-Managements. Das Ziel einer solchen auf den Ligasport angewandten Marktanalyse ist es, vor dem Hintergrund der Stärken und Schwächen in der eigenen Ressourcenausstattung, die Chancen und Risiken auf dem Markt zu bewerten und daraus Implikationen für das Clubmanagement abzuleiten. Die Arbeit erschließt demnach – in teilweise vergleichender Perspektive mit dem Männerhandball und anderen Frauenteamsportarten – Erkenntnisse über die Marktposition des Frauenhandballs in Deutschland.

Der Erkenntnisgewinn der Studie liegt für die Vereine, den Ligaverband und den DHB also darin, erstmals die aktuelle sportliche wie wirtschaftliche Situation der beiden höchsten Ligen im Frauenhandball systematisch empirisch abzubilden. Damit wird den Handballvereinen und dem Verband managementrelevantes Wissen zur Verfügung gestellt, um den Frauenhandball im Spitzenbereich strategisch weiterzuentwickeln. In der Grundtendenz können dadurch mitunter Chancen einer wirtschaftlichen Annäherung des Frauenteamsports an den hoch professionalisierten Teamsport der Männer aufgezeigt werden.

Im Einzelnen sollen die ökonomischen Probleme der Vereine derart analysiert werden, dass strategische Ansatzpunkte für eine bessere Positionierung des Frauenhandballs im Teamsportmarkt erschlossen werden. Dies sollte im besten Falle dazu beitragen, die Professionalität des Managementhandelns im Hinblick auf die Effizienz der Produktions- und Absatzprozesse des Ligaprodukts Frauenhandball voranzutreiben. Denn mit strategisch ausgerichteten Maßnahmen können die Bundesligavereine auch besser den Kommerzialisierungs- und Professionalisierungsdruck bewältigen und ihre zukünftige Entwicklung gezielt gestalten (vgl. auch Braun & Hansen, 2008; Thiel & Mayer, 2008; Thiel, 1997, S. 42ff.).

Darüber hinaus leistet das Vorhaben einen Grundlagenbeitrag zur sportökonomischen und auch -sportsoziologischen Forschung. Speziell für die ökonomische Ligasportforschung, die bisher einseitig auf den Männerteamsport und vor allem den Fußball ausgerichtet ist, stellt eine wirtschaftswissenschaftliche Studie zum Frauenteamsport (hier dem Frauenhandball) eine greifbare Erweiterung dar. Von besonderem Interesse in dem Zusammenhang ist es zu prüfen, inwieweit sich die vorhandenen theoretischen Konzepte wie das angesprochene Ligasport-Marktmodell zum Männerteamsport übertragen und empirisch be- stätigen lassen. Darüber hinaus mögen sich in der Empirie des Frauenteamsports systematisch abweichende Befunde ergeben. Dann wäre auf unterschiedliche Produkteigenschaften und Marktkonstellationen im Frauen- gegenüber dem Männersport zu schließen. Eine solche komparative Betrachtung steht bislang in der sportökonomischen Forschung aus.

[1] Ziel eines sozioökonomischen Ansatzes ist es, die wirtschaftlichen Aktivitäten in ihrem Verhältnis zu gesellschaftlichen Prozessen zu erklären, um so die soziale Wirklichkeit erklären und beschreiben zu können (vgl. dazu Etzioni, 2003, S. 15ff.). Wirtschaftliche Entwicklungen sind demzufolge stets gesellschaftlich eingebettet und liefern Antriebskräfte für sozioökonomische Entwicklungen (ebd., 1975, S. 68ff.).

Auch die soziologische Vereins- und Geschlechterforschung gewinnt sowohl durch den Untersuchungsgegenstand Spitzenhandball der Frauen als auch durch eine marktökonomische Betrachtung anstelle eines soziologischen Ungleichheitsparadigmas eine neue Perspektive. In diesem Kontext verspricht gerade eine ökonomische Untersuchung neue Aufschlüsse über Ungleichheiten oder Parallelitäten im Frauen- und Männerteamsport. Können etwa Marktstrukturen einen (großen) Teil der Disparitäten ökonomisch erklären, relativiert sich die Annahme einer vorwiegend durch überholte Geschlechterrollenzuweisung herbeigeführten Benachteiligung von Frauen im Sport. Überdies ermöglicht die strategische Managementperspektive Wege zu einer Verkürzung oder sogar Schließung der Lücke zwischen Frauen- und Männerteamsport aufzuzeigen. Damit wäre also auch ein Beitrag zur Angleichung der Geschlechterverhältnisse im Sport im soziologischen Sinne verbunden.

1.3 Aufbau der Arbeit

Im anschließenden Kapitel 2 erfolgt zunächst eine vertiefte Begründung der wissenschaftlichen Relevanz des Themas. Zudem wird der theoretische Bezugsrahmen der Arbeit differenziert dargelegt. Neben dem aktuellen Forschungsstand zur Teamsportvermarktung wird der bestehende Forschungsbedarf zum Frauenteamsport aufgezeigt. Daraufhin wird das theoretische Produktions- und Marktmodell für den Ligasport hergeleitet und diskutiert. Im ersten Schritt werden die speziellen Eigenschaften von Teamsportmärkten, die im Vergleich zu anderen Märkten eine Reihe von Besonderheiten aufweisen, herausgearbeitet. Danach erfolgt eine analytische Abgrenzung der Rahmenbedingungen sowie verschiedener Vermarktungsbereiche (Teilmärkte), die jeweils spezifische Ansatzpunkte für das Marketinghandeln von Vereinen bieten und Hinweise auf Vermarktungserfolge geben. Dieses Vermarktungsmodell stellt für alle weiteren empirischen Auswertungen und Ausführungen den theoretischen Bezugsrahmen dar.

In Kapitel 3 werden die empirischen Zugänge dargelegt. Zur Umsetzung des Forschungsvorhabens wird methodisch auf unterschiedliche Ansatzpunkte zurückgegriffen. Zur sozioökonomischen Analyse des Spitzenhandballs der Frauen in Deutschland werden sowohl sekundärempirische Analysen durchgeführt als auch eigene primärempirische Daten erhoben. Aus unterschiedlichen Dokumenten zusammengetragene Daten zu aussagekräftigen Vermarktungskennzahlen der Teams der Handball BL Frauen werden zunächst quantitativ-statistisch analysiert. Darüber hinaus werden die aus den Interviews mit den Marketingverantwortlichen aller 39 Clubs der 1. und 2. Handball BL Frauen sowie mit sechs Verantwortlichen der Verbände (HBVF, DHB) gewonnenen Informationen qualitativ-deskriptiv ausgewertet.

In Kapitel 4 werden die entlang des in Kapitel 2 vorgestellten Ligasport-Marktmodells diskutierten Einflussfaktoren und Rahmenbedingungen der Vermarktung für den Frauenhandball auf ihre empirische Evidenz geprüft. Die inferenzstatistischen Beziehungen ermöglichen überdies sportarteninterne Disparitäten im Frauenhandball zu erklären. Zunächst werden Hypothesen über die Wirkungszusammenhänge des Modells aufgestellt. Danach wird eine Übersicht zu der empirischen Erfassungsmethodik bzw. der Operationalisierung der Modellvariablen gegeben. Im Rahmen von Regressionsanalysen werden die aufgestellten Hypothesen zum Vermarktungserfolg statistisch getestet. Als zu erklärende Variable für den Vermarktungserfolg wird der Gesamtetat der Teams herangezogen. Die Etathöhe wird mit strukturellen Variablen zur sportlichen Situation der Clubs, dem Teammanagement und regionalökonomischen Determinanten, die den Vermarktungserfolg beeinflussen, erklärt. Durch die statistische Überprüfung des Ligasport-Marktmodells werden institutionell-strukturelle sowie sport- und regionalökonomische Bestimmungsfaktoren als zentrale Erklärungsgrößen für den Vermarktungserfolg aufgedeckt. Die Befunde liefern somit empirisch abgesicherte Erkenntnisse zu potentiellen Ansatzpunkten eines strategischen Teammarketings.

In Ergänzung der quantitativen Befunde erfolgt anschließend eine umfangreiche qualitative Analyse der Vermarktungsdeterminanten, um die aktuelle Situation der Frauenhandball-Bundesligavereine differenziert aufzuklären. Die empirischen Befunde der Dokumentenanalyse sowie der Interviewstudie werden dabei in Kapitel 5 zunächst angebotsseitig und an späterer Stelle in Kapitel 6 nachfrageseitig diskutiert. Die sozioökonomischen Umfeldstrukturen der Frauenclubs werden hierfür z.T. im Vergleich zum Männerhandball und weiteren Frauenteamsportarten beleuchtet.

Kapitel 5 beginnt mit der Ressourcenanalyse zur Attraktivität der Sportart Handball. Das Attraktivitätspotential des Frauenhandballs in Deutschland ist weitgehend auf historische Einflussfaktoren und gewachsene Strukturen zurückzuführen. Daher werden zunächst die zeitgeschichtlichen Zusammenhänge beschrieben, um die Institutionalisierung des Handballsports – insbesondere des Frauenhandballs – in Deutschland aufzuklären. Ferner wird die internationale Entwicklung berücksichtigt. Zudem wird die Entwicklung der Mitglieder- und Mannschaftszahlen im Handball dargestellt, da diese das Zuschauer- und Fanpotential einer Sportart mitbestimmen. Diese gibt unter anderem Aufschluss über die Verbreitung des Handballsports sowie den Stellenwert und die Anerkennung des deutschen Frauenhandballs. Daneben werden das Image, die sportlichen Erfolge und das mediale Potential (u.a. Medienpräsenz, Stars/Idole) als wesentlicher Bestimmungsfaktor der Attraktivität einer Sportart untersucht. Hieraus lassen sich erste Rückschlüsse auf das generelle Attraktivitätspotential und die Vermarktungschancen der Sportart Handball ziehen.
Im weiteren Verlauf von Kapitel 5 wird das Ligaorganisationsnetzwerk im Frauenhandball dargelegt. Ausführlich werden die Verbands-, Ligen- und Vereinsstrukturen analysiert, um die Wirkungsweise dieses Netzwerkes bei der Vermarktung und Förderung des Frauenhandballs zu erörtern. Darüber hinaus wird dargelegt, wie die Clubs ihr sportliches Erfolgspotential, also den Spielerinnenkader und die Trainerauswahl, zu optimieren versuchen. Darüber hinaus werden Vermarktungserfolge direkt durch das Clubmanagement beeinflusst, so dass wichtige Eckpunkte der Ver-

einsorganisation dargelegt werden. Ferner werden die spezifischen Standortkonstellationen der Bundesligaclubs betrachtet. Hier sind die regionale Verteilung der Teamstandorte und die Konkurrenzsituation wichtige Einflussfaktoren, des Weiteren die Wirtschaftskraft der Region, die Sportstättensituation und der Umfang an kommunaler Unterstützung der Teams.

Vor diesem Hintergrund einer differenzierten Ressourcenanalyse legt das 6. Kapitel die Befunde der Datenauswertung sowie der Auswertung der Experteninterviews zu den Vermarktungsergebnissen der Clubs der Handball BL Frauen dar. Diese werden hinsichtlich günstiger und ungünstiger Umfeldbedingungen nachfrageseitig diskutiert, z.T. wieder im Vergleich zum Männerhandball und weiteren Frauenteamsportarten. Die finanzielle Situation der Clubs wird insbesondere in Bezug auf die erzielbaren Vermarktungserlöse auf den unterschiedlichen Absatzmärkten des Ligasports untersucht.

In Kapitel 7 erfolgt eine zusammenfassende strategische Diagnose zu den Ergebnissen der vorangegangenen Kapitel. Mit dieser strategischen Diagnose lässt sich die Position des Frauenhandballs im Teamsportmarkt bestimmen. Darauf aufbauend können Stärken und Schwächen sowie künftige Entwicklungschancen und -probleme bei der Vermarktung des Frauenhandballs im Spitzenbereich abgeleitet werden. Für die einzelnen Bundesligaclubs lassen sich zudem die relativen Wettbewerbspositionen untereinander ableiten.

Kapitel 8 beschreibt ausführlich die strategischen Schlussfolgerungen, die die Vereine derzeit selbst aus ihrer Vermarktungssituation ziehen. Dazu werden die Marketingkonzepte der Clubs analysiert. Ziel dieses Kapitels ist es diejenigen Maßnahmen zu identifizieren, mit denen sich die Frauenhandballvereine erfolgreich im Teamsportmarkt behaupten können. Im Mittelpunkt stehen Marketingstrategien im B2C- und B2B-Bereich.

In Kapitel 9 erfolgt eine zusammenfassende Diskussion der Ergebnisse. Dabei werden strategische Optionen sowohl für das Marketing-Management des Ligaverbandes als auch der Bundesligavereine erörtert. Aus der vorstehenden Analyse werden Handlungshinweise erarbeitet, wie der Spitzenhandball der Frauen in Deutschland sich künftig besser vermarkten kann.

Die Arbeit schließt in Kapitel 10 mit einer theoriebezogenen Schlussbetrachtung zu den gewonnenen Einsichten und einem Ausblick auf weiteren Forschungsbedarf ab.

2 Theoretische Grundlagen einer ökonomischen Marktbetrachtung im Teamsport

Zunächst wird im folgenden Kapitel eine Begründung für die Relevanz einer ökonomischen Perspektive des Spitzenhandballs der Frauen gegeben, um die wissenschaftliche Bedeutung des Themas zu verdeutlichen und theoretische wie empirische Erklärungslücken aufzuzeigen. Anschließend werden die theoretischen Grundlagen eines geeigneten Ansatzes vorgestellt und die empirischen Ansatzpunkte eines sozioökonomischen Ligasport-Marktmodells beschrieben.

2.1 Frauenteamsport als Gegenstand ökonomischer Forschung

Der Sport galt lange Zeit als männlich besetztes Feld. Die Sportgeschichte zeigt, dass Frauen sich nach und nach die einzelnen Sportarten *erobern* mussten, was von der historischen und soziologischen Sport- und Geschlechterforschung umfangreich aufgearbeitet wurde (vgl. etwa Hartmann-Tews & Rulofs, 2004; Hartmann-Tews et al., 2003; Lamprecht & Stamm 2002, S. 81ff.; Wesp, 1998; Guttmann, 1992; Pfister, 1986 & 1980). Heute ist in vielen Bereichen des Sports eine Angleichung zwischen den Geschlechtern zu verzeichnen.

Ein konstitutives Merkmal des Wettkampfsystems ist allerdings bis heute die Differenzierung nach Geschlecht und Alter (vgl. Müller, 2007, S. 115). Die Bedeutung der sozialen Kategorie Geschlecht lässt sich gerade im Teamsport beobachten, wo durchgehend zwischen Männer- und Frauensport getrennt wird. Das Ligensystem differenziert von der Leistungsspitze bis in die Amateur- und Jugendligen nach *männlich* und *weiblich*. Lediglich im frühen Kindesalter ist es Mädchen und Jungen erlaubt, gemeinsam in einem Team zu spielen. Für jede Sportart existieren darüber hinaus eigene Nationalmannschaften der Frauen und Männer.

Die öffentliche Wahrnehmung als Männer- und Frauensportarten schließt an die Klassifizierungen der Verbände an. Mit der Nationalmannschaft im Fußball, Basketball oder Handball ist selbstverständlich die der Männer gemeint. Wird von der Handball-Bundesliga, Handball-WM o.ä. gesprochen, beziehen sich diese Bezeichnungen ebenfalls auf die Männerteams. Erst der Zusatz Frauen-Nationalmannschaft oder Frauen-Bundesliga weist aus, dass es eine weitere Nationalmannschaft oder Bundesliga, die der Frauen, gibt. Diese historisch entstandenen sprachlichen Klassifizierungen knüpfen an verbreitete Geschlechterdiskurse an, die die Präsenz von Männern in einer Sportart, in einem Beruf, in einem Amt als das Normale, die der Frauen eher als Abweichung des Normalfalls kommunizieren. Diese Geschlechterasymmetrie gibt es auch umgekehrt, wenn etwa die Sportart Gymnastik oder der Beruf der Erzieherin als vornehmlich weiblich konnotiert werden. Für den Handballsport bedeutet dies, dass mit *Handball* zunächst vor allem der Männerhandball als der *Normalfall* verbunden wird.

Diese Trennung von Frauen- und Männersport ließe sich für die Teamsportarten sicher ergiebig mit Ansätzen der soziologischen Ungleichheitsforschung analysieren. Bezogen auf den Gegenstand dieser Arbeit wären hier Themen wie Männer und Frauen in den Führungspositionen der Teamsportfachverbände (vgl. etwa Combrink & Hartmann-Tews, 2006, S. 86f.; Hartmann-Tews, Dahmen & Combrink, 2003), oder in sportlichen Leitungsfunktionen als Trainer und Trainerinnen (vgl. etwa Borggrefe, Cachay & Thiel, 2006; Bahlke, Benning & Cachay, 2004) zu nennen. Auch die ungleiche Bezahlung von Spielerinnen und Spielern in den Ligen wären ein ergiebiges Untersuchungsfeld. So sind europäische und amerikanische Preisgelder bzw. Gehälter von Frauen im Teamsport im Allgemeinen immer noch deutlich niedriger als bei männlichen Sportlern (vgl. dazu auch Anders, 2006; S. 166; McDonald, 2000, S. 35ff.; Zimbalist, 1999, S. 54ff. & 1997, S. 203ff.; Horrigan, 1998, S. 67; Kahn, 1991, S. 412ff.). Für den EM-Titel der deutschen Frauenfußball-Nationalmannschaft im Jahr 1989 erhielten die Spielerinnen als Siegprämie noch ein Kaffeeservice, für den WM-Titel 2007 immerhin bereits ein Preisgeld von je 55.000 €. Bei den Gehältern von Profisportlern und -sportlerinnen sind ebenfalls eklatante Unterschiede zu verzeichnen; es sind aber starke sportartspezifische Unterschiede vorhanden, die u.a. mit der Marktgröße, also der Nachfrage nach der betreffenden Sportart, wie auch der Konkurrenz im Teamsportmarkt zusammenhängen.
Hinsichtlich der Vermarktungschancen des Frauenteamsports und dem Zugang zu Ressourcen spielen sicher geschlechterbezogene Benachteiligungen ebenfalls eine Rolle. Der geschlechtersoziologische Zugang soll in dieser Arbeit aber nicht primär verfolgt werden. Vielmehr wird in dieser Arbeit eine ökonomische Perspektive bevorzugt, um etwaige ungleiche Ressourcenausstattungen und Nachfrageunterschiede im Gesamtzusammenhang des Funktionierens von Teamsportmärkten erklären zu können. Ein geringeres Zuschauer- und Sponsoreninteresse am Frauen- im Vergleich zum Männerteamsport ist z.B. auch auf bislang unzureichende Vermarktungsaktivitäten der Frauenclubs zurückzuführen. Zwar handelt es sich beim Frauenteamsport noch eher um Nischenmärkte, allerdings befinden sie sich im Wachstum. Das gilt auch für den Frauenhandball.
Die Bundesligavereine entwickeln mehr und mehr marktorientierte Verhaltensweisen, um ihren Spielbetrieb zu finanzieren. Auch der Spitzenhandball der Frauen veräußert sein Leistungsangebot an verschiedene Nachfragegruppen. Gerade in den letzten Jahren mussten zusätzliche Einnahmen erzielt werden, um die steigenden Kosten des Spielbetriebs, aber auch wachsende Ansprüche und Erwartungen von Mitgliedern finanzieren zu können. Demzufolge sind die Bundesligateams gezwungen, ihre Position im Teamsportmarkt stetig zu verbessern.

Forschungsarbeiten zur Vermarktung des Teamsports allgemein gibt es hinreichend. In den USA hat sich im Zuge der Etablierung der Sportökonomie schon früh eine ökonomische Ligasportforschung ausgebildet (vgl. v.a. Noll, 1974; Demmert, 1973; Neale, 1964; Rottenberg, 1958). Sie beeinflusst die gesamte Sportökonomie faktisch bis heute. Die US-amerikanischen Arbeiten befassen sich hauptsächlich mit den amerikanischen Major Leagues (Basketball, Eishockey, Football, Baseball). Ob die für die amerikanischen Major League Sportarten ermittelten Zusammenhänge auf den deutschen Teamsportarten und insbesondere den Frauenteamsport übertragen werden können, muss allerdings aufgrund der sehr unterschiedlichen Sportmodelle in Europa und den USA angezweifelt werden.

Die Analyse ökonomischer Bedingungen im europäischen Ligasport wurde insbesondere durch Forschungen zum Fußball vorangetrieben. Dadurch sind wirtschaftliche Fragen auch in das Blickfeld der Sportforschung gerückt. Sie werden heute mit unterschiedlichen Zielsetzungen in der Literatur diskutiert. In Europa wird allerdings seit den frühen Studien zum deutschen (vgl. Büch, 1979; Büch & Schellhaaß, 1978; Melzer & Stäglin, 1965) und englischen Teamsport (vgl. hierzu Sloane, 1980) ausschließlich der Spitzenfußball der ersten Ligen thematisiert (vgl. hierzu Hammann, Schmidt & Welling, 2004; Berens, 2003; Swieter, 2002); andere Teamsportarten rücken nur selten ins Blickfeld des Forschungsinteresses. Für den Erstliga-Fußball ist hinsichtlich der Vermarktung herausgearbeitet worden, dass er, abgesehen von möglichen Transfergeschäften, im Wesentlichen auf den vier Teilmärkten Stadionbesuch, TV-Übertragungsrechte, Sponsoring und Fanartikelverkauf vermarktet wird (vgl. auch Hübl & Swieter, 2002, S. 18).

In Anlehnung an die neuere Marketingforschung (vgl. die Beiträge in Bieling, Eschweiler & Hardenacke, 2004) lassen sich diese Absatzmärkte zum einen dem Business-to-Consumer-Bereich (B2C), der den Eintrittskartenverkauf an Zuschauer sowie den Verkauf von Merchandisingartikeln an Fans beinhaltet und zum anderen dem Business-to-Business-Bereich (B2B), wie den Verkauf von Werberechten an Sponsoren und der TV-Übertragungsrechte an Medien sowie den Verkauf von Spielern an andere Clubs, zuordnen. Ob diese Märkte auch die Haupteinnahmequellen im (Frauen-) Handball darstellen, muss noch untersucht werden.

Erst in jüngerer Zeit sind Studien durchgeführt worden, die die Vermarktungssituation von Männer-Bundesligen außerhalb des Fußballs untersucht haben (vgl. Kurscheidt, Klein & Mielke, 2009; Deloitte, 2008; Klein & Kurscheidt, 2008; Pommer & Kaiser, 2008). Diese müssen ihre Vermarktung im Vergleich zu den Fußballspitzenligen unter schwierigeren Bedingungen realisieren. Die Studie von Kurscheidt, Klein und Mielke (2009) untersucht in einer komparativen marktbezogenen Analyse die vier wichtigsten Teamsportligen in Deutschland (Fußball, Handball, Basketball, Eishockey) hinsichtlich ihrer Vermarktungssituation und ihrer relativen Ressourcenstärke bzw. -schwäche. Dabei stellen die Autoren fest, dass im Handball, Basketball und Eishockey bislang noch Vermarktungspotentiale ungenutzt sind und dass hinsichtlich des Zwangs zur strategischen Erschließung der Ligasportmärkte im Wettbewerb um Sponsoren, Medien und Zuschauer bei den relevanten Akteuren der Vereine und Verbände noch Unsicherheiten bestehen. Die Autoren überprüfen die These, dass durch ein hohes Substitutionspotential alle Teamsportarten an ihren regionalen Standorten untereinander in teils scharfer Konkurrenz um Zuschauer-, Medien- und Sponsoreninteresse stehen. In dieser Studie blieb der Frauenteamsport ausgeblendet, obwohl die konstatierte Ressourcenschwäche von Teamsportarten außerhalb des Fußballs erst recht für den Frauenteamsport zutreffen dürfte.

Im Gegensatz zu den zahlreichen sportökonomischen Abhandlungen über den Profifußball und einer zunehmenden Anzahl von Beiträgen zum Männerteamsport finden sich national und international kaum Arbeiten, die sich mit dem Frauenteamsport auseinandersetzen. Eine erste Annäherung, bezogen auf den Frauenfußball, stellen die Beiträge von Klein dar (vgl. Klein, 2008 & 2007; Klein & Mintert, 2007). Während die Frauenfußball-Nationalmannschaft inzwischen eine hohe Zuschauer- und Medienresonanz verzeichnen kann, steht die Frauenfußball-Bundesliga völlig im Schatten des Männerfußballs. Den Frauenfußballvereinen gelingt es in unterschiedlicher Weise, sich an ihren jeweiligen regionalen Standorten gegenüber anderen Teamsportarten zu behaupten (vgl. Klein, 2008, S. 55). Vereinzelt wird auch in internationalen Aufsätzen die Vermarktung der amerikanischen Frauenligen im Fußball (WUSA) und Basketball (WNBA) aufgegriffen (vgl. dazu Southall & Nagel, 2007, S. 366ff.; Shank, 2002, S. 296ff.; McDonald, 2000, S. 35ff.). So verausgabt die WNBA jährlich ca. 15 Millionen US $ für Marketingausgaben. Eine Vielzahl von Sponsoren, die zwischen 1,5 bis 5 Millionen US $ in die Frauenclubs investieren, ermöglichen dem professionellen Frauenbasketball in den USA dadurch eine hervorragende Entwicklung. Zudem erhält die WNBA finanzielle Unterstützung der Profiliga der Männer (NBA). So verfolgten im Jahr 2008 im Schnitt 8.000 Zuschauer die Spiele in der WNBA und die Merchandisingeinnahmen konnten um 40% gesteigert werden (vgl. WNBA, 2008). Darüber hinaus konnte die Medienpräsenz ausgeweitet werden und zum ersten Mal seit Gründung der Liga 1996 wurden die TV-Rechte bis 2016 für mehrere Millionen $ verkauft (vgl. ebd.). Die professionelle Frauenfußball-Liga (WUSA) musste hingegen mit Saisonende 2003 wegen Vermarktungsproblemen eingestellt werden. Im Jahr 2007 wurde eine neue Profiliga im Frauenfußball (WPS) gegründet, die 2009 ihren Spielbetrieb mit sieben Teams aufgenommen hat.

Zum Frauenhandball liegen national und international keine Studien vor. Insgesamt wird der Handballsport, gemessen an seiner Bekanntheit und Beliebtheit in nordeuropäischen Ländern, insbesondere auch in Deutschland, vergleichsweise selten wissenschaftlich bearbeitet.

In Bezug auf den dürftigen internationalen Forschungsstand ist zu berücksichtigen, dass der Handballsport in den angelsächsischen Ländern bisher nicht sehr populär ist. In den USA oder England beispielsweise spielt er immer noch eine eher unbedeutende Rolle (vgl. z.B. Kietzmann, 2008; Noble & Luthcke, 2000; Clanton & Dwight, 1997; Marlowe, 1995). Handball in den USA war lange Zeit ein ganz anderes Spiel als Handball in Europa (vgl. auch Kietzmann, 2008; S. 68f.; Grupe, 1981, S. 156f.). Erst seit 2002 wird in den USA gezielt versucht den Handballsport, wie er in Europa bekannt ist, populärer zu machen. Dabei wurden zunächst die College Liga USATH (USA Team Handball) und die NETHC (Northeast Team Handball Conference) gegründet. 2004 folgte die Etablierung eines Frauennationalteams mit dem Ziel, sich erstmalig für die Weltmeisterschaft 2009 zu qualifizieren. Insgesamt werden die Handballaktivitäten der ca. 45 Teams in Kooperation mit der größten Handballliga in Nordamerika, der kanadischen Liga Circuit Quebecoise, koordiniert, da die USA keine Dachorganisation für einen Ligabetrieb besitzen.[2]

An der hohen Bekanntheit und Beliebtheit des Frauenhandballs in den nordeuropäischen Ländern liegt es wohl auch, dass in den existierenden internationalen Beiträgen überwiegend der Frauenhandball in diesen Ländern thematisiert wird. Hier dominieren geschlechtersoziologische Publikationen zur Darstellung der Handballerinnen in den Medien (vgl. auch Agergaard, 2004; von der Lippe, 2002 & 1998). Außerdem gibt es Beiträge zur Entstehungsgeschichte des Handballspiels in skandinavischen Ländern, in denen das Handballspiel eine starke Verbreitung hat (vgl. etwa Berg-Sörensen, 1976), Schweden (vgl. u.a. Dippold, 1913, S. 383f.) und Norwegen (vgl. von der Lippe, 1994, S. 221ff.).

Angesichts der rudimentären ökonomischen Analysen im Frauenteamsport gilt es die vorliegenden Ansätze aus der Ligasportforschung der Männer für die Untersuchung des Frauenhandballs nutzbar zu machen. Dabei leistet eine marktbezogene Betrachtung des Frauenhandballs wiederum einen wichtigen empirischen Beitrag zur ökonomischen Ligasportforschung.

Grundsätzlich ist eine konzeptionelle Anlehnung an die Modelle und Erkenntnisse der Ligasportforschung im Männerteamsport sinnvoll und hilfreich, allerdings müssen die besonderen Bedingungen des Frauenteamsportmarktes berücksichtigt werden; hierbei handelt es sich in der Regel um kleine Sportmärkte. Voraussetzung für eine erfolgreiche Weiterentwicklung des Frauenteamsports in Deutschland ist eine möglichst genaue Kenntnis der Marktdynamiken im Teamsport generell, aber vor allem auch der speziellen Vereinsstrukturen und der die Ligen steuernden Verbände. Bezogen auf den Frauuenhandball kann die Erforschung der Marktsituation sowie der organisationsinternen Ressourcen Wege aufzeigen, wie sich Frauenhandball zukünftig finanzieren und im starken Wettbewerb der Teamsportarten behaupten kann. Denn auch für den Frauenhandball wird angenommen, dass durch den starken Wettbewerb im Teamsportmarkt ein Handlungsdruck erzeugt wird, der eine Ökonomisierung vorantreibt. Selbst wenn man dieser Entwicklung mit großen Vorbehalten gegenübersteht – oder gerade deswegen – ist es angebracht, seine Entwicklungsdynamik mit ökonomischen Ansätzen zu analysieren und Handlungshinweise für seine Weiterentwicklung zu erarbeiten. Im Folgenden erfolgt zunächst die theoretische Begründung einer Marktbetrachtung des Ligasports, bevor anschließend das dieser Untersuchung zugrunde liegende theoretische Modell der Ligasportvermarktung vorgestellt wird.

[2] Ausführliche Informationen zur Teamsportart Handball in den USA finden sich auf der Homepage der Nationalteams www.usateamhandball.org

2.2 Theoretische Verortung einer Marktbetrachtung des Frauenhandballs als Ligasport

Eine ökonomische marktbezogene Analyse des (Frauen-)Teamsports ermöglicht es, systematisch sowohl die Anbieter- als auch die Nachfrageseite des jeweiligen Marktes der Liga zu untersuchen. Drei Diskussionsfelder in der sportökonomischen Literatur liefern die theoretischen Komponenten für eine solche Marktbetrachtung (vgl. auch Kurscheidt, Klein & Mielke, 2009):

(1) Theorien zu den Besonderheiten des Produktionsprozess und der Marktkonfiguration im professionellen Ligasport.

Wird von dem Produkt Ligasport gesprochen, so impliziert dies, dass ein veräußerbares Produkt existiert (vgl. auch Anders, 1988, S. 200f.). Cachay et al. (2005, S. 259) bezeichnen die Produkte des Spitzensports als Kopplungserzeugnisse, d.h. vom Verein wird etwas hergestellt, das kommunikativ unmittelbar an den sportlichen Wettkampf anknüpft, aber nicht mit ihm deckungsgleich ist (vgl. auch Enderle, 2000).

Analog zum Produktionsprozess in Unternehmen können Teams im (Profi-) Mannschaftssport ökonomisch als Betriebe aufgefasst werden, die eine gegebene Kombination von Inputgütern in sportliche und wirtschaftliche Outputs transformieren. Ausgehend von der Grundstruktur jedes Leistungserstellungsprozesses, der durch die Elemente Input, Throughput und Output charakterisiert ist, weist der Ligasport aber eine einzigartige Marktkonfiguration auf, die in dieser Form in keiner anderen Branche zu finden ist (vgl. auch Kipker, 2002; Franck, 1995, S. 7ff.). In der Ligaorganisation werden der Produktion eines Meisterschaftsrennens auch Eigenschaften eines „natürlichen Monopols" zugesprochen (vgl. dazu Schellhaaß & Enderle, 1999, S. 50ff.; Franck, 1995, S. 126; Neale, 1964, S. 4). Eine effizient vermarktete Liga ist somit ein Garant für wirtschaftlichen Erfolg, da keine Konkurrenz aus der eigenen Sportart im Sinne einer Alternativ-Liga zu befürchten ist (vgl. dazu Schellhaaß & Enderle, 1999, S. 51f.).

Die daraus resultierenden Besonderheiten des Ligasports sind schon lange Gegenstand wirtschaftswissenschaftlicher Analysen (vgl. für einen dogmentheoretischen Überblick Kurscheidt, 2004, S. 25ff.). Das Konzept sportlicher Produktionsfunktionen geht auf Rottenberg zurück, der bereits im Jahr 1956 in seiner Untersuchung feststellte, dass ein Baseballteam ebenso wie jede andere Unternehmung ein Produkt durch die Kombination bestimmter Produktionsfaktoren produziert (Rottenberg, 1956, S. 255f.). Um eine Sportveranstaltung produzieren zu können, muss die Leistung einzelner Sportler in einem zweistufigen Produktionsprozess aufbereitet werden, d.h. in einem ersten Schritt werden die Leistungspotentiale der einzelnen Sportler zusammengeführt und kombiniert und in einem zweiten Schritt ein Wettkampfmodus bestimmt. Übertragen auf die Bundesligavereine bezeichnet dieser Vorgang die Aktivitäten, die allgemein unter dem Begriff Training zusammengefasst werden können, sowie die Planung der Wettspiele. In der zweiten Stufe, dem Wettkampfspiel, erfolgt die Erstellung eines vermarktungsfähigen Produkts. Denn erst im Rahmen eines Wettkampfmodus, bei dem etwa gleichstarke Konkurrenten gegeneinander antreten, wird das Produkt für den Zuschauer interessant. Ein Ligaspiel stellt vorerst ein immaterielles Produkt dar, erst durch die konkrete Nutzung durch die Vermarktung nimmt das Produkt eine materielle Erscheinungsform an. Diese beiden Produktionsebenen sind als Eigenheit des Teamsports, insbesondere im Rahmen der Ligaproduktion, zu sehen. Ziel der Endkombination ist es, nach Kombination der internen Produktionsfaktoren des Sportorganisators (Heimmannschaft) und des ergänzenden Faktors (Gastmannschaft) sowie des externen Faktors, u.a. Zuschauerunterstützung, absetzbare Leistungen zu erzeugen. Darüber hinaus ist es wichtig, möglichst gleichstarke Wettbewerber zu haben. Der Spannungsgrad der Meisterschaft wird dadurch erhöht und gleichzeitig können Zuschauerinteresse und Vermarktungschancen gesteigert werden.

Auf der Basis der Arbeit von Neale (1964, S. 4) wird dabei davon ausgegangen, dass die Zuschauer bei einer derartigen Meisterschaft eine Präferenz für einen hohen Spannungsgrad aufweisen, der sich dadurch auszeichnet, dass die Meisterschaft möglichst bis zum letzten Spiel offen bleibt. Die Beziehungen zwischen den beteiligten Akteuren werden dabei durch unterschiedliche institutionelle Regelungen beeinflusst, deren Aufgabe darin besteht, den Spielbetrieb zu normieren und die sportliche Integrität der Spiele zu gewährleisten. Das Verhältnis der interagierenden Parteien innerhalb der Teams (Spieler, Manager, Betreuer, Trainer etc.) wird außerdem durch spezifische Regeln der Spielerbindung (z.B. Transfervereinbarungen, Verträge) beeinflusst, was ebenfalls einen funktionierenden sportlichen Wettbewerb gewährleistet. Der durch diese Besonderheiten gekennzeichnete Wettbewerb wird sowohl durch die Standortbedingungen der Teams als auch durch Managementleistungen determiniert (vgl. Fort & Quirk, 1995, S. 1267).

Des Weiteren ist bei der Produktion eines Ligaspiels hervorzuheben, dass ein Ligaspiel als Unterhaltungsdienstleistung typische Merkmale wie die gleichzeitige Produktion und den Konsum eines Ligaspiels aufweist, so dass die Qualität ex ante nicht zu bestimmen ist. In der Literatur zur Dienstleistungsproduktion wird dabei ausführlich auf weitere Besonderheiten gegenüber der Sachgüterproduktion hingewiesen (vgl. hierzu Maleri, 1997). Wesentlich begründen die Immaterialität und die Integration des externen Faktors einer Dienstleistung, die auch auf die Produktion des Spitzensports zutreffen, das uno-actu-Prinzip, worunter die Simultanität von Absatz und Produktion verstanden wird sowie die relative Standortgebundenheit (vgl. Riedmüller, 2003, S. 37ff.; Woratschek, 2002, S. 1ff.; Riedmüller, 2001, S. 271ff.).

Eine Besonderheit in der Dienstleistungsproduktion des Teamsports stellt demnach die Mitwirkung des Dienstleistungsabnehmers, insbesondere der Zuschauer, dar, der durch seine Anteilnahme an dem emotional geprägten Sportgeschehen mitwirken kann und sich demnach als externen Faktor selbst in den Produktionsprozess einbringt (vgl. etwa Schubert, 2005, S. 248ff.; Woratschek & Beier, 2001, S. 205ff.). Die Zuschauer konsumieren die erbrachte Leistung vor Ort und erwerben mit dem Kauf einer Eintrittskarte das Recht auf den Konsum der Veranstaltung. Der zuschauerbezogene Sportmarkt ist zunächst nach den angebotenen Sportarten zu differenzieren, die untereinander um die Zuschauernachfrage konkurrieren. Der Zuschauer nutzt den Sportkonsum zur unmittelbaren Bedürfnisbefriedigung (Unterhaltung) und weist starke persönliche Präferenzen auf, die bei jedem Spiel zu Zuschauern, den so genannten Fans, führen. Zuschauer beeinflussen daher selektiv die Entwicklungschancen einer Sportart, indem sie eine Sportart bevorzugen und die andere unbeachtet lassen (vgl. dazu Messing & Lames 1996, S. 12). Determinanten der Zuschauernachfrage sind die aus der Konsumgütertheorie bekannten Größen „Preis" und „Einkommen" sowie sportspezifische Einflussgrößen wie die „erwartete Qualität" und die „Unsicherheit über den erwarteten Ausgang des Spiels bzw. der Meisterschaft" (vgl. auch Riedl, 2006, S. 77ff.; Roy, 2004, S. 49ff.; Kubat, 1998; Parlasca, 1993, S. 47ff.). Die Qualität wird als entscheidende Variable des Sportkonsums angesehen. Bundesligaspiele wecken schon aufgrund der Position an der Spitze der Ligenhierarchie hohe Erwartungen bei den Konsumenten bzw. Zuschauern. Durch die Bezeichnung „Bundesliga" können demnach Unsicherheiten bezüglich der Qualität von Sportveranstaltungen, die nicht a priori bekannt ist, reduziert werden. Die Unsicherheit des Ausganges eines Wettbewerbs als Determinante der Zuschauernachfrage wird in zahlreichen sportökonomischen Forschungsarbeiten diskutiert. Einigkeit darüber gibt es allerdings noch nicht (vgl. etwa Frick, 2004, S. 76ff & 2001, S. 701ff.; Swieter, 2002, S. 58f.). Die erwartete Spielqualität steigt demnach, wenn der Ausgang für das Meisterschaftsrennen, den Abstiegskampf oder die Qualifikation für einen internationalen Wettbewerb relevant ist. Je früher über Auf- und Abstiegsplätze entschieden ist, desto stärker sinken der Spannungsgehalt und damit der Zuschauerzuspruch. Häufig zieht unabhängig der Tabellenposition das Zusammentreffen regional benachbarter Teams Zuschauer an. Denn ein solches „Derby" erzeugt einerseits Spannung und heizt andererseits die Emotionen besonders an (vgl. auch Gärtner & Pommerehne, 1978, S. 101f.). Zudem erhöht das Auftreten von so genannten Stars, die eine individuelle positionale Qualität besitzen, die Nachfrage nach Eintrittskarten signifikant (vgl. Parlasca, 1993, S. 50f.). In engem Zusammenhang mit der Unsicherheit steht außerdem die Integrität des sportlichen Wettbewerbs (Regeln, Wettkampfmodus) (vgl. dazu auch Roy, 2004, S. 67; Kipker, 2003, S. 89ff.; Downward & Dawson, 2000, S. 90ff.). Aber auch indirekte Qualitätskomponenten wirken auf die Attraktivität einer Ligasportveranstaltung ein. So können der Spieltermin, ein attraktives Rahmenprogramm und der Komfort der Sportstätte positive Qualitätserwartungen auslösen und zu einer erhöhten Zuschauernachfrage führen (vgl. auch Bruggink & Eaton, 1996; Noll, 1974, S. 124). Dabei kommt Motiven wie Spaß und Unterhaltung eine besondere Bedeutung zu. Als weitere indirekte Komponenten sind das Wetter und Fanausschreitungen zu nennen, die im Spitzenhandball der Frauen aber eine eher untergeordnete Rolle spielen dürften, da Veranstaltungen in der Halle eher wetterun-abhängig sind (vgl. Marcum & Greenstein, 1985).

Weniger eindeutig sind die Untersuchungsergebnisse, die sich mit dem Einfluss ökonomischer Faktoren wie Eintrittspreisen, Einkommenshöhe, Pro-Kopf-Einkommen in der Bevölkerung des Einzugsgebietes, Arbeitslosenquote sowie Substitutionsangeboten, die zur gleichen Zeit stattfinden, befassen (vgl. Bird, 1982; Gärtner & Pommerehne, 1978; Noll, 1974; Demmert, 1973). Beim Einfluss soziodemographischer Faktoren, wie der regionalen Marktgröße (Großstadt vs. Kleinstadt), wird generell ein positiver Einfluss auf die Zuschauernachfrage konstatiert (vgl. etwa Swieter, 2002, S. 148ff.; Scully, 1974).

Als Schlussfolgerung für die im professionellen Sport erstellten Güter kann festgehalten werden, dass in jedem Fall immaterielle Wirtschaftsgüter erstellt werden, für die verschiedene Nachfrager bereit sind, einen Preis zu zahlen.[3]

Dabei ist zu berücksichtigen, dass kein Team ein vermarktbares Produkt selbst erstellen kann. Es ist stets auf den Kooperationswillen einer weiteren Mannschaft angewiesen. Dieser Umstand führt zu der Entstehung einer Sportliga, in der weitere Mannschaften sportlich und wirtschaftlich konkurrieren, da der Verlust des einen Teams gleichzeitig den Gewinn des anderen zur Folge hat (vgl. dazu Welling, 2004b, S. 34). Andererseits darf der Unterschied zwischen den Teams nicht zu groß werden, damit die Spannung der Meisterschaft erhalten bleibt, denn der Erhalt des Spannungsgrades ist auch für die dominierenden Teams innerhalb einer Liga eine wichtige Voraussetzung für die optimale Vermarktung des eigenen Teams. Infolge dieser außergewöhnlichen Marktkonfiguration beschäftigen sich einige Arbeiten mit der Wirksamkeit von verschiedenen institutionellen Maßnahmen zum Erhalt der Ausgeglichenheit innerhalb einer Sportliga, die im Wesentlichen über Umverteilungen von Erlösen oder Beschränkungen, insbesondere auf dem Spielermarkt, funktionieren (vgl. etwa Fort & Quirk, 1995).

Die Konkurrenzbeziehungen in Sportligen werden als „assoziativer Wettbewerb" bezeichnet. Er besagt, dass die Vereine in Bezug auf den sportlichen und wirtschaftlichen Erfolg Konkurrenten, aber zugleich zur Erstellung des gemeinsamen Produktes Meisterschaft voneinander abhängig sind (vgl. auch die Beiträge in Büch & Schellhaaß, 2005; Zieschang, Woratschek & Beier, 2004). Woratschek (2004, S. 9) spricht in diesem Zusammenhang von „Kooperenz", der prägenden Simultanität von Konkurrenz und Kooperation. Ein einzelnes Ligaspiel ist als Leistungsbestandteil demnach in eine Sequenz weiterer Leistungen, dem Meisterschaftsrennen, eingebettet. Der Ligawettbewerb wird in diesem Zusammenhang auch als „Metaspiel" bezeichnet (vgl. etwa Franck & Müller, 2001, S. 231ff.; Franck, 1995, S. 130f.). Im Vergleich zu Individualsportarten ist die Bildung von mindestens zwei Teams unabdingbar (vgl. ebd., S. 8). Um die Mannschaften gegeneinander antreten zu lassen, bedarf es einheitlicher Spielregeln, die als Basis für alle Spiele innerhalb der Liga gelten und somit für vergleichbare Spiele sorgen. Notwendige Voraussetzung ist daher ein klar definierter

[3] Eine ausführliche Charakterisierung von Sportdienstleistungen findet sich bei Woratschek (1998, S. 344ff.).

Wettkampfmodus (vgl. Swieter, 2002, S. 60). Zunächst muss allerdings eine Mannschaft geformt werden, die für sich genommen aber noch kein vermarktbares Produkt herstellen kann, sondern sich meist – im Rahmen eines Meisterschaftrennens – mit anderen Mannschaften messen muss. Innerhalb der Liga sind die Vereine demnach organisationstheoretisch in ein Netzwerk eingebunden, das sich aus den beteiligten Akteuren, den Vereinen, Ligen und Verbänden zusammensetzt (vgl. auch Woratschek, 2004, S. 22ff.; Trosien, 2003, S. 14). Aus diesen Interdependenzen der einzelnen Meisterschaftsspiele ergeben sich institutionenökonomische Besonderheiten der Organisation von Ligaspielen (vgl. dazu auch Dietl & Franck, 2000, S. 1158ff.; Büch & Frick, 1999, S. 121f.).

Aufgrund platzierungsabhängiger Erlöse zwischen den Teams besteht im Ligasport häufig die Gefahr von so genannten „Rattenrennen" (vgl. auch Franck 1999, S. 541, Akerlof, 1976, S. 603). Infolge von Positionskämpfen zwischen den Teams kommt es häufig zu Überinvestitionen in die Spielstärke, d.h. ein Team versucht mit einem höheren Wertgrenzprodukt der eingesetzten Produktionsfaktoren durch Investitionen in die Spielstärke ein anderes zu überholen, was dazu führt, dass dieses ebenfalls Investitionen tätigt. Folglich wäre ein möglicher Überholversuch einer schlechteren Mannschaft ein Verlustgeschäft, da das stärkere Team seine bessere Vermarktungssituation dazu nutzen kann, die ursprüngliche Reihenfolge wieder herzustellen (siehe auch Welch, 1994, S. 31ff.). Die Beziehung zwischen Finanzstärke und sportlicher Leistungsfähigkeit gilt in der sportökonomischen Forschung als erwiesen (vgl. etwa Frick, 2004, S. 72). Für die Fußball-Bundesliga ist zudem diskutiert worden, dass die traditionelle gemeinnützige Clubverfassung der Vereine die Tendenz zu Hyperinvestitionen noch einmal verstärkt, was dazu führt, dass auf Seiten der Teams die kurzfristige Orientierung an den Saisonzielen gegenüber langfristiger Gewinnorientierung überwiegt (vgl. auch Frick et al., 1999). Nutzenmaximierung in Bezug auf sportlichen Erfolg steht demnach vor einer Gewinnmaximierung der einzelnen Clubs. Ob dies auch auf den Spitzenhandball der Frauen zutrifft, soll im weiteren Verlauf der Arbeit überprüft werden. Die Nutzenmaximierung besteht für die BL-Teams darin, sportlich erfolgreich zu sein. Um dieses Ziel zu erreichen bedarf es finanzieller Mittel, gute Spieler/innen und Trainer verpflichten zu können. Folglich müssen die Vereine darum bemüht sein ihre Gewinne zu maximieren. Auf der Anbieterseite wird daher in jüngster Zeit zunehmend wissenschaftlich diskutiert, dass professionelle Clubs als Gewinnmaximierer zu betrachten seien, während die Nachfrager nach Ligaspielen als Nutzenmaximierer gelten (vgl. etwa Hübl & Swieter, 2002, S. 31ff.).

Aus den vorangestellten Ausführungen ergeben sich sozioökonomische Besonderheiten, die vom Liga- und Vereinsmanagement berücksichtigt werden müssen. Veröffentlichungen zum Sportmanagement befassen sich bisher überwiegend mit Entscheidungen und wirtschaftlichem Verhalten innerhalb einzelner Organisationen der Sportanbieter und auch hier vornehmlich in Fußballunternehmen. Der Focus liegt meist auf Teilproblemen einzelner Funktionsbereiche des Managements und ist dabei sehr anwendungsbezogen (vgl. etwa die Sammelbände von Nufer & Bühler, 2008; Galli et al., 2002). In einem Artikel des Sammelbandes von Galli et al. (2002) beschreiben Kern, Haas und Dworak (2002, S. 440ff.) die wirtschaftliche Situation der deutschen Profiligen, u.a. auch der Handball-Bundesliga der Männer (fortan HBL). Ein Blick auf die dort veröffentlichten Zahlen zur Finanzsituation der HBL verdeutlichen, dass es die stark marktorientierten Tendenzen im Spitzenhandball erforderlich machen, sich auch wissenschaftlich zunehmend mit ökonomischen Fragestellungen zum Handballsport zu befassen.

Insbesondere das strategische Management gewinnt im Hinblick der Steuerung von Sportvereinen an Bedeutung (vgl. etwa Nagel, 2008; Thiel & Mayer, 2008; Willke, 2008; Breuer, 2005 & 2002; Thiel, 1997; Thibault, Slack & Hinings, 1994). Strategisches Management befasst sich mit Problemen des Umgangs mit dynamischen Veränderungen in der Beziehung eines Handelnden mit seinem Umfeld (vgl. generell zum strategischen Management etwa Welge & Al-Laham, 2008). Auch die Bundesligavereine sind mit veränderten Umfeldbedingungen konfrontiert, was von ihnen neue Kompetenzen erfordert, die mögliche Wettbewerbsvorteile eröffnen. Obwohl Sportvereine als Non-Profit Organisationen nicht zwangsläufig strategisch handeln müssen, da ihre Organisationsprinzipien Mitgliederorientierung und ehrenamtliche Leistungserstellung den Umweltdruck reduzieren, eröffnen sich dadurch Entwicklungschancen, die strategisch genutzt werden können (siehe auch Breuer, 2005, S. 149). Es gilt somit, vorhandene Ressourcen und Fähigkeiten weiter zu entwickeln, sie zu nutzen und geschickt zu kombinieren. Für die Bundesligavereine bedeutet strategisches Management die Sicherstellung organisationsinterner und -externer Ressourcen zur Erreichung von Zielen (vgl. auch Willke, 2008, S. 113). Die Steigerung der Effizienz des Managements wird dabei aufgegriffen, d.h. die systematische Anwendung von Managementverfahren zur optimalen Nutzung vorhandener Vermarktungspotentiale. Denn mit der wachsenden Konkurrenz im Teamsportmarkt und einer gestiegenen Anspruchshaltung der Nachfrager müssen sich die BL-Vereine immer stärker absatz- und marktorientiert verhalten.

Der durch diese Besonderheiten gekennzeichnete Wettbewerb einer Sportliga wird in der sportökonomischen Literatur zumeist auf der Basis neoklassischer Gleichgewichtsmodelle oder durch institutionenökonomische Erklärungsmodelle untersucht. Die Erklärungen des Wettbewerbs unterscheiden sich allerdings in den beiden Ansätzen nur unwesentlich. Im Wesentlichen wird das Ergebnis des Wettbewerbs durch die Standortbedingungen der Teams oder in der Vergangenheit liegende Managementleistungen erklärt. Danach determinieren einmal vorhandene Standortbedingungen und Managementfähigkeiten die zukünftige Entwicklung, der prozessuale Charakter bzw. die Dynamik des Wettbewerbs bleibt dabei bisher unbeachtet (vgl. auch Daumann & Drewes, 2007, S. 69ff.). Veränderungen der Managementfähigkeiten, beispielsweise in Folge von Lernprozessen, bleiben unberücksichtigt (ebd. S. 77). Durch die Annahme, dass alle handelnden Akteure in gleichem Ausmaß mit Wissen und Können ausgestattet sind, können dynamische Prozesse nur unzureichend erklärt werden. Für Teamsportligen würde dies bedeuten, dass eine einmal erreichte Marktposition weitestgehend stabil wäre. Zudem wären die Clubs mit kleinem Marktpotential gegenüber den Clubs mit großem Marktpotential benachteiligt. Dieses Erklärungsmodell erscheint allerdings fragwürdig, daher wird in der vorliegenden Untersuchung versucht auch die Dynamik der handelnden Akteure im Frauenhandball zu berücksichtigen.

(2) Industrieökonomische Ansätze zur Erklärung des Wettbewerbsverhaltens bzw. des Zusammenhangs zwischen Branchenstruktur, Wettbewerbsverhalten und Vermarktungserfolg.

Ökonomische Ansätze zur Erklärung des Wettbewerbsverhaltens liefert die Industrieökonomik. Die Industrieökonomik determiniert den Erfolg von einem Anbieter in seiner Branche zum einen durch die Strukturmerkmale des Marktes bzw. der Branche und zum anderen wirken sich strategische Verhaltensweisen der Anbieter im Markt auf den Erfolg aus (market based view). Der Erfolg hängt allerdings nicht ausschließlich vom Marktverhalten, sondern auch der internen Ressourcenausstattung (resource based view) ab. Anhand dieser Ansätze erfolgt im Weiteren die industrieökonomische Einpassung des markttheoretischen Angebot-Nachfrage-Schemas in die Input-Output-Struktur zwischen den Marktakteuren im Ligasport (vgl. auch Kurscheidt, Klein & Mielke, 2009).

Es wird davon ausgegangen, dass die Wettbewerbsintensität den Erfolg von Unternehmen in einer Branche bestimmt (vgl. Porter, 2000 & 1999a & 1999b). Zur Ermittlung des Wettbewerbs sind folgende Merkmalsgruppen zu beachten: die Markstruktur, das Marktverhalten sowie das Marktergebnis. Zwischen diesen bestehen wechselseitige Beziehungen. So können Veränderungen der Marktstruktur Auswirkungen auf das Marktverhalten haben und andererseits kann das Marktverhalten auch die Marktstruktur beeinflussen. Porter hat zum Verständnis von Branchen und Konkurrenten und zur Formulierung einer umfassenden Wettbewerbsstrategie einen analytischen Bezugsrahmen entworfen, der im Rahmen der strategischen Planung eingesetzt wird und sich durchaus auch auf Organisationen des Frauenteamsports übertragen lässt (Porter, 2000, S. 26ff.). Ziel ist eine besondere Position einzunehmen, die sich gegenüber wettbewerbsbestimmenden Kräften innerhalb der Branche behaupten lässt (ebd., S. 25).

Die fünf Wettbewerbskräfte (Markteintritt bzw. potentielle neue Konkurrenten, Gefahr durch Ersatzprodukte, Verhandlungsmacht der Kunden, Verhandlungsstärke von Lieferanten, Rivalität unter den bestehenden Wettbewerbern) der Branchenstruktur beeinflussen die Wettbewerbsintensität bzw. den Erfolg (z.B. Rentabilität) in dieser Branche, wobei die stärksten dieser Kräfte im Hinblick auf die Strategieformulierung ausschlaggebend sind (vgl. ebd., S. 28).

Diese Kräfte wirken unterschiedlich stark auf die Wettbewerbsintensität im Teamsport. Eine Gefahr durch Substitutionsprodukte besteht zum einen in der Konkurrenz mit anderen Sport- und Freizeitangeboten, zum anderen konkurrieren verschiedene Teamsportarten sowohl untereinander als auch ligenübergreifend um Zuschauer-, Medien- und Sponsoreninteresse sowie eine leistungsfähige Sportstätteninfrastruktur. Eine Bedrohung durch neue Wettbewerber in Form von Konkurrenzligen existiert aufgrund des Monopolcharakters und hohen Markteintrittsbarrieren nicht. Was die Rivali-

tät innerhalb der Branche betrifft, kann von einer hohen Bedeutung dieser Wettbewerbskraft für den Teamsport ausgegangen werden. Denn innerhalb der gegebenen Branchenstruktur kann der Erfolg der Teams durch ihre Positionierung im Markt bestimmt werden (vgl. auch Fritz, 2006, S. 79).
Verhandlungsmacht der Abnehmer und Zulieferer sind im Teamsport eher gering einzuschätzen. Zum einen sind Leistungen von Spielern nur schwer substituierbar und zum anderen tritt der Ligaverband als Monopolist auf. Aufgrund einer engen emotionalen und meist regionalen Gebundenheit von Zuschauern und Fans treten Anbieterwechsel bislang nur selten auf. Die Verhandlungsstärke der Teams sollte allerdings nicht zu schwach bewertet werden. Insbesondere hinsichtlich Vermarktungsergebnissen und Ligenreformen dürfte sich die Verhandlungsstärke der Vereine gegenüber den Ligaverbänden erhöhen. Darüber hinaus ist der zuständige Fachverband zu nennen, auch wenn die Fachverbände durch die Ausgliederung der Bundesligen an Bedeutung verloren haben. Die Zusammenarbeit zwischen Bundesligen und Fachverband wird aber auch weiterhin für die zukünftige Entwicklung der jeweiligen Sportart und hier insbesondere hinsichtlich der Nachwuchsförderung wichtig sein (vgl. auch Schellhaaß & Enderle, 1999, S. 9f.). Eine gewisse Verhandlungs-macht wird den Zuschauern hinsichtlich ihrer Mitproduzentenfunktion zugesprochen, da sie direkten Einfluss auf die Vermarktungschancen und die sportliche Leistungsfähigkeit des Teams haben. Außerdem ist die Verhandlungsmacht der Sponsoren und Medien als Abnehmer zu nennen.
Nachdem die Branche bestimmt ist, gilt es sich im Rahmen des strategischen Verhaltens der Teams innerhalb dieser Branche zu positionieren. So kann durch die Wahl einer geeigneten Wettbewerbsstrategie eine überlegene Wettbewerbsposition aufgebaut und der Vermarktungserfolg nachhaltig gesteigert werden (vgl. auch Porter, 1999a). Im Wesentlichen existieren zwei generische Strategietypen, die jeweils auf unterschiedliche Art Wettbewerbsvorteile herbeiführen, die Kostenführerschaft und Differenzierungsstrategie. Diese beiden Strategietypen können wiederum auf einen breiten Zielmarkt oder nur auf ein begrenztes Marktsegment (Nischenstrategie) ausgerichtet sein (siehe dazu auch Homburg & Krohmer, 2006, S. 229).
Für die Beurteilung des Wettbewerbs ist es zunächst notwendig den relevanten Markt zu definieren. Der relevante Markt eines Unternehmens wird in der Regel über das Nachfrageverhalten der Konsumenten definiert und umfasst alle Austauschbeziehungen zwischen Produkten und Dienstleistungen (vgl. Bruhn, 2007, S. 135). Die Abgrenzung des Marktes erfolgt zumeist im Zuge der strategischen Marketingplanung, da die Struktur des Marktes nach Porter (1999b, S. 33) „die Spielregeln des Wettbewerbs und die Strategie, die den darin agierenden Unternehmen zur Verfügung steht, beeinflussen“. Zur Verbesserung der eigenen Marktposition stehen den Teams diverse Wettbewerbsparameter (z.B. Preis, Leistung, Qualität) zur Verfügung (vgl. Schmidt, 2005).
Aus ökonomischer Sicht lassen sich für die Marktabgrenzung von Sportligen einige Besonderheiten feststellen. Zunächst ist bei der Marktabgrenzung der Teamsportvereine zu beachten, dass es innerhalb der Sportvereinslandschaft zu einer zunehmenden Verflechtung verschiedener Organisations-

und Rechtsformen in Sportvereinen gekommen ist, so dass man es mit einem Organisationsmix, auch im Frauenteamsport, zu tun hat (vgl. Heinemann, 2007, S. 142f.). Vereine können auf diese Weise professionellere und von den Mitgliedern unabhängigere Führungsstrukturen schaffen. Ein wesentliches Kriterium der Unterscheidung ist die Rechtsform. Sportvereine werden in der Regel als eingetragene Vereine (e.V.) gegründet. Um Vermarktungspotentiale voll auszuschöpfen und ihre Ziele professioneller durchzusetzen, haben aber inzwischen viele Vereine ihre Bundesligaabteilungen als GmbH ausgegliedert (vgl. Trosien, 2000, S. 14f.). Innerhalb der Ligaorganisation herrschen demzufolge unterschiedliche gesellschaftsrechtliche Ausprägungen vor, in Form von klassischen Sportvereinen als so genannte Non-Profit Organisationen, aber auch Kapitalgesellschaften in Form von GmbH, GmbH & Co KG a. A. oder GbR, allerdings überwiegend ohne private Kapitalgeber. Zudem arbeiten in vielen Vereinen ehrenamtliche mit hauptamtlichen Mitarbeitern Hand in Hand, was in anderen Wirtschaftbereichen gar einer unvorstellbaren Konstellation gleich käme. Ferner fungieren im Teamsportmarkt verschiedene Anspruchsgruppen sowohl als Anbieter und Nachfrager zugleich.

Kritik an dem Ansatz von Porter ist, dass der wirtschaftliche Erfolg eines Unternehmens ausschließlich anhand von Merkmalen der Branchenstruktur erklärt wird. Hierbei wird in der Literatur darauf verwiesen, die schwerpunktmäßig auf unternehmensexterne Faktoren gerichtete Marktperspektive (Porter) durch eine stärkere Betrachtung vorhandener Potentiale bzw. der Ressourcenperspektive (Barney) zu ergänzen (vgl. etwa Porter, 2000, 1999a & 1999b; Grant, 1991). Denn eine detaillierte Betrachtung des Fünf-Kräfte-Modells von Porter legt nahe, dass die Branchenattraktivität letztendlich auch vom Besitz knapper Ressourcen abhängt.

Barney bemerkt dazu:

> However, analyzing a firm's skills and capabilities can be a source of more accurate expectations. Thus, from the point of view of firms seeking greater than normal economic performance, our analysis suggests that strategic choices should flow mainly from the analysis of its unique skills and capabilities, rather than from the analysis of its competitive environment (Barney, 1986, p. 1231ff.).

Markt- und ressourcenorientierter Ansatz sind daher nicht isoliert voneinander zu betrachten, vielmehr hängen sie zusammen und bilden eine sich ergänzende Sichtweise. So werden Markteintrittsbarrieren etwa durch die Ressourcenausstattung der Mitglieder der Branche bestimmt. Der ressourcenbasierte Ansatz wiederum zeigt auf, inwieweit die Ressourcenausstattung in der Lage ist, in die Branche einzutreten. Vor diesem Hintergrund stellt der ressourcenbasierte Ansatz zur Erklärung des Erfolgs eine wichtige Ergänzung der industrieökonomischen (marktorientierten) Ansätze zur Erklärung von Vermarktungserfolgen dar. Dazu unterstellt der ressourcenorientierte Ansatz, dass der Unternehmenserfolg durch unternehmensspezifische Ressourcenausstattungen und Fähigkeiten determiniert wird (vgl. auch Barney, 1991; Grant, 1991; Pfeffer & Salancik, 1978; Penrose, 1959). Die Ressourcenausstattung entscheidet bei diesem Ansatz im Wesentlichen über die Vermarktungsmöglichkeiten. Dabei ist davon auszugehen, dass empirisch beobachtbare Unterschiede in der Ressourcenausstattung von den einzelnen Bundesligavereinen existieren. Barney definiert Ressourcen allgemein als:

> „(...) firm resources include all assets, capabilities, organizational processes, firm attributes, information, knowledge, etc. controlled by a firm that enable the firm to conceive of and implement strategies that improve efficiency and effectiveness“ (1991, p. 101).

Zur Kategorisierung von Ressourcen gibt es eine Vielzahl von Arbeiten (vgl. dazu Barney, 2003 & 1991; Bamberger & Wrona, 1996; Grant, 1991; Porter, 1993). Bis heute hat sich keine allgemein akzeptierte Definition von Ressourcen durchgesetzt. Auch die Abgrenzung zu den Begriffen Capabilities und Kernkompetenzen ist nicht klar definiert. Der Begriff Ressource beschreibt zunächst einmal alles, was einem Unternehmen zur Verfügung steht und worauf es direkt oder indirekt zugreifen kann. Damit ist als Ressourcen für den Teamsport infrastruktureller Input (Sportstätten) ebenso gemeint wie sportlicher Arbeitsinput (Spieler, Trainer, etc.) und Fähigkeiten (Managementfähigkeiten, Innovationsfähigkeiten, marktorientierte Fähigkeiten o.ä.). Darüber hinaus zählen beispielsweise die Organisationsstrukturen (Ligaorganisationsnetzwerk) zu den Ressourcen. Zum Teil können Ressourcen am Markt durch Zukauf, im Austausch mit anderen Geschäftsbereichen und der Nutzung strategischer Allianzen erworben werden (vgl. Dierickx & Cool, 1989). Dies trifft insbesondere auf die Clubs zu, die in ihrer Vermarktung mit externen Agenturen zusammenarbeiten. Andere Ressourcen können nur von den Teams selbst entwickelt werden (vgl. ebd.).

Die spezifischen Aktivitäten von Bundesligaclubs beziehen sich dabei auf die sinnvolle Kombination der Ressourcen zur Generierung eines sportlichen wie wirtschaftlichen Wettbewerbsvorteils. Der dauerhafte Erfolg eines Teams basiert somit auf der richtigen Nutzung und Erweiterung der verfügbaren Ressourcen. Die Aufgaben des Managements von Teamsportclubs bestehen demnach in der Kombination der verfügbaren Ressourcen, um den Anforderungen der Märkte gerecht zu werden. Die zielgerichtete Gestaltung und Kombination stellt aus ressourcentheoretischer Perspektive den Kern des Managements, insbesondere auch bezüglich einer Markenführung der Bundesligavereine dar (vgl. dazu Burmann & Meffert, 2005, S. 40ff.). Die Hauptaufgabe des Managements besteht beim ressourcenorientierten Ansatz darin, adäquate Wettbewerbsstrategien zu entwickeln, welche auf die spezifische Ressourcensituation eines Unternehmens abgestimmt sind. Es geht vor allem darum, strategisch wertvolle Ressourcen zu identifizieren und sich diese eigen zu machen. Besonderen Stellenwert bekommen dabei die Wissensbasis der Clubs und Effizienz der eingesetzten Prozesse. Die Anforderungen an Organisationen, sich schnell an veränderte Marktbedingungen anzupassen und dabei organisationsinterne Lernprozesse anzustoßen und zu beschleunigen, sind rasant gestiegen. Es stellt sich die Frage, ob die bisherigen Strukturen und das Management dem Bedarf an Lern- und Veränderungsprozessen entsprechen können. Das Management eröffnet dabei Gestaltungsparameter, um die Bundesligavereine effizienter und zielgerichteter steuern zu können und letztlich zur Schaffung einer lernenden Organisation führen (vgl. etwa Argyris & Schön, 1996; Luhmann, 1984; Argyris & Schön, 1978; March & Olsen, 1976). Das Lernen von Organisationen besteht darin, dass Organisationen in ihre Strukturen, Prozesse und Regelsysteme Wissen einbauen, was wiederum bedeutet, dass sie Informationen in ihre systemisch relevante Praxis einbetten, um Wettbewerbsvorteile zu erlangen (vgl. auch Willke, 2005, S. 124f.). Willke (2008, S. 126) betont, dass Organisationen im Wettbewerb nur dann überlebensfähig sind, wenn sie Wissen als kritische Ressource genauso sorgfältig managen wie Arbeitsbeziehungen und Kapitaleinsatz.

Die Beiträge der Industrieökonomik sind auch für das strategische Marketing relevant. Anhand der unter industrieökonomischen Überlegungen angestellten Einpassung des markttheoretischen Angebot-Nachfrage-Schemas in die Input-Output-Struktur zwischen Marktakteuren im Ligasport, können Empfehlungen für die Formulierung und Auswahl der für eine bestimmte Marktsituation geeigneten Marketingstrategie entwickelt werden. Die industrieökonomische Forschung bildet die Basis des marktorientierten Ansatzes zur Erklärung von Vermarktungserfolgen (vgl. auch Homburg & Krohmer, 2006, S. 230f.). Für den marktorientierten Ansatz zur Erklärung des Vermarktungserfolgs fließen daher des Weiteren auch Überlegungen aus dem Marketing ein.

(3) Neuere teamsportbezogene leistungstheoretische Überlegungen aus dem Marketing.

Dem Einsatz von Instrumenten des Marketing kommt im Spitzensport eine zunehmende Bedeutung zu (vgl. dazu Schilhaneck, 2006; Welling, 2006, 2005, 2004a & 2004b; Bieling, Eschweiler & Hardenacke, 2004; Hammann, 2004; Riedmüller, 2003 & 2001). Mit der induzierten Bestimmung einer Rangfolge als Zielsetzung, damit ein Meisterschaftsrennen als vermarktbares Absatzobjekt bestimmt werden kann, sind auch besondere Herausforderungen an das Marketing verbunden. Nach Welling (2004c, S. 296) gibt es in einer Liga „keinen klar separierbaren Output auf der Ebene der einzelnen Mannschaften, jedes Spiel steht unauslösbar im Kontext der Meisterschaft“. Einerseits muss die Liga als Ganzes betrachtet werden, andererseits stehen die einzelnen Vereine in Konkurrenz zueinander. Wird ein isoliertes Spiel als Absatzleistung betrachtet, ergeben sich aber weitere Implikationen für die Vermarktung. Trotz sportlicher Kooperationserfordernisse bei der Kernleistung, ergeben sich vielfältige Möglichkeiten für Vereine, ihr individuelles Angebot zu gestalten und zu vermarkten (siehe ebd., S. 297). Aus einer markttheoretischen Perspektive sind die Einschätzungen demnach weiter zu differenzieren, um zusätzliche Erlöspotentiale aufzudecken (ebd., S. 278ff.). Darüber hinaus können diese Marktbeziehungen der Clubs als sehr heterogen bezeichnet werden. Sie stehen mit verschiedenen Stakeholdern auf jeweils unterschiedlichen Beschaffungs- und Absatzmärkten in Austauschbeziehungen. Daher lassen sich sowohl für das Business-to-Consumer- (B2C) als auch das Business-to-Business (B2B) Marketing der Clubs einige Besonderheiten aufzeigen. Im B2C-Bereich erwarten die Vereinsmitglieder einerseits einen möglichst attraktiven Mix aus Sport- und Zusatzangeboten, die Zuschauer hingegen einen spannenden Wettbewerb. Andererseits erhoffen sich die Spieler und Manager marktgerechte Verdienstchancen und die Nachwuchsspieler sportliche Entwicklungsperspektiven. Der Verein als Organisation tritt in verschiedenen Bereichen mit anderen Organisationen, wie potentiellen Sponsoren, Medien oder externen Vermarktungsagenturen in Kontakt. Im B2B-Bereich wird die sportliche Leistung zur Realisierung der eigenen ökonomischen und kommunikativen Zielsetzung der Teams eingesetzt. Im B2B-Bereich verlangen die Medien mit Informationen versorgt zu werden und die Sponsoren geeignete Präsentationsmöglichkeiten und eine gute Betreuung durch die Vereine. Darüber hinaus gilt es identitätsstiftenden Erwartungen von Kommunen bzw. Politikern gerecht zu werden. Aufgrund dieser Unterteilung und der heterogenen Zielgruppen im Teamsportmarkt wird die Auswahl der Abnehmer bzw. die Zielgruppenbestimmung zu einer wichtigen strategischen Variablen. Innerhalb des relevanten Marktes ist zu analysieren, inwieweit eine weitere Segmentierung für die Analyse der Vermarktungssituation von Bedeutung ist. Die Segmentierung erlaubt eine individualisierte und stärker auf die Bedürfnisse der unterschiedlichen Zielgruppen eingehende Bearbeitung.

Eine zentrale Aufgabe des Marketings ist der Aufbau und die Pflege von Beziehungen. Insbesondere dem marketingstrategischen Ansatz der Markenführung kommt in neueren Überlegungen hinsichtlich der Differenzierung im Wettbewerb daher eine besondere Bedeutung zu. Einige Autoren bezeichnen die Markenführung sogar als wichtigste Aufgabe der zukünftigen Vereinsführung (vgl. dazu auch Welling, 2005; Gladden & Funk, 2002; Gladden, Irwin & Sutton, 2001). Durch starke Marken sind Differenzierungspotentiale über die Schaffung einer positiv wahrgenommenen Kosten-Nutzen-Relation zu Gunsten des eigenen Angebots hinsichtlich der Positionierung im Teamsportmarkt realisierbar. Dies erfolgt mehr und mehr durch die Entwicklung einer Marke. Die Positionierung eines Clubs wird langfristig wichtiger für ein erfolgreiches Clubmanagement als „schnelle Gelder“ um Wettbewerbsvorteile. Aus Sicht eines Bundesligavereins geht es darum, den eigenen Verein als lokale, nationale oder sogar internationale Marke zu positionieren. Diese Marken repräsentieren dabei emotionale und rationale Merkmale des Leistungsangebots der Clubs als Ausdruck ihrer Fähigkeiten (vgl. auch Couvelaere & Richelieu, 2005, S. 23ff.; Riedmüller, 2003; Bagozzi, Gopinath & Nyer, 1999). Ziel des marketingstrategischen Ansatzes der Markenführung ist die Schaffung einer langfristigen Identifikationsbasis einer so genannten Fanbindung (vgl. auch Rohlmann, 2001, S. 425f. & 1998, S. 18). Die Veranstaltungsatmosphäre trägt entscheidend zur Emotionalisierung von Zuschauern bei. Darüber hinaus nutzen Sponsoren diese Bedingungen, um die Wirkung ihrer Werbebotschaften zu erhöhen und eine emotionale Positionierung zu erreichen. Die Bundesligateams profitieren dabei sowohl von Einnahmen durch den Verkauf von Eintrittskarten als auch von Einnahmen durch Sponsoringaktivitäten (vgl. dazu Uhrich & Königstorfer, 2007, S. 139).

Ferner handelt es sich bei Spitzensportveranstaltungen um so genannte positionale Güter.[4] Diese Besonderheit wurde bislang wenig berücksichtigt (siehe auch Kruse, 2000, S. 16ff.). Bei positionalen Gütern ist die Wertschätzung durch die Nachfrager von ihrem Rang von einer Qualitäts- oder Bewertungsskala abhängig, demnach z.B. das beste Orchester, die besten Handballteams etc. Zu dieser Kategorie gehört typischerweise im Handball die Bundesliga der Männer, auch als die „stärkste Liga der Welt" bezeichnet. Durch die Charakterisierung eines positionalen Gutes durch seinen vorderen Rang in einer Qualitätsskala kann dieses nicht ohne weiteres durch ein anderes Gut, z.B. Frauenhandball, ersetzt werden. Es kann sich dabei auch um andere Gründe der Beliebtheit beim Publikum handeln, wie beispielsweise eine attraktivere Spielweise. Die Überlegenheit des von Männern betriebenen Sports wird in einem System, das sich durch die Zentrierung auf den Körper und die körperliche Leistungsfähigkeit auszeichnet, mit jedem körperlichen Auftreten von Sportlern und Sportlerinnen zum Ausdruck gebracht. Frauenteamsport befindet sich schon deshalb in einer schwierigeren Ausgangssituation, da sich schon eine „natürliche Grenze" der Vermarktbarkeit ergibt.

2.3 Vermarktungsmodell des Teamsports zur Erklärung von Vermarktungserfolgen

Die Ausführungen in Kap. 2.2 legen nahe, dass eine marktbezogene Analyse des Spitzenhandballs der Frauen ein nach wirtschaftlichen Kriterien abgegrenztes Ligasport-Marktmodell erfordert. Aufgrund der theoretischen Grundlagen entstehen Annahmen über die Bestimmungsgründe von Teamsportangebot und -nachfrage und der Möglichkeit ihrer aktiven Beeinflussung. Im Sinne der ökonomischen Einpassung des markttheoretischen Angebot-Nachfrage-Schemas in ein Ligasport-Marktmodell wird ein strategischer Handlungsrahmen für das Marketing-Management der Frauenhandballvereine entwickelt. Im Mittelpunkt steht dabei die Vermarktung des Outputs „Spitzenhandball der Frauen", dessen spezieller Charakter noch bestimmt werden muss. In den weiteren Ausführungen soll die Modellbildung zuerst produktions- bzw. angebotsseitig und dann nachfrageseitig argumentiert werden. Vor dem Hintergrund bestehender Konkurrenzbeziehungen sind hierbei auch allgemeine und sportspezifische sozioökonomische Standortkonstellationen zu berücksichtigen.
Das Ligasport-Marktmodell bildet den Analyserahmen zur Beschreibung der aktuellen Ausprägung der Einflussfaktoren, zur statistischen Prüfung des Vermarktungserfolgs und der Identifikation von strategischen Ansatzpunkten hinsichtlich der Ausschöpfung von Vermarktungspotentialen. Aus-

[4] Als Positionalität wird nach Hirsch (1980) das Streben der Menschen bezeichnet, eine bestimmte gesellschaftliche Position zu genießen, zu verteidigen oder zu verbessern. Die Position wird dabei bestimmt von äußeren Vorgaben, positionales Handeln ist immer nur ein klammerndes, passives Reagieren auf diese Einflüsse. Genauso wie andere Leitbilder wird Positionalität in die Gesellschaft überliefert und impliziert. Positionsgüter sind im Gegensatz zu den materiellen Gütern nicht zwingend absolut knapp vorhanden, sondern können auch gesellschaftlich bedingt verknappen. Während eine absolute Knappheit bedingt ist durch die geringe zur Verfügung stehende Anzahl eines Gutes, wird gesellschaftliche Knappheit ausgelöst durch ein Streben der Menschen nach oben.

gangspunkt ist die produktionstheoretische Besonderheitshypothese zum Teamsport, dass faktisch ein unteilbarer Output Ligasport unter Kooperation der beteiligten Akteure hergestellt wird und einem streng limitationalen Transformationsprozess unterliegt. Die Effizienz der Produktion „Spitzenhandball" zeigt sich im Verhältnis zwischen Ressourceneinsatz und erzielter Leistung. Im Sinne dieser Input-Output-Relation versucht jedes Team der Handball BL Frauen seine Faktorkombination zu optimieren, um ein bestmögliches Ergebnis (sportlich wie wirtschaftlich) zu erzielen. Es geht demnach um die Verwendung von knappen Ressourcen, die in den Produktionsprozess einfließen und verbraucht werden. Vor allem sind die Vereine darauf angewiesen, Abnehmer für ihre Angebote zu finden und von ihnen und aus anderen Quellen Ressourcen zu erhalten, die sie für die Erstellung ihres Angebots benötigen (vgl. auch Pfeffer & Salancik, 1978). Dabei werden bestimmte Eingangsgrößen (Input) einem systeminternen Verarbeitungsprozess (Throughput) unterzogen, um dann als Ausgangsgröße an die Umwelt abgegeben zu werden (Output).

Es ist davon auszugehen, dass der Vermarktungserfolg neben Unterschieden in der Ressourcenausstattung von der Effizienz beim Einsatz der Input-Ressourcen bestimmt wird. Für den Erfolg eines Bundesligavereins ist demzufolge der gesamte Input entscheidend. Die Annahme ressourcenorientierter Ansätze geht in diesem Zusammenhang von der Vorstellung aus, dass ein Club im Prinzip als Pool von Ressourcen und Fähigkeiten verstanden werden muss und dass diese Ressourcen und Fähigkeiten die primären Bestimmungsgrößen der Strategie und der Leistung des Teams sind (vgl. auch Barney, 1991). Somit sollte es ein vorrangiges strategisches Ziel sein, den Ressourceninput zu sichern. Die Sicherung der Ressourcen führt zu Anerkennung und Existenzberechtigung für den Frauenteamsport. Der ressourcenorientierte Ansatz betont die Einzigartigkeit eines jeden Vereins und stellt heraus, dass Entwicklungschancen nicht darin liegen, Gleiches oder Ähnliches zu machen wie die Konkurrenz, sondern Unterschiede auszunutzen. Eine scharfe Segmentierung der einzelnen Potentialfelder ist nützlich und unerlässlich, um Potentiale für den Spitzenhandball der Frauen zu entwickeln. Auf Clubebene müssen die Inputfaktoren bereitgestellt, vorbereitet und koordiniert werden. Die Grundidee ist, durch eine geschickte, einzigartige Kombination der Inputfaktoren/Ressourcen einen spannenden und sportlich integren Wettbewerb zu liefern. Keine andere Branche verfügt über die Vielzahl von Möglichkeiten, die Marktstruktur im Hinblick auf ökonomische Erfolgsfaktoren zu optimieren. Dazu zählen Regeländerungen, die sich einerseits auf den sportlichen Wettkampf selbst beziehen und andererseits die Struktur des Markts betreffen, um die Unsicherheit und damit die Attraktivität bei Konsumenten zu erhöhen (vgl. zur Regelung des Angebots Heinemann, 1995, S. 186ff.).

Die konkurrenzbezogene Ressourcenbewertung im Modell erfolgt dabei unter der Perspektive des *benchmarking* (vgl. dazu z.B. Steinmann & Schreyögg, 2000, S. 188), dem Abgleich der Ressourcen mit anderen Teamsportarten, wobei der Männerhandball als Branchenführer im Handballmarkt verstanden werden kann.

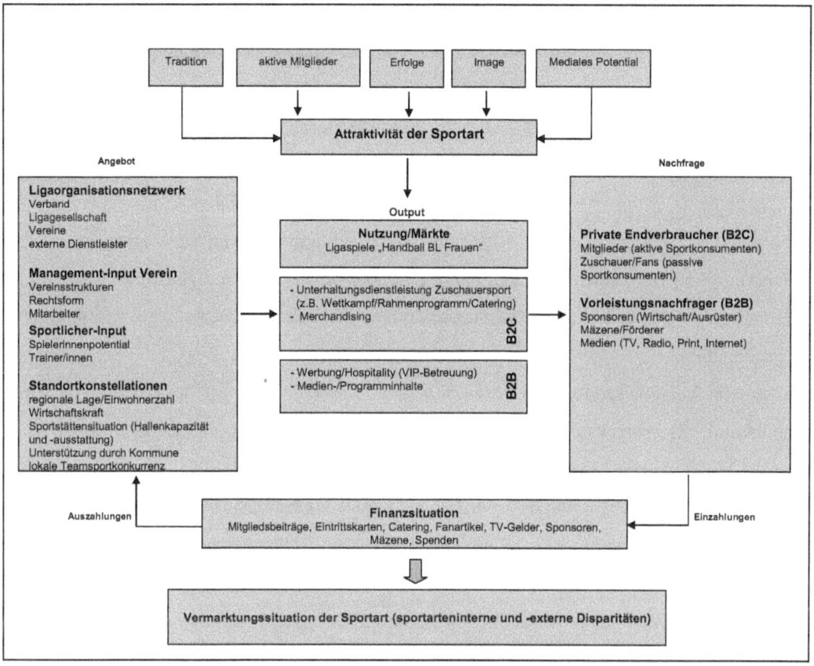

Abb. 1. Ökonomisches Vermarktungsmodell des Ligasports (in Anlehnung an Kurscheidt, Klein & Mielke, 2009).

Das Ligasport-Marktmodell zur Analyse der Marktsituation des Frauenhandballs innerhalb des Teamsportmarktes in Abbildung 1 beinhaltet zunächst Variablen zur Attraktivität der Sportart. Die Attraktivität ist als intangibler Faktor anzusehen, dem letztlich auch ein betrieblicher Leistungserstellungsprozess zugrunde liegt (vgl. dazu Hall, 1992, S. 135ff.). Unter dieser Variable sind Einflussfaktoren subsumiert wie die historisch-kulturelle Verankerung der Sportart, die Aktivenquote, vergangene sportliche Erfolge der Vereins- und Nationalmannschaften, das Image der Sportart Handball sowie das mediale Potential, das z.B. durch Stars positiv beeinflusst wird. Aus ökonomischer Sicht ist die Verbreitung und mediale Attraktivität entscheidend für die kommerziellen Nutzungsmöglichkeiten der betreffenden Sportart.

Die Ausgestaltung des Liga- bzw. Vereinsmanagements (*Management- und Marketingpotential*) ist eine weitere wichtige Einflussgröße der Vermarktung einer Sportart.

Auf der Anbieterseite kann das Zusammenwirken von Verband, Liga und Vereinen organisationstheoretisch als Netzwerk verstanden werden. Mit Bezug auf den ressourcenorientierten Ansatz kann dieses Ligaorganisationsnetzwerk als strukturelle Ressource eingeordnet werden. Die organisatorischen und koordinativen Aktivitäten des Fachverbands und der Ligaverbände sind hier als spezifische Dienstleistung für den Handballsport anzusehen. Außerdem stellen Dienst- oder Werksleistungen Dritter Produktionsfaktoren für den Spitzenhandball bereit. Zu nennen sind in diesem Zusammenhang beispielsweise Beratungsdienstleistungen von Agenturen, Ordnerdienste, Transportleistungen, Cateringservice etc., die meist fremdbezogen werden.

Die Handballvereine, hier verstanden als Dienstleistungsbetriebe, müssen zunächst ihre Potentiale aufbauen, bevor die eigentliche Leistungserstellung erfolgt. Dazu gehört auch ein effizient arbeitendes Clubmanagement. Erfolgsunterschiede in der Vermarktung sind häufig auf Unterschiede in der Professionalität des Managements und vorhandene oder fehlende innovative Marketingkonzepte zurückzuführen. Ohne geeignetes Personal, entsprechendes Know-how und sonstige für den Leistungserstellungsprozess erforderlichen Ressourcen können die Bundesligateams kein vermarktbares Ligaspiel produzieren.

Auf der Ebene des Leistungserstellungsprozesses wird das Produkt *Ligaspiel* an erster Stelle durch das Humankapital, also menschliche Arbeitsleistungen bzw. Humanressourcen beeinflusst. Hier bestimmen die Zusammensetzung des Spielerinnenkaders, aber auch die Trainer/innen, Betreuer, Mitarbeiter und Manager die Qualität des sportlichen Outputs (siehe auch Franck, 1995, S. 167).

Des Weiteren werden Vermarktungsergebnisse von den spezifischen Standortkonstellationen der Teams, z.B. der Einwohnerzahl sowie der wirtschaftlichen Prosperität einer Region und damit der Finanzsituation der kommunalen Haushalte, bestimmt. Das sozioökonomische Standortpotential einer Region wirkt sich sowohl auf der Angebots- als auch der Nachfrageseite aus. An wirtschaftlich starken Standorten dürften sich leichter Unterstützer des Vereins aus der lokalen Wirtschaft finden, als in Städten mit hoher Arbeitslosigkeit. Zugleich bietet eine einwohnerstarke Stadt mit höherem Einkommensniveau dem Teamsport prinzipiell ein höheres Nachfrage- bzw. Zuschauerpotential als Kleinstädte in der strukturschwachen Provinz.

Darüber hinaus wird angenommen, dass die jeweilige lokale Konkurrenzsituation unter den Teamsportvereinen das Sponsoren- und Zuschauerpotential und damit die Vermarktungsresultate beeinflusst.

Auf der Beschaffungsseite wird zudem Kapital in Form von Sportstätten bereitgestellt (vgl. auch Borland, 2006, S. 22ff.; Swieter, 2002, S. 44ff.). Die Finanzierung und Bereitstellung von Sportanlagen wird dabei maßgeblich durch den Staat, hier vor allem die Kommune unterstützt. Folglich ist der Spitzensport in erheblichem Maße auf die Ressourcenmobilisierung durch das politische System angewiesen. Die Vereine benötigen Ressourcen, die von anderen Organisationen zur Verfügung gestellt werden müssen, sind also abhängig von externer Unterstützung. Meist bekommen die Vereine ihre Trainings- und Wettkampfstätten kostenfrei bzw. -günstig zur Verfügung gestellt. Die Gegebenheiten der verfügbaren Sportstätten (Kapazität, Ausstattung) werden dabei stark vom jeweiligen Teamstandort beeinflusst.

Der gastgebende Verein trägt dabei die Bereitstellungskosten eines Ligaspiels und ist ebenfalls für die Vermarktung des Spiels zuständig, insbesondere für den Verkauf der Eintrittskarten, Merchandisingartikel und Werberechte. Er stellt die Spielstätte, legt die Eintrittspreise fest, bestimmt gegebenenfalls ein Rahmenprogramm und organisiert das Catering. Der Heimverein trägt demnach das finanzielle Risiko und die Verantwortung der ordnungsgemäßen Durchführung des Spiels. Der Erlös pro Sieg wird dabei stark von der Ressourcenstruktur, die in das Team investiert wird, beeinflusst (vgl. Zimbalist, 1997, S. 215). Dem Gastverein dagegen fließen aus einem Auswärtsspiel keine direkten Erlöse zu (vgl. auch Parlasca, 1993, S. 64ff.). Der gastgebende Verein fungiert als eigentlicher Produktanbieter. Hier können die Vereine folglich Potentiale autonom gestalten und vermarkten, so dass aus Marketingsicht neben kooperativen (Ligaebene) auch autonome Bereiche (Teamebene) des Leistungserstellungsprozesses zu identifizieren und zu differenzieren sind (vgl. auch Welling, 2004c, S. 292f.).

Die hinsichtlich der Vermarktung besonders interessierenden Absatzmärkte im Ligasport entstehen erst durch die Nutzung des Ligasport-Outputs (vgl. Swieter, 2002, S. 28). Die an den Output gekoppelten Nutzungsmöglichkeiten sind als spezifische Verwertung des Outputs aufzufassen. Diese Verwertung von Sportprodukten bzw. Vermarktung zielt darauf ab Erlöse zu erwirtschaften (siehe auch Trosien, 2004, S. 161). Die 1. Handball BL Frauen z.B. produziert das Produkt „Meisterschaft“ momentan in einem Play-off Modus mit 12 Teams, die 2. Liga Nord mit 14 Teams und die 2. Liga Süd mit 13 Teams. Der Output entsteht durch den Einsatz der Inputgüter und deren Kombinationsprozess. Der im Rahmen eines Ligaspiels entstehende Output ist als wirtschaftliches Gut zu charakterisieren, das im Unterschied zu freien Gütern nicht beliebig zur Verfügung steht. Bei differenzierterer Betrachtung der Erlösmöglichkeiten kristallisieren sich unterschiedliche Zielgruppen eines Ligaspiels heraus, private Endverbraucher und Vorleistungsnachfrager (vgl. auch Kurscheidt, Klein & Mielke, 2009). Die relevanten Ligasportmärkte werden in der Marketingterminologie, gemäß dieser beiden Hauptgruppen, auf der Nachfrageseite in die Bereiche *Business-to-Consumer* (B2C) und *Business-to-Business* (B2B) unterteilt. Darunter lassen sich die im Teamsportmarkt typischen Absatzmärkte wie in Abbildung 1 dargestellt fassen: einerseits der Zuschauer- und Merchandisingmarkt sowie sonstige marktfähige Aktivitäten wie das Catering (B2C), andererseits der Sponsoring- und Medienmarkt (B2B) (vgl. auch Riedmüller, 2003, S. 84ff.).

Die *privaten Endverbraucher (B2C)*, konsumieren den Ligasport je nach Präferenzen in unterschiedlicher Weise. Zielgruppen, die an der Verwertung des Outputs Spitzenhandball interessiert sind, sind in der Regel nicht nur Mitglieder der Handballvereine, sondern darüber hinaus interessierte Zuschauer und Fans. Im Frauenhandball ist davon auszugehen, dass es zu einer starken Überschneidung der aktiv Sporttreibenden bzw. Vereinsmitglieder und Zuschauer kommt (vgl. auch Riedl, 2006).

Die Zuschauer lassen sich grundsätzlich in zwei Gruppen aufteilen: Zuschauer in den Sporthallen und Zuschauer am Fernseher. Daraus resultiert eine Besonderheit des Sportmarktes, dass sich die unmittelbare Nachfrage sowohl in Form eines aktiven als auch passiven Sportkonsums äußern kann. Die Vereine brauchen vor allem zahlende Zuschauer, Werbeverträge und Fernsehhonorare, denn ohne die Teilnahme der Fans, Sponsoren und Medien an der Produktion kann der heutige Spitzenhandball nicht marktgerecht produziert werden. Erst durch die emotionale Mitwirkung von Zuschauern, die Mitarbeit der Medien und das Engagement der Sponsoren gewinnt die Frauenhandball-Bundesliga vollständigen Produktcharakter, der sich vermarkten lässt.

Die zweite Nachfragegruppe sind die *Vorleistungsnachfrager (B2B)*. Als Vorleistungsnachfrager können die an Sponsoring interessierten Unternehmen und die Medien bezeichnet werden. Sponsoren versprechen sich durch das Sportsponsoring eine Steigerung der Bekanntheit ihrer Produkte oder einen Imagetransfer bzw. -aufbau. Die positiven Imagefaktoren (dynamisch, jugendlich, leistungsbezogen o.ä.) sowie der emotionale Erlebniswert – insbesondere publikumswirksamer Sportarten – können auf werbende Unternehmen übertragen werden. Des Weiteren gewinnt der Faktor „Schaffung neuer Geschäftsbeziehungen“ an Bedeutung. Unternehmen nutzen Sportveranstaltungen als Plattform im Sinne der Kundenpflege, indem sie durch Hospitality-Maßnahmen (z.B. Einladung potentieller Kunden zu Sportveranstaltungen) Leistungsanreize schaffen, um ihren wirtschaftlichen Interessen nachzukommen. Je nach Ligasportart stehen für regionale Sponsoren insbesondere die Kontakte in der Sportstätte im Vordergrund, während nationale Großsponsoren an hohen Zuschauerkontaktzahlen interessiert sind, die nur über Fernsehübertragungen gewährleistet werden können. Die Teams veräußern ein bestimmtes Recht an der Nutzung der hervorgebrachten sportlichen Leistungen, außerdem an die Medien, die die sportlichen Ereignisse für ihre Zwecke einsetzen. Somit hat der sportliche Output für die Zuschauer einen konsumtiven und für die Medien und Wirtschaft einen produktiven Charakter (vgl. auch Babin, 1995, S. 45).

Vor allem auf der Nachfrageseite kommt es zu den diskutierten Konkurrenzbeziehungen bei ressourcenschwachen Teamsportarten. Es entstehen regionale Ligasportmärkte, auf denen sich die Teams hinsichtlich der Bearbeitung der beschriebenen Absatzmärkte gegenüber ihren Wettbewerbern positionieren und behaupten müssen. Denn auch lokal-regional ist der Sport ein wichtiger Medieninhalt insbesondere der Printberichterstattung oder von regionalen TV-Sendern bzw. den „Dritten“ Programmen. Die regionalspezifischen Konstellationen entscheiden demnach über die lokal-regionale Vermarktungssituation und damit die sportlichen Entwicklungsperspektiven der lokal ansässigen Teamsportclubs. Welches Vermarktungspotential ein Team aufgrund seiner Ressourcenausstattung und spezifischen Standortkonstellationen hat, soll im weiteren Verlauf der Arbeit noch empirisch untersucht werden.

Die Vermarktungsresultate der Teams bestimmen gleichzeitig über ihre Finanzkraft. Um ihre Produktionsfaktoren beschaffen zu können, benötigen die einzelnen BL-Teams Kapital. Die am Markt erzielbaren Erlöse bestimmen gleichzeitig den optimalen Einsatz an Inputfaktoren. Die Finanzsituation als materielle Ressource ist daher ein maßgeblicher Indikator für die Qualität des Outputs „Spitzenhandball der Frauen“.

Das hier skizzierte Ligasport-Marktmodell stellt den Einfluss verschiedener Variablen auf den Vermarktungserfolg im Spitzenhandball der Frauen dar. Inwieweit es den Teams der Handball BL Frauen gelingt, sowohl auf der „Produktionsseite“ günstige Bedingungen zu schaffen als auch die verschiedenen Nachfragegruppen durch Bearbeitung der verschiedenen Absatzmärkte anzusprechen, wird in der vorliegenden Arbeit empirisch überprüft.

3 Forschungsmethodik

Wie in den vorstehenden Kapiteln dargelegt, soll die aktuelle Vermarktungssituation des Spitzenhandballs der Frauen in Deutschland unter einer ökonomischen, konkret marktbezogenen Perspektive untersucht werden. Hier gilt es geeignete Daten zu den beiden Bundesligen im Frauenhandball und der ihnen zugehörigen Vereine zu erschließen und im Hinblick auf die Fragestellungen auszuwerten. Um dem Anspruch nachzukommen, sowohl einer empirischen Überprüfung von theoretischen Modellen als auch von differenzierten Struktur- und Problembeschreibungen, um Wirkungszusammenhänge im Managementverhalten der Marktakteure genauer aufzudecken, bietet sich die Kombination von quantitativen und qualitativen Forschungsmethoden an. Die Untersuchung besteht daher aus zwei empirischen Säulen, die beide darauf abzielen, Vermarktungserfolge im Frauenhandball zu erklären.

Ein Vorteil in der Integration von quantitativen und qualitativen Methoden liegt laut einschlägiger Literatur zur empirischen Sozialforschung darin begründet, dass auf diese Weise die Schwächen einer Methodentradition durch die Stärken der jeweils anderen ausgeglichen werden können (vgl. dazu Flick, 2008; Kelle, 2007, S. 47; Mayring, 2007, S. 27ff. & 2001). Neben dieser wechselseitigen Methodenkritik dient die Kombination quantitativer und qualitativer Analyse der wechselseitigen Ergänzung der Forschungsergebnisse, so dass die Ergebnisse quantitativer und qualitativer Forschung zusammen ein umfassenderes Bild des Untersuchungsgegenstands ergeben (vgl. Kelle, 2007, S. 54f.). Quantitative Modelle werden sinnvoll ergänzt und durch deskriptiv-analytische Ausführungen weitergeführt (vgl. ebd., S. 39ff.). Auf diese Weise kann den quantitativen Ergebnissen weiter nachgegangen werden. In der vorliegenden Studie erfolgte die Datenerhebung sowohl sekundär- als auch primärempirisch, die Datenauswertung geschah zunächst mittels quantitativ-statistischer Prüfverfahren und anschließend qualitativ-inhaltsanalytisch.

3.1 Datenerhebung

Zunächst wurden stilisierte Daten und Fakten zur Vermarktung insbesondere des Handballs zusammengetragen und ausgewertet. Ein Vorteil besteht bei der sekundärempirischen Datenerhebung in den schon vorhandenen Daten, die nicht erst erhoben werden müssen. Außerdem besitzen die Daten eine hohe Objektivität, da sie unabhängig von der aktuellen Fragestellung entstanden sind und in der Regel nicht auf subjektiven Wahrnehmungen beruhen (vgl. Mayring, 2002, S. 46ff.). Für diese Sekundäranalyse wurden alle zugänglichen Daten zum Frauenhandball eruiert. So wurden für die Analyse der historischen Entwicklung und der aktuellen Situation des Spitzenhandballs der Frauen umfangreiche Daten und Dokumente zur Sportart Handball sowie zur Liga- und Vereinsvermarktung erschlossen.

Einerseits wurde dabei auf historische Quellen sowie Sekundärliteratur zur Geschichte des (Frauen-)Handballs zurückgegriffen, um auch die Entwicklung und Institutionalisierung des Frauenhandballs in Deutschland zu rekonstruieren. Als Quellenmaterial dienten Verbandszeitschriften und Vereinschroniken, Jahrbücher des Deutschen Handball-Bundes sowie Sportberichte in Tageszeitungen und Informationen aus (populär-) wissenschaftlichen Abhandlungen zum Handballsport (vgl. u.a. Eggers, 2004; Meynert, 1995). Die lückenhafte Quellenlage in den historischen Dokumenten der Mitgliederstatistiken erwies sich dabei als problematisch.

Andererseits erfolgte für die Analyse der aktuellen Vermarktungssituation eine Erhebung von statistischen Daten etwa zu Etats, Zuschauerzahlen usw. über den Frauenhandball aus Vereinsstatistiken, Verbandsunterlagen, Fachzeitschriften zum Handballsport wie das Handball-Bundesliga-Special Frauen, Ausgaben des Handball Magazins (seit Juni 2007 Handball Premium Magazin) und der Handballwoche, wirtschaftsbezogenen Fachzeitschriften wie Sponsor^s, Horizont Sport Business, Imagebefragungsstudien und Übersichten zu TV-Übertragungszeiten. Für die liga- und vereinsbezogenen Daten erwiesen sich die Internetauftritte der Handballvereine als ergiebig. Die Vereinshomepages gaben z.T. sehr detaillierte Informationen über aktuelle Vereinsstrukturen, die Zusammensetzung des Spielerinnenkaders, Trainerwechsel, das Sponsorenengagement oder auch Zuschauerzahlen. Für die lokalen Standorte der Teams wurden zentrale sozioökonomische Daten ebenfalls über Sekundärquellen, wie die Prognos-Datenbank sowie Datenbanken der statistischen Landesämter erschlossen. Die eruierten Daten dienten dazu, etwa Strukturgrafiken zu entwerfen und Übersichtstabellen zu erstellen.

Hinsichtlich der Vermarktungssituation des Frauenhandballclubs erwies sich die defizitäre Datenlage sekundärempirischer Quellen als problematisch. Daher wurden außerdem Daten zur Vermarktung durch eine eigene Befragungsstudie der 39 BL-Clubs sowie Marketing-Verantwortlichen im DHB und dem Ligaverband HBVF erhoben. Gleichzeitig konnten dadurch Daten zur Vermarktungspraxis der Clubs gewonnen werden, die dezidierte Einsichten in das Marktverhalten der Akteure lieferten. Damit sollten die Markteinschätzungen und die Marketingpraxis der Clubs im Nischenmarkt Frauenhandball erfasst werden.

Als Forschungsmethode zur Erhebung eigener primärer Daten kam das qualitative Experteninterview zum Einsatz. Die Interviewstudie stellt für den hier verfolgten Forschungszweck auch eine ergiebige Quelle zur Erweiterung des Datensatzes der inferenzstatistischen Auswertung dar. Die qualitative Methode wird in der empirischen Sozialforschung auch als Entdeckungsmethode bezeichnet. Zielsetzung qualitativer Verfahren ist das Ergründen und Finden und nicht das Überprüfen wie etwa bei den quantitativen Verfahren. Mit dem Einsatz von Experteninterviews sollen Strukturen und Strukturzusammenhänge des Expertenwissens analysiert werden (vgl. auch Meuser & Nagel, 2005, S. 76; Lamnek, 2002, S. 157ff.; Mayring, 2002, S. 49). Die qualitative Befragung liefert hierbei eine ganzheitliche Sichtweise, da sie die Erfahrungen, Einstellungen, Strategien und Verhaltensweisen aus der Sicht der Betroffenen erfasst. Sie stellt daher ein geeignetes Verfahren für den bisher nur wenig erforschten Gegenstand Frauenhandball dar. Die Einschätzungen einer Personengruppe mit exzellenter Marktkenntnis liefern einerseits anschauliche Aussagen für analytische Einordnungen und Interpretationen, andererseits verdeutlicht die Vielfalt der Einzelperspektiven die komplexen Zusammenhänge in der Teamsportvermarktung und ermöglichen somit weitergehende Erkenntnisse (vgl. auch Bortz & Döring, 2006, S. 283). Die Flexibilität und Offenheit qualitativer Erhebungsverfahren ermöglichte es dabei, neue, bisher unbekannte Sachverhalte und Wirkungstzsammenhänge zu entdecken. Die qualitativen Verfahren ersetzen in der vorliegenden Arbeit daher die Anwendung quantitativer Auswertungsmethoden nicht, sondern ergänzen und vertiefen diese um die subjektive Sichtweisen und Einschätzungen der beteiligten Akteure. Hierin liegt aber auch ein Problem von Experteninterviews, dass Fragen nach der Vereinssituation mit der Bewertung der eigenen Arbeit des Befragten verbunden sein können. Ungenaue oder zu positive Angaben von Seiten der Experten sind daher nicht auszuschließen. Ein Nachteil bei qualitativen Interviews wird auch in der symbolischen Deutung und somit der Vermischung der Aussagen mit Intentionen des Interviewers gesehen (vgl. Meuser & Nagel, 2005, S. 91f.).

Die für die Interviews in Frage kommenden Personen wurden gezielt ausgesucht. Als Experte wird nach Meuser und Nagel (ebd., S. 73) gesehen, „wer in irgendeiner Weise Verantwortung trägt für den Entwurf, die Implementierung oder die Kontrolle über eine Problemlösung“ oder „wer über einen privilegierten Zugang zu Informationen über Personengruppen oder Entscheidungsprozesse verfügt“. In diesem Fall sind die Marketingverantwortlichen der Bundesligaclubs und der zuständigen Verbände solche relevanten Experten. Die Personen sollten die Situation der Bundesligateams genau kennen und verantwortlich für die Vermarktungsaktivitäten der Clubs sein. Zur Auswahl standen (Team-)Manager, Geschäftsführer, Abteilungsleiter oder auch sportliche Leiter mit Managementaufgaben. Ein weiteres wichtiges Auswahlkriterium war die Gesprächsbereitschaft möglicher Interviewpartner. Damit schieden Personen aus, die bei der ersten Kontaktaufnahme wenig gesprächsbereit erschienen, was allerdings nur in vier Fällen zutraf (in den vier genannten Fällen erfolgte ein Verweis an andere Personen als Gesprächspartner). Abgelehnt wurde die Bitte um ein Interview von keinem der ausgewählten Vereine und Verbände.

Die Kontaktaufnahme wurde zunächst über ein persönliches Anschreiben, das die Vereine und Verbände über die anstehende Untersuchung informierte, initiiert. Anschließend wurde telefonisch Kontakt aufgenommen, um die Teilnahme an der Befragung zu sichern. Obwohl die grundsätzliche Bereitschaft der Manager, sich zu beteiligen, ausgesprochen gut war (positive Resonanz), erwies sich dabei ihre Zeitknappheit für eine Terminabsprache als schwierig. Demzufolge wurden viele Briefe geschrieben und Telefonate geführt, um sie zum Mitmachen zu motivieren. Daraufhin konnten die Interviews geplant werden und die Terminvereinbarung erfolgen. Das Interesse der Handballvertreter an der Studie war letztlich der Garant dafür, dass eine Vollerhebung realisiert werden konnte.

Um dem mit qualitativer Forschung verbundenen Problem der Repräsentativität zu begegnen, wurde eine Vollerhebung durchgeführt (vgl. auch Bortz & Döring, 2006, S. 326ff.). Somit ergeben die Experteninterviews ein repräsentatives Bild der aktuellen Vermarktungschancen und -probleme aus Sicht der Vereine. Die Durchführung der Experteninterviews erfolgte von Januar bis Mai 2007. Bezugspunkt der Untersuchung war die Spielzeit 2006/07 (September 2006 bis Mai 2007). Es wurden alle 39 Teams der Handball BL Frauen befragt (vier Interviews lagen bereits aus einer früheren Untersuchung von Wolf (2005) aus einer Diplomarbeit vor). Damit liegen aus der 1. Handball BL Frauen 12 Interviews und aus der zweigleisigen 2. 27 Interviews vor. In der Nordstaffel spielten in der Saison 2006/07 14 Teams, in der Südstaffel 13. Zudem erfolgten sechs Experteninterviews mit Vertretern des DHB sowie des Ligaverbands HBVF (drei wurden im Rahmen einer Di- plomarbeit von Papendick (2009) erhoben). Drei der Verbandsinterviews wurden zeitgleich mit der Vereinsbefragung geführt, da diese Interviewpartner aus Bundesligavereinen gleichzeitig auch Verbandsvertreter der HBVF oder des DHB waren. Sie konnten ergänzend zu ihren jeweiligen Vereinen auch Einschätzungen aus Sicht der Verbände (HBVF, DHB) abgeben.

Insgesamt wurden neben den sieben bereits vorliegenden Interviews 38 leitfadengestützte Interviews mit Managern, Geschäftsführern, Team-Managern o.ä. der BL-Teams sowie Vertretern des Ligaverbandes HBVF und des DHB geführt (siehe nachfolgende Tabelle 1).

Tab. 1. *Geführte Experteninterviews, differenziert nach Geschlecht (eigene Darstellung).*

	1. BL Frauen		2. BL Frauen Nord		2. BL Frauen Süd		Gesamt		Verband	
	m	w	m	w	m	w	m	w	m	w
Geschäftsführer	4	1	2	0	2	0	8	1		
(Team)Manager	4	2	5	2	6	3	15	7		
Abteilungsleiter	0	0	3	0	1	0	4	0		
Vorstandsmitglied	1	0	1	0	1	0	3	0		
Trainer	0	0	1	0	0	0	1	0		
Gesamt	9	3	12	2	10	3	31	8	5	1

Etwas mehr als die Hälfte (56,4%) der Experten haben die Funktion des (Team)Managers inne; 23,1% waren Geschäftsführer, 10,3% Abteilungsleiter und 7,7% Vorstandsmitglieder. In einem Fall gab der Trainer das Interview; er war gleichzeitig auch für das Marketing des Teams mitverantwortlich. Von den 39 Interviewpartnern der Vereine waren insgesamt nur 20,5% Frauen und 79,5% Männer. Unter den 6 Verbandsvertretern befand sich nur eine Frau. Hier zeigt sich die strukturelle Unterrepräsentanz von Frauen in Führungspositionen des Sports.

Die Wahl der Örtlichkeit, an der das Interview stattfinden sollte, lag bei den Interviewpartnern selbst. Die Befragung wurde entweder in Räumlichkeiten der jeweiligen Marketing GmbH, der Geschäftsstelle oder in wenigen Fällen auch in einem Café oder im Privathaus der Befragten durchgeführt. Fünf Interviews wurden wegen der weiten Entfernung oder aufgrund einer schwierigen Terminfindung als Telefoninterview geführt. Bei der Mehrzahl der Interviews erfolgte eine Aufzeichnung auf Tonband, zwei Interviews wurden handschriftlich protokolliert, da das Aufnahmegerät nicht funktionierte. Die durchschnittliche Dauer der Interviews betrug 53 Minuten. Im Anschluss an das Interview wurden Notizen erstellt, um zusätzliche Informationen festzuhalten.

Für die Experteninterviews konnte der innerhalb des Forschungsprojektes „Vermarktung von Teamsportarten in ressourcenschwachen Umfeldern" entwickelte und in verschiedenen Ligen bereits angewandte und bewährte Interviewleitfaden größtenteils übernommen werden (siehe auch Kurscheidt, Klein & Mielke, 2009). Der Leitfaden wurde leicht modifiziert, da nicht alle Aspekte aus dem genannten Männerteamsportprojekt auch auf den Frauenteamsport bzw. den Frauenhandball zutreffen. Andererseits wurde ein neuer Fragenblock hinsichtlich der Rekrutierung von Spielerinnen und Trainern aufgenommen.

Der Interviewleitfaden diente primär zur Strukturierung des Hintergrundwissens in den einzelnen Themenbereichen und als Orientierungsrahmen und Gesprächsstütze während des Interviews. Allen Experten wurden die gleichen Fragen gestellt, um Vergleiche zu ermöglichen. Entsprechend wurde während des Gesprächsverlaufs darauf geachtet, dass alle Themenbereiche zur Sprache kamen.

Durch immer gleiche oder ähnliche Frageformulierungen sollte eine Verzerrung der Antworten im Vergleich verschiedener Interviews untereinander reduziert werden (vgl. auch Meuser & Nagel, 2005, S. 81f.). Außerdem hatte dies den Vorteil, dass der Gesprächsfluss nicht durch die Suche nach Formulierungen behindert wurde. Die Interviews wurden (bis auf die aus den erwähnten Diplomarbeiten bereits vorliegenden, sieben Transkripte) von der Verfasserin selbst durchgeführt.

Im Folgenden werden die Fragenkomplexe des Leitfadens näher beschrieben. Sie orientieren sich an den theoretischen Vorüberlegungen des Ligasport-Marktmodells (vgl. Abb. 1). Durch die Interviews sollten die Einschätzungen der Vereins- und Verbandsvertreter zu folgenden Aspekten erfasst werden: *Allgemeine Einschätzungen der Sportart* und zur Handball BL Frauen (insbesondere zur aktuellen Situation, den Entwicklungschancen und -problemen), *Strukturelle Gegebenheiten der Vereine* (Vereinsgründung, Mitglieder, Vereinstypus), die sportliche Entwicklung des Vereins (Erfolge, sportliche Ziele), das *Management-Team* (hauptamtlich oder ehrenamtlich, Anzahl der Mitarbeiter), die Rekrutierungspolitik für den Spielerinnenkader (Transfers, Bezahlung, weitere Anreize), *Standortkonstellationen* der BL-Teams im Hinblick auf die sozioökonomische Situation der Städte sowie auf die Sportstätte. Mit Blick auf die marktliche Verwertung des Frauenhandballs wurde nach dem derzeit verfolgten *Marketingkonzept* gefragt (Ziele, Marketingstrategien). Des Weiteren beinhaltete der Interviewleitfaden die Erfassung der *Vermarktungsaktivitäten und -erfolge* bezüglich Etats, Zuschauern, Sponsoren, Medien und Fans.

Im Anschluss erfolgte die Bearbeitung des primärempirischen Materials, um es anhand einer qualitativen Inhaltsanalyse anschließend systematisch zu bearbeiten. Zur Datenaufbereitung erfolgte zunächst eine Transkription der vorliegenden 45 Interviews. Hier hat sich bisher bei verschiedenen Transkriptionssystemen noch kein Standard durchgesetzt (vgl. Mayring, 2002, S. 65). Pausen, Stimmlagen und sonstige nonverbale Elemente wurden nicht erfasst, da sie keinen zusätzlichen Gewinn für die Auswertung der Texte und Daten erwarten ließen. Fragen und Antworten wurden gesondert gekennzeichnet. Es ergab sich für die 1. BL bei 12 Teams ein Gesamtumfang von 211 Seiten (durchschnittlich 17 Seiten pro Interview bei einem Minimum von 12 und Maximum von 25 Seiten), für die 2. BL bei 14 Teams der 2. BL Nord und 13 Teams der 2. BL Süd ein Gesamtumfang von 372 Seiten (durchschnittlich 14 Seiten pro Interview bei einem Minimum von 11 und Maximum von 21 Seiten). Für die Verbandinterviews liegen Transkripte im Umfang von 53 Seiten vor.

3.2 Datenauswertung

Die Datenauswertung erfolgte zunächst quantitativ, um den Modellzusammenhang empirisch zu testen und auf einer aggregierten abstrakteren Ebene abzusichern. Dafür bietet sich das Verfahren der Regressionsanalyse an, da sie strategische Ansatzpunkte für eine effiziente Clubvermarktung aufzeigt. Um Wirkungszusammenhänge in der Wahrnehmung und im Managementverhalten der Marktakteure genauer zu betrachten, erfolgte in Erweiterung die qualitativ-inhaltsanalytische Auswertung der Interviews. So konnten die quantitativen Ergebnisse im Hinblick auf die praktische Umsetzung der strategischen Ansatzpunkte vertieft und genauer interpretiert werden.

Um das theoretische Ligasport-Marktmodell für den Frauenhandball empirisch zu validieren, erfolgte eine quantitativ-statistische Datenauswertung. Die aufgestellten Hypothesen zum Wirkungszusammenhang der einzelnen Determinanten des Modells wurden dabei zunächst schrittweise mit Methoden der deskriptiven Statistik überprüft. Kern der quantitativen Auswertung stellte anschließend die Überprüfung des Vermarktungsmodells mittels Regressionsanalysen dar. Die Regressionsanalyse wurde auch deshalb ausgewählt, da sie die Vergleichbarkeit der Ergebnisse zu den Befunden des bereits für den Männerteamsport überprüften Ligasport-Marktmodells erhöht (vgl. dazu Klein, Kurscheidt & Mielke, 2009).

Die Regressionsanalyse gehört zu den strukturprüfenden Verfahren, die primär zur Analyse kausaler Beziehungen und Prognosen eingesetzt wird (vgl. Backhaus et al., 2006, S. 9). Aufgrund ihrer vielseitigen Anwendbarkeit ist die Regressionsanalyse das wichtigste und am häufigsten angewendete multivariate Analyseverfahren, um Wirkungszusammenhänge zwischen einer abhängigen und mindestens einer oder mehrerer unabhängigen Variablen zu untersuchen (vgl. ebd., S. 46). Die Regressionsanalyse ermöglicht dabei die Art dieses Zusammenhangs genauer aufzudecken. Sie untersucht die lineare Abhängigkeit zwischen einer metrisch skalierten abhängigen Variablen und einer oder mehreren unabhängigen Variablen, für die sowohl metrisches als auch nominales Skalenniveau unterstützt wird. Dies wurde bei der Codierung der Daten in SPSS berücksichtigt. So wurde in der vorliegenden Untersuchung eine große Zahl von unterschiedlich codierten Einflussvariablen berücksichtigt, was insbesondere durch das Verfahren der Regressionsanalyse unterstützt wird. Aufgrund der Datenlage konnten daher weitere multivariate Verfahren nicht eingesetzt werden. Regressionsbeziehungen beschreiben aber nicht nur den Zusammenhang zwischen den betrachteten Variablen, sondern ermöglichen es darüber hinaus auch für vorgegebene Werte, also deterministische Werte der Regressoren, Prognosen bezüglich des Regressanden abzugeben (vgl. Bühl & Zöfel, 2005, S. 333ff.). Somit eignet sich die Regressionsanalyse, im Vergleich zu anderen strukturprüfenden Verfahren, in besonderer Weise für die vorliegende Studie. Zum einen vermag die Regressionsanalyse die Einflüsse der verschiedenen Modellvariablen auf den Vermarktungserfolg aufzudecken, zum anderen können Prognosen und somit zukünftige Vermarktungspotentiale für die Handball-Bundesligateams abgeleitet werden.

Im Vordergrund steht in dieser Studie über den Frauenhandball der empirisch nachweisbare Einfluss der Modellvariablen auf das Marktergebnis der Frauenhandballvereine. In der vorliegenden Studie wurden dazu zahlreiche Determinanten unterschiedlicher Skalierungen modelliert, die den Vermarktungserfolg aussagekräftig zu erklären vermögen. Dabei erfolgte eine Beschränkung auf institutionell-strukturelle sowie sport- und regionalökonomische Kernvariablen des Modells. Die Datenbasis lieferten Angaben zum Ligen- und Clubmanagement (Ligenaufbau, Clubverfassung/ Rechtsform, hauptamtliche Mitarbeiterzahlen, Vermarktungspraxis) und Vereinsdaten zu sportlichen Erfolgen, Zuschauerzahlen, Hallenauslastung und -kapazität, sozioökonomische Daten der Städte (Einwohner, Kaufkraft, Wirtschaftsstruktur) sowie zur lokalen Teamsportkonkurrenz (weitere Männerbundesligisten am Standort). Die genaue Beschreibung und Codierung der Modellvariablen der inferenzstatistischen Auswertung erfolgt in Kapitel 4.

Die Aussagefähigkeit statistischer Ergebnisse hängt entscheidend von der Datenqualität ab. Während in dieser Studie zur Vermarktung des Spitzenhandballs der Frauen in einigen Bereichen die Datenlage von guter Qualität ist, erwies es sich als problematisch, dass andere Variablen zum Vermarktungserfolg nur sehr schwer zu quantifizieren waren. Dies trifft insbesondere auf Variablen zur Qualität bzw. Effizienz des Vereinsmanagements zu. Um dennoch Aussagen über die Managementqualität zu treffen, wurden für die empirische Analyse Variablen zur Rechtsform sowie der Vermarktungspraxis zumeist in Dummyvariablen abgebildet, um dadurch das empirische Konstrukt des Vermarktungserfolgs messbar machen zu können. Die Definition von Dummy-Variablen ist dann notwendig, wenn dargestellt werden soll, ob eine bestimmte Ausprägung vorliegt oder nicht. Zu diesem Zweck werden so genannte Stellvertreter-Variablen gebildet, die durch 0 (Ausprägung liegt nicht vor) und 1 (Ausprägung liegt vor) ausgedrückt werden. Mit Hilfe solcher Dummy Variablen können im Rahmen der Regressionsmodelle dennoch die Auswirkungen qualitativer Unterschiede untersucht werden. Die Verwendung mehrerer Dummyvariablen beeinflusst das Ziel einer

Regression, einer möglichst realitätsnahen Erfassung des Einflusses der erklärenden Variablen auf die Zielvariable (Etat), da eine solche Variablenmodellierung bestimmte Wirkungsweisen typischerweise nur recht pauschal einfängt. Allerdings wird dieser Mangel in gewissem Maße allgemein durch die Methode der Regressionsanalyse revidiert.

Anschließend erfolgte die qualitativ-inhaltsanalytische Auswertung der Experteninterviews. Diese orientierte sich an der Inhaltsanalyse von Mayring (2002 & 2000). Dabei sollen die Inhalte der Interviews erschlossen, systematisiert und interpretiert werden. In diesem Zusammenhang erfolgte eine gegenstandsbezogene Auswertung der Interviews. Um die Inhalte zu systematisieren, wurden die Textpassagen einer oder mehrerer Kategorien des Kategorienrasters zugeordnet. Dabei wurden alle Texte nach einem aus dem Interviewleitfaden abgeleiteten Kategoriensystem codiert (vgl. auch Kromrey, 2006, S. 319ff.). Diese systematische Ordnung der Daten erfolgte computergestützt mit der Software MAXQDA. Dieses Programm erleichtert die Kategorisierung und Codierung der Texte. Insgesamt wurden 90 Codings erstellt. Das Codesystem beinhaltete 2.959 Zuordnungen aus den geführten Interviews. Unter Codings sind dabei Kategorien zur Analyse von Daten zu verstehen, mithilfe derer die in der Erhebungsphase gewonnenen Daten strukturiert und gedeutet werden können (vgl. Mayring, 2001).

Die Auswertung erfolgte wiederum entlang des in Kapitel 2.3 ausführlich beschriebenen Ligasportmarkt-Modells einerseits qualitativ durch Darstellung und Interpretation der Perspektive der Vereins- und Verbandsvertreter, andererseits quantitativ durch Häufigkeitszählungen. Dies insbesondere dann, wenn es darum ging zu zeigen, dass ein bestimmter Fall in ähnlicher Form häufiger auftauchte (vgl. dazu auch Bortz & Döring, 2006, S. 149; Mayring, 2000, S. 45). Die quantifizierbaren Aussagen der Interviewpartner konnten zudem auch teilweise in die Datenmaske zur statistischen Prüfung des Ligasport-Marktmodells einfließen, um damit auch dem häufig konstatierten Mangel an unzureichend empirischer Fundierung des Sportmarketing entgegenzuwirken (vgl. auch Schubert, 2005, S. 241f.; Welling, 2004c, 272f.).

Zusammen ergab sich aus den Aussagen ein Gesamtbild der aktuellen Vermarktungssituation des Spitzenhandballs der Frauen in Deutschland. Zur Illustration markanter Vereins- und Verbandspositionen werden in den entsprechenden Kapiteln Auszüge aus den Interviewtranskripten zitiert.[5] Sie belegen zugleich die Probleme und komplexen Zusammenhänge in der Vermarktungspraxis.

[5] Die zitierten Interviewausschnitte werden wie folgt dokumentiert: Verband (DHB/HBVF, (I)-Nummer, Zeilenabschnitt des Transkripts) oder Liga (1. BL/2. BL, Verein (V)-Nummer, Zeilenabschnitt des Transkripts. Diese Art der Quellenangabe garantiert die Anonymität der Interviewpartner.

Die Erkenntnisse zur aktuellen Vermarktungssituation der Bundesligavereine wurden zum einen mithilfe des Einsatzes strategischer Diagnoseinstrumente aus dem Marketing zusammengeführt. Des Weiteren erfolgte die Auswertung der strategischen Marketingansätze der Vereine unter Berücksichtigung von Konzepten neuerer Marketingliteratur. Daraus konnten Ansatzpunkte zur weiteren Ausschöpfung von Vermarktungspotentialen erarbeitet werden.

4 Statistische Prüfung des Modells der Ligasportvermarktung im Frauenhandball

Ausgehend von dem theoretischen Ligasport-Marktmodell stellt sich die Frage nach empirisch gesicherten Erklärungen für die beobachtete Marktsituation im Frauenhandball. Hierbei geht es insbesondere um die Erklärung für Ressourcendisparitäten zwischen den 39 Teams der Handball BL Frauen. Daher sollen im folgenden Kapitel die aus den theoretischen Vorüberlegungen abgeleiteten Bestimmungsfaktoren des Vermarktungserfolgs durch inferenzstatistische Testverfahren auf ihre empirische Relevanz hin überprüft werden.

Zunächst werden die Untersuchungshypothesen über die Wirkungszusammenhänge des Ligasportmarkt-Modells zusammenfassend hergeleitet. Anschließend werden die Modellvariablen genauer spezifiziert und operationalisiert. Zum besseren Verständnis der inferenzstatistischen Auswertungsmethode wird diese in einem eigenen Abschnitt beschrieben. In Kapitel 4.4. und 4.5 erfolgt dann die Beschreibung und Diskussion der Ergebnisse. Aus den inferenzstatistischen Auswertungen ergeben sich schließlich empirische Anhaltspunkte zu den strukturellen und regionalen Erfolgsfaktoren einer effektiven Vermarktung der Frauenhandballclubs und Implikationen für die weitere Erschließung von Vermarktungspotentialen.

4.1 Hypothesen zum Zusammenhang der Vermarktungsdeterminanten

Entsprechend der Zielsetzung, Vermarktungspotentiale für den Spitzenhandball der Frauen aufzuzeigen, sowie der Grundthese der Untersuchung, dass auch Frauenhandball – welcher realistischer Weise keine Aussicht auf einen Spitzenplatz im Zuschauer-, Sponsoren- und Medieninteresse hat – seine sportliche und wirtschaftliche Situation durch ein effizientes Management sowie eine strategische Vermarktung des Produkts „Handball-Bundesliga Frauen“ verbessern oder zumindest vorhandene Ressourcen verteidigen kann, werden für die empirische Modellierung konkrete Wirkungszusammenhänge formuliert. Im Hinblick auf die ökonometrische Überprüfung ist es erforderlich, Hypothesen über die Relevanz und Wirkungsrichtung der Vermarktungsdeterminanten aufzustellen.

Der erste Hypothesenblock bezieht sich auf den angenommenen Zusammenhang zwischen sportlichem und wirtschaftlichem Erfolg von Clubs im professionellen Teamsport. In der sportökonomischen Literatur existieren hierzu zwei konträre Auffassungen (vgl. Kap. 2). Zum einen wird wirtschaftlicher Erfolg als Voraussetzung für die Erzielung sportlicher Erfolge aufgefasst, zum anderen wird sportlicher Erfolg als Mittel zur Erzielung von wirtschaftlichem Erfolg angesehen. Für die Frauenhandballclubs wird daher folgender Zusammenhang angenommen:

H 1: Je größer der Vermarktungserfolg des Vereins, desto höher der sportliche Erfolg.

Erfolgreiche Clubs haben wiederum günstige Ausgangsbedingungen in der nachfolgenden Saison. Daher wird angenommen:

H 2: Je höher der sportliche Erfolg in der Vorsaison, desto höher der Vermarktungserfolg in der nachfolgenden Saison.

Die nächste Hypothese geht der Frage nach, ob die im Verlauf der historischen Entwicklung entstandenen „Handball-Hochburgen“ auch aktuell die Vermarktung der BL-Teams positiv beeinflussen. So ist anzunehmen, dass sich die regionale Identifikation der Bevölkerung mit dem Verein oder auch die Affinität der ansässigen Unternehmer mit dem Handball begünstigend auswirken:

H 3: Je länger die Tradition der Clubs in der Bundesliga und die regionale Verankerung des Frauenhandballs gegeben ist, desto besser sind die Vermarktungschancen der Clubs.

Des Weiteren soll überprüft werden, inwieweit Vermarktungserfolge mit Professionalisierungsprozessen im Management der Clubs zusammenhängen. Wirtschaftliche Erfolge sind in der Regel auf gelungene Entscheidungen im strategischen und operativen Management, hier insbesondere im Marketing, zurückzuführen. Folglich tragen Manager mit entsprechender Marketingkompetenz erheblich zum Erfolg der Clubs bei. Es wird angenommen, dass hauptamtlich beschäftigte Manager den Frauenbundesligaclubs bessere Resonanzen auf Zuschauer- und Sponsorenseite verschaffen können und auch die Öffentlichkeitsarbeit professioneller betreiben, als Clubs, die ausschließlich ehrenamtlich geführt werden. Zudem stellt eine Professionalisierung in den Clubs einen Anreiz dar, sportliche und ökonomische Ungleichheiten abzubauen. „Kleinere“, d.h. finanzschwache Vereine können durch marktorientiertes und innovatives Handeln durchaus zu den „großen“, d.h. finanzstarken Vereinen aufschließen.

H 4: Wenn die Bundesligateams professionelle Managementstrukturen mit hauptamtlichen Mitarbeitern geschaffen haben, dann erzielen sie größere Vermarktungserfolge als rein ehrenamtlich arbeitende Handballvereine.

Zudem ist zu erwarten, dass mit einem hauptamtlichen Management auch der sportliche Erfolg steigt.

H 5: Wenn Hauptamtliche im Management der Vereine angestellt sind, dann sind die Vereine auch sportlich erfolgreicher.

In den letzten Jahren haben auch immer mehr Frauenhandballvereine die Möglichkeit eines Wechsels der Rechtsform vom Verein zur Kapitalgesellschaft bzw. der Ausgliederung der Lizenzspielerabteilung genutzt. Eine Ausgliederung der Lizenzspielerabteilung bietet den Vereinen zum einen neue Finanzierungsformen, zum anderen werden dadurch Professionalisierungsprozesse im Clubmanagement vorangetrieben. Gegenüber potentiellen Investoren oder Wirtschaftpartnern ist eine solche Professionalität ein positives Signal. Insofern ist davon auszugehen, dass die Ausgliederung der Lizenzspielerinnenabteilung auch Auswirkungen auf den Vermarktungserfolg der Clubs hat.

H 6: Frauenhandballclubs, die als Kapitalgesellschaft ausgegliedert wurden, erzielen höhere Vermarktungserlöse als Frauenhandballclubs, die als Verein geführt werden.

Einen Beitrag zur Professionalisierung der Vermarktungsstrukturen bietet die Zusammenarbeit mit Marketingagenturen. Im Zuge gestiegener Anforderungen an die Vermarktung haben einige Spitzenclubs bereits Verträge mit Vermarktungsagenturen abgeschlossen, um auf das Know-how und die Kontakte dieser Agenturen zurückgreifen zu können. Grundsätzlich ist durch die Zusammenarbeit mit einer Agentur eine Erlössteigerung zu erwarten.

H 7: Bei Fremdvermarktung durch die Zusammenarbeit mit einer Agentur erzielen die Vereine größere Vermarktungserfolge als bei Eigenvermarktung durch den Verein.

In Anknüpfung an die in der Ligasportökonomie aufgezeigten Zusammenhänge zwischen der sozioökonomischen Situation des Clubstandortes und den Vermarktungserfolgen werden im Folgenden weitere Hypothesen formuliert. Standortkonstellationen können von den Vereinen nicht unmittelbar beeinflusst, sondern müssen als gegeben hingenommen werden. In den Bundesligen im Frauenhandball sind nicht nur Teams aus großen Städten, sondern auch aus kleinen bis mittelgroßen Städten am Spielbetrieb vertreten. Es ist anzunehmen, dass ein großer Standort vorteilhaft für die Vermarktung ist, da mehr potentielle Zuschauer und Sponsoren zur Verfügung stehen als an kleinen Standorten.

H 8: Vereine in Großstädten weisen günstigere Bedingungen für die Clubs auf, Zuschauer und Sponsoren für sich zu gewinnen, als Vereine in Klein- bzw. Mittelstädten.

Zu vermuten ist des Weiteren, dass Unterschiede zwischen den Frauenhandballclubs nicht nur hinsichtlich der Einwohnerzahl der Stadt bestehen, sondern auch hinsichtlich der Wirtschaftskraft. Vereine an wirtschaftsstarken Standorten konkurrieren sportlich mit Teams an wirtschaftsschwachen Standorten, obgleich letztere ungünstige Bedingungen zur Refinanzierung aufweisen. Ein wirtschaftsstarker Standort deutet auf die Existenz zahlungskräftiger potentieller Sponsoren hin, während dieses Vermarktungspotential an wirtschaftsschwachen Standorten nur in geringerem Umfang zur Verfügung steht.

H 9: Vereine an wirtschaftsstarken Teamstandorten weisen günstigere Vermarktungsbedingungen auf als Vereine an strukturschwachen Teamstandorten.

Darüber hinaus sind die infrastrukturellen Voraussetzungen der Sporthallengröße und -ausstattung ein begrenzender oder begünstigender Faktor der Clubvermarktung. Größere Hallen bedeuten (potentiell) größere Zuschauerzahlen und damit höhere Zuschauereinnahmen. Durch hohe Zuschauerzahlen sind auch höhere Erlöse im Sponsoring und Merchandising zu erwarten.

H 10: Je höher die Kapazität der verfügbaren Sportstätte, desto größer sind die Vermarktungserfolge.

Analog lässt sich auch der Zusammenhang zwischen Modernität der Halle und dem Vermarktungserfolg herleiten. Die Handballvereine können mit einer modernen Halle höhere Vermarktungserlöse erzielen als mit einer veralteten Sportstätte, da neue Zielgruppen angesprochen werden können.
Die Möglichkeit mit seinem Bundesligaclub hohe Vermarktungserlöse durch Zuschauer und Sponsoren zu erzielen, wird insbesondere auch durch die lokale Teamsportkonkurrenz am Standort beeinflusst. Die letzte Hypothese greift daher die Wettbewerbsintensität auf. Als lokale Konkurrenten der Frauenhandballclubs können insbesondere andere Bundesligateams aufgefasst werden. Eine geringe Anzahl von Konkurrenten erleichtert die Vermarktung des Spitzenfrauenhandballs am jeweiligen Standort, eine hohe erschwert sie, so die Annahme. Tendenziell ist nach markttheoretischen Überlegungen eine lokale Monopolstellung eines Frauenhandballbundesligisten günstiger für eine Etatmaximierung als eine hohe Wettbewerbsintensität.

H 11: Je geringer die unmittelbare Teamsportkonkurrenz am Standort, insbesondere durch erfolgreiche Männerbundesligateams, desto besser die Vermarktungserfolge der Frauenteams.

Die zuvor aufgestellten Hypothesen über die Relevanz und Wirkungsrichtung zentraler Vermarktungsdeterminanten des Ligasport-Marktmodells werden in Tabelle 2 noch einmal zusammengefasst.

Tab. 2. *Wirkungszusamenhänge des Vermarktungserfolgs der Frauenhandball-Bundesligaclubs.*

Vermarktungs-determinante	Bestimmungs-Faktoren	Wirkungsweise	Vermutete Ausprägung	Hypo-these
Wirtschaftlicher Erfolg	Verfügbarer Etat	Existenzsicherung, Sportlicher Erfolg	+	H 1
Sportliche Attraktivität	Ligenzugehörigkeit Tabellenplatz	Erlössteigerung, Auf-/Abstieg	-*	H 2
Regionale Verankerung	Dauer Zugehörigkeit zur Bundesliga Traditionsclub	Identifikations-/Anreiz-funktion, Wechselwirkungen zwischen aktivem und passivem Sportkonsum	+	H 3
Clubmanagement	Vereinsführung Vereinsverfassung Vermarktungsstruktur	Professionalisierung, Effizienz	+ + + +	H 4 H 5 H 6 H 7
Standortkonstellationen	Bevölkerungszahl Wirtschaftskraft Hallenkapazität	Vermarktungsmöglich-keiten und -potential im B2C- und B2B-Bereich	+ + +	H 8 H 9 H 10
Wettbewerbssituation	Fußball-Bundesliga vor Ort weitere BL-Teams (Männer)	Wettbewerbsintensität	-	H 11

* Tabellenplatz ist umgekehrt proportional skaliert

Ob die Wirkung der Vermarktungsdeterminanten vorteilhaft oder eher nachteilig für die Vereine ist, d.h. etaterhöhend oder -senkend ist, entscheidet sich durch ihre jeweilige positive (+) bzw. negative (-) Ausprägung. Die dargestellten Wirkungszusammenhänge werden im weiteren Verlauf von Kapitel 4 auf ihre empirische Evidenz geprüft. Die Inhalte der Tabelle sind daher als Zwischenschritt für die anschließend erfolgende Operationalisierung und Variablencodierung im Detail zu verstehen.

4.2 Modellbildung und Operationalisierung der Variablen

Nachdem im vorherigen Kapitel die Hypothesen aufgestellt wurden, sollen im Folgenden die Modellvariablen genauer spezifiziert werden. Die methodische Anlage der statistischen Prüfung beinhaltet die Erfassung und Auswertung von unterschiedlichen Variablen, die die Vermarktungserfolge im Teamsport beeinflussen. Diese wurden aus dem in Kapitel 2.3 beschriebenen sozioökonomischen Ligasport-Marktmodell abgeleitet. Aus den theoretischen Vorüberlegungen geht hervor, dass aus dem Ligasport-Marktmodell eine Kausalität zwischen den als erklärende Variable anzusehenden Faktorengruppen sportliche Attraktivität, Managementqualität sowie Standortkonstellationen und der abhängigen Variablen Vermarktungserfolg (abgebildet durch die Proxyvariable Etat) hervor geht (vgl. Abbildung 2). Die Quantifizierung der Variablen wird dabei in dieser Studie maßgeblich durch die Verfügbarkeit entsprechender Daten beeinflusst. Als Bezugszeitraum gilt für alle Modelle die Saison 2006/07. Angesichts der existierenden Datenlücken zum Frauenhandball kann nur ein Zeitausschnitt über eine Saison betrachten werden. Dies stellt für die empirische Prüfung allerdings keinen Nachteil dar, da die in die Modellspezifikation eingeflossenen Variablen wichtige Einflüsse erfassen und weite Teile der Varianz aufklären können.

Da nicht alle Bestimmungsfaktoren zu operationalisieren waren, konnten nicht sämtliche im Ausgangsmodell von Kap. 2.3 beschriebenen Aspekte in die quantitative Auswertung eingehen. In einigen Bereichen waren die Daten sehr gut zugänglich, während andere Bereiche gar nicht zu erschließen, wie bei den soziokulturellen Variablen „Vereinsmitgliederzahlen auf lokaler Ebene“. In manchen Fällen konnte dieser Mangel durch dichotome Dummyvariablen behoben werden, da diese bestimmte Phänomene, wenn auch nur recht pauschal, ebenso aussagekräftig einfangen können. Auf eine Quantifizierung des sportlichen Inputs, wie die Besetzung des Spielerinnenkaders oder die Position des Trainers wurde verzichtet, da kaum Angaben etwa zum Marktwert von Spielerinnen oder zu Transfererlösen im Frauenhandball existieren. Der Arbeitsmarkt für Trainer ist ähnlich schwer zu operationalisieren.

Kaum zuzuordnen sind auch konkrete Marketing-Maßnahmen der Vereine. Zudem ist zu vermuten, dass sich Maßnahmen überlagern bzw. der Vermarktungserfolg der Bundesligaclubs auch noch von anderen Faktoren als die aus dem Modell abgeleiteten beeinflusst wird; diese sind jedoch nur schwer erfassbar. Insgesamt können in dieser Arbeit jedoch die wichtigsten Determinanten operationalisiert werden, die Einfluss auf das lokale Marktgeschehen an den Teamstandorten nehmen.

Abbildung 2 zeigt diejenigen Einflussfaktoren, die im Folgenden in die inferenzstatistische Auswertung eingehen.

Der Vermarktungserfolg wird anhand des erzielten Budgets operationalisiert. Problematisch an der Operationalisierung dieser Variable rein über die Etathöhe ist allerdings, dass einige Clubs einen Großteil ihres Budgets nicht über Vermarktungserfolge erzielen, sondern etwa von einem Mäzen zur Verfügung gestellt bekommen. Zudem sagt die Budgethöhe allein noch nichts über die finanzielle Stabilität eines Clubs aus. Dennoch spiegelt das Budget prinzipiell das monetäre Ergebnis der Vermarktungsaktivitäten der Teams im B2C- und B2B-Bereich wider und wird daher als Indikator für den Vermarktungserfolg herangezogen.

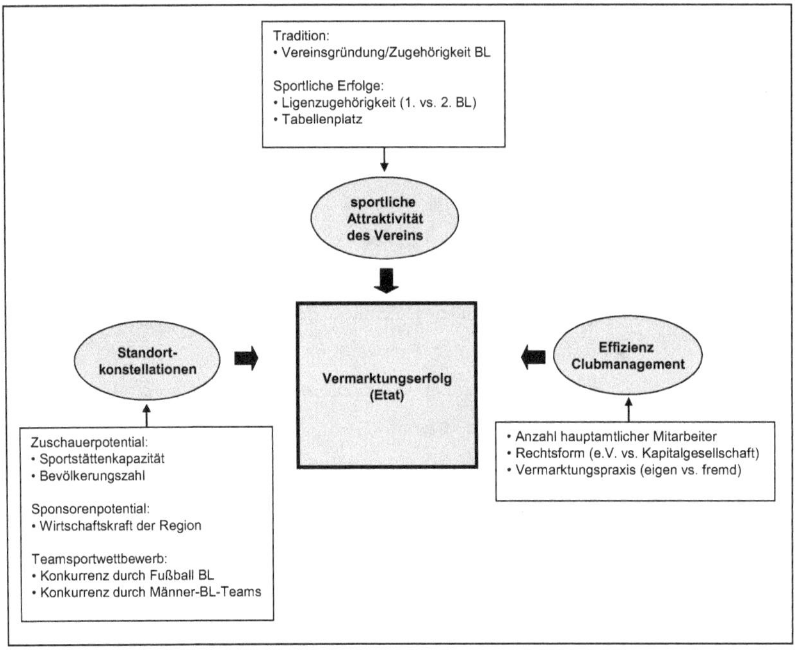

Abb. 2. Variablenauswahl zur statistischen Prüfung des Vermarktungsmodells der Handball-Bundesliga Frauen.

Ausgangspunkt und wesentlicher Erfolgsfaktor für eine gelungene Vermarktung ist die sportliche Attraktivität eines Clubs. Diese wird zunächst vom sportlichen Erfolg eines Clubs bestimmt. In der sportökonomischen Literatur existieren mehrere Vorschläge zur Operationalisierung des sportlichen Erfolgs (Fritz, 2008, S. 56ff.; Keller, 2008, S. 116ff.; Teichmann, 2007, S. 235f.; Swieter, 2002, S. 69). Sportlicher Erfolg kann sich demzufolge auf sehr unterschiedliche Weise äußern. Viele Clubs streben vordere Tabellenränge an. Da diese nur in begrenzter Zahl zur Verfügung stehen, werden einige Teams diese zwangsweise nicht erreichen. Im Folgenden soll vorrangig der objektive, in der Bundesliga erzielte sportliche Erfolg analysiert werden. Dieser wird an der erzielten Abschlussplat-

zierung in der Meisterschaftsrunde festgemacht, da dadurch der sportliche Saisonerfolg eines Clubs zum Ausdruck kommt. Für die Handball BL Frauen bedeutet dies auch gleichzeitig das Erreichen der Play-offs. Das Abschneiden in der Liga hat darüber hinaus Konsequenzen für das sportliche Auftreten in der Folgesaison und entscheidet über die Teilnahme an internationalen Vereinswettbewerben. Sportlicher Erfolg wird folglich operationalisiert über die Ligenzugehörigkeit sowie die Abschlussplatzierungen der Clubs. Zur sportlichen Attraktivität kann auch die traditionelle Verankerung der Frauenhandballclubs in ihrer Region einen Hinweis liefern.
Ferner stellt das Clubmanagement eine strategisch beeinflussbare Determinante dar, dessen Effizienz über die Indikatoren hauptamtliche Mitarbeiter, Rechtsform und Vermarktungspraxis der Clubs erfasst wird.

Schließlich bestimmen die sozioökonomischen Standortkonstellationen sowie die lokale Wettbewerbssituation (Konkurrenz) die Vermarktungsergebnisse der Clubs. Empirische Anhaltspunkte dazu geben Kennziffern wie die Hallenkapazität, Einwohnerzahl oder die Wirtschaftskraft und die Anzahl von Teamsportkonkurrenten.

Im Folgenden wird die Modellbildung entlang der Variablenkonstruktion im Einzelnen dargelegt. Die in Tabelle 3 aufgeführte Codierung stellt nun die eigentliche Operationalisierung der ausgewählten Variablen dar.

Tab. 3. *Beschreibung und Codierung der Modellvariablen zum Vermarktungserfolg der Handball-Bundesliga Frauen.*

Gegenstand/Messung	Variable	Ausprägung
Abhängige Variable		
Etat der Teams in der Saison 2006/07 in Mio. €	ETAT06	min = 0,07; max = 1,2
Unabhängige Variablen		
Variablen sportliche Attraktivität		
Ligenspezifische Effekte der 2. Handball BL Frauen pauschal als Dummy	LIGA2	1 = ja, Zweitligaclub 0 = nein, kein Zweitligaclub, Erstligaclub
Sportlicher (Ligamarkt-)Erfolg als Abschlussplatzierung in der Tabelle (2005/06)	TABPLATZ06	umgekehrt ordinal-metrisch
Sportlicher (Ligamarkt-)Erfolg als Abschlussplatzierung in der Tabelle (2006/07)	TABPLATZ07	umgekehrt ordinal-metrisch
Verankerung in der Region	TRADITION	1 = ja, traditionelle Verankerung in Region 0 = nein, keine traditionelle Verankerung in Region
Managementvariablen		
Professionelle Vereinsführung als hauptamtliche Mitarbeiter	ANZHAUPT	ordinal-metrisch
Organisationsstruktur als Vereinsverfassung	EINGVEREIN	1 = ja, e.V. 0 = nein, GmbH o.ä.
Vermarktungsstruktur als Eigenvermarktung	EIGENVERM	1 = ja, Eigenvermarktung 0 = nein, Fremdvermarktung

Gegenstand/Messung	Variable	Ausprägung
Standortvariablen		
Lokales Marktpotential für Zuschauer als Einwohnerzahl am Teamstandort (Stadt)	EINWZAHL	kardinal-metrisch
Lokales Marktpotential als Klassifizierung der Stadt	KLEINSTADT	1 = ja, Kleinstadt (< 100.000 Einwohner) 0 = nein, Großstadt (> 100.000 Einwohner)
Sozioökonomische Stärke des lokalen Teamstandorts (Gemeindeebene) als Indexwert im Prognos-Ranking	RANKING	ordinal-metrisch (mit sozioökonomischer Stärke zunehmender Indexwert)
Regionalstruktureller Sondereffekt als Teamstandort in neuen Bundesländern	BUNDESLNEU	1 = ja, ostdeutscher Club 0 = nein, westdeutscher Club
Absatztechnische Restriktion im Zuschauermarkt als Hallenkapazität	ZUSCHAUERKAP	min = 400; max = 7.000
Wettbewerb durch Profiteamsport (Männer 1. oder 2. BL)	LOKALWETTB	1 = ja, Männerteamsport vor Ort (BL) 0 = nein, kein Männerteamsport vor Ort (BL)

Wird im Weiteren auf die Variablen Bezug genommen, so zeigt die Großschrift an, wie diese im Zusammenhang des Gesamtmodells gemessen wird. Es bleibt demnach mitunter ein Spielraum zur Interpretation der tatsächlichen empirischen Situation, da die reale Natur eines Messgegenstandes durch statistisch-mathematisch Schätzungen meist nur angenähert werden kann. Dies sollte für die weiteren Ausführungen stets bedacht werden.

Im Teamsport bietet es sich an, den Etat der jeweiligen Teams als Indikator für den Vermarktungserfolg einzusetzen. Die Etatgröße der Bezugssaison 2006/07 (ETAT06) wird für die Messung des Vermarktungserfolgs daher als abhängige Variable herangezogen.

Als unabhängige, erklärende Variablen werden die in Tabelle 3 dargestellten Vermarktungsdeterminanten herangezogen. Die erste zentrale Determinante zur sportlichen Attraktivität besteht in der Abgrenzung der Ligenzugehörigkeit als Marktabgrenzung (LIGA 2). Die beiden Variablen TABPLATZ06 und TABPLATZ07 bilden den sportlichen (Markt)Erfolg in Form der Abschlussplatzierungen in der Tabelle, zum einen in der Saison 2005/06 und zum anderen in der Saison 2006/07, ab. Die traditionelle Verankerung (TRADITION) des Frauenhandballs an ihrem jeweiligen Teamstandort wird mit einer Dummyvariablen operationalisiert, da die Möglichkeiten der Quantifizierung beschränkt sind. Hierzu wurde das Gründungsjahr der Frauenhandballabteilungen sowie die Zugehörigkeit des Vereins zur Handball BL Frauen herangezogen. Ein Club wird als regionaler Traditionsverein bezeichnet, wenn er aufgrund seines Gründungsjahres bereits auf eine sehr lange Frauenhandballtradition zurückblicken kann sowie mehrere Jahre Bundesligazugehörigkeit (mind. 10 Jahre) aufweist.

Weitere Vermarktungsdeterminanten beziehen sich auf das Clubmanagement. Dessen Operationalisierung erwies sich als schwierig, da sich die Qualität der Managemententscheidungen oder Kompetenzen kaum in Variablen erfassen lassen. Es konnte aber die Zahl hauptamtlicher Mitarbeiter

(ANZHAUPT) als Variable modelliert werden. Darüber hinaus wurden die für einen Bundesligaclubs sehr grundsätzlichen Entscheidungen bezüglich der Rechtsform, ob e.V. oder Kapitalgesellschaft (EINGVEREIN) sowie die Vermarktungsstruktur, ob Eigen- oder Fremdvermarktung (EIGENVERM) als Dummyvariablen in die Modellspezifikation aufgenommen.

Als lokales Marktpotential für Fans bzw. Zuschauer wird die Größe des Standortes berücksichtigt. Die Größe wird durch die Einwohnerzahl der Stadt (EINWZAHL) gemessen. Zudem wurde für das gleiche Phänomen eine dichotome Dummyvariable (KLEINSTADT) als Marktpotential (market size) gebildet. Da die Erklärungsleistung dieser beiden Regressoren redundant ist, wird darauf geachtet, dass jeweils nur eine der beiden Variablen in die Modellspezifikation einbezogen wird, um nicht gegen die Prämisse der Multikollinearität zu verstoßen. Dafür müssen die Variablen linear unabhängig sein.

Darüber hinaus fließen außersportliche regionalökonomische Konstellationen am Teamstandort in die Modellierung ein. Mit dem Prognos-Ranking[6] (RANKING) lag hierfür bereits ein differenzierter Index auf Gemeindeebene vor, der die sozioökonomische Stärke eines jeweiligen Teamstandortes misst. Außerdem wurden eine weitere Regionalgröße BUNDESLNEU, um regional bedingte Entwicklungsnachteile in Ost- oder Westdeutschland überprüfen zu können, gebildet. Diese Variable wird ebenfalls als dichotome Dummyvariable definiert.

Des Weiteren wurde die regional durchaus sehr unterschiedlich ausgeprägte Hallenkapazität der Wettkampfstätten (ZUSCHAUERKAP) berücksichtigt, da diese das Erlöspotential aus Zuschauereinnahmen begrenzen oder auch ausweiten kann.

Als Wettbewerbsdeterminante am Teamstandort wurde die Existenz weiterer Bundesligisten in Teamsportarten (Männer) (LOKALWETTB) am Teamstandort herangezogen. Dadurch lässt sich die Dominanz des Männerteamsports überprüfen. Es wird vermutet, dass sich weitere BL-Clubs vor Ort negativ auf die Vermarktung des Frauenhandballs auswirken.

Am Ende der statistischen Prüfungen werden mehrere Regressionsmodelle stehen, aus denen sich ablesen lässt, durch welche unabhängigen Variablen die Etathöhe als abhängige Variable für den Vermarktungserfolg erklärt werden kann.

4.3 Inferenzstatistische Auswertungsmethode

Die eigentliche Datenanalyse erfolgte mit dem statistischen EDV-gestützten Auswertungsprogramm SPSS für Windows der Version 15.0. Hierzu wurden die angeführten Variablen operationalisiert, codiert und in die Datenmaske eingegeben. Insgesamt flossen Daten von allen 39 Frauenhandball-Bundesligateams in die quantitative Auswertung ein.

[6] Das Unternehmen Prognos AG ermittelte anhand von 29 makro- und sozioökonomischen Indikatoren die Zukunftsfähigkeit aller 439 Kreise und kreisfreien Städte in Deutschland. Methodisch ist unter dem Standort-Ranking ein Index zu verstehen, der neben der momentanen Wirtschaftskraft einer Region auch die Zukunftsfähigkeit und Dynamik angibt (vgl. Prognos, 2007).

Die Inferenzstatistik ermöglicht es, Aussagen über die Zusammenhänge von Vermarktungsdeterminanten zu bewerten und die aufgestellten Hypothesen statistisch zu testen. Für die inferenzstatistische Auswertung erfolgte zunächst eine explorative Datenanalyse und -prüfung der ausgewählten Variablen (vgl. auch Eckstein, 2006, S. 78ff.). SPSS bietet hier die Möglichkeit, die Daten durch entsprechende Kennzahlen zu überprüfen (Mittelwert, Normalverteilung, Korrelation) (vgl. Hilbert, 1998, S. 53). Dadurch lassen sich bereits im Vorfeld mögliche Auffälligkeiten in der Datenstruktur aber auch Datenfehler in Bezug auf die Anwendungsmöglichkeit unterschiedlicher Auswertungsverfahren erkennen (vgl. auch Brosius, 2006, S. 385). Die Korrelationsstatistik dient hierbei dem Messen der Stärke von Beziehungen zwischen Variablen bzw. zur Aufdeckung der Variablenzusammenhänge. Die Enge eines Zusammenhangs wird mit einem Korrelationskoeffizienten quantifiziert, dessen statistische Bedeutsamkeit ein Signifikanztest überprüft. Die Berechnung der Korrelationskoeffizienten erfolgte nach Pearson. Dieser wird in der Regel bei Variablen wie in der hier vorliegenden Studie mit nominal skalierten oder dichotomen Variablen verwendet (vgl. Hilbert, 1998, S. 53). Ein kausaler Zusammenhang kann daraus nicht unbedingt gefolgert werden. Umgekehrt bedingt aber ein kausaler Zusammenhang immer eine hohe Korrelation (vgl. auch Backhaus et al., 2006, S. 7ff.). Die Ergebnisse der Korrelationsanalyse unterstützen dann die zu Grunde liegenden Hypothesen.

Als strukturprüfendes Verfahren wurde für die inferenzstatistische Auswertung die Regressionsanalyse eingesetzt, um das theoretische Konstrukt des Vermarktungserfolgs messbar zu machen. Ziel der Regressionsanalysen ist es, zum einen das für den Männerteamsport bewährte Ligasport-Marktmodell auf seine empirische Evidenz im Nischenmarkt Frauenhandball zu überprüfen. Zum anderen soll durch die Quantifizierung des vermuteten Zusammenhangs zwischen der interessierenden Variablen, hier des verfügbaren Etats und den erklärenden Variablen, bzw. Vermarktungsdeterminanten, aufgeklärt werden, wodurch Vermarktungserfolge im Frauenhandball zu beeinflussen sind. Dadurch können Ansätze für eine erfolgreiche Vermarktung des Frauenhandballs identifiziert werden.

Im Gegensatz zu Korrelationsstatistiken können Regressionsanalysen auch die Richtung zwischen den Beziehungen der Variablen prüfen. Der Messwert liegt normalerweise zwischen -1 und +1. Dabei bedeutet ein Wert von 0, dass es keinen Zusammenhang zwischen den Variablen gibt. Ein positiver Wert besagt, dass es einen positiven Zusammenhang zwischen den Variablen gibt. Im Gegensatz dazu bedeutet ein negativer Wert, dass der Zusammenhang negativ ist. Das Gütemaß für die Wahrscheinlichkeit des Zusammenhangs bildet auch hier die Signifikanz.

Die Durchführung von Regressionsanalysen ist an bestimmte Prämissen wie Vollständigkeit des Modells, Unabhängigkeit und Normalverteilung der Residuen, Linearität in den Parametern, keine exakte lineare Abhängigkeit der Variablen (Multikollinearität) sowie Homoskedastizität gebunden (vgl. Backhaus et al., 2006, S. 63ff.). Um diese Prämissen nicht zu verletzen, wurden verschiedene

Überprüfungen vorgenommen. So deuten etwa sehr hohe Korrelationswerte (r > 0,9) unter den Faktoren auf Multikollinearität hin. Außerdem weist ein *Variable Inflation Factor* (VIF > 10) auf ein Multikollinearitätsproblem hin. Zu einem solchen Problem kommt es, wenn in eine Regressionsgleichung fälschlicherweise zwei Indikatoren derselben latenten Variablen aufgenommen werden (vgl. ebd., S. 89ff.). In diesem Fall gibt es unterschiedliche Möglichkeiten im Umgang mit dieser starken Abhängigkeit zwischen Regressoren. Um nicht gegen die Prämisse der Multikollinearität zu verstoßen, wurde in der vorliegenden Untersuchung darauf geachtet, dass keine Regressoren in die Regression einbezogen wurden, die untereinander stark korreliert sind.

Von Homoskedastizität wird gesprochen, wenn die Varianz der Residuen homogen ist. Homoskedastizität liegt dann vor, wenn kein systematischer Zusammenhang der Residuen mit den standardisierten Schätzwerten vorliegt. Eine weitere Prämisse ist die Unabhängigkeit der Residuen (Autokorrelation). Dies stellt jedoch nur ein Problem bei Zeitreihendaten und nicht wie bei hier vorliegenden Querschnittdaten dar. Als letzte Prämisse wird die Normalverteilung gefordert. Für die vorliegende Untersuchung ist festzustellen, dass für die durchgeführten Regressionsmodelle alle Prämissen eingehalten werden konnten.

Als Regressionsmethode wurde eine so genannte blockweise Regressionsanalyse, in SPSS als Methode „Einschluss" bezeichnet, durchgeführt. Dabei wurden sowohl eine einzelne als auch Blöcke von unabhängigen Variablen in die Regressionsgleichung einbezogen; diese Methode wird zur theoretischen Modellprüfung empfohlen (Backhaus et al., 2006, S. 94).

Im Rahmen der Regressionsanalyse gilt es, mit vorhandenen Beobachtungen der verknüpften Variablen diese Parameter zu schätzen sowie die aus den theoretischen Vorüberlegungen abgeleiteten Hypothesen hinsichtlich dieser Parameter zu testen (vgl. Kap. 4.1).

Zur Überprüfung werden sowohl einfache als auch multivariate Regressionsanalysen eingesetzt. Die einfache Regressionsfunktion hat die folgende lineare Gleichungsform:

$$\hat{Y} = b_0 + b_1 X + u_j$$

Für den hier verfolgten Untersuchungszweck ist es allerdings erforderlich, mehr als eine unabhängige Variable in das Modell aufzunehmen. Daher ist die bivariate Regressionsanalyse auf einen multiplen Regressionsansatz auszuweiten. Der multiple Regressionsansatz ist die Ausweitung der bivariaten Regressionsanalyse. Bei der multiplen Regressionsanalyse wird der simultane Einfluss mehrer Indikatoren (X), hier der Vermarktungsdeterminanten, auf ein Kriterium (Y), hier den Vermarktungserfolg (Etat), analysiert. Die multiple Regressionsnanalyse kann in der Regel nicht durch mehrere bivariate Analysen ersetzt werden, da die bivariaten Ergebnisse unvollständig z.T. sogar irreführend sein können. Der multivariate Regressionsansatz hat folgende lineare Gleichungsform:

$$\hat{Y} = b_0 + b_1 X_1 + b_2 X_2 + \ldots + b_j X_j + \ldots + b_J X_J + u_j$$

Die Ermittlung der Parameter b_0, b_1, b_2 ..., b_J (B bzw. Beta-Koeffizienten) erfolgt dabei durch die Minimierung der Summe der Abweichungsquadrate, auch Kleinstquadratemethode (*OLS ordinary least squares method*) bezeichnet (vgl. Backhaus et al., 2006, S. 60). Mit Hilfe der gefundenen Regressionsgleichung ist man in der Lage, die Y-Werte (Etats) durch beliebige X-Werte zu schätzen. Ziel ist, die Vorhersagegenauigkeit der unabhängigen Variablen zu vergrößern und die relative Erklärungsstärke der einzelnen Variablen zu ermitteln. Dabei stellt in obigen Gleichungen b_0 die Konstante der linearen Beziehung und u_j den Störterm als stochastische Größe des Schätzverfahrens dar. Mit u_j werden Meßfehler sowie alle unbekannten Einflüsse auf die untersuchte Zielvariable (Etat) bezeichnet, die nicht im Modell kontrolliert werden. Der Störterm u_j als Schätzer für die unbekannten Einflüsse und Meßfehler wird als Residuum in der Regressionsgleichung berücksichtigt.

Die Güte des Modells (Modellfit) wird durch das Bestimmheitsmaß R^2 angegeben, wobei R^2 eine normierte Größe ist, deren Wertebereich zwischen 0 und 1 liegt. Je größer R^2, desto stärker werden die empirischen y-Werte durch die theoretischen y-Werte bestimmt (vgl. ebd., S. 66). R^2 wird auch als Determinationskoeffizient, als quadrierter multipler Korrelationskoeffizient oder auch als der durch die Regressoren erklärte Anteil der Varianz bezeichnet und stellt somit ein Gütemaß für das Gesamtmodell *model fit* dar (vgl. Bamberg & Baur, 1998, S. 45). Multipliziert mit 100 kann es als Prozentsatz der Varianz der abhängigen Variablen interpretiert werden, die durch die unabhängigen Variablen erklärt wird. Dabei ist zu berücksichtigen, dass R^2 in der Regel mit der Größe der Stichprobe sinkt, d.h. mit kleineren Datensätzen sollten entsprechend hohe Varianzaufklärungen (> 80%) erreicht werden (vgl. etwa Urban & Mayerl, 2006, S. 37ff.).

Da die Regressoren sehr verschiedene Maßeinheiten besitzen, sind die geschätzten Regressionskoeffizienten (B) in der Regel bei multivariaten Regressionen nicht untereinander zu vergleichen. Ein direktes Urteil über die relative Bedeutung der Regressoren ist daher unmöglich. Um eine Vergleichbarkeit der Regressionskoeffizienten herzustellen, werden die unterschiedlichen (metrischen) Variablen durch standardisierte Varianten ersetzt. Diese bezeichnet man als Beta-Koeffizienten. Bei der Interpretation kann man sich daher auf eine allen Variablen gemeinsame, statistisch verankerte Maßeinheit stützen. Die Effekte können dann sinnvoll verglichen werden (vgl. Backhaus et al., 2006, S. 62).

Die verwendeten Maße zur Überprüfung der Regressionskoeffizienten für die hier vorgenommenen Regressionsanalysen sind das Bestimmtheitsmaß R^2 und die Beta-Werte (siehe Tabellen, Spalte Beta). Auf diese wird in den folgenden Ausführungen zu den Modellspezifikationen Bezug genommen. Zur Interpretation der Regressionen ist das Vorzeichen der Beta-Werte von besonderer Bedeutung. Es zeigt an, in welche Richtung der Einfluss der jeweiligen Variablen auf die zu erklärende Variable (Etat) besteht.

Schließlich ist die Signifikanz eine Schlüsselgröße, da sie darüber informiert, ob der Regressionskoeffizient zu der betrachteten Variablen einen empirisch abgesicherten Einfluss auf die Erklä-

rungsgröße hat. Aber auch fehlende Signifikanzen, die nach theoretischen Vorüberlegungen von Bedeutung sind, können aufschlussreich in Bezug auf eine Trendbeschreibung sein, die ohne diese Methode gar nicht erst sichtbar gemacht werden könnten. Die Signifikanz liefert hierbei Aufschluss darüber, ob der vermutete Zusammenhang der Hypothesen besteht oder nicht. Es ist üblich, die wahrscheinliche Übereinstimmung von 90% (Irrtumswahrscheinlichkeit p < = 0,1 > 0,05) als schwach signifikant, 95% (Irrtumswahrscheinlichkeit p < = 0,05) als signifikant und die von 99% (p < = 0,001) als hochsignifikant zu bezeichnen, wobei für alle angewandten Testverfahren das Niveau von 90% als ausreichend angesehen wird (vgl. z.B. Urban & Mayerl, 2006, S. 37ff.). Die Signifikanzen werden entsprechend durch die Angabe von ein, zwei oder drei Sternchen symbolisiert.
Ist das Modell signifikant, wird zudem die Signifikanz der einzelnen Koeffizienten mit einem t-Test ermittelt. Der T-Wert in den Tabellen liefert somit die Prüfgröße des Signifikanztests der einzelnen Koeffizienten (siehe Tabellen, Spalte T-Wert). Die T-Verteilung hat den Freiheitsgrad (n - m) als Parameter m = Anzahl der Koeffizienten und n = Größe der Stichprobe. Die jeweiligen Regressoren in Tabelle 4 und 5 werden per t-Test als signifikant beurteilt (siehe Tabellen, Spalte Sign.).
Generell sollte die Interpretation der Ergebnisse der Regressionsanalyse aber nicht zu fokussiert als eine Suche nach signifikanten Einflüssen verstanden werden, da theoretisch bedeutsame Strukturvariablen zwangsläufig hohe Signifikanzen aufweisen müssen. Oftmals können durch die Methode der Regressionsanalyse überhaupt erst spezifische Effekte herausgefiltert werden. Die quantitativen Befunde bieten gleichzeitig Raum für Interpretationen der empirischen Situation in der Realität. Selbst bei nicht signifikanten Zusammenhängen kann nicht pauschal gefolgert werden, dass kein Wirkungszusammenhang besteht, wenn das Ergebnis ansonsten sachlogisch korrekt ist. Umgekehrt sollten statistisch signifikante Zusammenhänge nur dann akzeptiert werden, wenn sie den sachlogischen Erwartungen entsprechen (vgl. auch Backhaus et al., 2006, S. 105). Somit wird der Forderung nachgekommen, dass sich der Wert empirischer Forschungsarbeit nicht ausschließlich über die statistische Signifikanz bestimmen sollte (vgl. dazu Bortz & Döring, 2006, S. 119).
Zunächst erfolgt eine Betrachtung des Gesamtmarkts der Handball BL Frauen, bevor die Teilmärkte der 1. und 2. Liga getrennt untersucht werden, da hier weitere differenziertere Ergebnisse zu erwarten sind.

4.4 Ergebnisse

Nachdem die Methodik der Regressionsanalyse im vorangegangenen Abschnitt dargelegt wurde (vgl. auch Kap. 3.3), sollen nun die Ergebnisse der quantitativen Auswertung vorgestellt werden. Bezugspunkte sind die in den Hypothesen aufgestellten Wirkungszusammenhänge, die im weiteren Verlauf des Kapitels hinsichtlich ihrer empirischen Evidenz überprüft werden. Die inferenzstatistischen Befunde können mit Bezug auf die markttheoretischen Grundüberlegungen als Marktanalysen verstanden werden, die sowohl Konkurrenz- als auch Nachfragestrukturen einbeziehen (vgl.

auch Homburg & Krohmer, 2006, S. 481ff.). Letztlich geben diese Hinweise darauf, wie gewinnbringend die Marktbearbeitung der Frauenhandball-Bundesligateams ist.

4.4.1 Gesamtmarkt Handball-Bundesliga Frauen

Bevor komplexere Erklärungsmodelle folgen, wird zunächst ein einfaches Strukturmodell betrachtet, um den Zusammenhang zwischen sportlichem und wirtschaftlichem Erfolg zu klären.

H 1: Je größer der Vermarktungserfolg des Vereins, desto höher der sportliche Erfolg.

H 2: Je höher der sportliche Erfolg in der Vorsaison, desto höher der Vermarktungserfolg in der nachfolgenden Saison.

Vorab wurde eine einfache Korrelationsanalyse durchgeführt. Der Korrelationskoeffizient beträgt -,793**. Mit 0,8 ist der Zusammenhang zwischen den Variablen Budget und der Abschlussplatzierung sehr hoch. Der Korrelationskoeffizienzt der beiden Variablen Budget und sportlicher Erfolg der Vorsaison weist mit -,724** ebenfalls auf einen hohen Zusammenhang hin. Das erwartbare negative Vorzeichen gibt an, dass wirtschaftlicher Erfolg tendenziell mit niedrigem Tabellenplatz einhergeht. Man spricht in diesem Zusammenhang auch von einer negativen Korrelation.

Um nicht nur den Zusammenhang, sondern die Richtung dieser Wirkungsbeziehungen zu überprüfen, wurden die ersten beiden Hypothesen mittels Regressionsanalysen kontrolliert. Dazu erhält man zu den standardisierten Variablen (Beta) die folgenden geschätzten Regressionsgleichungen:

Modell 1: ETAT = -0,793 · TABPLATZ07 + Residuum

Modell 2: ETAT = -0,724 · TABPLATZ06 + Residuum.

Ein konstanter Term ist in den Gleichungen nicht vorhanden, da die Variablen standardisiert sind (Beta-Werte).

Tab. 4. *Erklärung des Vermarktungserfolgs durch den Bestimmungsfaktor sportlicher Erfolg am Ende der Saison im Gesamtmarkt Frauenhandball-Bundesliga.*

Erklärende Variablen	BUDGET06/07 Modell 1 – Gesamtsample			
	B	Beta	T-Wert	Sign.
Konstante	,707		12,235	,000***
TABPLATZ07	-,027	-,793	-7,904	,000***

Anmerkungen: Modell-Güte R^2 = 63%
Signifikanzniveaus: * = 10%, ** = 5%, *** = 1%

Beide Modelle liefern hoch signifikante Ergebnisse. Aus Tabelle 4 geht hervor, dass die Variable sportlicher Erfolg am Ende der Saison (TABPLATZ07) schon eine Varianzaufklärung von 63% (R^2) besitzt, während die sportliche Abschlussplatzierung der Vorsaison (TABPLATZ06) nur 52% (R^2) der Varianz erklärt (vgl. Tab. 5).

Mit sinkender Platzierung in der Tabelle am Ende der Saison (TABPLATZ07) ergibt sich ein Vermarktungsnachteil von bis zu 79%. Folglich kann Hypothese 1, dass Vermarktungserfolge auch zu sportlichen Erfolgen führen, angenommen werden. Wirtschaftlicher Erfolg ist demnach als Voraussetzung für die Erzielung sportlicher Erfolge im Frauenhandball aufzufassen.

Tab. 5. *Erklärung des Vermarktungserfolgs durch den Bestimmungsfaktor sportlicher Erfolg der Vorsaison im Gesamtmarkt Frauenhandball-Bundesliga.*

Erklärende Variablen	BUDGET06/07 Modell 2 – Gesamtsample			
	B	Beta	T-Wert	Sign.
Konstante	,649		10,421	,000***
TABPLATZ06	-,023	-,724	-6,383	,000***

Anmerkungen: Modell-Güte R^2 = 52%
Signifikanzniveaus: * = 10%, ** = 5%, *** = 1%

Auch Hypothese 2, dass sportlicher Erfolg als Mittel zur Erzielung von Vermarktungserlösen angesehen werden kann, wird für den Frauenhandball angenommen. Vergangener sportlicher Erfolg (TABPLATZ06) beeinflusst die Vermarktungserlöse im Frauenhandball ebenfalls. Es ergibt sich ein Vermarktungsnachteil von bis zu 72%. Sportliche Erfolge sind jedoch noch keine Garantie für eine hohe Budgeterzielung. Vielmehr gilt es, die prinzipiellen Vorteile sportlicher Erfolge strategisch in eine erfolgreiche Vermarktung umzusetzen.

Bevor zu den komplexeren Regressionsmodellen übergegangen wird, soll zunächst noch ein einfaches Strukturmodell bezüglich der Ligenzugehörigkeit betrachtet werden. Tabelle 6 weist das Ergebnis der Regressionsanalyse bezüglich der Ligenzugehörigkeit aus. Die Varianzaufklärung in diesem einfachen Modell zeigt, dass die Ligenzugehörigkeit eine eindeutige Marktabgrenzung darstellt, d.h., dass 57% (R^2) der Varianzaufklärung alleine durch diese Variable erzielt wird. Der relative Vermarktungsnachteil eines Clubs der 2. Handball BL Frauen ist dabei mit -75% (Beta) des erzielten Etats gegenüber den Erstligateams ganz erheblich.

Tab. 6. *Erklärung des Vermarktungserfolgs durch die Ligenzugehörigkeit im Gesamtmarkt Frauenhandball-Bundesliga.*

Erklärende Variablen	BUDGET06/07 Modell 3 – Gesamtsample			
	B	Beta	T-Wert	Sign.
Konstante	,558		11,999	,000***
LIGA2	-,386	-,751	-6,911	,000***

Anmerkungen: Modell-Güte R^2 = 57%
Signifikanzniveaus: * = 10%, ** = 5%, *** = 1%

Hierin spiegelt sich die beobachtete Markthierarchie und Disparität zwischen 1. und 2. BL wider. Im Vergleich zur 1. Handball BL Frauen sind die Vermarktungserlöse in der 2. Handball BL Frauen äußerst niedrig.

Festzuhalten bleibt, dass die Ergebnisse der einfachen Strukturmodelle plausibel erscheinen. Sie können aber noch nicht als hinreichend angesehen werden, den Vermarktungserfolg zu erklären. Dessen ungeachtet sind einfache Strukturmodelle interessant, um die rein institutionellen Unterschiede und Marktabgrenzungen, etwa durch die Ligenzugehörigkeit, zu erklären.

Um das Phänomen der Ressourcendisparitäten im Spitzenhandball der Frauen umfassender zu erkennen und aufklären zu können, werden in den nachfolgenden Modellen weitere management- und standortbezogene Variablen sowie „Tradition“ als Variable für die sportliche Attraktivität des Clubs auf ihre empirische Relevanz hin getestet (vgl. Tab. 7).

Der Einschluss weiterer unabhängiger Variablen wie in diesem Modell 4 liefert einen sehr guten Erklärungswert von 81%; er kann als statistisch aussagekräftig herangezogen werden. Dabei deutet die Erhöhung der Varianzaufklärung auf eine gute Modellspezifikation hin.

Tab. 7. *Erklärung des Vermarktungserfolgs durch sport- und regionalökonomische Bestimmungsfaktoren im Gesamtmarkt Frauenhandball-Bundesliga.*

Erklärende Variablen	BUDGET06/07 Modell 4 – Gesamtsample			
	B	Beta	T-Wert	Sign.
Konstante	,551		2,040	,051*
LIGA2	-,223	-,433	-3,924	,000***
TRADITION	,012	,026	,259	,798
ANZHAUPT	,053	,251	2,042	,050*
EINGVEREIN	-,037	-,077	-,844	,406
EIGENVERM	-,033	-,046	-,444	,660
LOKALWETTB	-,113	-,235	-2,273	,031**
RANKING	-,002	-,031	-,339	,737
KLEINSTADT	-,103	-,210	-1,856	,074*
ZUSCHAUERKAP	5,181E-5	,280	2,566	,016**

Anmerkungen: Modell-Güte R^2 = 81%
Signifikanzniveaus: * = 10%, ** = 5%, *** = 1%

Für Modell 3 ergibt sich die folgende Regressionsgleichung:

ETAT = - 0,433 · LIGA2 + 0,026 · TRADITION + 0,251 · ANZHAUPT - 0,071 · EINGVEREIN - 0,046 · EIGENVERM - 0,235 · LOKALWETTB - 0,031 · RANKING - 0,210 · KLEINSTADT + 0,280 · HALLENKAP + Residuum

Mit Blick auf die Beta-Werte zeigt sich in Tabelle 7 erneut, dass die sportliche Erfolgsvariable LIGA2 den größten Einfluss auf die Etatgenerierung hat. Der sportliche Erfolg ist aber nicht alleine ausschlaggebend für Vermarktungserfolge. Auch eine traditionelle Verankerung der Frauenhandballclubs in der Region kann Vermarktungsvorteile unabhängig vom sportlichen Erfolg eröffnen. Allerdings deutet der Wert in der Tabelle darauf hin, dass die traditionelle Verankerung (TRADITION) des Frauenhandballs in der Region weniger als zuvor vermutet die Nachfrage nach dem Produkt „Handball BL Frauen" und damit die Erlöse positiv beeinflusst.

H 3: Je länger die Tradition der Clubs in der Bundesliga und die regionale Verankerung des Frauenhandballs gegeben ist, desto besser sind die Vermarktungschancen der Clubs.

Hypothese 3 ist aufgrund des inferenzstatistischen Befunds abzulehnen. Die regionale Verankerung des Frauenhandballs beeinflusst die Vermarktungschancen demnach nicht. Zum einen dürfte die Tradition des Frauenhandballs in der Region schon unterschiedlich ausgeprägt sein – was der positive B-Wert andeutet –, zum anderen spielt aber auch die Konkurrenz zu anderen Sportangeboten eine Rolle (siehe auch Klaffke, 2003, 82ff.). Auch wenn die historisch-traditionelle Verankerung eines Clubs keinen statistisch signifikanten Einfluss auf seine Vermarktungsergebnisse aufweist, ist die theoretische Vorüberlegung zum Einfluss der traditionellen Verankerung der Teams in der Region nicht unlogisch; vielmehr weist dieser Befund eher auf eine unzureichende Operationalisierung der Variablen hin. Eine präzisere Variablenkonstruktion erwies sich indes als sehr schwierig und konnte in diesem Vorhaben aufgrund fehlender Daten nicht realisiert werden.

In den vorangestellten Kapiteln wurde bereits mehrfach darauf hingewiesen, dass die Vermarktungsergebnisse maßgeblich von der Effizienz des Clubmanagement beeinflusst werden. Das Ergebnis der Regressionsanalyse bestätigt die Vermutung, dass sich ein Vereinsmanagement mit hauptamtlichen Mitarbeitern positiv auf die Vermarktungserlöse auswirkt.

H 4: Wenn die Bundesligateams professionelle Managementstrukturen mit hauptamtlichen Mitarbeitern geschaffen haben, dann erzielen sie größere Vermarktungserfolge als rein ehrenamtlich arbeitende Handballvereine.

Prinzipiell eröffnen hauptamtliche Mitarbeiter Vermarktungsvorteile. Zudem deutet das positive Vorzeichen an, dass die Vermarktungserlöse mit einer zunehmenden Anzahl an hauptamtlichen Anstellungsverhältnissen im Management der Bundesligateams signifikant positiv beeinflusst werden. Hypothese H 4 wird somit angenommen. Die Managementeffizienz kann durchaus über die Einstellung hauptamtlicher Mitarbeiter in den Bundesligaclubs gesteigert werden und zu höheren Vermarktungserlösen der Teams führen. Managementeffizienz ist somit ein Erfolgsfaktor für die Entwicklung des Spitzenhandballs der Frauen.

Ob der sich abzeichnende starke Einfluss eines hauptamtlichen Managements in den weitern Modellen erhalten bleibt oder etwa andere Variablen den Vermarktungserfolg stärker beeinflussen, wird sich im weiteren Verlauf der Auswertung zeigen.
Zwischen einem hauptamtlichen Management und dem sportlichen Erfolg lässt sich ebenfalls ein statistischer Zusammenhang nachweisen.

H 5: Wenn Hauptamtliche im Management der Vereine angestellt sind, dann sind die Vereine auch sportlich erfolgreicher.

Der ermittelte Korrelationskoeffizient nimmt einen Wert von -,524** ein. Mit einer mittleren Stärke von 0,5 ist der Zusammenhang zwar nicht so bedeutend wie in den Ergebnissen zu den Vermarktungserfolgen zuvor, H 5 wird aber dennoch angenommen.
Die inferenzstatistische Auswertung zeigt zudem, dass in Bezug auf die zu erzielenden Budgets die Rechtsform des e.V. (EINGVEREIN) Nachteile bei der Vermarktung gegenüber Kapitalgesellschaften hat. Die Teams, die weiterhin als e.V. geführt werden, sind offenbar die schlechteren Vermarkter.

H 6: Frauenhandballclubs, die als Kapitalgesellschaft ausgegliedert wurden, erzielen höhere Vermarktungserlöse als Frauenhandballclubs, die als Verein geführt werden.

Dieser Befund sollte aber nicht überbewertet werden, da zum einen die Variable statistisch keine Signifikanz liefert und zum anderen allein die Umwandlung der Rechtsform noch nicht automatisch mit höherer Managementeffizienz und in der Folge höheren Vermarktungserlösen gleichzusetzen ist. Vielmehr eröffnen sich den Vereinen lediglich autonomere Entscheidungsstrukturen in der Geschäftsführung und Haftungsbeschränkungen. Die Veränderung der Rechtsform kann aber durchaus als eine notwendige Bedingung zur Effizienzsteigerung des Managements vor allem hinsichtlich eines Professionalisierungseffekts angesehen werden. H 6 wird jedoch aufgrund des nicht signifikanten Befunds abgelehnt.
Ferner deutet sich hinsichtlich der Optimierung der Vermarktungsstrukturen an, dass die Eigenvermarktung (EIGENVERM) – wiederum ohne signifikanten Einfluss, aber mit negativem Regressionskoeffizienten – weniger erfolgversprechend ist als eine Fremdvermarktung bzw. Mischform.

H 7: Bei Fremdvermarktung durch die Zusammenarbeit mit einer Agentur erzielen die Vereine größere Vermarktungserfolge als bei Eigenvermarktung durch den Verein.

Teams, die mit Agenturen zusammenarbeiten, scheinen demnach bessere Vermarktungserlöse durch die Nutzung der Marktkenntnisse von Spezialisten erzielen zu können, als Vereine mit ausschließlich eigenen Vermarktungsaktivitäten. Mittelfristig können diese Agenturen auf Vermarktungserfolge der Clubs einwirken, indem sie ihr Know-how transferieren und somit zu einer weiteren Professionalisierung der Vereine beitragen. Allerdings wird auch H 7 aufgrund des nicht signifikanten Befundes verworfen.

Die in der sportökonomischen Literatur vorherrschende Annahme, dass ein kleineres Marktgebiet (Großstadt vs. Kleinstadt) geringere Vermarktungserlöse zur Folge hat, lässt sich durch die Ergebnisse bei der Variablen KLEINSTADT bestätigen.

H 8: Vereine in Großstädten weisen günstigere Bedingungen für die Clubs auf, Zuschauer und Sponsoren für sich zu gewinnen als Vereine in Klein- bzw. Mittelstädten.

Ein Kleinstadtteam erzielt deutlich niedrigere Vermarktungserlöse (-21%) als ein Team, dass in einer Großstadt ansässig ist. Tendenziell sind für die Frauenhandballvereine folglich größere Standorte von Vorteil, allerdings bieten diese mehr Konkurrenz. H 8 wird demzufolge angenommen.

Inwieweit sich ein Teamstandort in einem größeren Marktgebiet erlössteigernd auf die Vermarktung durch Sponsoring- oder Zuschauereinnahmen auswirkt, kann in der hier verwendeten Modellspezifikation nicht weiter operationalisiert werden. Im Allgemeinen wird in der Literatur davon ausgegangen, dass ein größeres Marktgebiet in der Regel auch höhere Zuschauerzahlen zur Folge hat (vgl. etwa Swieter, 2002, S. 148ff.; Danielson, 1997, S. 37; Frick, 1999, S. 144ff.). Dieser Zusammenhang – zwischen der Größe der Stadt, in der das Team beheimatet ist, und dem Zuschauerpotential – kann für den Spitzenhandball der Frauen durch eine Korrelationsanalyse bestätigt werden. Die ermittelte Stärke dieses Zusammenhangs ist mit ,492** im mittleren Bereich. Hierbei wurde zur besseren Vergleichbarkeit der Zuschauerrang dem Einwohnerrang gegenüber gestellt. Ein Grund für die nur mittlere Stärke der Korrelation ist, dass die Teams der Handball BL Frauen ihre Etats neben Zuschauern sehr stark durch regional gebundene Sponsoren generieren. Eine höhere Einwohnerzahl in einer Stadt und damit ein größeres Marktpotential eröffnen den Frauenteams Vorteile sowohl in der B2B-als auch in der B2C-Vermarktung. Dass der Frauenhandball nachweisbar auf ein großes Marktpotential angewiesen ist, überrascht weniger. Zum einen ist die Zuschauernachfrage direkt in Form vom Ticketerlösen für die Budgeterzielung relevant, zum anderen aber auch indirekt zur Steigerung der Sponsoreneinnahmen und kann darüber hinaus die Chancen einer TV-Vermarktung steigern.

Ohne signifikanten Einfluss, allerdings wiederum mit erwartbarem negativen Vorzeichen, bleibt die Variable RANKING, die den sozioökonomischen Status des Standortes misst. Nach dem inferenzstatistischen Befund wird H 9 abgelehnt. Das Ergebnis deutet vielmehr darauf hin, dass wirtschaftsstarke Teamstandorte generell schon Vermarktungsvorteile eröffnen, diese aber stark von der jeweiligen Wettbewerbssituation am Standort beeinflusst werden.

H 9: Vereine an wirtschaftsstarken Teamstandorten weisen günstigere Vermarktungsbedingungen auf als Vereine an strukturschwachen Teamstandorten.

Die Variable ZUSCHAUERKAP liefert ebenfalls einen signifikanten Einfluss mit erwartbar positivem Vorzeichen. Dies verwundert angesichts des Trends zu Spielstätten mit immer größeren Zuschauerkapazitäten nicht.

H 10: Je höher die Kapazität der verfügbaren Sportstätte, desto größer sind die Vermarktungserfolge.

H 10 wird aufgrund des inferenzstatistischen Befunds angenommen. Eine hohe Zuschauerkapazität verspricht pauschal aber noch keine Vermarktungserfolge, zumal große Hallen erst einmal zu füllen sind. So kann eine kleinere Halle mit geringerer Zuschauerkapazität, aber hoher Auslastung aufgrund der dichten emotionalen Atmosphäre, ebenfalls Vermarktungsvorteile eröffnen.
Schließlich wurde der Einfluss der Existenz weiterer Bundesligaclubs auf die Vermarktungserlöse der Frauenhandballvereine überprüft.

H 11: Je geringer die unmittelbare Teamsportkonkurrenz am Standort, insbesondere durch erfolgreiche Männerbundesligateams, desto besser die Vermarktungserfolge der Frauenteams.

Vor allem die Konkurrenz durch Bundesligisten im Männerteamsport wird den Frauenhandballclubs zum Nachteil. Im Modell zeigt sich ein signifikanter Einfluss der Variablen LOKALWETTB als lokale Konkurrenz durch Männerbundesligaclubs vor Ort. H 11 wird daher angenommen. Das zu erwartende negative Vorzeichen bestätigt, dass Frauenhandball bessere Entwicklungsmöglichkeiten an Standorten hat, in denen kein Wettbewerb zu hochklassigen Männerteams besteht.

4.4.2 Teilmärkte 1. und 2. Handball-Bundesliga Frauen

Um zu untersuchen, ob sich die Marktsituation zwischen der 1. und 2. Handball BL Frauen unterscheidet und um die jeweiligen Vermarktungserfolge in den beiden Bundesligen besser aufzuklären, werden die Ligen in den folgenden Abschnitten getrennt untersucht. Dadurch können sich die Befunde über den Gesamtmarkt womöglich noch einmal verändern.

Hinsichtlich der Methodik werden für die Regressionen der Teilsamples zunächst die einfachen Strukturmodelle zum sportlichen Erfolg wiederholt. Beide Modelle liefern für das Teilsample nur schwach signifikante Ergebnisse (vgl. in Tabelle 8). Die Variable sportlicher Erfolg am Ende der Saison (TABPLATZ07) besitzt lediglich eine Varianzaufklärung von 26% (R^2). Mit steigendem Tabellenrang am Ende der Saison (TABPLATZ07) ergibt sich für die Erstligisten aber immer noch ein Vermarktungsnachteil von bis zu 51% (Beta).

Tab. 8. *Erklärung des Vermarktungserfolgs durch den Bestimmungsfaktor sportlicher Erfolg am Ende der Saison im Teilmarkt 1. Frauenhandball-Bundesliga.*

Erklärende Variablen	BUDGET06/07 Modell 1 – Teilsample 1. BL			
	B	Beta	T-Wert	Sign.
Konstante	,797		5,540	,000***
TABPLATZ07	-,037	-,511	-1,878	,090*

Anmerkungen: Modell-Güte R^2 = 26%
Signifikanzniveaus: * = 10%, ** = 5%, *** = 1%

Vermarktungserfolge der Erstligateams führen demnach dazu, den sportlichen Erfolg zu erhöhen. Allerdings zeigt sich, anders als im Gesamtmodell, ein stärkerer Einfluss von sportlichem Erfolg als Mittel zur Erzielung von wirtschaftlichem Erfolg in der 1. Handball BL Frauen. Die sportliche Abschlussplatzierung der Vorsaison (TABPLATZ06) in Tabelle 9 erklärt immerhin 32% (R^2) der Varianz.

Tab. 9. *Erklärung des Vermarktungserfolgs durch den Bestimmungsfaktor sportlicher Erfolg der Vorsaison im Teilmarkt 1. Frauenhandball-Bundesliga.*

Erklärende Variablen	BUDGET06/07 Modell 2 – Teilsample 1. BL			
	B	Beta	T-Wert	Sign.
Konstante	,793		6,273	,000***
TABPLATZ06	-,034	-,564	-2,160	,056*

Anmerkungen: Modell-Güte R^2 = 32%
Signifikanzniveaus: * = 10%, ** = 5%, *** = 1%

Die Ergebnisse können aufgrund der geringen Varianzaufklärung aber nicht befriedigen. Vielmehr zeigt sich noch einmal deutlich, dass sportliche Erfolge keine Garantie für eine hohe Budgeterzielung sind. Tendenziell führen sportliche Erfolge aber auch zu höheren Vermarktungserlösen in der 1. Handball BL Frauen.

Im Weiteren ist es interessant zu prüfen, ob sich die Ergebnisse der Teilsamples hier im Vergleich zu den Gesamtmodellen wesentlich voneinander unterscheiden und sich die empirisch relevant erwiesenen Einflüsse von management- und standortrelevanten Variablen auf Vermarktungserfolge in den Teilmärkten verändert darstellen. Zum besseren Vergleich der Modelle bietet es sich zunächst an, die gleiche Modellspezifikation wie in Modell 4 des Gesamtsamples zu wählen. Der sportliche Erfolg wird durch die Variable TABPLATZ07 anstelle LIGA2 abgebildet, da in den Teilsamples jeweils nur die 1. oder 2. Liga isoliert betrachtet wird.

Die Hinzunahme weiterer unabhängiger Variablen der sport- und regionalökonomischen Einflussfaktoren in Tabelle 10 führt zu einem sehr guten Erklärungswert gegenüber den Modellen zuvor, was auf eine gute Modellspezifikation hindeutet. Zudem zeigt sich, dass eine differenzierte Betrachtung der Bundesligen, wie schon vermutet, veränderte Befunde liefert.

Tab. 10. *Erklärung des Vermarktungserfolgs durch sport- und regionalökonomische Bestimmungsfaktoren im Teilmarkt 1. Handball-Bundesliga Frauen.*

Erklärende Variablen	BUDGET06/07 Modell 3 – Teilsample 1. BL			
	B	Beta	T-Wert	Sign.
Konstante	2,468		2,781	,109
TABPLATZ07	-,052	-,721	-3,094	,090*
TRADITION	,099	,197	,888	,468
ANZHAUPT	-,119	-,580	-2,315	,147
EINGVEREIN	-,252	-,439	-3,175	,087*
EIGENVERM	-,176	-,264	-,859	,481
LOKALWETTB	-,333	-,661	-3,243	,083*
RANKING	-,020	-,309	-1,105	,384
KLEINSTADT	-,423	-,839	-4,433	,047**
ZUSCHAUERKAP	2,305E-5	,155	,678	,568

Anmerkungen: Modell-Güte R^2 = 98%
Signifikanzniveaus: * = 10%, ** = 5%, *** = 1%

Im Vergleich zum Gesamtmarkt ist zunächst zu erkennen, dass auch in dem Teilsample 1. Handball BL Frauen der sportliche Erfolg (TABPLATZ07) einen signifikanten Einfluss auf die Vermarktung erzielt. TRADITION liefert wieder keinen signifikanten Zusammenhang. Dieser Befund bleibt gegenüber dem Gesamtmodell stabil. Überraschend ist, dass im Teilsample 1. Handball BL Frauen die Variable ANZHAUPT ohne signifikanten Einfluss bleibt und es zudem einen Vorzeichenwechsel gab. Das negative Vorzeichen bedeutet in diesem Zusammenhang, dass sich eine steigende Zahl hauptamtlicher Mitarbeiter im Management der Clubs nicht unbedingt positiv auf die Managementeffizienz auswirkt. Vielmehr zeigt sich in dem Befund, dass eine zunehmende Zahl hauptamtlicher Mitarbeiter nicht gleichzeitig zu höheren Vermarktungserlösen führt. Die Managementeffizienz kann demnach schon durch einen hauptamtlichen Mitarbeiter erhöht werden.

Außerdem erzielt die Variable EINGVEREIN in diesem Modell einen schwach signifikanten Einfluss mit negativem Vorzeichen. Für die 1. Handball BL Frauen bedeutet dies, dass Clubs, die ihr Bundesligateam als Kapitalgesellschaft führen, höhere Vermarktungserlöse erzielen, als Teams, die weiterhin als e.V. geführt werden.

Dass die beiden Variablen die Vermarktungsergebnisse beeinflussen, ist nicht verwunderlich. Immerhin haben bereits 83,3% der Erstligaclubs ihre Rechtsform in eine Kapitalgesellschaft umgewandelt und zum Teil auch hauptamtliche Anstellungsverhältnisse geschaffen. Eine Eigenvermarktung kann dann durchaus erfolgreich sein. Die Variable EIGENVERM bleibt zwar mit negativem Vorzeichen bestehen, hat aber auch im Teilsample keinen signifikanten Einfluss. Hauptamtliche Beschäftigungsverhältnisse führen offenbar dazu, dass sich die Erstligaclubs erfolgreich selbst vermarkten können und nicht zwangsläufig auf die Zusammenarbeit mit externen Agenturen angewiesen sind.

Des Weiteren ist die Variable KLEINSTADT signifikant und die Ausprägung hier sogar noch klarer als im Gesamtmodell. Grundsätzlich deutet dies darauf hin, dass die Einwohnerzahl vor Ort ein dominanter Bestimmungsfaktor des Vermarktungserfolgs in der 1. Handball BL Frauen ist. Der Befund überrascht nicht, wenn man bedenkt, dass diese Variable auch das Marktpotential im B2C-Bereich angibt.

Die Variable der lokalen Wirtschaftskraft (RANKING) bleibt weiterhin ohne signifikanten Einfluss, hat aber ein erwartbar negatives Vorzeichen. Tendenziell bedeutet dies, dass sich Frauenhandballteams an Standorten mit höheren Zukunftschancen und einer besseren Platzierung im Prognosranking Vermarktungsvorteile bieten. Andererseits können Vermarktungsnachteile an strukturschwachen Standorten im Einzelfall durchaus kompensiert werden.

Die ZUSCHAUERKAP erzielt in der Teilmarktbetrachtung keinen signifikanten Einfluss auf die Vermarktungserlöse. Darin zeigt sich, dass der statistische Befund dazu nicht eindeutig ist. Demzufolge verspricht eine hohe Zuschauerkapazität der verfügbaren Wettkampfstätte noch keine Vermarktungserfolge. Dennoch ist das Ergebnis gegenüber dem Gesamtmodell überraschend, da Ressourcennachteile bezüglich des Standortes sehr wohl durch eine große Fanbasis überwunden werden können, wie das Beispiel des HC Leipzig zeigt.

Weiterhin bleibt in diesem Modell das signifikante Ergebnis von LOKALWETTB erhalten und ist somit stabil. Der Wettbewerbseffekt schlägt wie erwartet negativ durch.

Im vorangegangenen Abschnitt hat sich gezeigt, dass strategische Managemententscheidungen und Standortfaktoren die Vermarktungserlöse der 1. Handball BL Frauen am stärksten zu determinieren scheinen. Auch wenn kein statistisch signifikanter Nachweis über die Wirtschaftstärke des Standortes (RANKING) gefunden werden konnte, ist weiterhin zu vermuten, dass regionalökonomische Einflussfaktoren die Vermarktungserlöse der Frauenhandballclubs beeinflussen. So wird angenommen, dass Frauenhandballclubs an strukturstarken Standorten Vermarktungsvorteile haben. Es ist eher davon auszugehen, dass der Befund zur Wirtschaftsstärke ebenfalls auf eine unzureichende Operationalisierung der Variablen zurückzuführen ist. In einer weiteren Modellspezifikation, die sich auf Standortvariablen beschränkt, soll daher überprüft werden, ob sich ein Teamstandort in den neuen Bundesländern nachteilig auf die Vermarktung auswirkt, da die meisten Städte Ostdeutschlands (bis auf wenige Ausnahmen) eher als eher als strukturell benachteiligt gelten.

Tab. 11. *Erklärung des Vermarktungserfolgs durch regionalökonomische Bestimmungsfaktoren im Teilmarkt 1. Handball-Bundesliga Frauen.*

Erklärende Variablen	BUDGET06/07 Modell 4 – Teilsample 1. BL			
	B	Beta	T-Wert	Sign.
Konstante	-,557		-,936	,385
EINWZAHL	5,498E-7	,443	2,284	,062*
RANKING	-,020	-,443	-2,284	,166
LOKALWETTB	-,069	-,138	-,575	,586
BUNDESLNEU	,343	,599	2,124	,078*
ZUSCHAUERKAP	3,024E-5	,203	1,068	3,27

Anmerkungen: Modell-Güte R^2 = 85%
Signifikanzniveaus: * = 10%, ** = 5%, *** = 1%

Die Varianzaufklärung erreicht mit 85% ebenfalls einen hohen Wert. Nochmals zeigt sich die Bedeutung eines großen Marktpotentials für die Etatgenerierung durch die Variable EINWZAHL, die in diesem Modell die Dummyvariable KLEINSTADT ersetzt. Mit zunehmender Größe der Stadt können bis zu 44% mehr Vermarktungserlöse generiert werden. Auffällig ist in dieser Modellspezifikation die neu hinzugenommene Variable BUNDESLNEU. Dieser Befund ist aus regionalökonomischer Sicht überraschend. Anders als im Männerteamsport ergeben sich in der 1. Handball BL Frauen mit einem Teamstandort in Ostdeutschland anscheinend regionale Entwicklungsvorteile. Andererseits weist der signifikant positive Einfluss der Variablen BUNDESLNEU darauf hin, dass regionalökonomische Nachteile durch strategisches Marketing kompensiert werden können. Hier kommt darüber hinaus ein zusätzlicher Wettbewerbseffekt zum Ausdruck. Immerhin sind 87% aller Teamsportclubs der Männer (178 von 205) in den alten Bundesländern beheimatet (vgl. dazu Kurscheidt, Klein & Mielke, 2009). Die in Ostdeutschland ansässigen Frauenteams haben demnach nachweislich weniger Konkurrenz durch Männerbundesligisten als an anderen regionalen Standorten. Der wirtschaftliche Rückstand vieler ostdeutscher Kommunen ist sicherlich für diese Unterrepräsentanz des Profi-Männerteamports mitverantwortlich. Was sich für die Männerteams als Nachteil erweist, stellt sich für die Frauenteams jedoch eher als Vorteil bei der Vermarktung heraus. Hier sind die ostdeutschen Teams offensichtlich keineswegs durch ihren mit Zukunftsrisiken behafteten Standort benachteiligt.

Der Einfluss regionalökonomischer Faktoren hinsichtlich der Budgeterzielung in den Modellen des Teilsamples 1. Handball BL Frauen bestätigt, dass die Erstligaclubs in ihren Vermarktungsbemühungen im B2C-Bereich (Zuschauergewinnung und -bindung) und im B2B-Bereich (etwa Hospitality) stark auf ihr lokales Umfeld angewiesen sind.

Um die Unterschiede zwischen Erst- und Zweitligisten differenziert aufklären zu können, folgt nun die regressionsanalytische Betrachtung des Teilsample der 2. Handball BL Frauen. Auch hier wird zunächst die gleiche Modellspezifikation wie im Gesamtmarkt gewählt, bevor weitere, ggf. treffendere Modellspezifikationen vorgenommen werden.
Die einfachen Strukturmodelle zum sportlichen Erfolg liefern für das Teilsample 2. Handball BL Frauen überraschende Ergebnisse. Während die Variable sportlicher Erfolg am Ende der Saison (TABPLATZ07) in Tabelle 12 eine Varianzaufklärung von 27% (R^2) liefert und damit mittleres Signifikanzniveau erreicht, kann das Modell in Tabelle 13 kaum einen Erklärungsbeitrag leisten. Die Varianzaufklärung kann mit 4% gänzlich in Zweifel gezogen werden. Wie schon im Teilsample der 1. Handball BL Frauen können auch die Ergebnisse im Teilsample der 2. Handball BL Frauen aufgrund der geringen Varianzaufklärung nicht befriedigen.

Tab. 12. *Erklärung des Vermarktungserfolgs durch den Bestimmungsfaktor sportlicher Erfolg am Ende der Saison im Teilmarkt 2. Frauenhandball-Bundesliga.*

Erklärende Variablen	BUDGET06/07 Modell 1 – Teilsample 2. BL			
	B	Beta	T-Wert	Sign.
Konstante	,412		5,157	,000***
TABPLATZ07	-,012	-,522	-3,062	,005**

Anmerkungen: Modell-Güte R^2 = 27%
Signifikanzniveaus: * = 10%, ** = 5%, *** = 1%

Die inferenzstatistischen Befunde zeigen, dass auch für die Zweitligaclubs Vermarktungserfolge dazu führen, den sportlichen Erfolg zu erhöhen. Demgegenüber kann für die Vereine der 2. Handball BL Frauen kein Einfluss von sportlichem Erfolg als Mittel zur Erzielung von wirtschaftlichem Erfolg festgestellt werden. Dies ist zunächst überraschend. Andererseits lässt dieses Ergebnis eine starke Abhängigkeit von Sponsoren oder gar Mäzenen vermuten.

Tab. 13. *Erklärung des Vermarktungserfolgs durch den Bestimmungsfaktor sportlicher Erfolg der Vorsaison im Teilmarkt 2. Frauenhandball-Bundesliga.*

Erklärende Variablen	BUDGET06/07 Modell 2 – Teilsample 2. BL			
	B	Beta	T-Wert	Sign.
Konstante	,248		3,371	,002**
TABPLATZ06	-,004	-,208	-1,063	,298

Anmerkungen: Modell-Güte R^2 = 4%
Signifikanzniveaus: * = 10%, ** = 5%, *** = 1%

Die Ergebnisse in dem komplexeren Regressionsmodell der 2. Handball BL Frauen unterscheiden sich hinsichtlich der Befunde sehr stark von denen der 1. Handball BL Frauen (siehe Tabelle 14).

Tab. 14. *Erklärung des Vermarktungserfolgs durch sport- und regionalökonomische Bestimmungsfaktoren im Teilmarkt 2. Handball-Bundesliga Frauen.*

Erklärende Variablen	BUDGET06/07 Modell 3 – Teilsample 2. BL			
	B	Beta	T-Wert	Sign.
Konstante	,586		3,059	,007**
TABPLATZ07	-,011	-,471	-2,389	,029**
TRADITION	,034	,185	,919	,371
ANZHAUPT	,026	,223	1,114	,281
EINGVEREIN	-,010	-,057	-,291	,775
EIGENVERM	-,060	-,210	-1,015	,324
LOKALWETTB	,015	,082	,320	,753
RANKING	-,020	-,309	-1,105	,384
KLEINSTADT	,027	,137	,551	,589
ZUSCHAUERKAP	-1,929E-5	-,145	-,643	,529

Anmerkungen: Modell-Güte $R^2 = 52\%$
Signifikanzniveaus: * = 10%, ** = 5%, *** = 1%

Die Varianzaufklärung in Modell 3 des Teilsample 2. Handball BL Frauen liegt bei 52%. Auch diese Varianzaufklärung ist nicht zufriedenstellend. Sie deutet darauf hin, dass Vermarktungserfolge in der 2. Handball BL Frauen immer noch stärker auf sozialen und sportlichen als auf ökonomischen Einflussfaktoren beruhen. Diese sind nur schwer quantifizierbar und deren Wirkungszusammenhänge kaum in ökonometrischen Modellen messbar.

Nur die Variable TABPLATZ07 erreicht überhaupt einen signifikanten Wert. Vermarktungserlöse werden bei den Zweitligaclubs demnach hauptsächlich durch sportlichen Erfolg erzielt.

Insgesamt sind in der 2. Handball BL Frauen noch kaum Professionalisierungstendenzen zu erkennen, die sich u.a. in Form von Rechtsformänderungen oder der Schaffung hauptamtlicher Beschäftigungsverhältnisse niederschlagen würden. So überrascht es nicht, dass auch die Managementvariablen ANZHAUPT, EINGVEREIN und EIGENVERM keinen statistisch signifikanten Erklärungsbeitrag leisten. Die negativen Werte der Variablen deuten tendenziell aber darauf hin, dass zumindest die Vorteile der Kapitalgesellschaft gegenüber des e.V. erkannt wurden, auch wenn das Management hier noch vornehmlich ehrenamtlich erfolgt und die Teams in der Rechtsform eines e.V. geführt werden. Der Befund deutet überdies darauf hin, dass die Zweitligaclubs ihr Management eher noch nach der Devise eines „sich Durchwurschtelns" gestalten und strategische Marketingüberlegungen kaum eine Rolle spielen.

Zudem ist Zweitligafrauenhandball vor allem ein Kleinstadtphänomen. Anders als in der 1. Handball BL Frauen beeinflusst die Variable KLEINSTADT den Vermarktungserfolg nicht signifikant.

Das positive Vorzeichen zeigt allerdings, dass sich in der 2. Handball BL im Vergleich zu den Ergebnissen der 1. Liga durch einen Standort mit geringer Einwohnerzahl Vermarktungsvorteile ergeben können. Insbesondere aufgrund der starken lokalen Verbundenheit (auch von Sponsoren) ergeben sich Vorteile, als Zweitligaclub in ländlicheren Gebieten und kleinen Städten beheimatet zu sein. Es zeigt sich, dass die Zweitligaclubs in ihren Vermarktungsbemühungen noch viel stärker auf ihr regionales Umfeld angewiesen sind als die Vereine der 1. Handball BL Frauen. Damit sind gerade für sie Marketingaktivitäten im Sponsoren- aber auch Zuschauermarkt – insbesondere in Bezug auf Zuschauergewinnung – von existenzieller Bedeutung.
Die Variable der lokalen Wirtschaftskraft (RANKING) bleibt weiterhin ohne signifikanten Einfluss. Das zu erwartende negative Vorzeichen bestätigt, dass Frauenhandball tendenziell bessere Entwicklungsmöglichkeiten an wirtschaftsstarken Standorten hat.
Die ZUSCHAUERKAP erzielt in der Teilmarktbetrachtung 2. Handball BL Frauen keinen signifikanten Einfluss auf die Vermarktungserlöse. Das negative Vorzeichen deutet vielmehr darauf hin, dass eine große Hallenkapazität keine Vermarktungserfolge für die Zweitligateams verspricht. Auch in der 2. Handball BL Frauen korreliert sportlicher Erfolg nur sehr schwach mit dem Fanpotential, wenn auch schwach signifikant. Aufgrund des bereits in Kapitel 5 festgestellten sehr geringen Zuschauerinteresses bei den Zweitligaclubs verwundert das Ergebnis nicht und belegt den geringen Einfluss dieser Variablen. Andererseits lässt dieses Ergebnis wieder eine starke Abhängigkeit von Sponsoren oder gar Mäzenen vermuten.
Der Wettbewerbseffekt schlägt im Modell des Teilsample 2. Handball BL Frauen unerwartet positiv, allerdings ohne signifikanten Einfluss, durch. Aus der Tatsache, dass weitere Spitzenteams am Standort sind, können sich für die Zweitligateams Synergieeffekte ergeben oder der bestehende Wettbewerb motiviert die Teams zu verstärkten Marketinganstrengungen.

Die weitere Modellspezifikation zu dem Teilsample 2. Handball BL Frauen konnte keine entscheidenden zusätzlichen Einsichten liefern. Erstaunlich deutlich und mit signifikantem Einfluss war noch einmal der Einfluss der Variablen BUNDELNEU. Die Vermutung, dass die nachweislich geringere Konkurrenz durch Männerbundesligisten an ostdeutschen Teamstandorten im Frauenhandball vorteilhaft für die Erzielung von Vermarktungserlösen ist, scheint sich dadurch zu festigen. Da die zweite Modellspezifikation im Teilmarkt 2. Handball BL Frauen darüber hinaus keine neuen Ergebnisse lieferte, wird an dieser Stelle auf eine weitere tabellarische Darstellung verzichtet.
Insgesamt konnte die Modellspezifikation zu dem Teilsample 2. Handball BL Frauen – wie schon zu Beginn der Teilsamplebetrachtung der Zweitligaclubs vermutet – keine entscheidenden zusätzlichen Einsichten liefern. Dessen ungeachtet wurde diese Analyseperspektive geprüft. Sie untermauert die eklatante Ressourcenschwäche der Zweitligaclubs gegenüber den Clubs der 1. Handball BL Frauen.

4.5 Diskussion der quantitativen Befunde

Die inferenzstatistische Auswertung hat gezeigt, dass die Übertragung des Ligasport-Marktmodells auf den Frauenhandball prinzipiell geeignet ist, eine inferenzstatistische Prüfung von Beobachtungen und Thesen aus den theoretischen Vorüberlegungen vorzunehmen. So haben die Ergebnisse der quantitativen Auswertung fruchtbare Anhaltspunkte zu stark oder weniger wirksamen Einflussfaktoren auf die Vermarktung des Spitzenhandballs der Frauen hervorgebracht. Hinsichtlich der untersuchungsleitenden Frage der vorliegenden Arbeit, welche Potentiale sich für die Weiterentwicklung und Vermarktung des Spitzenhandballs der Frauen daraus ergeben, lassen sich folgende Erkenntnisse der inferenzstatistischen Auswertung festhalten:

Ein erheblicher Wettbewerbsnachteil entsteht den Zweitligaclubs zunächst allein schon durch ihre Ligazugehörigkeit. Die regressionsanalytische Untersuchung des Teilsamples 2. Handball BL bestätigte deutliche Disparitäten zwischen den beiden Bundesligen.
Es deutet sich an, dass nachhaltige Wettbewerbsvorteile in sportlicher wie wirtschaftlicher Hinsicht vor allem durch strategische Managemententscheidungen wie eine Veränderung der Rechtsform, die Einstellung hauptamtlicher Mitarbeiter sowie ggf. die Zusammenarbeit mit einer Vermarktungsagentur zu erzielen sind. Darüber hinaus beeinflusst ein Teamstandort mit hoher Einwohnerzahl und dementsprechend großem Marktpotential die Vermarktungserfolge der Clubs, insbesondere der Erstligateams. Die regionale Verankerung des Frauenhandballs bzw. Tradition beeinflusst die Vermarktungschancen der Frauenhandball-Bundesligateams nicht signifikant. Dieses Ergebnis belegt die Annahme, dass es eher die vereinsspezifischen Unterschiede in der Größe der Marktgebiete sind, die Vermarktungsvorteile eröffnen. Um strategisch zu den ressourcenstärkeren Teams der Liga aufzuschließen, erscheinen Investitionen in ein professionelles Vereinsmanagement für die Teams wirksamer als z.B. ausschließlich in den Spielerinnenkader. Denn um vorhandene standortbedingte Einnahmepotentiale auszuschöpfen, muss das Clubmanagement durch strategische Marketingaktivitäten in der Lage sein, das Standortpotential zu nutzen.
Des Weiteren konnte – wie schon in den theoretischen Vorüberlegungen angesprochen – die hohe Bedeutung der gezielten Bearbeitung der beiden Absatzmärkte Sponsoren (B2B) und Zuschauer (B2C) empirisch nachgewiesen werden. Eine herausragende Wirkung des Zuschauer- und Sponsoreninteresses auf Vermarktungserfolge zeigt sich in beiden Teilmärkten deutlich. Für die Erst- wie Zweitligaclubs gilt es, der Zuschauergewinnung und -bindung noch mehr Aufmerksamkeit als bisher zu widmen. Die Clubs müssen insofern ihren lokalen Sportmarkt mit entsprechenden Marketingmaßnahmen noch konsequenter bearbeiten, als dass gesteigerte Zuschauerzahlen auch entscheidend für Erlösgenerierungen im B2B-Bereich sind.
Für die Wirtschaftskraft am Standort konnte keine empirische Relevanz hinsichtlich der Vermarktungserfolge der Frauenteams nachgewiesen werden. Darüber hinaus lieferte die inferenzstatistische

Auswertung allerdings weitere Anhaltspunkte für Standortkonstellationen und Wettbewerbseffekte. Entwicklungsperspektiven scheinen für Erstligaclubs vor allem an bevölkerungsreichen Standorten mit großem Marktpotential vorhanden zu sein, dagegen eröffnet für die Zweitligateams eher ein Teamstandort in einer Klein- bzw. Mittelstadt, in der typischerweise keine weiteren Teamsportclubs ansässig sind, Vermarktungsvorteile. Zudem haben sich Teamstandorte in Ostdeutschland als vorteilhaft für die Vermarktung sowohl der Erst- als auch Zweitligaclubs herausgestellt. Dabei konnte allerdings nicht eindeutig geklärt werden, ob es sich dabei tatsächlich um einen Standortvorteil oder einen Wettbewerbseffekt aufgrund fehlender Männerteamsportclubs handelt. Sofern eine vorhandene Konkurrenz durch weitere Männer-Bundesligisten am Teamstandort vorhanden ist, wirkt sich diese negativ auf den Vermarktungserfolg der Frauenhandballvereine aus. Inwieweit sich weitere Substitutionsmöglichkeiten, z.B. andere Frauenteamsportvereine, am jeweiligen Standort als Konkurrenz für die Frauenteams auswirken, wurde in der Modellierung aufgrund der Komplexität nicht erfasst.

Mit der inferenzstatistischen Auswertung wurde zwar eine Methode gefunden und verfolgt, die trotz der schwierigen Datenlage zum Spitzenhandball der Frauen eine statistische Prüfung der aus den theoretischen Vorüberlegungen abgeleiteten Hypothesen ermöglichte. Aus methodischer Sicht unbefriedigend ist aber, dass Wirkungszusammenhänge nur schwer bis ins Detail aufgeschlüsselt und teilweise bloß durch Dummyvariablen abgebildet werden konnten. Nichtsdestotrotz lieferten aber auch einige der dichotomen Dummyvariablen aussagekräftige Ergebnisse. So wurden in der quantitativen Auswertung zentrale Determinanten identifiziert, die Einfluss auf das lokale Marktgeschehen an den Teamstandorten im Frauenhandball haben. Zugleich hat die Operationalisierung der Variablen auf der Basis des Ligasportmarkt-Modells gezeigt, dass einige nach theoretischen Vorüberlegungen relevante Faktoren nicht gut quantifizierbar und in ihrer Wirkungsweise nur sehr schwer zu erfassen waren. Hier sind vor allem die teilweise unklaren Einzelbefunde bezüglich der traditionellen Verankerung und die sozioökonomische Situation am Standort anzumerken, deren empirische Evidenz nicht eindeutig nachgewiesen werden konnte. Dazu besteht weiterer Forschungsbedarf.

Darüber hinaus stellte sich heraus, dass die inferenzstatistischen Auswertungen für die Betrachtung der Zweitligaclubs kaum geeignet waren; sie lieferten nur spärliche Einsichten bezüglich der Vermarktungserfolge. Die Ergebnisse deuten darauf hin, dass Vermarktungsbemühungen in der 2. Handball BL Frauen kaum auf ökonomischen Einflussfaktoren beruhen und daher nur schwer in ökonometrischen Modellen messbar sind.

Da zu den Bundesligavereinen im Frauenhandball bislang keine Daten zu Budgets, Zuschauerzahlen etc. über längere Zeiträume vorliegen, erschwert dies ebenso Vermarktungserfolge statistisch zu testen. Eine Zeitreihenanalyse könnte hier die Konstanz des Einflusses von Vermarktungsdeterminanten ermitteln.

Zudem können kaum klare Zuordnungen der Maßnahmen, die von den Vereinen bezüglich ihrer Vermarktung getroffen werden, erfolgen. Es ist zu vermuten, dass sich Maßnahmen überlagern bzw. der Vermarktungserfolg der Bundesligaclubs auch noch von anderen Faktoren als den aus dem Modell abgeleiteten beeinflusst wird. Vermarktungserfolge der im Vergleich zum Männerteamsport wirtschaftlich eher rückständigen Frauenligen sind demnach nicht ausschließlich mit ökonometrischen Modellen zu erklären. Quantitative Befunde können die Vermarktungssituation im Frauenhandball nicht hinlänglich klären. Vor diesem Hintergrund liegt es nahe, die inferenzstatistischen Auswertungen um Erkenntnisse aus qualitativ gewonnenen Daten und Informationen, konkret durch die Experteninterviews, zu ergänzen. Dieses Vorgehen ermöglicht zudem, aufgrund des bislang kaum untersuchten Forschungsfeldes noch weitere Einsichten zur Vermarktungspraxis der Frauenhandball-Bundesligateams zu erhalten. Erst zusammen ergeben die Ergebnisse der quantitativen und qualitativen Analyse ein umfassendes Bild der Vermarktungssituation des Spitzenhandballs der Frauen.

5 Qualitativ-deskriptive Analyse der Vermarktungsdeterminanten

Zur Erweiterung der Erkenntnisse über den Nischenmarkt Frauenhandball erfolgt in Kapitel 5 entlang der einzelnen Bausteine des Ligasport-Marktmodells die qualitativ-deskriptive Analyse der Einflussfaktoren auf die Vermarktung des Frauenhandballs. Diese geht weit über die Modellspezifikation, in der ausschließlich quantitative Daten eingingen, hinaus und erfasst weitere, nur qualitativ zu beschreibende Strukturphänomene und Probleme. Für diese ausführliche Problem- und Strukturbeschreibung werden zum einen die erhobenen Daten und Informationen aus der Dokumentenanalyse und zum anderen die Einschätzungen der in den Handballvereinen und -verbänden tätigen Marketingexperten herangezogen.

Wie eingangs schon erwähnt, entscheidet generell die Attraktivität einer Sportart in hohem Maße über ihr Vermarktungspotential. Hier gilt es zu bedenken, dass die Vermarktung des Handballs ihre natürlichen Grenzen in der gesellschaftlich gewachsenen und historisch begründeten Identität des Handballs hat. Dabei wird neben einer Aufarbeitung der Anfänge des Ligaspielbetriebs im Handball vor allem die jüngere Entwicklung der Sportart Handball anhand von Mitglieder- und Mannschaftszahlen, sportlichen Erfolgen und der internationalen Reputation der deutschen Frauenteams, dem medialen Potential sowie dem Image aufgezeigt.

Weitere zentrale Rahmenbedingungen der Vermarktung der Bundesligavereine stellen die institutionell vorgegebenen Strukturen innerhalb des Ligaorganisationsnetzwerks dar; dies meint das Zusammenwirken von Fachverband, Ligaverband und Bundesligavereinen. Bei der Betrachtung dieser zunächst strukturellen Ressourcen des Spitzenhandballs wird aufgeklärt, welche Strukturveränderungen es auf Verbands- und Ligaebene bereits gegeben hat und welchen Einfluss diese auf die Vermarktung des Frauenhandballs hatten und haben. Auf der Ebene der Clubs werden die Vermarktungschancen der Teams maßgeblich durch Humanressourcen bestimmt. Insbesondere bestimmen das Spielerinnenpotential sowie die Qualifikation der Trainer die Qualität des Vermarktungsobjekts „Bundesligaspiel". Darüber hinaus ist die Qualität bzw. die Effizienz des Clubmanagements ein zentraler Faktor. Schließlich sind die Rahmenbedingungen am Standort, wie die sozioökonomische Lage der Region, die Sportstättensituation und die kommunale Unterstützung neben der Wettbewerbsdichte im lokalen Teamsportmarkt wichtige Einflussgrößen.

5.1 Attraktivität der Sportart Handball als intangible Ressource

Das Attraktivitätspotential einer Sportart ist im Sinne des ressourcenorientierten Ansatzes als intangible Ressource anzusehen. Die einzelnen Vereine haben keine unmittelbare Beeinflussungsmöglichkeit. Gleichwohl fließt die öffentliche Wahrnehmung – hier des (Frauen-)Handballs – in den Leistungserstellungsprozess des Spitzenhandballs der Frauen ein. Dieser Zusammenhang zwischen

Popularität und Vermarktungserfolg einer Sportart kommt im folgenden Zitat treffend zum Ausdruck:

> „Je populärer eine Sportart, desto mehr aktive und passive Interessenten gibt es für diese Sportart. Je mehr aktive und passive Interessenten, desto intensiver die mediale Berücksichtigung und vor allem die Fernsehpräsenz. Je intensiver die mediale Berücksichtigung und vor allem die Fernsehpräsenz, desto attraktiver für TV-Stationen und Sponsoren. Je attraktiver für TV-Stationen und Sponsoren, desto höher die Einnahmen einer Sportart. Je höher die Einnahmen einer Sportart, desto leichter die Möglichkeit, attraktiven Sport anzubieten. Und je attraktiver der offerierte Sport, desto populärer die Sportart…!“ (Schaffrath, 1999, S. 30).

Im Folgenden soll zunächst die traditionsreiche Entwicklung des Frauenhandballsports in Deutschland aufgearbeitet werden, da hier bereits Besonderheiten deutlich werden, die das heutige Vermarktungspotential mitbestimmen.

5.1.1 Historische Entwicklung und Institutionalisierung des (Frauen)Handballs

Die Geschichte des Frauenhandballs in Deutschland ist etwa 90 Jahre alt. In diesem Zeitraum wurde aus einer für Frauen entwickelten Sportart, trotz eines stets hohen Anteils weiblicher Mitglieder, eine in der Öffentlichkeit vor allem stärker als Männersport wahrgenommene Sportart. Erst in jüngerer Zeit gelingt es dem Frauenhandball wieder, sich als eine auch von Frauen und Mädchen betriebene Sportart zu positionieren.

Entstehung des Handballspiels und Entwicklung bis zum Zweiten Weltkrieg

Der Handballsport kann in Deutschland auf eine lange Tradition zurückblicken. In frühen Schriften zur Verbandsgeschichte wird das Handballspiel sogar als ur-deutsches Spiel bezeichnet.

> „Handball – ein rein deutsches Spiel..., von Deutschen erfunden, von Deutschen gelehrt und verbreitet, von Deutschen in die Welt getragen. Das Nationalspiel des deutschen Volkes ist das Handballspiel“ (Fühler, 1930, S. 1).

Diese Vereinnahmung als „deutsche“ Sportart ist allerdings nicht zutreffend. Handballähnliche Spiele waren bereits zu Beginn des 20. Jahrhunderts in Skandinavien sowie in Österreich, der Tschechoslowakei, Ungarn und Polen verbreitet.[7] Insbesondere die Entstehung des Hallenhandballs wurde von den skandinavischen Ländern beeinflusst. Aufgrund klimatischer Bedingungen waren dort die Möglichkeiten Feldhandball zu spielen begrenzt. Der Spielbetrieb wurde daraufhin auf überdachte Spielfelder verlegt, die vor allem für das Fußballspiel geschaffen worden waren. Problematisch war, dass nicht genügend dieser Felder zur Verfügung standen. So kam man auf die Idee, kleinere Hallen mit veränderten Spielbedingungen zu schaffen. Dies war gleichzeitig eine entscheidende Wendung in der Entwicklung des modernen Handballspiels (vgl. Trosse, 2006, S. 13f. & 2001, S. 15f.).

---

[7] Eine der ältesten handballähnlichen Spielform ist das „Ceská Házená“, das bereits im Jahr 1892 in der Tschechoslowakei auftrat (vgl. dazu Schädlich, 1971). Offiziell gilt nach Millermann (1962, S. 7) aber das Jahr 1905 als Beginn des tschechischen Handballs. Auch im Norden Europas gab es um die Jahrhundertwende bereits handballähnliche Spiele. In Dänemark wurde das sog. „Haandbold“, das auf das Jahr 1898 zurückgeführt wird, gespielt und in Schweden kam einige Jahre später, 1906, das sog. „Handboll“ als Variante auf (vgl. auch Bernett, 1995, S. 19ff.; Hesse, 1968; S. 271ff.). Auf drei weitere artverwandte Spiele aus anderen Ländern verweist Millermann (1962, S. 7f.).

Bis heute herrscht Uneinigkeit darüber, wer das Handballspiel erfunden hat (vgl. auch Cachay & Digel, 1981, S. 155ff.). Der Mythos, dass es sich beim Handballspiel um ein rein in Deutschland erfundenes Spiel handelt, überdauerte Jahrzehnte und hält sich im Grunde bis heute. Der Handball-Historiker Rieckhoff (1943) entlarvte das Geschichtsbild der ersten deutschen Handballfunktionäre in diesem Zusammenhang als Propaganda. Er bewies, dass es sich beim Handball um ein Konglomerat aus vielen verschiedenen Spielarten handelt. Er beschreibt Handball zugleich als Beispiel dafür, wie eine Sportart aus sportpolitischen Gründen ideologisch aufgeladen wurde, um schneller zu staatlichen Subventionen und Popularität zu gelangen.

Die Entwicklung des Handballspiels in Deutschland beginnt mit dem Jahr 1917. Max Heiser[8], ein Berliner Turnlehrer, reformierte die Regeln des Torballspiels und gab der neuen Sportart den Namen Handball. Diese Sportart hatte er als Winterbeschäftigung für Frauen erdacht.[9] Obwohl Heiser die Spielregeln bewusst dem Fußball entlehnte, wollte er ein Spiel nur für Frauen schaffen, das in der Halle ausgetragen werden sollte (vgl. Eggers, 2004, S. 26f.). Amberger charakterisierte das Handballspiel damals wie folgt (1921, S. 8): „Das Handballspiel soll ein Kampfspiel sein für die weibliche Jugend, denn wir dürfen die weibliche Jugend nicht vergessen, wenn wir das Wohl unseres Volkes im Auge haben".

Am 29. Oktober 1917 wurde die erste Regelfassung für das Handballspiel von Heiser, König und Schelenz erstellt (vgl. Weichert, 1978, S. 28).[10] Handball nach diesen Regeln sollte wenig anstrengend und kampfbetont sein. Es kam vor allem auf das Zusammenspiel an, Werfen und Fangen waren entscheidend. Braungardt (1922, S. 28) führt dazu aus: „Das Wesen des Frauenspiels sollte nicht der Angriff, sondern die Abwehr sein". Von einem „Kampf" im Sinne des Fußballspiels konnte allerdings noch nicht die Rede sein, da jeglicher Kampf um den Ball sowie das Laufen mit dem Hohlball noch untersagt waren (vgl. auch Schädlich, 1971, S. 456).[11] Mit dem Regelwerk, das unter dem Titel „Bestimmung für die Abhaltung der Handballspiele für die Damenabteilungen des Berliner Turnraths" erschien, wurde die Grundlage für einen Handballspielbetrieb gelegt (vgl. Millermann, 1962, S. 7).[12]

---

[8] Heiser war Frauenturnwart des Kreises IIIb Mark Brandenburg der Deutschen Turnerschaft (DT) und gehörte dem Turnverein Nord-West an, der mit zwei Frauenriegen an der ersten Handballrunde überhaupt teilnahm (Festschrift Berliner TV von 1850, 1975).

[9] Der Begriff „Handball" wurde zum ersten Mal am 29. Oktober 1917 publiziert. Der Berliner Turnrath veröffentlichte den Beschluss, das Spiel „Torball" in Zukunft „Handball" zu benennen (Nachrichtenblatt für den Berliner Turnrath, 1917).

[10] „Regeln für das Raffballspiel, Torball und Handball" – Raffball und Torball ist auf dem Manuskript gestrichen (vgl. auch Eggers, 2004, S. 25).

[11] Handball als „junges" Spiel war noch stark veränderbar. Das Regelwerk wurde daher in den Anfängen relativ häufig modifiziert. Diese Änderungen betrafen vor allem die äußeren Bedingungen, wie Ballabmessungen und Spielfeldgröße sowie technische und taktische Elemente, wie Prellen, Fangen, Sperren (vgl. auch Weichert, 1978, S. 17).

[12] Das Regelwerk beinhaltete Maße eines kleinen Feldes von 20 x 40 oder 50 m. Die Tormaße betrugen 2 x 2,5 m, die des Torraumes 4 m. Als Spielball sollte über die gesamte Spielzeit von zwei mal 20 Minuten ein möglichst schwerer Hohlball benutzt werden. Der Ball durfte dabei von den Spielerinnen nicht länger als fünf Minuten festgehalten werden. Das Laufen mit dem Ball in der Hand war untersagt (vgl. auch Millermann, 1962, S. 7).

Die ersten beiden Frauenhandballspiele in Deutschland fanden am Sonntag, dem 2. Dezember 1917, in der Exerzierhalle Karlsstraße 12 in Berlin statt (vgl. Abbildung 3). Die ersten Sieger der Saison 1917/18 hießen Berliner Turner Verein 1850 und Damen Turnverein von 1902 (vgl. Eggers, 2004, S. 28).

Abb. 3. Anfänge des Frauenhandballs 1917 (Amberger, 1921, S. 11).

Die ersten Mannschaften der Winterspiele 1917/18 waren Berliner Turner Verein 1850, Damen-Turnverein 1902 (2 Riegen), TV Gesundbrunnen, TV Nord-West (2 Riegen) und TSV Guts Muths (Nachrichtenblatt für den Berliner Turnrath, 1917). Die ersten deutschen Meister waren sowohl bei den Männern (TSV Spandau 1860) als auch bei den Frauen (SV Siemens Berlin) Berliner Vereine.[13] Handball, zunächst als Winterspiel in der Halle erdacht, wurde bald darauf auch im Freien gespielt (vgl. Abb. 3). Die Erfahrung hatte gezeigt, dass man in der kalten Jahreszeit auch im Freien spielen konnte. Darüber hinaus war ein Mangel an Hallen zu verzeichnen, denn in den vorhandenen Turnhallen wurde geturnt. Zudem ließen deren Maße das Handballspiel auch oft nicht zu.

Im folgenden Spieljahr 1918/19 beteiligten sich acht Frauenmannschaften an der Spielrunde im Feldhandball. Im darauf folgenden Jahr 1920 wurde die erste Frauenmeisterschaft der Deutschen Turnerschaft (fortan DT) im Kreis Brandenburg ausgeschrieben, wobei die Spiele alle im Freien ausgetragen wurden (vgl. auch Millermann, 1962, S. 7).

Nach 1920 fasste der Frauenhandball auch außerhalb von Berlin Fuß; es entstanden in ganz Deutschland die ersten Frauenhandballmannschaften. In der Damenabteilung des Karlsruher Fußballvereins wurde das Handballspiel bereits 1919 eingeführt; die Mannschaft war eine der ersten Frauenhandballmannschaften Süddeutschlands. Außerdem entstanden Frauenhandball-Hochburgen in West- und Norddeutschland, insbesondere in den Regionen Ostwestfalen und Weser-Ems (vgl. ebd.).

[13] Eine Übersicht deutscher Handballmeister der verschiedenen Verbände von 1917-1972 findet sich bei Wagner (1972, S. 306ff.).

1921 wurde daraufhin die erste nationale deutsche Frauenmeisterschaft im Handball von der DT ausgerichtet. Der Oldenburger Turnerbund setzte sich im Finale gegen das Team des TV Brühl-Berlin durch und wurde damit der erste Deutsche Meister im Frauenhandball (vgl. Abb. 4)

Abb. 4. Turnerbund Oldenburg, erster Frauenmeister der DT 1921 (Bernett, 1995, S. 30).

Nachfolgende Abbildungen zeigen eine der erfolgreichsten Damenmannschaften, den Neustadt-Lankersburger Sportclub (Abbildung 5) und einen Spielerinnenpass aus dem Jahr 1921 (Abbildung 6).

Abb. 5. Damenhandballmannschaft von 1921 Neustadt Langburkersdorfer Sportclub (HC Sachsen Neustadt-Sebnitz).

Abb. 6. Spielerinnenpass von 1921 Neustadt-Langburkersdorfer Sportclub (HC Sachsen Neustadt-Sebnitz).

Die erste Meisterschaftsrunde für Frauenhandball der übergeordneten Deutschen Sportbehörde für Athletik wurde 1923 durchgeführt. Sieger wurde der SV Siemens Berlin, der sich fortan zu einem der erfolgreichsten Teams der Anfangsjahre entwickelte. Insgesamt wurde der Frauenhandball bis 1927 durch Berliner Vereine dominiert. Bis 1930 wurden immer zwei Meisterschaften parallel und

unabhängig voneinander durchgeführt, zum einen die der DT und zum anderen die der Deutschen Sportbehörde für Athletik (fortan DBS).
1919 erweckte das Handballspiel auch schon das Interesse der Männer. 1920 fanden die ersten Spiele zwischen Männerteams statt, um die neue Sportart zu testen. Schelenz[14] gelang es schließlich, den Handball sowohl der Männer als auch der Frauen außerhalb Berlins bekanntzumachen (vgl. auch Eggers, 2004, S. 28). 1920 wurden die ersten modifizierten Regeln für den Männerhandball veröffentlicht (vgl. Weichert, 1978, S. 19ff.).
Die ersten Spiele nach diesen neuen Regeln fanden im Februar 1920 in Berlin satt.[15] Im November startete zudem die erste Punktrunde im Männerhandball. Durch diese Regeländerungen kam es zu einem entscheidenden Wendepunkt des Handballspiels in Deutschland. Das Spiel wurde härter, schneller und körperbetonter; Handball avancierte auf diese Weise von einem Turnspiel zu einem Sportspiel (vgl. dazu Eggers, 2004, S. 28). „Aus einem Turnspiel war ein Kampfspiel geworden" (vgl. etwa Bernett 1995, S. 26; Weichert, 1978, S. 29; Riekhoff, 1943, S. 104). Pfister (2002, S. 42) spricht von der „Versportlichung" und somit einer „Vermännlichung" des Frauenspiels Handball im Jahr 1919. Bernett (1995, S. 26) führt dazu aus: „Das neue Kampfspiel wurde in der von Heiser und Schelenz entwickelten Form zum Motor einer eigenständigen turnerschaftlichen [DT] 'Spielbewegung', die 1920/21 ihren Anfang nahm". Durch die 1919 geänderten Regeln „entweiblichte" Schelenz das Handballspiel. Während zuvor jedes körperliche Spiel bei der Frau als absolut sinnwidrig angesehen wurde (vgl. auch Amberger, 1921, S. 16) und jedes körperliche Angehen auf den Gegner verboten war, gestatteten die neuen Regeln dies. Das Handballspiel wurde dadurch zu einem köperbetonten Kampfspiel. Darüber hinaus wurde das Handballspiel durch die Einführung der Drei-Schritte-Regel sehr viel dynamischer (vgl. auch Eggers, 2004, S. 30f.). 1921 publizierte die DT erstmals die Spielregeln für das Handballspiel und machte sie damit einem breiten Interessentenkreis zugänglich.
Obgleich Handball als Frauenspiel erdacht war, wurde er schnell von den Männern adaptiert. Der Aufschwung des Handballsports begann auch erst in den 1920er Jahren durch die Inklusion der Männer in diese Sportart und mit den einhergehenden Regeländerungen. Ab 1920 erlebte das

[14] Schelenz, Mitglied des Berliner Turner Vereins von 1850, schaffte ein festes Regelwerk für Männerhandball. Im Frühjahr 1919 bekam Schelenz von Carl Diem, dem Generalsekretär des Deutschen Reichsauschusses für Leibesübungen (DRA), der im Kaiserreich den so genannten bürgerlichen Sport als Dachverband zusammenfasste und Prorektor der Deutschen Hochschule für Leibesübungen (DHfL) war, den Auftrag, Handball zu einem Männerspiel zu machen (vgl. auch Eggers, 2004, S. 28ff.). 1921 führte er das Handballspiel in Österreich ein und war von 1926-1933 sowie von 1940 bis Kriegsende Trainer der Deutschen Nationalmannschaft. 1955 kehrte er nach Berlin zurück. Bis heute bezeichnet man ihn als „Vater des Handballs" (Festschrift Berliner TV von 1850, 1975).

[15] Das Spielfeld wurde auf 40 x 80 m vergrößert, die Tormaße auf 5 x 2,40 m und die Torraummaße auf 8 m erweitert (vgl. auch Hesse, 1968, S. 271f.). Außerdem wurde eine Abseitslinie eingeführt, die aus dem Fußball bereits bekannt war, und die Größe des Balles auf 58 bis 60 cm reduziert (vgl. auch Weichert, 1978, S. 19ff.). Das Tippen des Balles wurde auf 3 Sekunden Abstand oder 3 Schritte festgelegt. Es war von nun an auch erlaubt, dem Gegner den Ball aus der Hand zu stoßen (vgl. auch Millermann, 1962, S. 7ff.). Die Spielzeit betrug von nun an 2 x 30 Minuten. Des Weiteren wurde das Hineinspringen in den Wurfkreis gestattet, sofern der Ball vor dem Auftreten die Hand verlassen hatte (vgl. dazu Eggers, 2004, S. 31).

Handballspiel als bewegungsreiches Kampfspiel für Männer und Frauen einen dynamischen Aufschwung. Zunächst als Kleinfeld- und Hallenspiel mit geringer Zuschauerresonanz entstanden, entwickelte sich ein Spiel auf dem Großfeld im Freien beinahe zum „Nationalsport Nr. 1". In vielen Regionen stellte Handball die populärste und einzige Sportaktivität dar. Besonders Mittel- und Westdeutschland wurden Hochburgen, aber auch in Norddeutschland mit Hamburg und Hannover und Süddeutschland (Frankfurt) war Handball beliebt (vgl. auch Weichert, 1978, S. 30). In einigen Regionen übertraf das Zuschauer- und Aktiveninteresse sogar den deutschen Nationalsport Fußball (Raum Kiel, Bergisches Land, Raum Heidelberg u.a.) (vgl. ebd., S. 19ff.).

1925 gab es erstmals ein Hallenturnier in der Dortmunder Westfalenhalle (vgl. Eggers, 2004, S. 79). Die Öffentlichkeit nahm jedoch erst ab 1930 Notiz vom Hallenhandball. Durch das wachsende Zuschauerinteresse deutete sich an, dass Hallenhandball womöglich eine bessere Perspektive als Feldhandball biete (ebd.).

Ursächlich für den Erfolg und die schnelle Verbreitung des Handballspiels in den 1920er Jahren war neben der Anziehungskraft, die es auf die Zuschauer ausübte, insbesondere die hervorragende „Marketingarbeit" der „Handballpioniere" Heiser, König und Schelenz. Denn sie waren es, die das Handballspiel in Lehrgängen ausprobierten und den Handballsport daraufhin in den Verbänden einführten. Darüber hinaus lehrte Schelenz das Fach Handball an der Deutschen Hochschule für Leibesübungen (DHfL). Er war es auch, der zahlreiche Lehrbücher über Handball publizierte (vgl. Eggers, 2004, S. 26ff.).

Bereits 1922 spielten alle Turnkreise Handball; es gab insgesamt 1.282 Frauen- und Männermannschaften. Diese Zahl stieg nach Aussagen der DT bis 1929 auf 8.100 und bis 1931 auf 14.802 Mannschaften an (vgl. dazu Millermann, 1962, S. 6). Die Frauen begannen 1923 mit 68 Mannschaften (1.869 Männermannschaften) und erreichten den Höchststand 1929 mit 458 Mannschaften (8.085 Männermannschaften). Nach Millermann (1962, S. 12ff.) gab es im Zeitraum von 1920-1930 bereits 300.000 aktive Handballspieler und Handballspielerinnen in Deutschland. Diese Zahl reduzierte sich im Jahr 1936 auf 200.000 Mitglieder (vgl. Eggers, 2004, S. 92).

Die Entwicklung der Mannschaftszahlen zeigt, dass sich der Handballsport der Männer sprunghaft weiterentwickelte, während der Frauenhandball stagnierte und zur Randerscheinung wurde. Als eine Erklärung lässt sich die beschriebene „Versportlichung" des Spiels durch Regeländerungen anführen. Der Versuch, Handball als Nationalsportart zu definieren, hat daraufhin zur Ausgrenzung der Frauen beigetragen. Ideologisch unterstützt wurde diese Ausgrenzung durch Zweifel an der Eignung des Handballspiels für Frauen. Vor allem die Versportlichung ließ Zweifel an der Eignung des Handballspiels für das „schwache Geschlecht" aufkommen. Die Sporthistorikerin und Geschlechterforscherin Pfister (2002, S. 42) schreibt in diesem Zusammenhang: „(...), wenn auch Frauen richtiges Handball spielen konnten, dann konnte Handball kein Spiel deutscher Männer sein". Vielen männlichen Turn- und Spielfunktionären erschien das Handballspiel als zu rau, unästhetisch und gesundheitsgefährdend für Frauen. Der Spielausschuss der Turnerschaft beschloss daher 1925, die Rundenspiele für Frauen abzuschaffen. Daraufhin kam es zu einem Sturm der Entrüstung und den DT-Funktionären blieb nichts anderes übrig, als die Beibehaltung des Frauenhandballs zu beschließen (o.V., 1925, S. 227). Widerstände gegen den Frauenhandball gab es in allen Verbänden, allerdings konnte sich die radikale Meinung, Punkt-, Ausscheidungs- und Meisterschaftsspiele eigneten sich nicht für Frauen, nicht durchsetzen. Handballspielrunden für Frauen wurden weiterhin ausgetragen. Gleichwohl wirkten sich die vorurteilsbehafteten Diskussionen auch auf die Motivation der Handballerinnen aus; der Frauenhandball kam fast zum Erliegen (vgl. Pfister, 1991, S. 30ff.). Der Frauenhandball spielte während der gesamten Weimarer Zeit sowohl in den Vereinen als auch in der Öffentlichkeit eine untergeordnete Rolle und fand kaum Beachtung. In der Saison 1932/33 waren von 13.570 Mannschaften nur 7,3% Frauenmannschaften. 1939 erhöhte sich der Prozentsatz leicht auf 9,3% (vgl. Eggers, 2004, S. 94). Bald darauf verschwindet der Frauenhandball fast gänzlich aus der Sportgeschichtsschreibung.

Kennzeichnend für die frühe Phase des Handballsports (und auch andere Sportarten) war die Zuständigkeit mehrerer Verbände, die die weltanschauliche Zersplitterung der Sportbewegung widerspiegelt. Die DT war zunächst Begründer und später einer der Träger des Handballspiels in Deutschland. Handballrunden wurden aber auch im Verband Brandenburgischer Athletik-Vereine (fortan VBAV), der DBS oder dem Arbeiter-Turn- und Sportbund (fortan ATSB) ausgetragen.[16] Der VBAV, der der DBS angehörte, startete zeitgleich mit der DT seine eigene Spielrunde.[17] Von 1922 bis 1933 wurden sowohl von der DBS als auch der DT separate Wettbewerbe im Handball ausgerichtet. Darüber hinaus gab es sowohl im ATSB als auch im Allgemeinen Deutschen Turnerbund und in der katholischen Jugendkraft (fortan DJK) Handballmeisterschaften auf Reichssportfesten (vgl. Millermann, 1962, S. 6).

Bis 1933 existierte kein einheitlicher Dachverband für Handball. Der deutsche Meistertitel wurde unabhängig voneinander von mehreren Sportverbänden ausgespielt. Die Rivalität unter diesen verschiedenen Verbänden blockierte des Öfteren die Weiterentwicklung und Popularisierung des Handballsports, da während der gesamten Weimarer Zeit keine Fachorganisation existierte, die Handball in der Öffentlichkeit angemessen repräsentieren konnte. Der Kompetenzstreit der deutschen Verbände um das Handballspiel wurde erst in der Zeit des Nationalsozialismus beendet. 1933/1934 wurde eine einheitliche deutsche Meisterschaft vom Deutschen Reichsbund für Leibesübungen (fortan DRL) etabliert, bis 1944 dadurch nur noch ein Deutscher Meister ermittelt (vgl. Millermann, 1962, S. 18f.).

[16] Detaillierte Informationen über den Handballsport in den einzelnen Sportverbänden gibt Eggers (2004, S. 38ff.).

[17] Der VBAV schrieb im September 1920 die erste Pokalrunde im Handball aus. Es beteiligte sich allerdings nur eine einzige Mannschaft des Verbandes, dafür 10 weitere Vereine der DT. Mit insgesamt 16 Mannschaften (acht Männer-, vier Frauen- und vier Jugendmannschaften) wurde im November 1920 die erste Pokalrunde im deutschen Handball gestartet (vgl. auch Weichert, 1978, S. 29).

Die vorangestellten Ausführungen haben gezeigt, dass die Geschichte des Frauenhandballs in Deutschland vor allem durch Brüche gekennzeichnet ist. Nicht nur der Zweite Weltkrieg hat Einschnitte im Frauenhandball hinterlassen, sondern auch allgemeine gesellschaftliche Einflüsse, wie traditionelle Geschlechterrollenzuweisungen oder die zunehmende Konkurrenz anderer Sportarten. Die nationalsozialistische Machtergreifung wurde insbesondere für den Frauenhandball zu einem entscheidenden Bruch. Die Rolle und Sozialisation der Frau in der Gesellschaft wandelte sich radikal. Das nationalsozialistische Frauenbild sah nur noch die Rolle der Hausfrau und Mutter vor (vgl. Benz, 1993, S. 28). Wettkampfbezogener Sport für Frauen wurde abgelehnt, zumindest stark in den Hintergrund gedrängt. Doch auch insgesamt war Deutschland in den Jahren 1938 bis 1949 im Handballsport nicht mehr präsent.[18] Von den 200.000 registrierten Mitgliedern im Jahr 1936 blieben 1939 nur noch 152.000 Mitglieder übrig. Der Frauenhandball erreichte in diesem Jahr mit 15.000 Mitgliedern in den Vereinen seinen Tiefpunkt (vgl. auch Eggers, 2004, S. 93). Mit Kriegsausbruch kam der Sportbetrieb völlig zum Erliegen.

Entwicklung des Handballs nach dem Zweiten Weltkrieg

Nach Kriegsende standen die Handballer vor der Aufgabe, den Spielbetrieb neu aufzubauen. Alle deutschen Sportvereine waren zunächst von den Besatzungsmächten verboten. Doch schon bald bemühte man sich um eine Neuorganisation des Handballs. Nachdem zunächst männliche Handballer 1946 das Spiel wieder aufnahmen, entstanden auch vereinzelt Frauenmannschaften (vgl. auch Koch, 1995a, S. 233). Ab 1947 existierte wieder eine reguläre Meisterschaftsrunde im Feldhandball. Zudem gründeten sich regionale Handballverbände, wie der Westdeutsche oder der Norddeutsche Handball-Verband. Im selben Jahr wurden auch die ersten Handballmeister der Männer und Frauen nach dem Zweiten Weltkrieg ermittelt (vgl. auch Fischer, 1991, S. 23). Von 1947 bis zur Gründung des Deutschen Handball-Bundes (DHB) am 1. Oktober 1949 ermittelte der Deutsche Arbeiterausschuss für Handball (DAH) den deutschen Handballmeister (vgl. ebd.). Der deutsche Handballmeister THW Kiel wurde 1948 aus den 21 Ländermeistern aller Besatzungszonen ermittelt. Bei den Frauen gewann der SV 04 Düsseldorf den Titel. Etwa 18.000 Mannschaften bildeten 1949 den neu gegründeten Deutschen Handball-Bund. Ab 1950 übernahm der DHB als Dachverband die Austragung der Meisterschaften der Männer und Frauen sowohl im Feldhandball (bis 1975) als auch im Hallenhandball (vgl. DHB, 1993, S. 185).

Tabelle 15 gibt einen Überblick über alle deutschen Meister im Männerhandball seit 1950.

[18] Eine ausführliche Beschreibung des Handballsports im Nationalsozialismus erfolgt bei Millermann (1962, S. 24) und bei Koch (1995a, S. 105ff.).

Tab. 15. *Deutsche Meister im Männerhandball (DHB) 1950-2008 (eigene Darstellung aus diversen Quellenangaben).*

Jahr	Verein	Jahr	Verein	Jahr	Verein
1950	Polizei SV Hamburg	1970	Frisch Auf Göppingen	1990	TV Großwallstadt
1951	Polizei SV Hamburg	1971	TSV Grün-Weiß Dankersen	1991	VfL Gummersbach
1952	Polizei SV Hamburg	1972	Frisch Auf Göppingen	1992	SG Wallau-Massenheim
1953	Polizei SV Hamburg	1973	VfL Gummersbach	1993	SG Wallau-Massenheim
1954	Frisch Auf Göppingen	1974	VfL Gummersbach	1994	THW Kiel
1955	Frisch Auf Göppingen	1975	VfL Gummersbach	1995	THW Kiel
1956	Berliner SV 1892	1976	VfL Gummersbach	1996	THW Kiel
1957	THW Kiel	1977	TSV Grün-Weiß Dankersen	1997	TBV Lemgo
1958	Frisch Auf Göppingen	1978	TV Großwallstadt	1998	THW Kiel
1959	Frisch Auf Göppingen	1979	TV Großwallstadt	1999	THW Kiel
1960	Frisch Auf Göppingen	1980	TV Großwallstadt	2000	THW Kiel
1961	Frisch Auf Göppingen	1981	TV Großwallstadt	2001	SC Magdeburg
1962	THW Kiel	1982	VfL Gummersbach	2002	THW Kiel
1963	THW Kiel	1983	VfL Gummersbach	2003	TBV Lemgo
1964	Berliner SV 1892	1984	TV Großwallstadt	2004	SG Flensburg-Handewitt
1965	Frisch Auf Göppingen	1985	VfL Gummersbach	2005	THW Kiel
1966	VfL Gummersbach	1986	TUSEM Essen	2006	THW Kiel
1967	VfL Gummersbach	1987	TUSEM Essen	2007	THW Kiel
1968	SG Leutershausen	1988	VfL Gummersbach	2008	THW Kiel
1969	VfL Gummersbach	1989	TUSEM Essen		

Bis zum Jahr 1966 wurde die Hallenhandballmeisterschaft in Endrunden der verschiedenen Regionalligameister ausgetragen. Die zunehmende Attraktivität des Hallenspiels führte in dieser Zeit auf internationaler Ebene bereits zu einem Rückgang des Feldhandballs. In Deutschland dauerte es allerdings noch 25 Jahre, bis man sich ausschließlich dem schnellen Spiel in der Halle widmete.[19] Mit voranschreitender Etablierung des Handballs wurde im April 1966 die Einführung einer zweigeteilten Hallenhandball-Bundesliga der Männer (Nord- und Süddivision) beschlossen. Diese nahm in der Saison 1966/67 in zwei Gruppen zu acht Mannschaften ihren Spielbetrieb auf. Der einzige Verein, der bislang alle 42 Spielzeiten in der Bundesliga spielte, ist der VfL Gummersbach. Insgesamt spielen aktuell immer noch acht der insgesamt 13 Meistervereine in der HBL, wobei der Traditionsclub TUSEM Essen 2008 wiederholt Insolvenz beantragen musste und dadurch zur Saison 2009/10 in die 2. Liga abgestiegen ist.

[19] In der Saison 1972/1973 wurde die letzte Feldhandballsaison gespielt. Zu diesem Zeitpunkt stand bereits fest, dass der einst populäre Feldhandball vom Hallenhandball abgelöst wurde (vgl. Eggers, 2004, S. 102ff.). Aufgrund der kleineren Spielfläche und der modifizierten Regeln nahm Hallenhandball wesentlich an Schnelligkeit und Attraktivität zu. Begründet wurde der enorme Zulauf mit den angenehmen Rahmenbedingungen für die Zuschauer und einem großen Unterhaltungswert (vgl. ebd., S. 82). 1975 wurde der Spielbetrieb des Feldhandballs in Deutschland vollständig eingestellt (vgl. ebd., S. 110ff.). Der DHB reagierte sofort und führte im selben Jahr den DHB-Hallenpokal ein. Die ersten Pokalsieger waren bei den Männern der TSV Grün-Weiß Dankersen und bei den Frauen GutsMuths Berlin (o.V., 1990, S. 58).

Um das Spielniveau zu erhöhen und somit auch international konkurrenzfähig zu sein, wurde in der Saison 1977/78 auf Drängen des damaligen Bundestrainers die eingleisige Handball-Bundesliga bei den Männern mit 14 Teams eingeführt (Eggers, 2004, S. 173). Die eingleisige Bundesliga ebnete zugleich den Weg zur Professionalisierung des Männerhandballs (vgl. ebd., S. 174). Die 2. Handball-Bundesliga wurde 1981 als zweithöchste deutsche Spielklasse mit zwei Staffeln (Nord und Süd) gebildet. 1989 wurden die ersten Profispieler in der Handball-Bundesliga erlaubt. Durch die Einführung der eingleisigen Bundesliga und den Gewinn des WM-Titels der Männer-Nationalmannschaft 1978 erlangte der Männerhandball Ende der 1970er Jahre einen enormen Popularitätsschub. In jüngster Zeit wurde dieser durch den Gewinn der Handball Weltmeisterschaft 2007 im eigenen Lande noch forciert.

Bis auf wenige Ausnahmen war der gesamte Frauenhandball in Deutschland bis in die 1950er Jahre zurückgedrängt. Erst allmählich etablierten sich in den Vereinen wieder eigenständige Abteilungen für sportinteressierte Frauen, aber noch keine Spitzenliga (vgl. auch Koch, 1995b, S. 237f.). Ab dem Jahr 1958 wurde der deutsche Frauenhandballmeister in Turnierform mit Vorrunde, Halbfinale und Endspiel ermittelt. Der TV Eimsbüttel errang im Jahr 1958 den ersten deutschen Meistertitel im Frauenhandball (vgl. Wagner, 1972, S. 306). Tabelle 16 gibt einen Überblick über alle Deutschen Meister im Frauenhandball seit 1958.

Tab. 16. *Deutsche Meister im Frauenhandball (DHB) 1958-2008 (eigene Darstellung aus diversen Quellenangaben).*

Jahr	Verein	Jahr	Verein	Jahr	Verein
1958	TV Eimsbüttel	1975	TuS Eintracht Minden	1992	TuS Walle Bremen
1959	TV Eimsbüttel	1976	TuS Eintracht Minden	1993	TV Lützellinden
1960	RSV Mülheim	1977	PSV Grün-Weiß Frankfurt	1994	TuS Walle Bremen
1961	RSV Mülheim	1978	TuS Eintracht Minden	1995	TuS Walle Bremen
1962	SSC Südwest Berlin	1979	TSV Bayer 04 Leverkusen	1996	TuS Walle Bremen
1963	TV Eimsbüttel	1980	TSV Bayer 04 Leverkusen	1997	TV Lützellinden
1964	1. FC Nürnberg	1981	TuS Eintracht Minden	1998	HC Leipzig
1965	TSV Bayer 04 Leverkusen	1982	TSV Bayer 04 Leverkusen	1999	HC Leipzig
1966	TSV Bayer 04 Leverkusen	1983	TSV Bayer 04 Leverkusen	2000	TV Lützellinden
1967	TV Eimsbüttel	1984	TSV Bayer 04 Leverkusen	2001	TV Lützellinden
1968	SC Union 03 Hamburg	1985	TSV Bayer 04 Leverkusen	2002	HC Leipzig
1969	1. FC Nürnberg	1986	TSV Bayer 04 Leverkusen	2003	DJK/MJC Trier
1970	1. FC Nürnberg	1987	TSV Bayer 04 Leverkusen	2004	FHC Frankfurt/Oder
1971	SV Holstein Kiel	1988	TV Lützellinden	2005	1. FC Nürnberg
1972	SC Union 03 Hamburg	1989	TV Lützellinden	2006	HC Leipzig
1973	TSV Bayer 04 Leverkusen	1990	TV Lützellinden	2007	1. FC Nürnberg
1974	TSV Bayer 04 Leverkusen	1991	TuS Walle Bremen	2008	1. FC Nürnberg

Bis 1974 wurde der Meister in Turnierform ausgespielt. Im September 1975, neun Jahre nach den Männern, kam es erst zur Einführung einer Frauenhandball-Bundesliga mit zwei Staffeln und je acht Mannschaften (vgl. auch Wiegels, 1975, S. 223). Deutscher Frauenhandballmeister wurde in dieser ersten Saison die TuS Eintracht Minden, die in den Jahren 1975-1978 erfolgreichster Verein im Frauenhandball war. Mit Einführung der Bundesliga im Jahr 1975 gab es in den Jahren 1975-1977 eine Finalrunde der jeweils Erstplatzierten der beiden Bundesligastaffeln. 1977 bis 1986 wurde der deutsche Frauenhandballmeister im Play-off-Modus, d.h. einem Ausscheidungswettbewerb, ermittelt. In der Regel erfolgt das Play-off auf eine Hauptrunde, deren Abschlusstabelle die teilnehmenden Mannschaften bestimmt. Dabei wird in mehreren Play-off-Runden meist nach K.-o.-System gespielt. In der letzten Runde (dem Finale) stehen sich nur noch zwei Mannschaften gegenüber, die den Sieger ermitteln.

Sowohl in den Jahren 1979 und 1980 als auch in den Folgejahren 1982-1987 sicherte sich der heutige Rekordmeister TSV Bayer 04 Leverkusen den Titel. Im Jahr 1985 strukturierte der DHB den Frauenbereich um. Der Meister wird seitdem (mit einer Ausnahme in der Saison 1991/92[20]) in einer eingleisigen Bundesliga ermittelt. Zur Saison 1985/86 wurde zudem die zweigleisige 2. Handball-Bundesliga Frauen eingeführt.

Von 1986 bis 2004 wurde automatisch derjenige Verein deutscher Frauenhandballmeister der neu gegründeten eingleisigen Frauenhandball-Bundesliga, der am Saisonende die Tabelle anführte (Ausnahme waren die Jahre 1990-1992 aufgrund der Eingliederung der DDR-Oberliga in die Bundesliga) (vgl. Eggers, 2004, S. 170ff.). Seit der Saison 2004/05 wird der deutsche Frauenhandballmeister wieder in einem Play-off-Modus ermittelt. Damit wird versucht den Spannungsgrad des Meisterschaftsrennens zu erhöhen und noch mehr Zuschauer anzusprechen. Der Wechsel von einer zweigleisigen zu einer eingleisigen Bundesliga lässt sich als strukturelle Marketingmaßnahme einordnen.

Der einzige Verein, der alle bisherigen 33 Spielzeiten in der Frauenhandball-Bundesliga spielte, ist der TSV Bayer 04 Leverkusen; er ist mit insgesamt acht gewonnenen Meisterschaften auch Rekordtitelträger. Aktuell spielen insgesamt noch fünf der insgesamt 15 Meistervereine in der 1. Handball BL Frauen. Einige Vereine, wie der TV Lützellinden, der zwischen 1988 und 1997 die 1. Handball BL Frauen fast 10 Jahre dominiert hat, oder die TuS Walle Bremen, mussten aufgrund finanzieller Probleme in den letzten Jahren Insolvenz beantragen und schieden aus der Bundesliga aus. Das Phänomen der Überschuldung mancher Vereine zeigt bereits, dass eine besondere Herausforderung sowohl für die Männer- als auch die Frauenteams der Handball BL in ihrer finanziellen Absicherung liegt.

[20] Im Zuge der deutschen Wiedervereinigung und der Zusammenführung der Ligen Ost- und Westdeutschlands wurde durch die gestiegene Anzahl der Clubs in der Saison 1991/92 ein zweigleisiges Übergangsjahr eingeführt, in dem sich die Teams dann wieder für eine eingleisige Bundesliga qualifizieren mussten.

Internationale Entwicklung des Frauenhandballs

In anderen europäischen Ländern nahm die Entwicklung des Frauenhandballs einen anderen Verlauf als in Deutschland. Wie schon erwähnt entwickelte sich das Handballspiel aufgrund der Witterungsbedingungen in den skandinavischen Ländern als Hallenhandball. In Dänemark wurde ab dem Jahr 1911 „Haandbold" oder in Schweden ab 1913 „Handboll" wettkampfmäßig betrieben (vgl. dazu Bernett, 1995, S. 20ff.). Eine Institutionalisierung des Spiels über einen Verband erfolgte aber erst in den 1930er Jahren. Anders als in Deutschland wurde Handball in skandinavischen Ländern als Sportart für Männer eingeführt. Die ersten Handballregeln in Norwegen und Schweden geben im Gegensatz zu den deutschen und dänischen Handballregeln keinen Hinweis auf Handballspielerinnen (vgl. auch von der Lippe, 1994, S. 221f.). Während die schwedischen Männer ab 1932 nationale Wettkämpfe austrugen, folgten die Frauen erst 10 Jahre später im Jahr 1942; 1937 startete der Spielbetrieb für Frauen in Norwegen und 1939 in Dänemark.

Von Beginn an war Handball bei den Frauen in Skandinavien beliebt. Das Handballspiel wurde zu einem Sport für Frauen, das für Frauen mehr als nur toleriert wurde. Handball wies für Männer und Frauen die gleichen Regeln bezüglich des Körperkontakts auf. Für Norwegen hat Gerd von der Lippe die Geschichte des Handballsports aufgearbeitet. Sie fand heraus, dass schon in den Anfangsjahren die Handballspielerinnen den norwegischen Handballverband dominierten. 1940 waren 69% aller Mitglieder weiblich. Sowohl die erste nationale Handballmeisterschaft in Norwegen im Jahr 1938 als auch das erste Länderspiel gegen Schweden 1946 wurden von Frauen ausgetragen (vgl. ebd., S. 222). Im Reglement fanden Frauen zunächst keine direkte Erwähnung. Dies änderte sich 1940, zu einer Zeit, in der sie bereits bezogen auf die Mitgliederzahlen dominierten. Der Präsident der Handball Föderation wollte eine Sportart für beide Geschlechter fördern und dies durch ein Reglement für Frauen und Männer auch in der Öffentlichkeit dokumentieren (vgl. ebd., S. 226).

Während in Deutschland Frauen das Handballspiel nur in einer kurzen Anfangsphase von 1917-1920 dominierten, war die Entwicklung in Norwegen umgekehrt. Handball begann als ein Spiel der Männer und wurde dann auch zu einem Spiel der Frauen. Seit 1938 ist Handball gleichermaßen ein Sport für Männer und Frauen mit den gleichen Rechten, an Wettbewerben teilzunehmen, gleichen Regeln und organisiert in demselben Verband. Heute dominieren die Frauen allerdings zahlenmäßig den norwegischen Handballsport. Eine ähnliche Entwicklung ist auch in Dänemark zu verzeichnen.

Mit zunehmender internationaler Verbreitung des Handballspiels erfolgte auch eine weitere Institutionalisierung durch die Gründung eines internationalen Handballverbandes und der Austragung internationaler Meisterschaften. Vor Gründung der „Internationalen Amateur-Handball-Föderation" (fortan IHAF) wurde am 13. September 1925 in Halle (Saale) das erste Länderspiel der Herren im Feldhandball zwischen Deutschland und Österreich ausgetragen (vgl. Eggers, 2004, S. 52). Am 4.

August 1928 wurde die IAHF mit Sitz in München ins Leben gerufen. 1930 gehörten der IHAF bereits 20 Nationen an (vgl. Bernett, 1995, S. 36).

Das erste von der IHAF organisierte Länderspiel im Hallenhandball wurde am 8. März 1935 in Kopenhagen zwischen Dänemark und Schweden ausgetragen. Während dieser für den Männerhandball auf internationaler Ebene sehr erfolgreichen Jahre gab es insgesamt nur drei Frauenhandball-Länderspiele.

Das erste Frauenhandball-Länderspiel und damit die erste internationale Spielbegegnung im Frauenhandball überhaupt bestritt Deutschland gegen Österreich bei den Frauenweltspielen am 7. September 1930 in Prag. Deutschland verlor mit 4:5 Toren vor gerade mal 500 Zuschauern (vgl. Millermann, 1962, S. 21). Abbildung 7 zeigt die erste deutsche Frauenhandball-Nationalmannschaft.

Abb. 7. Die erste Frauenhandball Nationalmannschaft von 1930 (Eggers, 2004, S. 94).

International fehlte es den Frauen noch an Gegnern. Die erste offizielle Weltmeisterschaft im Hallenhandball der IAHF (Männer) wurde 1938 in der Berliner Deutschlandhalle ausgetragen. Die deutsche Mannschaft sicherte sich den Titel, obwohl sie bisher wenig Erfahrungen im internationalen Hallenhandball vorweisen konnte. Deutschland galt nun als Hochburg des Handballspiels, denn nach dem Weltmeistertitel in der Halle sicherte sich die deutsche Mannschaft im selben Jahr auch den Weltmeistertitel im Feldhandball (Millermann, 1962, S. 17ff.).

Nach Kriegsende gingen die Aufgaben der IAFH an die am 12. Juli 1946 in Kopenhagen gegründete „Internationale Handball Föderation“ (fortan IHF) mit damals 8 Mitgliedsländern über; sie hat ihren Sitz bis heute in Basel. Trotz der internationalen Verdienste Deutschlands im Handballsport blieb es aufgrund der Verbrechen Hitler-Deutschlands, unter denen viele Mitgliedsländer gelitten hatten, bis 1950 aus derselbigen ausgeschlossen (DHB, 1993, S. 185).

1957 fand in der Tschechoslowakei die erste Weltmeisterschaft im Frauenhandball nach Hallenhandballregeln statt, die paradoxerweise trotzdem auf dem Kleinfeld im Freien ausgespielt wurde (vgl. Wagner, 1972, S. 49). Bei dieser WM gewann die DHB-Auswahl mit Bronze ihre erste internationale Medaille. Weltmeisterinnen wurden die Gastgeberinnen aus der Tschechoslowakei (vgl. Abb. 8).

Abb. 8. Frauen-WM 1957 (Wunderlich, 2006, S. 132).

Die Weltmeisterschaften der Männer und Frauen wurden zunächst sehr unregelmäßig ausgetragen, meist alle drei oder vier Jahre. Seit 1993 werden alle zwei Jahre Weltmeisterschaften im Frauen- und Männerhandball ausgerichtet.
Dem seit 1946 bestehenden Handballweltverband IHF gehören 2007 159 Länder als Mitglieder an.[21] Über 19 Mio. Menschen sind in diesen Ländern registriert, die Handballsport betreiben, darunter etwa sechs Mio. Mädchen und Frauen (vgl. Wunderlich, 2006, S. 132). Das Interesse des Handballs ist international allerdings unterschiedlich verteilt. Handball ist bis heute insbesondere in Europa beliebt, obwohl auch hier starke Unterschiede bestehen. So ist er auf den britischen Inseln nahezu unbekannt und in Belgien und Luxemburg spielt er ebenfalls keine große Rolle. Dagegen existieren Profi-Ligen in Deutschland, Österreich und der Schweiz. Darüber hinaus genießt Handball vor allem in Spanien, Frankreich, den Nachfolgestaaten Jugoslawiens und in Nordeuropa (Dänemark, Schweden, Island, Norwegen) eine hohe Wertschätzung und Verbreitung. In skandinavischen Ländern und in Osteuropa rangiert der Handball für Frauen wie für Männer sogar deutlich vor dem Fußball. Außerhalb Europas ist der Handballsport nur in einigen wenigen Ländern wie etwa Tunesien, Ägypten, Südkorea, Japan und neuerdings in arabischen Ländern (Katar) populär. Im englischsprachigen Raum (England, USA, Australien) ist Handball insgesamt wenig verbreitet. Neuerdings gibt es zwar Nationalteams der Männer und Frauen, ein Ligensystem bzw. eine Basis mit Nachwuchsmannschaften existiert allerdings so gut wie nicht (vgl. Kietzmann, 2008).
Während der Handball innerhalb der meisten europäischen Länder – und auch neuerdings den USA – vornehmlich oder zugleich als eine Frauenteamsportart wahrgenommen wird, ist dies in Deutschland noch anders. Hier wird Handball vor allem mit Männerhandball verbunden. Während die deutsche Männer-Handball-Bundesliga als die stärkste Liga der Welt gilt, gilt dies im Frauenhandball für die Profiliga in Dänemark (vgl. auch Heike, 2007, S. 19). Die Spitzenhandballerinnen feiert man in der dänischen Profiliga wie Popstars (vgl. dazu Kalle, 2005b, S. 39f.) und das Ausmaß der Begeisterung der Dänen für Frauenhandball übertrifft dort selbst die für die Fußballer (vgl. auch Beckmann, 2008, S. 39f.). Von dieser Popularität und Marktführerschaft des Frauenhandballs ist Deutschland allerdings noch weit entfernt.

Im Gegensatz zum Weltverband IHF wurde die europäische Dachorganisation für den Handball die Europäische Handball Föderation (fortan EHF) erst 1991 in Berlin gegründet; sie hat ihren Sitz in Wien. Der EHF sind aktuell 52 nationale Mitgliedsverbände angeschlossen. Sie ist selbst als einer der fünf Kontinentalverbände Mitglied der IHF.
Die EHF ist seit 1994 Ausrichter der Europameisterschaftswettbewerbe im Handball. Die Europameisterschaften finden wie auch die Weltmeisterschaften im Abstand von zwei Jahren statt. Die

[21] Die IHF ist die internationale Dachorganisation aller nationalen Handballverbände. Nähere Informationen über die aktuellen Mitgliedsländer der IHF finden sich auf der aktuellen Homepage der IHF (www.ihf.info).

Europameisterschaften der Frauen und Männer wurden bislang immer separat ausgetragen, fanden aber stets im selben Jahr satt. Deutschland war bislang nur einmal, 1994, Gastgeberland der Europameisterschaften im Frauenhandball.

Aufgrund der festgelegten Turnusse findet im Handball jedes Jahr ein Großereignis (Europameisterschaft oder Weltmeisterschaft) statt. Diese Ballung der Großereignisse im Handball kann aus Vermarktungssicht durchaus kritisch gesehen werden. Die Phase der Euphorie wird nach großen sportlichen Erfolgen, wie dem WM Gewinn der Herren-Nationalmannschaft 2007, abgekürzt und das vorherige Großereignis gerät schnell wieder in Vergessenheit.

5.1.2 Entwicklung der Mitglieder- und Mannschaftszahlen im DHB

Hohe Zahlen an Vereinsmitgliedern in einem Sportverband sind ein valides Signal für die Popularität einer Sportart. Sie bilden eine günstige Basis für deren Vermarktung, da sie das grundsätzliche Fanpotential darstellen. Insbesondere signalisieren hohe Aktivenquoten die Verankerung einer Sportart in der Bevölkerung.

Mannschaftssportarten verzeichnen in Deutschland seit den 1960er Jahren hohe Zuwächse bei Mädchen und Frauen, so auch der Handball (vgl. auch Voigt, 1986, S. 107). Die Integrationskraft des organisierten Sports gegenüber Mädchen und Frauen hat dabei insgesamt deutlich zugenommen. Allerdings sind immer noch mehr Männer als Frauen Mitglied von Sportvereinen.

Betrachtet man die jüngere Entwicklung der Mitgliederzahlen von Frauen im DHB, so fällt auf, dass diese einen durchgehend, positiven Verlauf aufweist (vgl. Tabelle 17). Mit einem Anstieg bei den weiblichen Mitgliedern von etwa 11% im Jahr 1960 auf 37,4% im Jahr 2008 hat sich der Anteil der Frauen sogar mehr als verdreifacht. Nach der zunächst sehr dynamischen Entwicklung bis 1980 verlangsamte sich das Mitgliederwachstum in der Folgezeit. Seit 2000 wechseln Jahre des weiteren Mitgliederwachstums mit Jahren leicht zurückgehender Mitgliederzahlen. Beeinflusst durch den WM-Titel der deutschen Männer-Nationalmannschaft im Jahr 2007 war 2008 erneut ein starker Zuwachs sowohl an männlichen als auch an weiblichen Mitgliedern zu verzeichnen.

Tab. 17. *Die Mitgliederentwicklung im DHB von 1960-2008 (eigene Darstellung aus diversen Quellenangaben).*

Jahr	Mitglieder gesamt	Mitglieder männlich	Mitglieder weiblich	Anteil weiblicher Mitglieder in %
1960	291.436	259.378	32.058	11,0%
1970	-	-	61.331	-
1980	678.953	478.161	200.792	29,6%
1981	705.357	489.767	215.590	30,1%
1982	740.626	515.943	224.683	30,3%
1983	727.302	492.017	235.285	32,4%
1984	736.157	493.375	242.782	33,0%
1985	754.298	502.816	251.482	33,3%
1986	769.654	-	-	-
1987	777.899	-	-	-
1988	-	-	-	-
1989	775.735	521.294	254.441	32,8%
1990	772.289	-	-	-
1991	826.873	544.993	281.880	34,1%
1992	-	-	-	-
1993	-	-	-	-
1994	-	-	-	-
1995	826.757	539.352	287.405	34,8%
1996	836.606	542.078	294.528	35,2%
1997	835.017	534.078	300.939	36,0%
1998	838.409	532.158	306.251	36,5%
1999	834.874	526.707	308.167	36,9%
2000	826.002	519.258	306.744	37,1%
2001	832.424	520.574	311.850	37,5%
2002	831.903	520.817	311.086	37,4%
2003	827.905	517.293	310.612	37,5%
2004	826.615	516.425	310.190	37,5%
2005	833.563	519.672	313.891	37,6%
2006	833.634	519.332	314.302	37,7%
2007	819.544	509.731	309.813	37,8%
2008	842.070	526.844	315.226	37,4%

Anmerkung: Die Recherche zur Entwicklung der Mitgliederzahlen erwies sich als schwierig, da kaum Dokumente über differenzierte Erhebungen der 1970er und 1980er Jahre gefunden werden konnten. Zudem erfolgte Anfangs der 1990er Jahre meist eine unterschiedliche Einteilung der Mitglieder bei der Erhebung. So führt der DHB die Mitglieder in seinen Statistiken getrennt nach männlich, weiblich und Jugend auf. Die Mitglieder im Jugendbereich werden dabei nicht differenziert nach Geschlecht aufgeführt. Die jüngere Mitgliederentwicklung konnte dagegen gut über Statistiken des DSB/DOSB erschlossen werden.

Den sportlichen Erfolgen von Nationalmannschaften können demnach entscheidende Impulse für einen Nachfragezuwachs in den Vereinen zugeschrieben werden.

Wie der aktuelle Anteil von 37,4% weiblicher Mitglieder im DHB zeigt, ist Handball als Vereinssportart in Deutschland heute keineswegs eine extrem von Männern dominierte Teamsportart. Dieses im Vergleich zum Fußball bestehende relative Gleichgewicht zwischen den Geschlechtern bietet gute Ausgangsbedingungen für die Vermarktung des Spitzenhandballs der Frauen. Die insgesamt starke Mitgliederbasis im Handball hat auch zu einer Steigerung des Fanpotentials geführt.

Über die tatsächlich aktiven Handballerinnen und Handballer geben die Mannschaftszahlen eine validere Auskunft als die Zahl der Vereinsmitglieder die auch passive Mitglieder beinhaltet. Die Ermittlung der Mannschaftszahlen im Frauen- und Männerhandball erweist sich aber als sehr schwierig, da der DHB seine Mannschaftszahlen seit seinem Bestehen nicht durchgängig nach Geschlecht differenziert erhoben hat. Für frühere Zeitpunkte finden sich vereinzelt in der Literatur nach Männern und Frauen differenzierte Mannschaftszahlen im Handball. So waren im Jahr 1976 z.B. von den insgesamt 15.419 gemeldeten Mannschaften 2.346 Frauen- und 8.386 Männermannschaften sowie 4.687 Jugendmannschaften (davon 2.812 männlich und 1.875 weiblich) (vgl. Cachay, 1978, S. 66). Dies entspricht einem Anteil weiblicher Teams von 27,4% im Jahr 1976. Dieser Anteil weiblicher Teams ist auf 43,3% im Jahr 2006 gestiegen (vgl. Tab. 18). Damit nähert sich der Handballsport einer geschlechterparitätischen Teamsportart, wie sie sonst nur noch im Volleyball und Hockey zu verzeichnen ist (siehe Tab. 19), an.

Die weitere Entwicklung der Mannschaftszahlen ist ähnlich der der Mitgliederzahlen verlaufen. Insgesamt ist aber eine sehr positive Entwicklung zugunsten der weiblichen Mannschaftszahlen zu konstatieren. Während die Mannschaftszahlen im Mädchen- und Frauenbereich überproportional angestiegen sind (von 1993 39,9% auf 1997 45,3%), sind die Mannschaftszahlen im männlichen Jugendbereich eher rückläufig gewesen (von 1993 60,1% auf 1997 54,7%) (vgl. DHB, 1997, S. 504).

Wie Tabelle 18 zeigt, sind die Zuwächse bei den aktiven Handballern im DHB maßgeblich auf den Zuwachs an Teams im Frauen- und Mädchenbereich zurückzuführen. Dabei sind sowohl im Frauen- als auch im Mädchenbereich kontinuierliche Zuwächse zu verzeichnen, wohingegen die Zahl der Teams im Männerhandball rückläufig ist bzw. im männlichen Jugendbereich nur leichte Zuwächse in den letzten Jahren zu verzeichnen sind.

Tab. 18. *Entwicklung der Mannschaftszahlen im DHB – differenziert nach Geschlecht (eigene Darstellung aus diversen Quellenangaben).*

Jahr	Frauenteams	Mädchenteams	Männerteams	Jungenteams	Gesamt	Rel. ♀ zu ♂
1976	2.346 (15,2%)	1.875 (12,2%)	8.386 (54,4%)	2.812 (18,2%)	15.419	27,4%/72,6%
1994	4.448 (13,1%)	8.159 (24,1%)	10.380 (30,6%)	10.933 (32,2%)	33.920	37,2%/62,8%
1997	4.621 (13,3%)	9.250 (26,7%)	9.591 (27,7%)	11.190 (32,3%)	34.652	40,0%/60,0%
2006	4.651 (13,7%)	10.019 (29,6%)	6.977 (20,6%)	12.247 (36,1%)	33.894	43,3%/56,7%

Anmerkung: Die Zusammenstellung der Mannschaftszahlen erwies sich als sehr schwierig, da der DHB nach eigenen Angaben keine differenzierte Erhebung der Mannschaftszahlen nach Geschlecht durchführt. Der Dachverband verfügt demnach nur über ungenügende Kenntnisse hinsichtlich der aktiven Nachfrage nach Handballsport.

Im Vergleich zum Erwachsenenbereich steht die Anzahl der gemeldeten Jungen- und Mädchenteams in einem sehr ausgeglichenen Verhältnis (29,6% Mädchenteams, zu 36,1% Jungenteams). Nach einer Studie von Hölscher (2005, S. 36f.) haben vor allem die weiblichen Mannschaften im E-Jugendbereich einen enormen Zuwachs zu verzeichnen. Dies liegt nicht zuletzt darin begründet, dass bis 1991 gerade mal 8 von 22 Landesverbänden überhaupt E-Jugenden für Mädchen im Handball angeboten haben. So konnten die weiblichen E-Jugendmannschaften bis 2005 eine Steigerung von fast 500% feststellen. Mittlerweile gibt es in allen Landesverbänden weibliche E-Jugendteams. Allerdings gibt es auch bei den Mädchenteams in bestimmten Altersklassen Einbrüche. So mussten im A-Jugendbereich die höchsten Rückgänge hingenommen werden. Von 1991 bis 2004 ist ein Verlust von 453 Mädchen-Teams zu verzeichnen, was einem Rückgang von 29,7% entspricht (vgl. dazu ebd.). Dieser Rückgang konnte nur durch entscheidende Zugewinne in anderen Altersklassen kompensiert werden, so dass die Gesamtzahl weiblicher Teams im DHB bis 2008 konstant gestiegen ist. Die gestiegenen Aktivenzahlen im Frauenhandball haben deutlich zu einer Erhöhung der Zuschauer- und Fanbasis geführt. Einer früheren Untersuchung zufolge sind bzw. waren 76% aller Besucher im Frauenhandball selbst im Handballsport aktiv. Tendenziell sind sogar mehr weibliche Zuschauer im Publikum (vgl. dazu Messing & Lames, 1996, S. 123ff.).

Ein Vergleich des Frauenhandballs mit anderen Frauenteamsportarten zeigt, dass er mit zu den führenden Frauenteamsportarten in Deutschland gehört (vgl. Tab. 19). Mit über 300.000 im DHB organisierten Mädchen und Frauen steht Handball als Teamsportart an zweiter Stelle. Nur der DFB kann höhere Mitgliederzahlen bei Mädchen und Frauen aufweisen. Allerdings sind in dessen Statistik auch nicht-fußballspielende Vereinsmitglieder enthalten. Vor allem die Zahl der im DFB gemeldeten Frauen entspricht nicht der Zahl der tatsächlich aktiven Fußballerinnen im Erwachsenenbereich (vgl. auch Sinning, 2006, S. 134).

Tab. 19. *Mädchen und Frauen in Teamsportarten (eigene Darstellung aus Angaben des DOSB, 2008).*

	Fußball	Handball	Basketball	Volleyball	Hockey	Eishockey
Mitglieder weiblich	1.002.605	315.226	51.151	250.161	25.616	2.481
Mädchen (unter 18)	419.043	160.876	26.907	94.167	15.450	1.186
Frauen	583.562	154.350	24.274	155.994	10.166	1.295

Für eine Kontinuität des Vorsprungs der Teamsportarten Fußball und Handball in der Gunst von Mädchen und Frauen spricht auch, dass die weiblichen Mitgliederzahlen sowohl im Frauenhandball als auch im Frauenfußball seit Jahren stetig gestiegen sind. Dagegen verzeichnet die Teamsportart Hockey bei Mädchen und Frauen erst seit 2005 leicht steigende Mitgliederzahlen im weiblichen Bereich. Im Basketball stagnieren demgegenüber die weiblichen Mitgliederzahlen seit einigen Jahren; sie sind aktuell sogar leicht gesunken.

Hinsichtlich der Mitgliederanteile der Geschlechter in Teamsportarten zeigt Tabelle 20, dass lediglich im Volleyball das Geschlechterverhältnis mit 51,7% ausgeglichener ist als im Handballsport (37,4%), wobei Hockey (35,9%) und Handball nah beieinander liegen. Im Eishockey (8,4%), Fußball (15,3%) und Basketball (26,8%) indessen sind die weiblichen Mitglieder weiterhin stark unterrepräsentiert.

Tab. 20. *Mitgliederanteile der Teamsportarten im Vergleich (eigene Darstellung aus Angaben des DOSB, 2008).*

	Fußball	Handball	Basketball	Volleyball	Hockey	Eishockey
Mitglieder gesamt	6.563.977	842.070	190.744	483.815	71.168	29.465
Mitglieder männlich	5.561.372	526.844	139.593	233.654	45.552	26.984
Mitglieder weiblich	1.002.605	315.226	51.151	250.161	25.616	2.481
Anteil Mitglieder weiblich in %	15,3%	37,4%	26,8%	51,7%	35,9%	8,4%

Die größte Konkurrenz für den Frauenhandball wird in Zukunft von dem in letzter Zeit immer populärer gewordenen Mädchen- und Frauenfußball ausgehen. Die Mannschaftszahlen im DFB haben sich jüngst sehr positiv entwickelt. Gleichwohl eröffnet die starke Mitgliederbasis im weiblichen Bereich dem DHB ein bislang noch ungenutztes Vermarktungspotential der Sportart. Allerdings erfordert dies gleichzeitig eine gezieltere Förderung des Frauenhandballs, etwa durch eigene Kampagnen für den Mädchenhandball und verstärkte Aktivitäten im Nachwuchsbereich.

5.1.3 Sportliche Erfolge und Reputation des Frauenhandballs

Herausragende sportliche Erfolge steigern die Bekanntheit und das Image der betreffenden Sportart. Insbesondere der jeweiligen Nationalmannschaft kommt dabei eine zentrale Funktion zu. Nationalmannschaften sind die Aushängeschilder ihrer jeweiligen Fachverbände. Ihre sportlichen Erfolge führen unmittelbar zu einer verstärkten Berichterstattung in den Medien und damit zu einem gesteigerten Interesse der Öffentlichkeit an der Sportart (vgl. Enderle, 2007, S. 237; Schellhaaß, 2002). Darüber hinaus erfüllen die Nationalmannschaften eine wichtige Repräsentationsfunktion für die Bundesligen. Sie mobilisieren im Vergleich zu den lokal situierten Vereinsmannschaften ein größeres Publikum und werden somit als eigentlicher Repräsentant der jeweiligen Sportart wahrgenommen. Die Nationalmannschaft ist folglich ein bedeutsamer Hebel für die strukturelle Kopplung des Sportsystems mit seinen Umweltsystemen, insbesondere den Medien und der Wirtschaft (vgl. auch Riedl & Cachay, 2002, S. 241ff.; Schimank, 2001, S. 23). Gerade für die Entwicklung des Frauenhandballs, der darum kämpfen muss, überhaupt im Fernsehen präsent zu sein, wäre eine starke Nationalmannschaft von großer Bedeutung. Vor diesem Hintergrund ist zu fragen, welche Rolle die Nationalmannschaft der Frauen für die öffentliche Wahrnehmung des Frauenhandballs insgesamt spielt. Welche Erfolge kann sie vorweisen?

Deutschland hat sich im Hallenhandball zu einer der erfolgreichsten Nationen entwickelt. Aufgrund der sportlich sehr erfolgreichen Nationalteams der Männer und Frauen führt Deutschland die ewige Bestenliste der IHF vor Russland und Dänemark an (vgl. dazu World Handball Magazin, 01/2006, S. 58ff.). Die Nationalmannschaften der Männer und Frauen haben zusammen sieben Weltmeistertitel und zwei Olympiasiege errungen (vgl. DHB, 2007d).

Bei den Olympischen Spielen waren die deutschen Handballerinnen bislang aber wenig erfolgreich. Die Aufnahme des Frauenhandballs als Olympische Disziplin erfolgte im Jahr 1976 in Montreal, erst vier Jahre nach den Männern. Danach qualifizierte sich die Frauenauswahl des DHB 1984 für die Olympischen Spiele in Los Angeles, was aber nur durch den Boykott der Ostblockstaaten ermöglicht wurde. Die deutsche Mannschaft belegte, wie schon 1976 in Montreal, den 2. Platz. 1992 wiederholte sich dieser Erfolg bei den Olympischen Spielen in Barcelona. Nach dem 6. Platz in Atlanta im Jahr 1996 qualifizierte sich die deutsche Frauen-Nationalmannschaft erst wieder für die Olympischen Spiele 2008 in Peking (vgl. DHB, 2006d). Allerdings absolvierte sie dieses Turnier wenig erfolgreich; das Team schied bereits in der Vorrunde aus.

Die Teilnahme der Handballerinnen an Weltmeisterschaftsturnieren hingegen war wesentlich erfolgreicher. Insgesamt gewann die deutsche Frauenhandball-Nationalmannschaft vier Weltmeistertitel (1971, 1975, 1978, 1993); sie galt über eine lange Zeit sogar als Rekord-Weltmeister (vgl. ebd.). Allerdings gewann davon dreimal die ehemalige DDR-Mannschaft den WM-Titel, was auf die Entwicklung des Frauenhandballs in Westdeutschland keinen Einfluss hatte. 1993 bei der WM in Norwegen errangen die deutschen Frauen den ersten gesamtdeutschen internationalen Titel. 2005 wurde Deutschland von Russland als Rekordweltmeister abgelöst. Viermal erreichte die Frauen-Nationalmannschaft bei Weltmeisterschaften zudem den 3. Platz (1965, 1990, 1997, 2007).

Auf europäischer Ebene waren die deutschen Handballerinnen weniger erfolgreich als auf der Weltbühne. Der einzige große Erfolg gelang der Frauen-Nationalmannschaft 1994 mit dem 2. Platz bei der ersten Frauenhandball-Europameisterschaft im eigenen Land (vgl. ebd.). Fortan war das Frauenteam bemüht, die vergangenen sportlichen Erfolge zu wiederholen und den Anschluss an die Weltspitze wieder herzustellen. Dies gelang der Damen-Nationalmannschaft zum Teil mit dem dritten Platz bei der Weltmeisterschaft in Frankreich 2007, dem vierten Platz bei der Europameisterschaft 2006 in Schweden und 2008 in Mazedonien sowie dem sechsten Platz bei der Weltmeisterschaft 2005 in St. Petersburg (vgl. auch Köster, 2007, S. 37).

Auf der Rangliste der Europameister wird Deutschland auf dem 5. Platz hinter Norwegen, Dänemark, Ungarn, Russland und auf der Rangliste der Weltmeisterschaft auf dem 2. Platz hinter Russland (3. Ungarn) geführt. Damit ist die deutsche Frauen-Nationalmannschaft nach wie vor als sehr erfolgreich anzusehen, auch wenn die wirklich großen sportlichen Erfolge bereits länger zurückliegen. Das international gute Standing der deutschen Frauenhandball-Nationalmannschaft wird auch von den Bundesligaclubs bestätigt. Die Experteninterviews in allen Vereinen der 1. und 2. Handball-Bundesligen der Frauen ergab, dass 71,8% der Clubvertreter der Nationalmannschaft und ihren sportlichen Erfolgen einen hohen Stellenwert für das Ansehen und die Vermarktung des Ligahandballs der Frauen beimessen.

„*Die Nationalmannschaft ist eben etwas Großes. Das wirkt mit Fernsehpräsenz im DSF und auf Eurosport bundesweit. Es ist gut, wenn die deutsche Frauenhandball-Nationalmannschaft einen vorderen Platz belegt. Das könnte unterstützen, aber trotzdem engagiert sich bei uns kein Sponsor, weil die Nationalmannschaft Erfolg hat. Mit deren Erfolgen wird allerdings der Frauenhandball besser wahrgenommen*" (1. BL, V-4, 17).

„*Der Stellenwert ist schon bedeutend und gibt Schub nach vorne. Die Nationalmannschaft hat Vorbildfunktion und ist Motivation für Nachwuchskräfte. Ich vergleiche das immer gerne mit Radsport. Ullrich, als er noch nicht unter Doping hing. Oder im Tennis, wer spricht heute noch von Tennis? Bei Boris Becker oder Steffi Graf sah das alles noch ein bisschen anders aus*" (2. BL, V-32, 16).

Es zeigt sich, das Interesse der Vereine an einer erfolgreichen Nationalmannschaft begründet sich darin, dass dadurch ihre eigenen Vermarktungschancen gesteigert werden können. Die Frauen-Bundesligavereine sind vorrangig regional verankert und kaum für überregionale Sponsoren und vor allem keine überregionalen Massenmedien interessant. Sportliche Erfolge der Nationalmannschaft, auch der Gewinn des Männer-Nationalteams der Handball WM 2007, werden von den Vereinsvertretern der Handball BL Frauen gleichwohl positiv beurteilt. 89,7% der Clubs (35 von 39 Teams) sind optimistisch und prophezeien dem Handball insgesamt sehr gute Entwicklungschancen. Der Frauenhandball könnte ihrer Ansicht nach von dieser Euphorie ebenfalls profitieren.

„*Mit dem Erfolg der Weltmeisterschaft, die wir jetzt hatten, sehe ich die Entwicklung absolut positiv, da gibt es wieder ein Schritt nach vorne, mehr wohl im Männerhandball, aber die Frauen werden sicherlich nachziehen*" (2. BL, V-31, 6).

„*Na, ich würde sagen, aktuell besteht gerade eine Riesenchance, weil da ja aufgrund der vergangenen Handball WM schon eine Euphorie entstanden ist. Ich denke auch, dass sich das auf den Frauenhandball übertragen wird, denn Frauenhandball hat den Vorteil – auch gegenüber dem Frauenfußball – in dem Sinne, weil der Fußball an sich eine reine Männerdomäne ist und das Interesse am Frauenfußball sich meines Erachtens nicht großartig steigern wird. Aus meiner Sicht ist das im Frauenhandball anders*" (2. BL, V-33, 6).

Neben international errungenen Titeln der Nationalmannschaften sorgen auch international erfolgreiche Vereinsmannschaften für eine sportliche Reputation des deutschen Frauenhandballs. In der Regel sind es nur die sportlich starken Bundesligateams, die sich aufgrund ihrer Platzierung für internationale Vereinswettbewerbe qualifizieren und durch diese Reputation die Attraktivität ihrer Clubs auch für die nationale Vermarktung erhöhen.

Die Zahl der Startplätze in internationalen Vereinswettbewerben ergibt sich aus dem EHF Ranking, das jedes Jahr neu aufgestellt wird (vgl. EHF 2006a & b). Die deutschen Frauenteams belegen im EHF Ranking Platz 9; sie bekommen somit fünf Startplätze bei internationalen Vereinswettbewerben. Diese ergeben sich aus den Abschlussplatzierungen der Bundesligen. Der deutsche Frauenhandballmeister spielt auf europäischer Ebene in der EHF Champions League gegen andere Landesmeister. Platz zwei und drei der Abschlusstabelle qualifizieren sich für die Teilnahme am EHF Cup und Platz vier und fünf stellen die Teilnehmer des EHF Challenge Cup, wobei der Fünftplat-

zierte nur im EHF Challenge Cup starten kann, wenn von den ersten vier Teams eines den Pokalsieger stellt. Der Sieger des DHB-Pokals tritt im Europapokal der Pokalsieger an.
Die EHF Champions League ist der höchste Europapokalwettbewerb für Handballvereinsmannschaften. Bis 1994 wurde dieser Wettbewerb als Europapokal der Landesmeister ausgetragen. In dieser Zeit gelang es mit dem SC Leipzig (1966 & 1974), TSC Berlin (1978) und dem TV Lützellinden (1991) drei deutschen Frauenteams, diese höchsten internationalen Titel für Vereinsmannschaften zu gewinnen. Seit 1994 ist die EHF Ausrichter des Champions League Wettbewerbes. Größter Erfolg war für die Teams aus Leipzig und Nürnberg bislang das Erreichen der Hauptrunde der Champions League; noch kein deutsches Frauenhandballteam konnte den Champions League Wettbewerb gewinnen.
Der Europapokal der Pokalsieger (EHF Cup Winner's Cup) ist der zweithöchste Wettbewerb für Vereinsmannschaften auf europäischer Ebene und steht noch vor dem EHF Pokal. Teilnehmer sind neben den Pokalsiegern auch die Mannschaften, die nach der Gruppenphase aus der Champions League ausgeschieden sind. Seit 1977 konnte der Titel Europapokal der Pokalsieger mit TSC Berlin (1977 & 1979), TV Lützellinden (1993 & 1996) und TuS Walle Bremen (1994) von drei deutschen Frauenhandballclubs gewonnen werden.
Als dritter europäischer Vereinswettbewerb wird der EHF Cup organisiert. Er soll vor allem Vereinen aus Ländern, die nicht die Qualifikation zur Champions League erreicht haben, ermöglichen, an einem internationalen Wettbewerb teilzunehmen.[22] Viermal siegten deutsche Frauenhandballteams bei diesem Wettbewerb, der SC Leipzig (1986 & 1992) und der ASK Vorwärts Frankfurt/Oder (1985 & 1990).
Daneben konnten in den letzten Jahren vier Vereinsmannschaften der Handball BL Frauen den Challenge Cup, den vierthöchsten Pokalwettbewerb der EHF, gewinnen: der BV Borussia Dortmund (2003), der 1. FC Nürnberg (2004), die TSV Bayer 04 Leverkusen (2005) sowie der VfL Oldenburg (2008). Der TSV Bayer 04 Leverkusen ist auch weiterhin Rekordmeister im Frauenhandball auf nationaler Ebene.[23]
Zu den erfolgreichsten Teams im Frauenhandball zählen der HC Leipzig (früher SC Leipzig), der vier Europapokalsiege (Champions League 1966 und 1974, EHF Cup 1986 und 1992) gewinnen konnte, der TSC Berlin mit drei Titeln (Champions League 1978, Cup Winner's Cup 1977 und 1979) sowie der TV Lützellinden mit ebenfalls drei Europapokalsiegen (Champions League 1991,

[22] Welche Platzierung in einer bestimmten nationalen Liga für eine Qualifikation zum EHF Pokal erreicht werden muss, hängt von mehreren Faktoren ab. Die Anzahl der Startplätze der jeweiligen Länder kann der EHF Rangliste entnommen werden. Durch sie ist erkennbar, wie stark die Vereinsmannschaften der Mitgliedsstaaten sind bzw. wie stark die Liga ist (vgl. EHF, 2006a & b).

[23] Der EHF Challenge Cup ist ein weiterer europäischer Vereinswettbewerb, der seit dem Jahr 2000 ausgetragen wird. An diesem Wettbewerb nehmen nur noch Teams aus Ländern teil, die im EHF Nationenranking eine Position ab Platz sieben belegen. Ab Position sieben nehmen aus den Ländern jeweils zwei Teams teil, ab Position 41 sind es sogar drei Teams je Land.

Cup Winner's Cup 1993 und 1996). Erfolgreich waren außerdem TuS Walle Bremen (Cup Winner's Cup 1994) und der HC Frankfurt/Oder (EHF Cup 1985 und 1990). Aktuell spielen von diesen erfolgreichen Frauenhandballteams mit den Vereinen aus Leipzig und Frankfurt/Oder nur noch zwei Clubs in der Handball BL Frauen.

Abbildung 9 zeigt die erfolgreichsten Nationen bei den vier wichtigsten europäischen Vereinswettbewerben (EHF Champions League, EHF Cup Winner's Cup, EHF Cup, Challenge Cup) im Männer- und Frauenhandball.

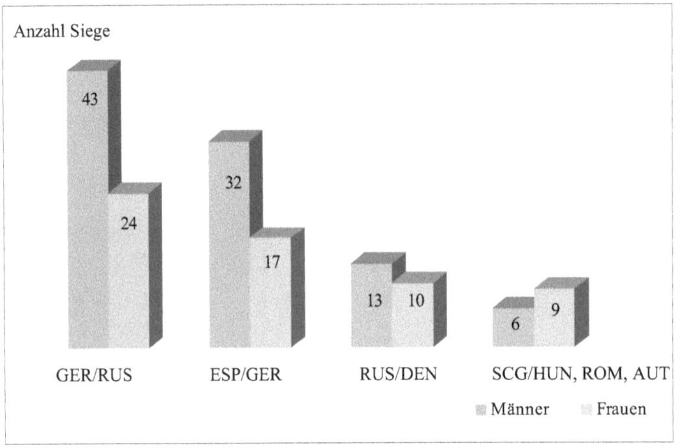

Abb. 9. Anzahl der Siege in europäischen Handballvereinswettbewerben nach Nationen bis 2007.

Im Ranking der Nationen nehmen deutsche Vereine eine führende Position ein. Dies gilt sowohl für die Männer, wo deutsche Vereinsmannschaften mit insgesamt 43 internationalen Titeln führend sind, als auch für die Frauen, die mit 17 Titeln Platz zwei hinter Russland (24 Titel) belegen.

Die sportlichen Erfolge deutscher Vereinsmannschaften bei internationalen Vereinswettbewerben unterstreichen auch für den Frauenbereich die herausragenden sportlichen Leistungen deutscher Handballspielerinnen. Die letzten großen sportlichen Erfolge von Frauen-Bundesligateams liegen mit dem Gewinn der EHF Champions League vor 17 Jahren (TV Lützellinden), dem Gewinn des EHF Cup Winner's Cup vor 12 Jahren (TV Lützellinden) sowie dem Titel des EHF Cups vor 16 Jahren (SC Leipzig) allerdings schon lange zurück. Um internationalen sportlichen Erfolg in eine bessere Vermarktung zu überführen mangelt es an Siegen bei den drei großen Vereinswettbewerben in jüngerer Vergangenheit. Der Sieg des Challenge Cups 2008 durch den VfL Oldenburg scheint ein Wendepunkt zu sein, um an vergangene Erfolge anknüpfen zu können.

5.1.4 Popularität und Medienpräsenz des Frauenhandballs

Handball erfreut sich in Deutschland einer großen Beliebtheit. Dazu hat zuletzt auch die Austragung der Männer-WM 2007 im eigenen Land beigetragen. Ohne Zweifel spielen die Medien dabei eine überragende Rolle bei der Vermarktung und Weiterentwicklung einer Sportart (vgl. auch Schellhaaß & Enderle, 2000, 56ff.; Wadsack, 2004, S. 294). Der konstante sportliche Erfolg der Nationalteams ist ein entscheidender Faktor für die Weiterentwicklung des Handballs und die Generierung von Stars. Die Medien sind wichtige Multiplikatoren im Bemühen um Sponsoren und Zuschauer. Dies gilt nicht nur für das Fernsehen, sondern auch für die Pressemedien, den Hörfunk und das Internet (vgl. auch Satterlee, 2001, S. 305ff.; Benner, 1992, S. 16).

Obgleich der Erstliga-Fußball unangefochten als Marktführer im Teamsport angesehen werden kann (50 Mio. Deutsche interessieren sich für Fußball), gewann Handball nach einer repräsentativen Umfrage von Sport + Markt durch die WM 2007 und den Titelgewinn der Männer-Nationalmannschaft über 10 Mio. neue Anhänger (Sport + Markt, 2007a). So zeigt sich, dass sich das Interesse der Gesamtbevölkerung über 14 Jahre gegenüber den Vorjahren von 56% auf 72% erhöht hat. Von 36,4 Mio. Bundesbürgern, die sich für Handball interessieren, stieg diese Zahl auf 46,9 Mio., bei den bekennenden Fans verdoppelte sich der Wert von 13,5 Mio. fast auf 24,1 Mio. gegenüber 2004 (vgl. auch Naber, 2007). Auch innerhalb Europas hat der Handballsport eine breite Fanbasis. Nach Erhebungen in verschiedenen europäischen Märkten bekunden mehr als 140 Mio. Menschen Interesse an der Sportart Handball (vgl. Sport + Markt, 2007a). Ein hohes Interesse bestätigt sich auch in Bezug auf den Frauenhandball. Immerhin bekunden 37,1 Mio. Bundesbürger Interesse am Frauenhandball (vgl. auch ebd., 2007b).

Die hohe Popularität des Handballs zeigt sich auch an der Nachfrage nach Spielen der Handball-Nationalmannschaften. Allerdings sind hier deutliche Unterschiede zwischen Männer- und Frauenhandball zu verzeichnen. Das hohe Interesse der Bevölkerung am Männerhandball und das deutlich geringere am Frauenhandball zeigt sich deutlich an der Zahl der Zuschauer bei Länderspielen. Während die Hallen bei Spielen der Männer-Nationalmannschaft ausverkauft sind, ist die Zuschauerresonanz bei den DHB-Frauen sehr niedrig. Gerade mal 1.700 Zuschauer an drei Tagen kamen zu den Spielen beim Vier-Nationen-Turnier der Frauenhandball-Nationalmannschaft im Februar 2007 in Riesa. Köster (2007, S. 36) schätzt das Zuschauerpotential zwischen Männer- und Frauenhandball in Deutschland zehn zu eins ein. Die Schere zwischen den Vermarktungspotentialen des Männer- und Frauenhandballs scheint mit dem herausragenden Erfolg der Männer-Nationalmannschaft sogar noch weiter auseinander zu gehen.

Die Weltmeisterschaft der Herren 2007 in Deutschland verfolgten über 700.000 Besucher live in den Sporthallen; bei der letzten WM in Deutschland vor 25 Jahren waren es erst 141.000. Selbst Spiele im Ausland sind für deutsche Fans attraktiv. Zu den Vorrundenspielen der deutschen Herrenmannschaft bei der WM 2009 in Kroatien kamen zwischen 1.500 und 6.400 Zuschauer und mitgereiste Fans. Insgesamt verfolgten 400.000 Zuschauer diese WM in Kroatien live in den Hallen.

Die Länderspiele der Frauen werden vor einem deutlich kleineren Publikum ausgetragen. Die Weltmeisterschaft 2005 in Russland wurde noch weitgehend unter Ausschluss der Öffentlichkeit ausgetragen. Insgesamt fanden sich nur 57.000 Zuschauer in den Wettkampfstätten in St. Petersburg ein, das Spiel der deutschen Handballerinnen gegen Polen verfolgten gerade mal 400 Zuschauer (vgl. Köster, 2006, S. 14). Bei der Europameisterschaft 2006 in Schweden war die Zahl der Zuschauer ebenfalls noch enttäuschend und man hatte Schwierigkeiten den benötigten Etat auszugleichen, obwohl dem Frauenhandball durch die Medien eine verstärkte Aufmerksamkeit zukam. Noch nie zuvor wurde derart viel über Frauenhandball berichtet (vgl. Pazen, 2007, S. 56).

Dennoch sind positive Signale für ein wachsendes Interesse am Frauenhandball zu verzeichnen (vgl. Köster, 2008, S. 36). Das Auftaktspiel der deutschen Handballerinnen bei der EM 2008 in Mazedonien gegen den Gastgeber verfolgten immerhin 9.000 Zuschauer, beim Vorrundenspiel gegen Schweden waren es 2.000. Dass ein Zuschauerpotential für den Frauenhandball vorhanden ist, zeigte sich jüngst bei den Vorbereitungsspielen der Handballfrauen-Nationalmannschaft für die Olympischen Spiele in Deutschland. In der Vorbereitungsphase für Peking 2008 gab es von Seiten des DHB vier Doppelveranstaltungen der beiden Nationalmannschaften in Mannheim und Stuttgart sowie in Köln und Halle/Westfalen. Damit sollte den Frauen eine größtmögliche Öffentlichkeit geboten werden. Dieses Angebot traf bei den Zuschauern auf großen Zuspruch: 6.200 Besucher verfolgten das Spiel der Frauen-Nationalmannschaft in der Porsche-Arena, 5.500 waren es in der SAP-Arena in Mannheim und 8.000 in Halle/Westfalen (vgl. dazu auch DHB, 2008c & 2008d). In die Lanxess-Arena Köln kamen sogar 14.300 Zuschauer, um den Erfolg des Frauen-Nationalteams gegen Angola live mitzuerleben.

Ein ähnliches Bild zeigt sich auch bei den Fernsehzuschauern. Insbesondere der Gewinn der WM 2007 hat jüngst zu einer verstärkten TV-Nachfrage nach Handball geführt. Handball erfreut sich auch hier einer zunehmenden Beliebtheit. 8,6 Mio. Bundesbürger geben Handball inzwischen sogar als liebste Fernsehsportart an (vgl. Naber, 2007). Das Interesse Handball im TV zu verfolgen liegt im Vergleich zu anderen Teamsportarten inzwischen deutlich vor Eishockey und Basketball (vgl. Oediger, 2008b, S. 17). Abbildung 10 zeigt, dass der Handballsport im Vergleich der Teamsportarten seine Sendezeiten von 2004 zu 2006 um 3% steigern konnte, während Eishockey sogar Sendezeiten einbüßte. Aktuell belegt Handball im Ranking der beliebtesten TV-Sportarten mit 23% den 5. Platz nach Fußball (70%), Skisport (38%), Automobilsport (34%), Boxen (32%) und steht erstmals vor Leichtathletik (21%), gefolgt von Tennis (15%) und Radsport (14%) (vgl. auch Kroemer, 2008, S. 8).

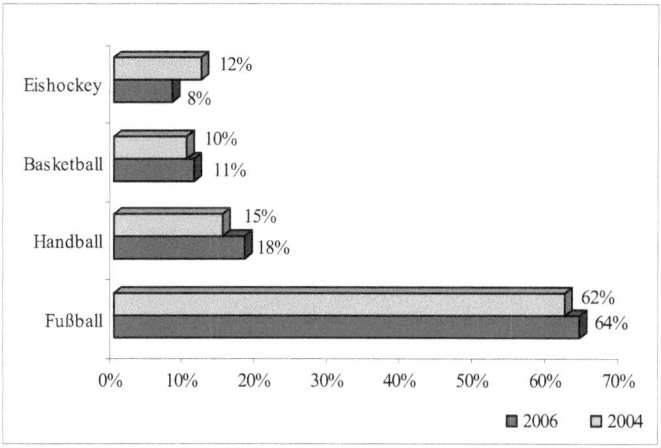

Abb. 10. Beliebteste TV-Teamsportarten 2004 und 2006 (eigene Darstellung in Anlehnung an Sport + Markt, 2007a; Rohlmann, 2005, S. 88).

Bei den beliebtesten TV-Sportarten hat Handball seine Stellung noch weiter gefestigt. Im Interesse der TV-Zuschauer konnte sich der Handballsport gegenüber dem Jahr 2002 (13%) sogar deutlich um 10% steigern (vgl. auch Klewenhagen et al., 2002, S. 24). 136 Mio. Zuschauer in Deutschland verfolgten die Spiele der Handball-Welt-meisterschaft 2007 im Fernsehen. Bei den Spielen mit dem DHB-Team wurde ein durchschnittlicher Marktanteil von 29,6 Prozent erreicht. 16,15 Mio. Zuschauer, was einem Marktanteil von 58,3% entspricht, haben allein das Endspiel um den Weltmeistertitel im Fernsehen verfolgt (Nolden, 2007a, S. 46). Das Finalspiel der deutschen Handballer erreichte sogar die höchste Einschaltquote aller Sportberichterstattungen 2007. Allein im Free-TV betrug die Sendedauer über die Handball WM 2007 160 Stunden (vgl. auch Peymani, 2008, S. 49).
Eine Medienanalyse des IFM Instituts ergab, dass sich die Präsenz des Handballsports im Fernsehen sowohl hinsichtlich der Sendedauer als auch der Anzahl der Berichte erhöht hat. In der Saison 2006/07 erlangte der Handballsport eine noch nie erreichte Fernsehpräsenz. Während in der Saison 2005/06 1.910 Berichte bei einer Sendedauer von 104 Stunden gezeigt wurden, waren es 2006/07 2.425 bei einer Sendedauer von 116,3 Stunden. Außerdem hat sich die kumulierte Reichweite von 145,4 Millionen auf 220,7 Millionen Zuschauer in der Saison 2006/07 und 300 Millionen 2007/08 erhöht (vgl. dazu auch Oediger, 2008b, S. 18; Hohenauer, 2007, S. 18).
Die genannten Daten betreffen allerdings hauptsächlich den Männerhandball. Befunde speziell zum Frauenhandball liegen aus der erwähnten Studie kaum vor. Das Angebot an Frauenhandball im Fernsehen ist allerdings im Vergleich zum Männerhandball als gering anzusehen. Die Handball BL Frauen hat bisher keine regelmäßige TV-Präsenz, lediglich die Spiele der Nationalmannschaft werden im DSF oder auf Eurosport übertragen. Insgesamt ist aber auch im Frauenhandball die mediale

Präsenz insbesondere bei Großereignissen ansteigend. Bei den Olympischen Spielen 2008 etwa wurde ca. zweieinhalb Stunden mit einer kumulierten Reichweite von 14,42 Mio. Zuschauer (29% Marktanteil) über die Begegnungen im Frauenhandball berichtet (vgl. Sport + Markt, 2007a).
Die Länderspiele der Handballfrauen-Nationalmannschaft verzeichnen auch ein wachsendes Interesse bei Fernsehzuschauern. Sie verbuchen laut Fernsehanstalten ebenfalls gute TV-Reichweiten in Deutschland (vgl. auch Köster, 2006, S. 14). Gerade die Spitzenspiele können eine hohe Zahl an Fernsehzuschauern anziehen, wie das Beispiel der WM 2005 in St. Petersburg zeigte. In Deutschland sahen 500.000 (in der Spitze 600.000) das Spiel zwischen Dänemark und Deutschland. Hingegen erzielte dieses Spiel in Dänemark sogar eine Rekordeinschaltquote von 1,2 Millionen, was dort einem Marktanteil von 60% entspricht (vgl. auch Pazen, 2006, S. 16). Die acht von Eurosport übertragenen Spiele der DHB-Auswahl bei der EM 2006 in Schweden sahen sich zwischen 400.000 und 770.000 TV-Zuschauer an. Bei der WM 2007 in Frankreich übertrug Eurosport alle Spiele des Frauen-Nationalteams live und erzielte gute Einschaltquoten. Ferner wurde vom ZDF sogar eine Woche lang aus dem Mannschaftshotel der deutschen Frauen-Nationalmannschaft bei dieser WM berichtet. Die Frauen-EM im Dezember 2008 in Mazedonien sahen weltweit sogar 352 Millionen Zuschauer. 1,1 Millionen Deutsche verfolgten in der Spitze diese Frauen-EM 2008 live im DSF; durchschnittlich 600.000 Zuschauer (vgl. DHB, 2008e).
Für die Spiele bei den großen Turnieren sind für die deutschen Nationalteams der Männer und Frauen etwa die gleichen TV-Übertragungszeiten gesichert. Diese Tatsache belegt die erhöhte öffentliche Wahrnehmung des Handballs, die nicht zuletzt auf das erfolgreiche Abschneiden der Nationalmannschaften in den letzten Jahren zurückzuführen ist.
Das mediale Potential für Handball hat sich in den letzten Jahren deutlich positiv entwickelt. In der Wahrnehmung des Ligaverbands der Frauen hat sich die Medienpräsenz des Frauen- und Männerhandballs in Deutschland deutlich verbessert.

„Großveranstaltungen der Herren- und Frauen-Nationalmannschaft haben es in den General Interest Bereich geschafft. Die Herren-WM im Januar 2009 wird von RTL zur Prime Time übertragen, und die Großveranstaltungen der Frauen waren regelmäßig live im Fernsehen zu verfolgen und wurden durch die großen Tageszeitungen ebenfalls abgedeckt. Auf Vereinsebene ist eine Rundumabdeckung im Herrenbereich gesichert; Spiel der Woche im DSF, Champions League auf Eurosport, Liveübertragungen in den Dritten Programmen der ARD sowie begleitend zahlreiche Spiele im Pay-TV im Internet oder sportdigital.tv. Im Vergleich zu anderen Sportarten hat Handball auch den Weg in die überregionalen Zeitungen gefunden. Die von den Agenturen verbreiteten Informationen finden sich dabei sowohl im Print-, wie auch im Radio- als auch Internetbereich. Im Frauenbereich ist der regionale Bezug aber noch immer sehr stark ausgeprägt, unter anderem in Medienpartnerschaften mit regionalen Radiosendern oder Zeitungen“ (HBVF, I-3, 7).

„Im Zuge der Olympiavorbereitung hat es ja Doppel-Länderspiele gegeben, da hat es dann zumindest vom Spiel in Mannheim Fernsehzeiten in der ARD gegeben. Ich glaube, das waren für die Frauen-Nationalmannschaft 5 oder 7 Minuten in der ARD Sportschau. Jetzt mag der Kritiker sagen das ist ja nichts, aber wir finden das schon mal sehr gut. Das war ein erster Schritt in eine gute Richtung und da müssen wir halt zusehen, dass da jetzt noch zwei drei Ergebnisse möglich sind“ (DHB, I-2, 18).

„Nach dem WM-Erfolg der Herren bei der WM 2007 ist in der Breite medial auch im weiblichen Bereich eine Zunahme spürbar, insbesondere bei der Nationalmannschaft der Frauen, deren Großereignisse zuletzt alle im Fernsehen live zu verfolgen waren. Die Berichterstattung über die Frauenbundesliga hat unterdessen eher regionale Bedeutung bzw.

erfolgt vorrangig in den Städten der Teams. Exemplarisch ist hier der HC Leipzig zu nennen, dessen Spiele mehrfach in Liveeinblendungen in den Sportsendungen des MDR zu finden sind, oder der 1. FC Nürnberg, dessen Spiele in der Champions League in voller Länge live beim Spartensender Eurosport 2 sowie beim regionalen Franken-TV übertragen wurden" (HBVF, I-2, 2).

Von den Vereinen allerdings, insbesondere denen der 2. Liga, wird die Medienpräsenz des Spitzenhandballs der Frauen eher als unbefriedigend empfunden. Dies gilt vor allem für die Ligenwettbewerbe.

„Insgesamt ist die Präsenz des Frauenhandballs unbefriedigend. Von der 2. Liga werden zum Teil in großen Sportzeitungen nicht mal die Ergebnisse abgedruckt. Eine Fernsehpräsenz gibt es von der Bundesliga gar nicht oder nur in einigen wenigen Regionalsendern, davon bekommt die breite Öffentlichkeit aber ja nichts mit" (2. BL, V-34, 157).

„Die Medienpräsenz ist natürlich sehr gering und die Situation muss extrem verbessert werden. Da ist der Verband gefragt und da muss die HBVF mehr machen" (2. BL, V-33, 159).

Der Frauenhandball ist hier von Mechanismen im Sportmedienmarkt betroffen, die insbesondere Randsportarten, aber auch populäre Sportarten, die nicht dem Geschmack der vorwiegend männlichen TV-Zuschauer entsprechen, benachteiligen. Nicht die Vielfalt des Sports wird in den Medien dargestellt, sondern einige wenige Sportarten, die publikumswirksam sind und sich durch ihren Unterhaltungswert verkaufen (vgl. hierzu Schellhaaß, 2004, S. 83ff.). Allerdings deuten die Interviewauszüge der Vereinsvertreter darauf hin, dass teilweise auch von Seiten der HBVF bzw. der Vereine zu wenig aktive Öffentlichkeitsarbeit geleistet wird.

Insgesamt konnte sich das Angebot an Sportübertragungen im TV bezogen auf Handball in den letzten acht Jahren sogar verdoppeln (vgl. Abb. 11).

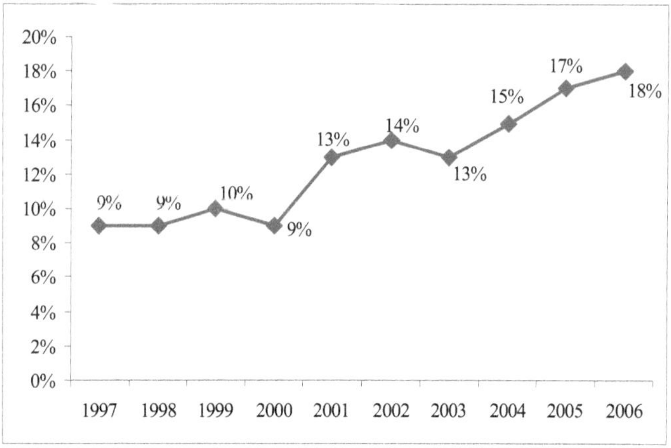

Abb. 11. Entwicklung der TV-Sportart Handball in Deutschland (eigene Darstellung in Anlehung an Sport + Markt, 2007a).

Die zunehmende TV-Präsenz kann unterstützend für die zukünftige Entwicklung und Vermarktung des Frauenhandballs wirken.

Das am zweithäufigsten genutzte Medium für Sport sind die Printmedien. Auf diesem Sektor ist das Spektrum der Sportarten, über die berichtet wird, wesentlich breiter, als dies bei der TV-Sportberichterstattung der Fall ist. Aber auch hier ist eine Dominanz der Fußballberichterstattung zu erkennen, mit deutlichem Abstand vor anderen populären Teamsportarten. Insbesondere für lokale Sportereignisse bietet das Printmedium dem Leser aber zum Teil detaillierte Berichte über das lokale bzw. regionale Sportgeschehen. Der Handballsport gehört nach Wernecken (2000, S. 303) zu den im Lokalsport der regionalen Tageszeitungen am häufigsten thematisierten Sportarten. Dabei liegen der Gewichtung des Handballs regionale Besonderheiten zu Grunde.

Printmedien wie z.B. Sport Bild bemängeln allerdings die Zusammenarbeit mit den Bundesligavereinen im Handball. So gäbe es nach wie vor nur selten Vereine, die auf die Zeitschrift zukommen. Chefredakteur Gottschalk kritisiert in einem Interview die aktive Pressearbeit von Seiten der BL-Teams über die lokalen Zeitungen hinaus (vgl. dazu Oediger, 2008c, S. 22). Darüber hinaus berichten die Handballwoche und das Handball Magazin, seit Juli 2007 Handball Premium Magazin, regelmäßig über alle Ereignisse im Handballsport, insbesondere über die Bundesligen. Beiträge zur Handball BL Frauen sind allerdings im Vergleich zum Männerhandball quantitativ weit unterrepräsentiert.

Studien aus der geschlechterbezogenen Medienforschung bestätigen diesen Befund. Sie kommen zu dem Ergebnis, dass die Printmedien nach wie vor von Berichten über Männersport dominiert werden. Der Anteil der Berichterstattung über Frauensport liegt im Durchschnitt nicht höher als 15%, auch wenn Teamsportarten wie Fußball oder Handball in der Rangliste der in der Presse berichteten Frauensportarten weit oben stehen (vgl. auch Rulofs & Hartmann-Tews, 2006, S. 230ff.; Hartmann-Tews & Rulofs, 2005, S. 307ff.). Die Gründe für die Dominanz männlicher Sportler in den Medien sind zum einen darin zu sehen, dass die Interessen des weiblichen Medienpublikums oft unberücksichtigt bleiben (Klein, 1990, S. 21ff.), zum anderen aber auch an dem größeren Sportinteresse von Männern insgesamt und der auch heute noch vorherrschenden Dominanz männlicher Sportjournalisten (vgl. auch Hartmann-Tews & Rulofs, 2003 & 2002, S. 125ff.; Lamprecht & Stamm, 2002, S. 39). Nur knapp 5% aller Artikel über Sport werden von Frauen geschrieben. In Deutschland sind gar nur 2% der namentlich gekennzeichneten Sportberichte von Sportjournalistinnen.

Die bislang umfassendste internationale Studie zur Sportberichterstattung in der Tageszeitung, die insgesamt 10.000 Artikel aus zehn Ländern in eine wissenschaftliche Analyse einbezog, kommt zu ähnlichen Ergebnissen. Danach macht Fußball 50% der Berichterstattung in Deutschland aus, abgeschlagen folgen Tennis (5%), Formel 1 (5%) und Handball (4%). 86% aller Berichte waren über Männersport (vgl. Schultz Jørgensen, 2005, S. 1ff.).

Neben dem Fernsehen und den Printmedien ermöglicht das Radio dem Rezipienten, sportliche Live-Erlebnisse zu verfolgen. Allerdings werden Sportberichte zunehmend aus dem Hörfunkprogramm gestrichen. Darüber hinaus hören nur etwa 30% der Bundesbürger zumindest gelegentlich Sportberichte im Hörfunk (vgl. dazu auch Schwier & Schauerte, 2007b, S. 206f.). Laut einer Untersuchung von Schaffrath (1996, S. 230f.) kommt der Handballberichterstattung im Hörfunk eher eine untergeordnete Bedeutung zu. Demnach ist Handball im Programm von Hörfunkanbietern, mit Ausnahme einiger weniger lokaler Sender, nur selten präsent. Allerdings eignen sich die lokalen Radiosender zur Einbindung in die Kommunikationspolitik der Handball-Bundesligateams, da sie zum einen häufig an einem Sportsponsoring vor allem in Form von Sachmitteln (Schaltungen von Spielankündigungen und Jingles in Lokalradios etc.) interessiert sind und zum anderen nicht selten eine besondere lokale Verbundenheit mit den Identifikationsobjekten in der Region dokumentieren müssen.

Inzwischen etabliert sich zudem das Internet mehr und mehr als wichtiges Sportmedium. So sind auch im Handballsport sowohl der Fachverband mit der Plattform www.dhb.de als auch der Ligaverband der Männer mit der Internetseite www.toyota-handball-bundesliga.de online präsent. Darüber hinaus gibt es weitere Plattformen, die ausführlich über den Handballsport informieren. Der Frauenhandball hat im Internet mit der Seite der Bundesliga www.hbvf.de bzw. www.frauenhandball.de zwei zentrale Anlauf- und Informationsstellen. Zudem findet der Frauenhandball umfangreiche Berücksichtigung auf der Plattform www.handballworld.com.

Für die Vermarktung des Frauenhandballs werden die Bereiche „New Media" und mittelfristig das Internetfernsehen wichtige mediale Plattformen sein. Das Internet-TV hat sich in den letzten Jahren stark entwickelt und jüngst seine Marktreife erlangt (vgl. auch Nolden, 2007b). Die Entwicklung der durchschnittlichen Mediennutzung der Bevölkerung bestätigt die zunehmende Bedeutung des Internets als Informationsplattform. Während 1997 zwei Minuten pro Tag auf die Nutzung des Internets fielen, waren es 2006 bereits 48 Minuten pro Tag (vgl. auch Klotz & Weilguny, 2007, S. 12). 36% der Handballinteressierten informieren sich bereits durch das Internet (vgl. Horizont Sportbusiness Monthly, 1/2008, S. 5). Im Gegensatz zum Frauenhandball, der im Medium Internet-TV noch nicht präsent ist, können inzwischen alle Spiele der HBL live im Internet verfolgt werden.

Die Attraktivität einer Sportart hängt nicht zuletzt von der Existenz von Idolen und Vorbildern ab. Bekannte Sportler/innen oder Stars machen neben dem sportlichen Erfolg die Anziehungskraft des Spitzensports aus. Sie sind für das mediale Potential essentiell, denn sportliche Erfolge sind nicht automatisch die Basis für einen Popularitätsschub. Vielmehr bieten erst die Spielerinnen und Spieler die Voraussetzung zur Identifikation der Bürger mit dieser Sportart (vgl. dazu auch Schwier & Schauerte, 2007a, S. 140f.; Kruse, 2001, S. 65ff.). Für Kinder und Jugendliche können dabei bekannte Spitzensportler des gleichen Geschlechts eine nachhaltigere Vorbildwirkung als die des anderen Geschlechts haben (vgl. auch Rieder & Hofmann, 1997).

Wie steht es um die Bekanntheit und Beliebtheit von Handballerinnen? In Deutschland sind Handballerinnen im Vergleich zu ihren männlichen Pendants bislang eher unbekannt. Dies trifft allerdings nicht auf skandinavische und osteuropäische Länder zu, in denen der Frauenhandball einen hohen Stellenwert hat. Deutsche Nationalspielerinnen sind z.B. sehr beliebt bei Vereinen der führenden Frauenhandballnationen, hier vor allem den Teams der dänischen Frauenhandballliga. In Dänemark werden die deutschen Spielerinnen auf der Straße erkannt, während diese in Deutschland nahezu unbekannt sind.

Die geringe Bekanntheit und Popularität von Spitzenhandballerinnen hat fatale Folgen für die Nachwuchsrekrutierung. Aufgrund der geringen Beachtung in den Medien fehlen Identifikationsmöglichkeiten für junge Spielerinnen über Stars (vgl. auch Rieder & Hofmann, 1997, S. 35). Daher sind die Abwanderungen von deutschen Spitzenspielerinnen ins Ausland, wie Nadine Krause (Welthandballerin des Jahres 2006 und Handballerin des Jahres 2006 & 2005), Maren Baumbach oder Anja Althaus für die Idolbildung im eigenen Land nicht förderlich (vgl. Kalle & von Gehren, 2007, S. 20ff.; Lange, 2007, S. 38ff.). Auch die bislang bekannteste und erfolgreichste deutsche Handballerin Grit Jurack (Handballerin des Jahres 2007, 2001, 2000 & 1999) spielt seit 2004 in Dänemark. Deutsche Handballerinnen mit Weltniveau gibt es nur sehr wenige. Im Frauenhandball ist das Fehlen von weiblichen Idolen ein Mangel. Allerdings geben junge Mädchen insbesondere auch männliche Handballer als ihre Vorbilder an (vgl. Rieder & Hofmann, 1997). Daher spielen männliche Handballer hinsichtlich der Generierung von Stars ebenso eine bedeutende Rolle. Die Sympathiewerte der deutschen Handballer konnten sich laut einer Umfrage von Sport + Markt (2007a) nach dem WM-Gewinn im Vergleich zu früheren Erhebungen weiter steigern. Spitzenreiter ist Bundestrainer Heiner Brand, den 96% aller Handballanhänger sympathisch oder sehr sympathisch finden. „Ein Spitzenwert, der nach Stephan Schröder, Mitglied der Geschäftsleitung bei Sport + Markt, nur einen Punkt unter dem Höchstwert von Franz Beckenbauer bei der WM 1990 und Jürgen Klinsmann kurzzeitig bei der WM 2006 unter Fußballanhängern liegt“ (vgl. auch Horizont Sport Business, Monthly, 1/2008, S. 5). Die Spieler der Nationalmannschaft erhielten mit Henning Fritz (85%), Florian Kehrmann und Markus Baur (82%), Pascal Hens (77%) und Torsten Jansen (70%) weitere Spitzenwerte. Mit Michael Kraus, Johannes Bitter, Holger Glandorf, Dominik Klein und Oliver Roggisch erreichen fünf weitere Spieler aus dem deutschen Team Sympathie-Werte über 60%, was laut Stephan Schröder „uneingeschränkt positiv“ zu werten ist (vgl. auch Horizont Sport Business, Monthly, 1/2008, S. 5).

Die Bekanntheit der Handballer ist vor allem durch die mediale Aufmerksamkeit gestiegen. Typen wie Hens oder Kretzschmar, Letzterer lange Zeit als „Handball-Punk“ betitelt, oder auch Stars wie Fritz (Welthandballer 2004) und Kehrmann (Handballer des Jahres 2006 & 2005) kommen gerade bei den jüngeren Handballzuschauern gut an. Neben den deutschen Stars spielen in der HBL sehr

viele internationale Stars wie Karabatic (Handballer des Jahres 2007), Yoon (Welthandballer 2001) oder Gille (Welthandballer 2002).
Handballer gelten als authentische Stars, als „Spieler zum Anfassen", die dennoch vorleben, dass man etwas Besonderes sein kann. Dem breiten Publikum eröffnen diese Sportstars ein hohes Identifikationspotential und daraus resultierende Orientierungsmuster.

5.1.5 Image der Sportart Handball

Neben dem gestiegenen Interesse am Handballsport hat sich durch die Erfolge der Männer-Nationalmannschaft sowie eine verstärkte Medienberichterstattung auch das Image des Handballs in den letzten Jahren insgesamt positiv verändert. Davon profitiert auch der Frauenhandball.
Während der Handballsport bis in die 1990er Jahre das Image als brutale Sportart innehatte, vollzog sich in den letzten Jahren ein bemerkenswerter Imagewandel. 1993 wurde Handball in einer Untersuchung von 19% der Befragten als brutal eingestuft, im Jahr 2006 war dieser Prozentsatz auf 9% gesunken (vgl. auch Horizont Sport Business, Monthly, 1/2008). Andere Imagefaktoren haben sich ebenfalls verändert. Die Imageprofile der Jahre 1996 und 2006 in Abbildung 12 verdeutlichen diese positiven Veränderungen.

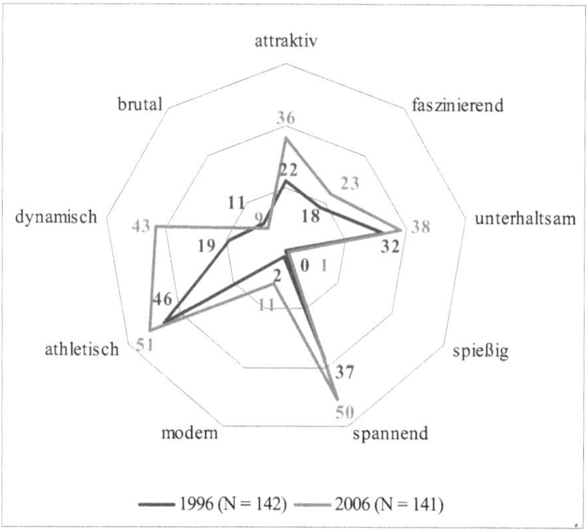

Abb. 12. Imageprofile des Handballsports 1996 und 2006 (Angaben in %) (eigene Darstellung in Anlehnung an Sportfive, 2007).

36% der Befragten bezeichnen Handball im Jahr 2006 als attraktiv, 1996 waren es nur 22%. Auch hinsichtlich der Faktoren Spannung (50% gegenüber 37%), Athletik (51% gegenüber 46%) und Dynamik (43% gegenüber 19%) steigerte sich die Zustimmung deutlich. Die neueste Befragung von Sport + Markt (2007a) ergab insbesondere eine deutliche Steigerung des Image-Profils der deutschen Handball-Nationalmannschaft. Attribute wie kämpferisch (97%), motiviert (96%), erfolgreich (95%), ehrgeizig (94%) und team-orientiert (92%) erreichten ein kaum mehr zu steigerndes Niveau (vgl. DHB, 2007e). Positiv wirken sich im Handballsport zudem das Fehlen von Zuschauerausschreitungen bei den Spielen aus und dass Handball bislang eine von Doping offenbar unbelastete Sportart ist.

In den hier zitierten Befragungsstudien wurde zwar nicht explizit das Imageprofil des Frauenhandballs thematisiert, aber auch dieser kann eine Imageaufwertung hinsichtlich des positiven Imagewandels der Sportart allgemein verzeichnen. Aufgrund der sehr köperbetonten Spielweise wurde das Handballspiel von einigen Autoren früher als „offen-aggressive Sportart" bezeichnet, die vor allem durch ein hohes Verletzungsrisiko geprägt ist (Pilz, 1982, S. 171ff.). Die jüngsten Regeländerungen (u.a. verschärfte Regelauslegung bei Foulspiel) haben dazu beigetragen, dass auch Frauenhandball nicht mehr als so brutal empfunden wird (siehe auch Kap. 5.2.2.4). Außerdem hat die Schnelligkeit des Spiels durch die Regelmodifikation zur *schnellen Mitte* deutlich zugenommen. Verursacht durch diese Regelmodifikation hat der Frauenhandball ebenfalls von einer schnelleren, dynamischeren Spielweise profitieren können. Die befragten Bundesligavereine sehen Frauenhandball in der Selbstwahrnehmung überwiegend als temporeichen, technisch ausgereiften, spielerischen und fairen Sport.

„*Bei Frauen geht es um Finesse, bei den Männern um Kraft. Frauenhandball ist durchaus attraktiv, vielleicht attraktiver als Männerhandball. Wer behauptet, man könne sich das nicht angucken, ist ein handballerischer Analphabet*" (1. BL, V-4, 8).

„*Natürlich ist Männerhandball schneller und im Körperkontakt intensiver, aber was Taktik, Spielverständnis, Spielwitz oder auch Technik angeht, gibt es da aus meiner Sicht nur noch kleinere Unterschiede. Und von daher ist Frauenhandball viel attraktiver als er von der Öffentlichkeit wahrgenommen wird. Wenn die Leute dann mal in unsere Halle kommen, sind die überrascht, auf welchem Niveau – auch technisch hohem Niveau – da gespielt wird und auch vom Tempo her*" (2. BL, V-14, 8).

„*Na ja, warum geht man zur Formel 1, weil man schnelle Autos sehen will. Männerhandball ist eben sehr schnell und stark kraft- und kampfbetont und Frauenhandball ab 2. Bundesliga ist mehr der technische Handball. Man kann da mal schöne Spielzüge sehen, der Ball wird länger laufen gelassen und es wird nicht sofort abgeschlossen. Das sieht manchmal dann auch ein bisschen langweilig aus, aber für die Ästhetiker unter uns ist das auch schön; aber es sind halt einfach Frauen. Männerhandball, das geht zack, zack, zack und dann wird auch mal einer umgehauen und der Ball geht mit einer rasenden Geschwindigkeit ins Tor*" (2. BL, V-33, 9).

Aus der Charakterisierung des Frauenhandballs in den Interviewauszügen wird deutlich, dass sich einige Imageattribute im Vergleich zum Männerhandball unterscheiden, während sich andere wiederum gleichen. Handball wird in der öffentlichen Wahrnehmung aber meist pauschal mit Eigenschaften attribuiert, die eher männlich konnotiert sind, wie Kampf, Kraft und Dynamik. Zudem hat er das Image, eine technisch anspruchsvolle Sportart mit Teamgeist zu sein. Dagegen werden typische Weiblichkeitsattribute wie Ästhetik eher nicht mit dieser Sportart verbunden (vgl. dazu auch Wessel, 2004). Hier könnten Ansatzpunkte liegen für den Frauenhandball eigene Imageprofile zu verfolgen, die Frauen- und Männerhandball zwar als gleichermaßen spannendes und dynamisches Sportspiel, aber mit deutlich unterschiedlichen Ausprägungen positionieren.

5.1.6 Zwischenfazit

In den vorangestellten Ausführungen wurde in Anlehnung an das in Kapitel 2.3 vorgestellte Ligasport-Marktmodell die aktuelle Attraktivität der Sportart Frauenhandball in Deutschland herausgearbeitet. Der Handball hat in Deutschland einen deutlichen Popularitätsschub erfahren und wird zunehmend als positiv bewertet. Diesen Handballboom gilt es nun für den Frauenhandball in eine erfolgreiche Vermarktung zu überführen.

Im Verlauf des Kapitels hat sich gezeigt, dass der Handballsport der Frauen in Deutschland auf eine lange Tradition zurückblicken kann, sogar über eine längere als der Männerhandball und eine weitaus längere als etwa der Frauenfußball. Bis heute gilt die öffentliche Aufmerksamkeit aber fast ausschließlich dem Männerhandball, obwohl sich das Handballspiel in den letzten Jahren zunehmend als eine auch von Mädchen und Frauen nachgefragte Teamsportart erwiesen hat. Aufgrund der starken Mitgliederbasis und der herausragenden Leistungsstärke der deutschen Handball-Nationalmannschaften zählt Deutschland bis heute sowohl bei den Männern als auch bei den Frauen zu den international führenden Handballnationen.

Zudem wurde deutlich, dass der Handballsport sein öffentliches Interesse sowie seine Medienpräsenz insgesamt erhöhen konnte, diese ist aber stark mit kontinuierlichen sportlichen Erfolgen der Nationalmannschaften verbunden. Darüber hinaus hat ein positiver Imagewandel des Handballsports stattgefunden.

Die Frauen partizipieren zunehmend an der insgesamt expansiven Entwicklung des Handballsports, stehen aber eindeutig im Schatten des erfolgreicheren Männerhandballs. Dies zeigt auch, mit welchen Herausforderungen der Frauenhandball konfrontiert ist. Gerade im heutigen kommerzialisierten und professionalisierten Teamsport muss sich der Frauenhandball auch gegenüber der Konkurrenz anderer Teamsportarten stellen und sich klar im Markt positionieren. Vor diesem Hintergrund können hinsichtlich der Vermarktungschancen des Frauenhandballs folgende Aspekte zusammengefasst werden:

- Handball ist die traditionsreichste Teamsportart der Frauen in Deutschland (seit 1917 spielen Frauen ununterbrochen Handball);
- Handball ist eine ursprünglich für Frauen erdachte Sportart; sie wurde erst später von den Männern adaptiert und dominiert;
- Im Frauen- wie im Männerhandball gibt es Vereine mit einer sehr langen Tradition und starken kulturellen Verankerung in der Region – insbesondere in den Handball-Hochburgen;
- Der Aufholprozess der Mädchen und Frauen zeigt sich heute (2006) in einem Mitgliederanteil von 37,4% und einem Anteil der Mädchen- und Frauenmannschaften von 43,3%;
- Die starke Mitgliederbasis im Handball insgesamt und insbesondere im weiblichen Bereich eröffnet dem Frauenhandball ein hohes Zuschauer- und Fanpotential;

- Frauenhandball ist international anschlussfähig;
- Deutschland gehört zu den sportlich erfolgreichsten Handballnationen im Frauenhandball, es fehlt aber an jüngeren sportlichen Erfolgen;
- Hinsichtlich der öffentlichen Wahrnehmung und Anerkennung des Frauenhandballs zeigt sich ein zunehmendes Interesse; 37,1 Mio. Bundesbürger interessieren sich für Frauenhandball;
- Handball hat sein Image in den letzten Jahren positiv verändern können, davon profitiert auch der Frauenhandball;
- Die Sportart Handball ist nach Fußball die beliebteste Teamsportart im TV; auch der Frauenhandball hat das Medieninteresse erweckt und verzeichnet gute TV-Quoten;
- Die Handball-Nationalspieler konnten ihre Bekanntheit steigern und sind präsenter in der Bevölkerung, auch männliche Stars können Nachwuchshandballerinnen als Vorbilder und Identifikationsmöglichkeit dienen.

Während im vorangegangenen Kapitel die Attraktivität des Frauenhandballs in ihren exogenen Einflüssen dargelegt wurde, können die im Folgenden analysierten Einflussfaktoren für die Clubs auch als endogene (Erfolgs-)faktoren der Vermarktung angesehen werden. Dies bedeutet gleichzeitig, dass die Verbände und die Clubs diese Ressourcen durch ein strategisches Management stärker selbst beeinflussen können.

5.2 Das Ligaorganisationsnetzwerk

In die „Produktion" eines Frauenhandball-Bundesligaspiels geht als strukturelle Ressource die Organisation des Handballsports in Deutschland, konkret die Organisation des Bundesligahandballs, ein. Diese kann allgemein als Ligaorganisationsnetzwerk zwischen Fachverband, Ligagesellschaft und Vereinen bzw. Clubgesellschaften verstanden werden. Institutionelle Rahmenbedingungen stellen hier Beziehungen dar, die den Zugang zu Ressourcen für die beteiligten Akteure durch Organisationen regeln und damit auch kontrollieren. Verbände haben hierbei verschiedene Möglichkeiten, den Leistungserstellungsprozess in der Bundesliga zu beeinflussen. Insbesondere werden in diesem Kapitel Verbands- und Ligenreformen als strukturelle Vermarktungsinstrumente in den Blick genommen. Ziel des Kapitels ist es herauszuarbeiten, welchen Beitrag Veränderungen in den Verbands- und Ligenstrukturen zur Vermarktung der Frauen-Bundesligavereine leisten.

5.2.1 Steuerung der Bundesligen durch den DHB als Dachverband

Der Deutsche Handball-Bund (DHB) stellt die Vereinigung und Vertretung aller Verbände, die in Deutschland Handballsport betreiben, dar. Der am 1. Oktober 1949 gegründete DHB mit Sitz in Dortmund ist somit die oberste Institution im organisierten Handball in Deutschland. Mit aktuell

842.070 Mitgliedern ist der DHB außerdem weltweit der größte Handball Fachverband. Ihm gehören über 3.000 Vereine mit ca. 30.000 Mannschaften an (vgl. DOSB, 2008).

5.2.1.1 Organisationsstruktur und Aufgaben

Die Verbandsorganisation im Handballsport folgt dem pyramidalen Prinzip unter dem Dach des DHB (vgl. auch Satzung DHB, 2005). Abbildung 13 gibt einen Überblick über den gesamten Organisationsaufbau.

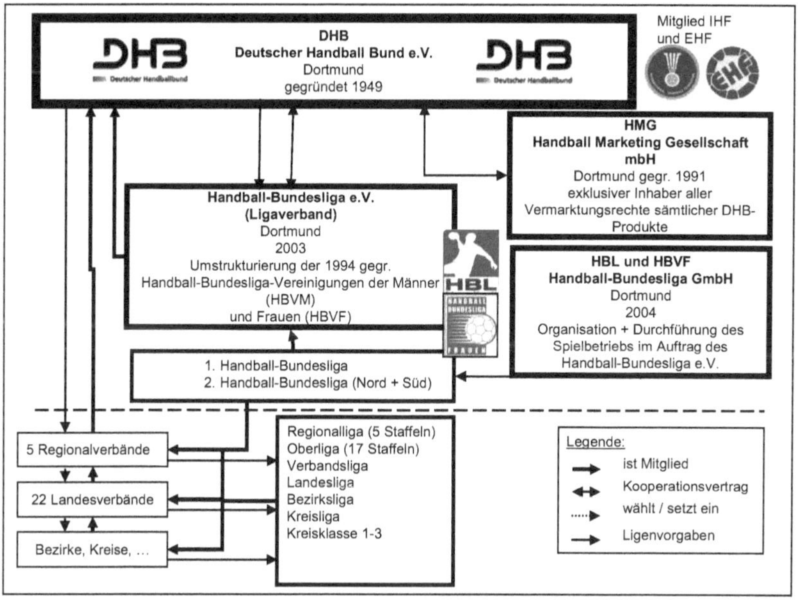

Abb. 13. Struktur des vereins- und verbandsorganisierten Handballsports in Deutschland (eigene Darstellung nach Angaben des DHB Saison 2006/07).

Der DHB ist insgesamt in fünf Regionalverbände unterteilt, die sich wiederum in 22 Landesverbände gliedern. Die lokalen Handballvereine sind demnach Mitglieder des jeweiligen Landesverbandes. Die Landesverbände sind wiederum Mitglied der Regionalverbände und die Regionalverbände sind Mitglied des DHB. Da im Rahmen der Neuordnung des lizenzierten Handballsports die Eigenständigkeit der beiden Bundesligen beschlossen wurde, gehören dem DHB seit dem DHB-Bundestag 2002 ein Ligaverband der Männer (HBL) und ein Ligaverband der Frauen (HBVF) an.[24] Die Ligaverbände – als e.V. Zusammenschluss der lizenzierten Vereine und Kapitalgesellschaften der 1. und der 2. Bundesliga – gründeten ihrerseits die Handball Bundesliga GmbH. Seitdem besteht eine or-

[24] Zuvor gab es für die Interessenvertretung der Bundesligen und zur Mitwirkung in DHB-Gremien zwischen 1994 und 2002 die Handball-Bundesliga-Vereinigung der Männer (HBVM). Im Zuge der Loslösung vom Dachverband wurden die Frauen-Bundesligen ebenfalls verpflichtet, ihre 1. und 2. BL aus dem Verband auszugliedern.

ganisatorische Trennung des deutschen Spitzen- und Amateurhandballs. Grund dieser Strukturreformen war das Bestreben, die Belange und Interessen der Bundesligen selbständiger zu verfolgen. Dabei sind die Ligaverbände als ordentliche Mitglieder des DHB unmittelbar der Satzung und den Ordnungen des Handball-Fachverbandes unterworfen. Der Einfluss der Bundesligavereine über die Ligaausschüsse ist daher bei Entscheidungen des DHB z.B. über Ansetzung von Spielen der Nationalmannschaft eher beschränkt. Für die Spitzenvereine ergibt sich satzungsrechtlich zwar die Möglichkeit, ihre Meinung zu den für sie wichtigen Entscheidungen zu artikulieren, zu einer echten Mitbestimmung kommt es dadurch aber nicht. Die Bundesligavereine besitzen im DHB-Bundestag, der das Präsidium wählt, nur etwa 20% der Stimmen. Die Mitbestimmung der Handball BL hat sich nach Einschätzung des Dachverbandes aber schon verbessert, wie folgendes Zitat eines Verbandsvertreters untermauert:

„Ja, die Verbandspolitik ist schon gut, ich finde es z.B. gut, dass der Vertreter der Frauenhandball-Bundesliga Sitzungsstimme beim Präsidium des DHB hat. Das gibt es eigentlich in keinem anderen Verband. Auch die Männer haben Sitzungsstimme und im erweiterten Präsidium haben sie sogar mehrere Stimmen, Männer wie Frauen. D.h. also, die Mitsprachemöglichkeit insbesondere der Bundesligen hat sich verbessert. Da sind wir auf einem guten Weg im DHB" (DHB, I-1, 27).

Demnach sind die Bundesligen der Frauen und Männer hinsichtlich der Mitbestimmungsmöglichkeiten auf Verbandsebene formal gleichberechtigt.

Die notwendigen Ressourcen werden neben der Vermarktung der Nationalmannschaften in der Regel von den Mitgliedern der Verbände in Form von Beiträgen eingebracht. Darüber hinaus erhält der Verband Zuschüsse vom Staat, durch die etwa die Finanzierung von Bundestrainern oder die Förderung des Spitzensports im Nachwuchsbereich gesichert werden kann. Des Weiteren haben die Bundesligavereine Spielabgaben an den DHB zu leisten (3% der Bruttoeinnahmen für Europacupspiele, 10% für Pokalspiele). Die Höhe der zu leistenden Abgaben wird vom erweiterten Vorstand bestimmt (vgl. § 12 Nr. 1 Satzung DHB, 2005).

Mit der Ausgliederung der Bundesligen hat der DHB einen großen Teil seines Einflusses auf die Bundesliga abgegeben. Im Gegenzug dafür erhält der Verband jährlich eine bestimmte Summe als Ausgleichszahlung. Schellhaaß und Enderle (1999, S. 101) sehen in dem Tausch der Ligaorganisation gegen dauerhafte Finanzierungszusagen für den Verband eine effiziente Form der Gestaltung des Verhältnisses zwischen Verband und Liga. Gleichzeitig ist zu erwarten, dass sich die Vermarktungsmöglichkeiten durch die Verselbständigung der Liga verbessert haben, da diese rein marktorientiert handeln kann.

Als Nonprofit-Organisation (NPO) verfolgt der DHB im Gegensatz zu Erwerbswirtschaften (Profit-Organisation) nicht in erster Linie wirtschaftliche Ziele (vgl. auch Satzung DHB, 2005). Vielmehr sieht der Dachverband seine Aufgabe vor allem in der kulturellen und gesellschaftlichen Förderung des Handballsports in Deutschland. Um dieses Ziel zu erreichen, obliegen dem DHB zahlreiche

Aufgaben, wie die Vertretung des Handballsports im In- und Ausland, die Zusammenarbeit mit Verbänden und Vereinen, die Gewährleistung einer einheitlichen Regelauslegung und Durchführung der Wettkämpfe, die Förderung des Handballs als Breiten- und Freizeitsport insbesondere im Kinder- und Jugendbereich sowie Maßnahmen zur Gewinnung neuer Mitglieder für den Handballsport (vgl. ebd.). Die Förderung des Spitzen- und Leistungssports ist ebenso Aufgabe wie die Aus- und Weiterbildung von Schiedsrichtern und Trainern, die die Einhaltung der sportlichen Regeln sicherstellen. Der in Kapitel 3.4 dargestellte positive Imagewandel des Handballs ist z.B. nicht zuletzt auf Regeländerungen von Seiten des Verbands und die vom DHB durchgesetzte Interpretation der Regeln durch die Schiedsrichter zurückzuführen.

Der Dachverband ist folglich mitverantwortlich für die Gestaltung von sportlichen und wirtschaftlichen Rahmenbedingungen des Frauenhandballs sowie der gleichberechtigten Förderung von Männern und Frauen im Handballsport. Insgesamt stellt der Verband strukturelle Ressourcen (Schiedsrichter, einheitliches Regelwerk etc.) bereit, die die Austragung und Vermarktung von Ligaspielen überhaupt erst ermöglichen (vgl. auch Schellhaaß & Enderle, 2000, S. 94).

Eine wichtige Aufgabe kommt auch der Klärung von Streitfällen und der Überwachung von Ordnungen zu. Darüber hinaus ist die Durchführung von Wettbewerben, wie der Handball Weltmeisterschaft, die Organisation der Nationalmannschaften sowie deren Teilnahme an internationalen Wettbewerben oder Länderspielen Aufgabe des DHB. Ferner stellt der DHB sicher, dass zur Beachtung und Durchsetzung des Dopingverbots Dopingkontrollen durchgeführt werden, um die Fairness im sportlichen Wettbewerb und Glaubwürdigkeit im Handballsport zu erhalten (vgl. auch Satzung DHB, 2005).

Der DHB ist als Monopolverband der einzige Vertreter des Handballsports in Deutschland. Damit entsteht die Möglichkeit zum einen, Vereine zur Mitgliedschaft zu verpflichten, zum anderen bestehen auch ökonomische Anreize für diese Mitgliedschaft im DHB, da den Bundesligisten die Einbindung in (inter-)nationale Strukturen, geschulte Schiedsrichter und ein einheitliches Regelwerk zur Verfügung gestellt und durch den DHB überwacht werden.

5.2.1.2 Vermarktungsrelevante Maßnahmen

Obwohl der DHB und die Handball-Bundesligen teilweise sehr unterschiedliche Aufgabenfelder zu bearbeiten haben, gibt es zwischen den beiden Institutionen sowohl Schnittmengen als auch Interessenkonflikte, die eine Zusammenarbeit erfordern. Die Verbandsstrategie des DHB zielt zum einen auf eine Erhöhung der Reputation des Handballsports in der Öffentlichkeit und zum anderen auf die Optimierung der Rahmenbedingungen zur Erreichung sportlicher Erfolge der Nationalmannschaften ab (vgl. auch Schellhaaß & Enderle, 2000, S. 94). Um seine Interessen zu verfolgen, kann der DHB durch organisatorische Maßnahmen bewusst oder unbewusst in die Wirtschaftsverfassung der Liga eingreifen. Aber auch sportliche Maßnahmen, wie z.B. die Ansetzung von Nationalmannschaftsspielen haben ökonomische Folgen (vgl. Schellhaaß & Enderle, 2000, S. 15ff.).

Der DHB trägt die Verantwortung für die Nachwuchsförderung und somit auch für die Generierung potentieller Zuschauer. Steigende Mitgliederzahlen im Mädchen- und Frauenbereich beeinflussen auch das Zuschauer- und Fanpotential der Bundesligen, da es zumeist Überschneidungen von aktiv Sporttreibenden und passiven Zuschauern im Publikum gibt (vgl. etwa Riedl, 2006). Der hohe Aktivenanteil bei Mädchen im Handball bietet gleichzeitig ein Entwicklungspotential für Mädchenhandball in zahlreichen Handballvereinen. Auch die Bundesligen sind auf eine gute Nachwuchsförderung von Seiten des Dachverbandes angewiesen, da es ohne starke Nachwuchsspielerinnen nicht möglich ist, überhaupt eine für Zuschauer, Sponsoren und Medien attraktive Bundesliga im Frauenhandball aufzubauen. Neben dem DHB verfolgen wiederum auch die Bundesligavereine das Ziel, möglichst viele Menschen für den Handballsport zu interessieren. So wirkt sich eine interessante und attraktive Bundesliga zugleich positiv auf den Mitgliederzuwachs im Verband aus.

Die finanzielle Beteiligung der Bundesligen an der Nachwuchsförderung wird durch die Spielabgaben gesichert. Der DHB sorgt im Bereich der Nachwuchsförderung durch die Kombination von schulischer und sportlicher Ausbildung für ein effizientes Angebot. Bislang gab es allerdings kaum spezielle Fördermaßnahmen, um verstärkt die Zielgruppe Mädchen zum Handball hinzuführen. Erst die jüngsten sportlichen Erfolge und das Aufschließen der Frauen-Nationalmannschaft zurück zur Weltspitze führten dazu, dass das Jahr 2008 vom DHB als „Jahr des Mädchenhandballs“ deklariert wurde. Dies beinhaltete spezielle Aktivitäten wie Mädchenhandballcamps (vgl. DHB, 2008a).

Auch der Gewinn der WM 2007 durch die Männer-Nationalmannschaft hat dazu geführt, dass mehrere Initiativen zur Nachwuchsförderung – auch des Mädchenhandballs – ergriffen wurden (vgl. auch DHB, 2007a; 2006a & b). So wird seitdem etwa eine verstärkte Zusammenarbeit zwischen Schulen und Handballvereinen forciert.

Im Rahmen der WM 2007 im eigenen Land wurde zum einen ein Kreativwettbewerb für Grundschulen ausgeschrieben (vgl. auch DHB, 2007c). Dieser prämiert besonders kreative Schulaktionen rund um den Handballsport.

Abb. 14. Logo des DHB-Schulaktionspreis 2007 (DHB, 2007c).

Der DHB initiierte außerdem die Impulskampagne 2007 „Kooperation Schule – Handballverein“ zur Sicherung der Nachhaltigkeit der WM 2007. Zum einen soll der Handballsport dadurch wieder mehr Einzug in den Sportunterricht von Schulen erhalten, zum anderen sollen Talente frühzeitig in den Schulen entdeckt und gefördert werden (vgl. DHB, 2007b). Hierbei erfährt der Jugendhandball Unterstützung von erfahrenen und bekannten Handballern.

Abb. 15. Titelfoto des Leitfadens Kooperation Schule-Handballverein der DHB-Impulskampagne 2007 (DHB, 2007b).

Darüber hinaus gibt es Kooperationen durch Stützpunkte mit weiterführenden Schulen und den Vereinen (vgl. ebd., 2008b). Alle Vereine der Handball-Bundesligen sind neuerdings verpflichtet, solche Leistungszentren zu implementieren. Die Bundesligisten haben inzwischen Talentzentren und Internate eingerichtet oder kooperieren vor Ort mit den Schulen. Besonders talentierte Jugendspielerinnen können sich innerhalb des Stützpunkttrainings für überregionale und nationale Auswahlmannschaften qualifizieren. Ziel ist es, die talentiertesten Spielerinnen der Regionalverbandsauswahlmannschaften in eine DHB-Auswahl zu überführen. Auf dieser Ebene werden die herausragenden Spielerinnen zu Sichtungslehrgängen für die Nationalmannschaften B- und A-Jugend (DHB U-17) eingeladen und ausgewählt. Der DHB sieht vor allem wegen seiner guten Nachwuchsarbeit eine positive Entwicklung für den Handballsport (vgl. auch Peymani, 2008, S. 49). Durch die Förderung des Breitensports, insbesondere des Mädchenhandballs kann der DHB das künftige Marktpotential des Frauenhandballs indirekt mitbestimmen und so die Weiterentwicklung des Frauenhandballs beeinflussen.

Neben der Nachwuchsförderung ist der DHB bestrebt, Deutschland mit starken Nationalmannschaften nach außen zu repräsentieren. Hier ergeben sich zunehmend Interessenkonflikte zwischen dem DHB und den Männer- und Frauenbundesligen. So greift die Ansetzung von Länderspielen unmittelbar in den Terminkalender und die Organisation der Bundesligen ein, wodurch die ökonomische Handlungsfreiheit der Liga eingeschränkt wird (vgl. Schellhaaß & Enderle, 2000, S. 92f.). Die Nationalspieler/innen, in die die Teams investiert haben, müssen für Länderspiele abgestellt werden. Zur Abstellung ihrer Spieler/innen erhalten die Clubs allerdings keine Entschädigung. Vielmehr sind es die Clubs, die das Gehalt der jeweiligen Spieler/innen weiter zahlen, obwohl die betroffenen Vereine ihre Spieler/innen zeitweise nicht mehr in der eigenen *Produktion* von Ligaspielen einsetzen können. Zudem entstehen Verletzungsrisiken der Spieler/innen. Eine gute terminliche Abstimmung zwischen Bundesliga und Länderspielen kann die Konflikte zwischen Liga und DHB vermindern. Andererseits kann eine erfolgreiche Nationalmannschaft auch Anreize für die Clubs zur Abstellung leistungsfähiger Spieler/innen haben. So kann eine erfolgreiche Nationalmannschaft auch die Nachfrage nach Bundesligaspielen steigern (vgl. hierzu Schellhaaß & Enderle, 2000, S. 22ff.). Dies zeigt sich jüngst vor allem in der Handball-Bundesliga der Männer, die seit dem erfolgreichen Abschneiden der Herren-Nationalmannschaft bei der WM 2007 einen enormen Zuschauerzuspruch erfährt.

Schließlich übt der DHB Vermarktungsrechte an den Nationalmannschaften aus. Um diese Vermarktung professionell zu gestalten, wurde bereits 1991 eine eigene Marketinggesellschaft, die Handball Marketing Gesellschaft (fortan HMG), gegründet. Die Vermarktung der Nationalmannschaften des DHB erfolgt seit dieser strukturellen Veränderung durch die HMG. Damit hat der DHB schon frühzeitig auf die Herausforderung der fortschreitenden Kommerzialisierung im Teamsport reagiert und professionelle Strukturen für eine erfolgreiche Vermarktung von Seiten des Verbands geschaffen. Seit dem Jahr 2006 arbeitet die HMG insbesondere in der internationalen Vermarktung des Handballs mit Sportfive, Europas führender Sportmarketing-Gruppe, zusammen. Dabei ist der DHB bemüht, dem Frauen-Nationalteam die gleiche finanzielle Unterstützung wie der Männer-National-mannschaft zukommen zu lassen (vgl. Bahren, 2007, S. 51f.). Zudem setzt sich der Verband mehr und mehr für eine gemeinsame Vermarktung der Herren- und Frauen-Nationalmannschaft ein, wie die Interviewauszüge mit DHB-Vertretern verdeutlichen:

„Das ist auch etwas, worauf der DHB einen großen Wert legt, dass Männer- und Frauen-Nationalmannschaft die gleichen Startvoraussetzungen und somit die gleiche Unterstützung bekommen. Da gibt es also keinerlei Unterscheidungen, die haben beide eine gleich hohe Priorität" (DHB, I-2, 62).

„Der DHB versucht schon das möglichst miteinander zu verknüpfen um eben diesen Hype, den es um die Männer gab, auch den Frauen ein bisschen zukommen zu lassen. Das ist natürlich schwierig, aber man geht zum Beispiel für ein Länderspiel zusammen in eine Halle, so dass dann in der Halbzeit auch mal 5 Minuten im TV von den Damen gezeigt werden, die halt sonst gar nicht gezeigt würden. Insofern versucht man das schon miteinander zu verbinden. Wie gesagt, die gehören genauso dazu wie die Männer, und die können natürlich nicht so aus dem Vollen schöpfen in allen Dingen, aber dem Verband sind sie eigentlich genauso wichtig" (DHB, I-3, 36).

„Unser Wunsch bei der Vermarktung wäre es eigentlich, dass irgendwann nach Außen hin alles gleich aussieht. Wir möchten das gleiche Bandenbild für die Männer und Frauen haben, d.h. wir werden in der Vermarktung der Werberechte auch versuchen die Frauen zunehmend mit rein zu nehmen. Die Damen sollen aber nach wie vor einen eigenen Hauptsponsor haben, den Ehrgeiz haben wir. Aber alle kleineren Vermarktungsmöglichkeiten, da möchten wir, egal in welche Halle man geht, dass immer alles gleich aussieht, bei den Männern und bei den Frauen" (DHB, I-1, 38).

Im Gegensatz zu den Verbandsvertretern schätzen die Erst- und Zweitligateams der Handball BL Frauen die Vermarktungspolitik des DHB deutlich skeptischer ein. Sie sehen sich gegenüber dem Männerhandball weiterhin benachteiligt.

„Ich würde sagen, dass die Unterstützung im DHB bezüglich des Frauenhandballs nicht sonderlich gut ist. Denn es dreht sich um Männerhandball und dann noch mal um Männerhandball, und wenn die Frauen-Bundesliga fünfmal ruft, dann wird man vielleicht mal erhört. Ansonsten ist das eigentlich ein selbständiges Gebilde und man muss einfach auch mit der HBVF versuchen das Beste daraus zu machen und sich selbst besser aufzustellen, um auch stärker gegenüber dem DHB zu sein" (1. BL, V-1, 26).

„Gerade in den Verbänden konzentrierte man sich sehr stark auf die Vermarktung der Männer, was sich erst so langsam ändert, und auch von Seiten der HBVF ist da im Moment von der Verbandsseite und der Aktivität nix, um Damenhandball attraktiver zu machen. Es gibt da keine konzentrierten Aktionen. Da mangelt es schon an einem Gesamtkonzept von Seiten des DHB" (2. BL, V-14, 26).

„Das hat auch mit den Köpfen im deutschen Handball zu tun, also da gibt es sicherlich wenige Geheimnisse, dass die Köpfe im DHB wenig vom Frauenhandball halten. Wenn ich glaube, dass der Frauenhandball nur ein Abfallprodukt ist, das nicht förderfähig ist, dann wird da auch nichts passieren. Ich sehe das anders, ich sehe den Frauenhandball zwar nicht so stark aufgestellt, auch zuschauermäßig, wie das der Männerhandball ist, aber Frauenhandball hat durchaus eine Berechtigung und wird in Zukunft vielleicht auch vor 3.000 Zuschauern gespielt. Und das ist einfach auch eine Frage, wie man dort bestimmte Nachfragen weckt, und dafür muss man natürlich was tun, und das sehe ich im Moment noch etwas unterbelichtet“ (2. BL, V-15, 9).

Trotz dieser Skepsis gegenüber einer Gleichstellung von Frauen- und Männerhandball hinsichtlich der Vermarktungsaktivitäten des DHB bleibt festzuhalten, dass bereits Synergien zwischen dem erfolgreichen Männerhandball und dem in dessen Schatten stehenden Frauenhandball genutzt werden. Gleichwohl ist der Verband bestrebt, Frauenhandball als eigenständige Marke zu entwickeln. Da dem DHB alle Einnahmen aus den Auftritten der Nationalmannschaften zustehen, entsteht gleichzeitig ein finanzieller Anreiz an einer starken Nationalmannschaft auch der Frauen. Die Vermarktung der Herren-National-mannschaft gelingt insbesondere nach der erfolgreichen WM 2007 aber offensichtlich leichter als die des Frauen-Nationalteams (siehe dazu auch Becker, 2007, S. 55ff.).

5.2.2 Steuerung der Ligavermarktung durch den Ligaverband HBVF

Nach der Klärung der Einflussmöglichkeiten des DHB, soll im Folgenden auf die Selbstorganisation der Liga eingegangen werden, da sie wesentlich an der Weiterentwicklung und Vermarktung ihrer Sportart beteiligt ist.

5.2.2.1 Organisationsstruktur und zentrale Aufgaben

Am 1. Juni 2003 wurden sowohl für den Männer- als auch den Frauenhandball eigene Ligaverbände gegründet. Bis zu diesem Zeitpunkt war der DHB direkt für die Spitzenligen der Männer und Frauen verantwortlich. Der Zweck dieser Ausgliederung lag in der gezielten Förderung der Handball-Bundesligen sowie der Interessenvertretung gegenüber dem DHB. Im Handball herrscht aber weiterhin eine satzungsrechtliche Anbindung der Bundesligen an den DHB vor.
Der Ligaverband der Frauen (HBVF e.V.) ist der Zusammenschluss aller Teams, die am Spielbetrieb der Handball BL Frauen mitwirken. Die Leitung des Ligaverbandes (HBVF e.V.) obliegt einem fünfköpfigen Gremium der HBVF. Neben dem Präsidium gibt es einen Aufsichtsrat und die Kommissionen, die bspw. für das Lizenzierungsverfahren zuständig sind (vgl. auch DHB BL-Grundlagenvertrag (Frauen), Stand 2006). Anders als der Ligaverband der Männer, die HBL GmbH, hat die HBVF ihre gemeinnützigen Strukturen mit der Ausgliederung aus dem Fachverband nicht aufgegeben. Die HBVF ist als e.V. organisiert und wird rein ehrenamtlich geführt. Hauptamtliche Anstellungsverhältnisse wie bei den Männern, die eine Vermarktung der Liga noch forcieren könnten, gibt es in der HBVF nicht. Aus ökonomischer Sicht bedingt die Ehrenamtlichkeit der HBVF, dass monetäre Anreize bei der Erfüllung von Aufgaben bislang kaum eine Rolle spielen. Hier befindet sich die Handball BL Frauen eher noch in einem Amateurstadium.

Von der Ausgliederung aus dem DHB profitiert die Handball BL Frauen dennoch, da sie nun einen eigenen Ligaverband hat, der ausschließlich die Interessen der Frauenclubs vertritt. Die Gründung eines eigenen Ligaverbandes der Frauen wird auch von den befragten Erst- und Zweitligaclubs der Handball BL Frauen positiv gesehen.

„Ich denke, im Großen und Ganzen ist das sicherlich ein Vorteil. Man kann gerade in der Leitung der HBVF spezifischer auf die spezielle Situation im Damenhandball eingehen. Im DHB war er, vorsichtig ausgedrückt, doch mehr nur so ein Anhängsel. Frauenhandball wurde halt mitgezogen und jetzt, durch diese Struktur, durch die Verantwortlichen, die im Ligaausschuss sitzen, die sind wirklich konzentriert auf die Sportart Frauenhandball. Vielleicht noch zu verbessern wäre eine intensivere Zusammenarbeit mit dem DHB. Also ich denke, man muss Männerhandball und Frauenhandball mal versuchen ein bisschen mehr zusammen zu vermarkten" (1. BL, V- 8, 32).

„Durch die Person Berndt Dugall ist ja die Verbandsarbeit mehr oder weniger charakterisiert. Der ist ja gleichzeitig auch der Vorstandsvorsitzende bzw. der Chef der HBVF. Insofern ist – auch noch durch eine zweite Person, den Kay-Sven Hähner, der ja auch dem Trainerrat angehört – gegeben, dass der Frauenhandball Unterstützung erfährt und unsere Interessen auch gegenüber dem DHB vertreten werden. Allerdings muss ich sagen, ist es manchmal nicht so leicht, so wie die Männerbundesliga, beim DHB die Aktualität und das Interesse zu finden, wie es sich eigentlich – meine ich – gehörte. Durchaus positiv möchte ich aber werten, dass Herr Strombach jetzt gesagt hat, oder der Vorstand des DHB, dass sie sich vorstellen können, eine internationale Meisterschaft der Frauen, sprich Europameisterschaft, nach Deutschland zu holen in den nächsten Jahren" (2. BL, V-30, 25).

Die Zweitligaclubs kritisieren demgegenüber, dass ihre Belange aufgrund der Tatsache, dass nur wenige Vertreter der 2. Handball BL in der HBVF mitwirken, häufig zu wenig berücksichtigt werden.

„Vom Verband gibt es ja diese Bundesligasitzungen. Aber da müssten sich die Vertreter auch mal untereinander unterhalten, denn keiner weiß so genau, was da passiert. Die 2. Liga ist da nicht so gut vertreten und kann auch nichts bewirken, da die Vereine der 1. Liga bestimmen. Und man ist da auch sehr unflexibel" (2. BL, V-21, 27).

„Es war aber mit Sicherheit ein guter Schritt die HBVF zu gründen, weil dort generell Vertreter aus der Frauenbundesliga sind. Wobei auch das Problem ist, dass Beschlüsse im Sinne der 1. Liga getroffen und die 2. Ligen übergangen werden. Jetzt wurde ja beispielsweise beschlossen, die 2. Ligen auf 16 Mannschaften zu reduzieren, wo aus den 2. Ligen aber keiner dafür ist. Aber im Großen und Ganzen ist die Schaffung der HBVF schon eine gute Sache gewesen" (2. BL, V-13, 26).

Durch die Gründung der Ligaverbände haben die Mitgliedsvereine deutlich an Autonomie, Macht und Mitspracherecht im DHB gewonnen, da sie als direkte Mitglieder unmittelbar die Entscheidungen der Ligaverbände mitbestimmen können. Diese Macht ist jedoch durch den Grundlagenvertrag zwischen DHB und Ligaverbänden, wodurch das Prinzip der Satzungsunterwerfung weiter wirksam ist, beschränkt. Der Grundlagenvertrag legt auch fest, wie viel Prozent der Einnahmen aus den Handball-Bundesligen an den DHB abgegeben werden müssen, um eine Verzahnung von Profi- und Amateurspielklassen weiterhin zu garantieren (vgl. § 12 Nr. 1 Satzung DHB, 2005). Der Mitgliedsbeitrag, der an den DHB zu entrichten ist, beträgt seit 2003 für die HBVF 64.000 € pro Saison (HBL 510.000 €). Diese Spielabgabe wird vom DHB u.a. für die Finanzierung der Nachwuchsarbeit verwendet. Es handelt sich um ein Austauschverhältnis zwischen Verband und Liga, dass es ermöglicht, die jeweiligen Interessen der Akteure zu verfolgen. Gleichzeitig können dabei, auch wenn die beiden Institutionen Verband und Liga unterschiedliche organisatorische Strukturen und Ziele aufweisen, Synergieeffekte realisiert werden (vgl. Schellhaaß & Enderle, 2000, S. 6ff.). Um Wettbe-

werbsvorteile entwickeln zu können, ist es hilfreich, dass Verband und Liga in ihren anders gelagerten Kompetenzen Autonomie besitzen.
Die Ligaverbände haben umfangreiche Kompetenzen bei der Organisation der Bundesligen im Männer- und Frauenhandball. Gleichwohl bleibt die jeweilige Ligagesellschaft der Frauen und Männer ordentliches Mitglied des Dachverbandes und ist über den Grundlagenvertrag mit dem gemeinnützigen, in der Rechtsform eines e.V. agierenden DHB verbunden (vgl. auch DHB BL-Grundlagenverträge, Stand 2006).

Aufgaben der Ligaveranstalter (HBL, HBVF) sind aus ökonomischer Sicht die Organisation des Spielbetriebs, die Wirtschaftlichkeitsprüfung für die Lizenzerteilung, die Normierung des Wettbewerbs, die Sicherung der Integrität dieses Wettbewerbs sowie eine effiziente Vermarktung und der Markenschutz (vgl. Franck, 1995, S. 168).
Das bedeutet z.B. die Festlegung des Terminkalenders der Bundesligen durch den Liga-Ausschuss in Abstimmung mit der Terminierung von Nationalmannschaftsspielen durch den DHB. Zudem entscheiden die Ligaverbände über Größe und Spielmodus der Liga.
Die Umstrukturierung der Ligenorganisation durch die Ausgliederung der Bundesligen aus dem DHB sollte den Ligaverbänden der Frauen und Männer auch eine erfolgreichere Vermarktung ihres Produkts „Handball-Bundesliga“ ermöglichen. Neben der Ausrichtung der deutschen Meisterschaft und der dadurch bedingten Ermittlung der Teilnehmer an den europäischen Wettbewerben veranstalten und vermarkten die Ligaverbände die DHB-Pokal Wettbewerbe der Männer bzw. Frauen sowie den Super-Cup (vgl. etwa Kroemer & Schmidts, 2008, S. 34; Peymani, 2008, S. 47).
Die strukturelle Loslösung der Bundesligen vom DHB stellt allerdings große Herausforderungen an die Finanzierung. So ist der Ligaverband HBVF dafür verantwortlich, die Handball BL Frauen selbst zu vermarkten. Fernsehgelder beispielsweise, die zuvor mittels Verteilungsschlüssel durch den DHB auf alle Bundesligisten aufgeteilt wurden, fallen nun weg. Ein Finanzausgleich durch Ausschüttungen von Vermarktungsgeldern gibt es nicht mehr, das sehen auch die Vereinsverantwortlichen kritisch.

„Wir bekommen ja auch von dem großen Kuchen nichts mehr ab seit der Gründung der HBVF. Früher war das anders, da hat auch der Frauenhandball was von den Fernsehgeldern der Männer abbekommen. Eher zahlen wir Abgaben aus unseren Spieltagseinnahmen an den Verband. Das ist also kein Austausch, sondern sehr einseitig“ (1. BL, V-3, 23).

„Leistungsaustausch direkt in Form von Ausschüttungen gibt es nicht. Fernsehgelder gibt es schon seit Jahren nicht mehr, weil aus den gemeinsamen Fernsehgeldern bzw. dem gemeinsamen Vertrag der HBFV und HBVM, der hat sich ja gelöst vor zwei Jahren und seitdem kämpft die HBL genauso wie die HBVF alleine, das heißt, wir sind eigenverantwortlich“ (2. BL, V-30, 21).

Der Spitzenhandball der Frauen muss sich somit ohne Unterstützung von Seiten des Fachverbands im Teamsportmarkt behaupten. Anders stellt sich dagegen die Situation in der Frauenfußball-Bundesliga dar, die dem DFB noch direkt untersteht. Deren Weiterentwicklung wird in jüngster Zeit stark durch den finanziell sehr gut ausgestatteten DFB unterstützt, dieser bietet den Frauenfußballclubs u.a. sogar personelle Unterstützung im Marketing sowie Managementschulungen an. Grundsätzlich bieten aber die stetig steigenden Mitgliederzahlen von Handballerinnen in den Verbänden und die jüngst erfolgreichen Auftritte der Frauen- und Männerhandball-Nationalmannschaften der HBVF gute Rahmenbedingungen für die Vermarktung der Liga.

5.2.2.2 Lizenzierungsverfahren

Die Steuerung der Ligenwettbewerbe durch die Ligaverbände erfolgt durch das Lizenzierungsverfahren. Neben der sportlichen Qualifikation müssen für die Teilnahme an den Bundesligen bestimmte Kriterien erfüllt werden, um den Ausfall eines Teams während einer Saison aus wirtschaftlichen Gründen zu vermeiden. Dies würde die Integrität des sportlichen Wettbewerbs gefährden.
Im deutschen Handballsport repräsentieren die ersten und zweiten Bundesligen die höchsten Spielklassen. Voraussetzung zur Teilnahme an diesen Ligen ist die Erteilung einer Lizenz, die nach festgelegten Kriterien von den Ligaverbänden (HBL/HBVF) vergeben wird. Dabei unterliegen die einzelnen Bundesligateams nicht nur der Pflicht, sich durch ständige sportliche Qualifikation zur Teilnahme an der Bundesliga zu qualifizieren, sie müssen auch wirtschaftlich die Kriterien einer Lizenzvergabe für die Spielerlaubnis in der höchsten deutschen Spielklasse erfüllen. Der Nachweis der wirtschaftlichen Leistungsfähigkeit stellt für die Teams die zentrale Komponente im Rahmen der Lizenzierungsverfahren dar. Das Lizenzierungsverfahren überprüft den Finanzstatus der Vereine, aber auch andere Rahmenbedingungen. Eine Lizenz wird somit nur erteilt, wenn die zum Nachweis der wirtschaftlichen Leistungsfähigkeit geforderten Unterlagen vorgelegt und geprüft wurden. Damit soll sichergestellt werden, dass kein Verein während einer laufenden Saison in finanzielle Probleme gerät, die den weiteren Spielbetrieb gefährden und letztlich der gesamten Liga schaden könnten (vgl. Schellhaaß & Enderle, 2000, S. 28ff.)

Die Anforderungen an die wirtschaftliche Leistungsfähigkeit sind in der 1. Handball BL Frauen eine Bankbürgschaft in Höhe von 40.000 € (2. Liga 15.000 €), eine Unbedenklichkeitbescheinigung des zuständigen Finanzamtes sowie der letzte Beitragsbescheid der Berufsgenossenschaft (vgl. HBVF Durchführungsbestimmungen Bundesligen, Stand 2006). Es gibt keine Auflagen hinsichtlich einer Mindestkapazität von Hallen wie etwa im Basketball oder bestimmten Qualitätsstandards. Vielmehr betreffen die Hallenauflagen Sicherheitsbestimmungen.
Im Lizenzierungsverfahren der HBVF wird die Liquidität der Clubs bisher wenig konsequent überprüft. Das Lizenzierungsverfahren wird von den Clubmanagern daher auch als moderat eingeschätzt, da offenbar die benötigte Bürgschaft für die Teams keine Hürde zur Erlangung einer Lizenz darstellt und bislang keine Anforderungen an erforderliche Budgethöhen gestellt werden.

„Ja gut, Lizenzierungsunterlagen sind schon dahingehend gestreckt, dass sie bestimmte Auflagen erbringen. Zum einen müssen sie in der 1. und 2. Bundesliga eine Bankbürgschaft hinterlegen. Das sind in der 1. Liga 40.000 € und in der 2. Liga 15.000 €. Die müssen sie erst mal aufbringen und dafür einen Bürgschaftsbringer aufweisen. Bezüglich der Hallen gibt es bestimmt auch Auflagen, aber da muss man dazu sagen, wenn sie das so durchsetzen würden wie in den Durch-

führungsbestimmungen, dann müssten einige Hallen in Deutschland geschlossen werden. Das kann sich ja auch keiner leisten und es kann auch keiner die Hallen verändern, nur weil die Durchführungsbestimmungen das sagen. Es wird darauf geachtet, dass es möglichst eingehalten wird, aber eher wird darauf geachtet, dass bei der Lizenzvergabe bestimmte Dinge eingehalten werden, wie steuerrechtliche Dinge und Berufsgenossenschaft" (1. BL, V-5, 24).

„Die haben uns schon Lizenzierungsvorgaben erarbeitet. Die kriegt jeder Verein rechtzeitig vorausschauend zugeschickt. Die sind immer bis zum 31.3. einzureichen. Dann gibt es ein, zwei Punkte, die da heißen Bürgschaft, als auch notariell beglaubigte Unterschriften, die können bis 15.4. des laufenden Jahres verlängert werden. Da gibt es ganz klare Voraussetzungen, die zu erfüllen sind. Wir haben uns schwerpunktmäßig auf die kaufmännische Aussagung so eingerichtet, dass wir nicht abfragen den unabhängigen Wirtschaftprüfer, das entspricht gegenwärtig dem Frauenhandball in keiner Art und Weise. Dafür sind die Etatgrößen der Vereine viel zu gering. Trotzdem wollen wir nicht ganz vernachlässigen, dass Geld fließt, ob in Form von Aufwandsentschädigungen oder in Form von Löhnen/Gehältern. Deswegen haben wir die Arbeit über die VBG intensiviert, weil wir sicherstellen wollen, dass unsere Sportlerinnen und Aktiven versichert und gesichert sind" (2. BL, V-30, 23).

Die HBVF ist derzeit bemüht die Lizenzierung der Bundesligavereine noch zu optimieren. Aufgrund der Tatsache, dass schon häufiger ausgegliederte Kapitalgesellschaften von BL-Teams insolvent gingen und kurz darauf unter einem geänderten Namen neu gegründet wurden, zog die HBVF ihre Konsequenzen und änderte die Lizenzrichtlinien für die Handball BL Frauen. Ab der Saison 2008/09 ist nur noch ein Verein selbst oder eine Unternehmensform, in der der Verein über eine Mehrheit von 51% verfügt, als Lizenznehmer möglich. Ein Konstrukt, bei dem ein Verein die Lizenz beantragt und den Spielbetrieb tatsächlich weitgehend auf Dritte, bspw. eine GmbH, überträgt, ist dann nicht mehr erlaubt.

Als Entgelt für die Organisation der Bundesligen müssen die Teams Mitgliedsbeiträge an den Ligaverband HBVF abführen. Sie betragen pro Team 23.100 € für die 1. Handball BL Frauen und 7.700 € für die 2. Handball BL Frauen (vgl. HBVF Durchführungsbestimmungen Bundesligen, Stand 2006).

5.2.2.3 Ligenstruktur und -reformen

Den Ligaverbänden obliegt die wichtige Entscheidung über die Ligenstrukturen, d.h. die Größe der Bundesligen sowie den jeweiligen Spielmodus, um die Attraktivität und Ausgeglichenheit des sportlichen Wettbewerbs zu gewährleisten (vgl. auch Schellhaaß & Enderle, 1999, S. 30f.).

Zur Bildung einer Liga und letztendlich zur Durchführung einer Meisterschaft wird dazu ein differenzierter Ligenaufbau benötigt. Alle Mannschaftssportarten in Deutschland weisen eine analoge pyramidale Ligenstruktur auf. In den Ligensystemen stehen die 1. und 2. Bundesliga an der Spitze und bilden den Lizenzbereich. Durch die Zusammenfassung der Mannschaften nach ihrer Leistungsstärke in verschiedene Ligen finden nur Spiele zwischen annähernd gleich starken Mannschaften statt, wodurch der Ausgang des Spiels relativ „offen" ist. Sieg oder Niederlage werden nach Punkten verrechnet. Die Anzahl der Punkte, die eine Mannschaft innerhalb der Spielsaison gewinnt, entscheidet über die Meisterschaft bzw. den Auf- und Abstieg innerhalb der Spielklasse. Die Mannschaft mit der höchsten Punktzahl steigt in die nächste höhere Spielklasse auf, während die mit den wenigsten Punkten absteigt. So werden am Saisonende spielschwache Mannschaften durch potentiell spielstärkere Aufsteiger ersetzt. Der Profibereich ist also hypothetisch erst nach mehrjähriger sportlicher Qualifikation durch die Ligenhierarchie erreichbar. Der Gewinn oder Verlust in Form von Punkten zieht zugleich finanziellen Gewinn oder Verlust für Spieler und Verein nach sich. Durch diese Auf- und Abstiegsregeln ist gewährleistet, dass Mannschaften innerhalb ihrer Klasse auf etwa gleichstarke Gegner treffen und ein ständiger Wechsel stattfindet (vgl. ebd., S. 50ff.). Diese Wechsel erhöhen die Spannung der Liga und sorgen für ihre Ausgeglichenheit und Attraktivität. Die Liga hat damit institutionellen Charakter. Die festen Strukturen in Ligasportmannschaften, die Aufrechterhaltung des Spannungsverhältnisses zwischen Konkurrenz und Assozi-ierung einerseits und zwischen Kooperation und Rivalität andererseits, sind folglich Bedingungen für die Erhaltung der Mannschaftsspiele. Eine Teilnahme am Spielbetrieb und somit ein Aufstieg in die 1. BL steht nur Mitgliedern der jeweiligen Landesverbände offen, wodurch die Ligen in der ihr zugrunde liegenden geographischen Region nach Schellhaaß und Enderle (2000, S. 50) ein „natürliches Monopol“ besitzen. Die monopolistische Struktur zeigt sich darin, dass innerhalb des fest umrissenen geografischen Raumes nur ein territorialer Verband als Mitglied des nächst höheren Verbandes anerkannt wird. Das Aufkommen von konkurrierenden Ligen wird dadurch verhindert (vgl. ebd.). Die Handball-Bundesligen stellen ähnlich wie andere Teamsportligen ein *natürliches Monopol* mit einer durch den Spielplan begrenzten Angebotsmenge dar, das den Ligaverbänden den höchsten Vermarktungswert sichert (vgl. auch Franck, 1995, S. 125ff.). Die höchste deutsche Spielklasse im Handball setzt sich aufgrund des hierarchischen Ligasystems aus den stärksten Teams zusammen. Die Spiele bieten aus sportlicher Sicht demnach ein Qualitätsprodukt im Sinne des höchsten Leistungsniveaus und stellen für die Nachfrager eine Unterhaltungsdienstleistung mit hoher Qualitätserwartung dar (vgl. auch Hübl & Swieter, 2002, S. 18ff.).

Wettbewerbstheoretisch ist der Zugang zur Bundesliga durch diese anzutreffenden Markteintrittsbarrieren determiniert. Sportliche Barrieren ergeben sich unmittelbar aus den Auf- und Abstiegsregeln. Der Marktaustritt tritt dann ein, wenn ein Verein zu den beiden punktschlechtesten Teams gehört, die zum Saisonende absteigen. Wirtschaftlich vollzieht sich der Austritt, wenn die Finanzkraft eines Vereins zu gering ist, um eine wettbewerbsfähige Mannschaft aufzubauen, oder die Lizenz wegen fehlender wirtschaftlicher Leistungsfähigkeit entzogen bzw. nicht erteilt wird. An den Bundesligen dürfen nur lizenzierte Vereine teilnehmen, die neben dem sportlichen Erfolg auch die wirtschaftliche Leistungsfähigkeit nachweisen müssen (vgl. Kap. 5.2.2.2). Tabelle 21 führt dies für die ersten drei Divisionen im Handball auf.

Tab. 21. *Ligendivisionen im Handball (Saison 2006/07) (eigene Recherchen).*

	Frauenhandball	**Männerhandball**
1. Division	1. Bundesliga *12 Teams*	1. Bundesliga *18 Teams*
2. Division	2. Bundesliga Nord *14 Teams* 2. Bundesliga Süd *13 Teams*	2. Bundesliga Nord *18 Teams* 2. Bundesliga Süd *18 Teams*
3. Division	Regionalliga Nordost *13 Teams* Regionalliga Nord *14 Teams* Regionalliga West *14 Teams* Regionalliga Süd-West *14 Teams* Regionalliga Süd St. Ost *9 Teams* Regionalliga Süd St. West *9 Teams*	Regionalliga Nordost *17 Teams* Regionalliga Nord *17 Teams* Regionalliga West *16 Teams* Regionalliga SüdWest *15 Teams* Regionalliga Süd *18 Teams*

In den ersten drei Divisionen spielten zur Saison 2006/07 bei den Männern insgesamt 137 Teams und bei den Frauen 112 Teams. Ab der 2. BL, die sowohl im Frauen- als auch Männerhandball bereits in Nord und Süd zweigeteilt ist, wird eine weiter differenzierte horizontale Unterteilung wirksam. Die horizontale Unterteilung der Spielklassen nach geografischen Kriterien setzt sich über die Regionalliga hinaus bis in die untersten Spielklassen fort. Durch die Regionalisierung des Spielbetriebs sollen etwa Zeit- und Fahrtkosten minimiert werden.

Die Aufteilung der Ligendivisionen ist bei den Männern und Frauen ähnlich und unterscheidet sich vornehmlich hinsichtlich der Anzahl der teilnehmenden Mannschaften. Im ligastrukturellen Vergleich zwischen dem Frauen- und Männerhandball fällt die durchweg geringere Ligengröße bei den Frauen auf. Für die 2. Handball BL Frauen ist zu konstatieren, dass die Untergliederung der beiden Staffeln bzw. die stetig wechselnde, zudem ungleiche Anzahl von Teams (14 2. BL Nord/13 BL Süd 2006/07) für die Vermarktung eher ungünstig ist.

Zur Saison 2007/08 wurde die Aufteilung der Regionalliga im Frauenhandball der im Männerhandball angeglichen. Seitdem gibt es fünf Regionalligastaffeln (83 Männerteams/72 Frauenteams). Die starke Aufsplitterung der Regionalliga im Frauenhandball Nord-Ost (13 Teams), Nord (14 Teams), West (14 Teams), Süd-West (14 Teams), Süd Staffel Ost (9 Teams), Süd Staffel West (9 Teams) schont zwar die finanziellen Ressourcen der Clubs, indem sie die Fahrkosten für die Vereine reduziert. Die ständige Neuordnung der Ligen, die sich seit einiger Zeit im Handball vollzieht, offenbart aber auch Unsicherheiten über die optimale Ligengröße und regionale Struktur.

Für die 2. Bundesligen sind zukünftig noch weitere Reformen der Ligenstruktur geplant. So sollen diese im Männer- und Frauenhandball zukünftig eingleisig werden. Bei den Frauen wurde im Juni 2007 auf der Mitgliederversammlung der HBVF die eingleisige 2. BL mit zukünftig 16 Teams beschlossen; wann diese eingeführt wird, steht allerdings noch nicht fest. Im Männerhandball wird es die eingleisige 2. BL mit 20 Mannschaften ab der Saison 2011/2012 geben.
Diese Änderungen werden in erster Linie von den Ligaverbänden gewünscht, um die sportliche Qualität der 2. Bundesligen zu steigern. Die befragten Frauenhandballvereine stehen dem noch sehr kritisch gegenüber. Sie sehen die neue Ligenstruktur sportlich einerseits als vorteilhaft für die Entwicklung des Spitzenhandballs der Frauen an, andererseits sehen sie das Problem der zusätzlich entstehenden Kosten, z.B. durch weitere Anfahrtswege. Diese Kosten würden eine kaum zu bewältigende Herausforderung für die Etats der Zweitligaclubs darstellen.

„Unsere Zukunft ist ein Stück weit abhängig, was definitiv der Verband vorhat. Ich neige immer noch dazu zu sagen, dass die Herrschaften des Verbandes ein Stück weit eine eingleisige 2. Liga irgendwo vor Augen haben, was ich persönlich in keinster Form nachvollziehen kann, aufgrund der Wirtschaftlichkeit. Sportlich gesehen kann man natürlich vieles befürworten, aber das Ganze muss auch wirtschaftlich und organisatorisch zu regeln sein. Ich bin absolut gegen eine Eingleisigkeit, weil sie von der Wirtschaftlichkeit der Vereine nicht zu tragen ist, denn sie werden keine Mannschaft finden, die was weiß ich mittwochs, wie im Männerbereich, von Allensbach nach Flensburg oder was weiß ich wohin fahren kann. Dazu sind die Vereine auch nicht so aufgestellt" (2. BL, V-17, 10).

„Ich war ja auch früher ein Verfechter dafür, dass wir über eine eingleisige 2. Bundesliga nachgedacht haben. Habe mich aber mittlerweile dahingehend korrigiert, dass wir jetzt erst mal die zweigleisige 2. Liga mit jeweils 12 Mannschaften zukünftig durchgesetzt haben. Wenn wir davon ausgehen, dass die 2. Bundesliga nun nicht diesen hohen Leistungsanspruch stellen kann wie die 1. Liga und da muss ich darauf hinweisen, dass das da nur die ersten Sechs können; denn die zweiten Sechs, die kämpfen gegen den Abstieg, die kämpfen mit wirtschaftlichen Problemen. Denn auch hier spielt ganz erheblich die Vermarktungschance, die Vermarktungsqualität und damit auch die adäquate Ergebnisfindung in Form der kaufmännischen Ware eine Rolle. Deswegen sollte man die 2. Liga – in gegenwärtiger Situation – nicht verändern, denn damit, dass die Qualität kurzfristig erheblich erhöht werden könnte, dafür sind die Voraussetzungen zu schwierig. Das geht schon los mit den Sportstätten, das geht los mit den Trainingsmöglichkeiten, mit den Sportklassen, mit dem Sportgymnasium, das wir so vor Ort nicht haben wie in großen Ballungszentren usw. Aber langfristig ist es schon sinnvoll, die 2. Liga in eine eingleisige Liga umzuwandeln" (2. BL, V-30, 10).

Für die Zusammenlegung der beiden Staffeln spricht, dass eine homogenere Leistungsdichte die Attraktivität der Liga erhöhen würde, was wiederum bessere Vermarktungschancen bedeutet. Die 2. Liga könnte dadurch an Popularität gewinnen, da sie dann deutschlandweit vertreten wäre, was wiederum das Interesse der Sponsoren und Medien erwecken könnte (vgl. auch Kalle, 2008a, S. 68f.). Es ist aber auch zu befürchten, dass die Kluft zwischen Regionalligen und 2. Ligen noch weiter anwächst. Dabei übernimmt die Regionalliga – ähnlich wie im Profifußball – die Funktion der Talentförderklasse im Handball. Insbesondere die kleineren Vereine sind aber nicht ambitioniert, an der Situation etwas zu ändern (vgl. auch Boysen, 2008, S. 81).

5.2.2.4 Modifizierung von Spielmodus und Regelwerk

In den Teamsportarten lassen sich die beiden Modi von Spielen „Jeder gegen Jeden" mit Hin- und Rückrunde und darauf aufbauende Play-off Systeme unterscheiden. Einerseits stellt ein Play-off Modus ein Instrument dar, das den Meisterschaftswettbewerb möglichst lange offen hält und ein

zusätzliches Spannungselement erzeugt (vgl. etwa Schellhaaß, & Hafkemeyer, 2002, S. 33ff.; Schellhaaß & Enderle, 2000, S. 54ff.). Andererseits führt die Verschiebung des Spannungsbogens auch zu einer Entwertung des ersten Teils des Wettbewerbs, da die Spiele nur bedingt meisterschaftsrelevant sind und so ggf. das Interesse der Zuschauer minimieren. Außerdem kommt es dadurch zu einer wirtschaftlichen Benachteiligung der früher ausscheidenden Teams. Lediglich für diejenigen Teams, die es bis in die Play-off Runden schaffen, ergeben sich Zusatzeinnahmen.
Im Rahmen des Ligenwettbewerbs spielt jedes Team jeweils in der eigenen und in der gegnerischen Halle gegen jedes andere Team der Liga. Während die HBL weiterhin den deutschen Handballmeister im Modus „Jeder gegen Jeden" ausspielt, hat die Handball BL Frauen zur Saison 2004/05 ein Play-off Modus eingeführt.[25] Diese Reform wurde zur Erhöhung des Spannungsgehalts und zur Steigerung der Zuschauernachfrage vollzogen, um damit insgesamt die Attraktivität der Liga zu steigern. Schon während der Saison stellten sich die ersten Nachteile dieses Modus heraus. Entgegen den Erwartungen war das Interesse der Zuschauer und Medien zunächst so gering wie nie zuvor. Anstatt die Zuschauerzahlen zu steigern, sind sie durch den neuen Spielmodus zunächst gesunken. Erst gegen Ende der Saison 2004/05, mit Beginn der Play-off Spiele, erhöhte sich das Zuschauer- und Medieninteresse. Allerdings wurden auch einige Platzierungsspiele erst gar nicht ausgetragen, so z.B. das Spiel um Platz drei zwischen Leverkusen und Leipzig. Man rechtfertigte die Spielabsagen damit, dass der finanzielle Aufwand und die Fahrten für das Ergebnis der Spiele nicht rentabel seien. Zum Ende der Spielzeit entschlossen sich die Vereine einstimmig, den Spielmodus zur Saison 2005/06 nochmals leicht zu modifizieren, wobei weiterhin alle Teams in Play-off Spiele einbezogen wurden.[26] Zur Saison 2006/07 modifizierte man den Spielmodus erneut. Die beiden Letztplatzierten stehen nach den Hin- und Rückspielen bereits als sportliche Absteiger fest. Nach der Punktwertung mit Hin- und Rückrunde wird daraufhin folgender Play-off-Modus ausgetragen: die Teams auf den Plätzen fünf bis zehn spielen in zwei Play-off Gruppen A und B mit jeweils drei Teams die Sieger aus, die daraufhin in einem zweiten Play-off Finale um Platz fünf den letzten Teilnehmer im europäischen Wettbewerb festlegen. Die ersten vier Mannschaften ermitteln in Play-off Spielen die beiden Finalteilnehmer um die deutsche Meisterschaft. Das Spiel um Platz drei wurde wie schon in den Vorjahren abgesagt. Der deutsche Frauenhandballmeister der Saison 2006/07, 1. FC Nürnberg, wurde somit in 154 Spielen ermittelt. Demgegenüber finden in der HBL aufgrund

[25] Zunächst wurde eine einfache Vorrunde, Jeder gegen Jeden, ausgetragen. Danach folgte eine Hauptrunde. Die vorher erspielten Punkte wurden in die Hauptrunde mitgenommen, so dass die ersten sechs Teams automatisch für die Play-off Spiele qualifiziert waren, die anderen bildeten die Hauptgruppe B. Nach erneuter Hin- und Rückrunde in den Hauptgruppen, wurde über die Startplätze in den Play-offs entschieden. Die letzten vier Teams der Hauptgruppe B spielten ein sog. Play-down und ermittelten die beiden sportlichen Absteiger. Der deutsche Meister wurde im K.o.-System ermittelt (vgl. dazu auch Kalle, 2004, S. 14).

[26] Im Anschluss an die Hin- und Rückrundenspiele in der Saison 2005/06 spielten die ersten vier Mannschaften in Play-offs die Meisterschaft aus. Die Teams auf den Plätzen 5-8 ermittelten ebenfalls in Play-offs die folgenden Plätze, wobei der Fünftplazierte noch einen Platz im europäischen Wettbewerb zugesprochen bekam. Die Teams auf den Plätzen 9 bis 12 ermittelten in Überkreuzspielen die beiden sportlichen Absteiger.

der höheren Zahl teilnehmender Clubs insgesamt 306 Spielbegegnungen statt. Schon allein die unterschiedliche Zahl der Erstligaspiele in der Handball BL Frauen und der HBL bewirkt damit eine geringere Präsenz des Frauenhandballs in der Öffentlichkeit, weniger Zuschauereinnahmen und damit geringere Spieltags- und Sponsoreneinnahmen. Auf der anderen Seite kann dadurch die Spielstärke der einzelnen Teams annähernd gleich gehalten werden.

Die 2. Handball BL Frauen spielt ebenfalls im Anschluss an eine Hin- und Rückrunde in Play-offs die sportlichen Aufsteiger der Nord- und Südstaffel in die 1. Handball BL Frauen aus. Dabei qualifizieren sich die Teams auf den Plätzen eins bis vier aus den beiden Staffeln für die Play-offs. Sportliche Aufsteiger nach der Saison 2006/07 waren der TV Beyeröhde und die HSG Sulzbach/Leidersbach. Die drei letztplatzierten Teams sind jeweils in die Regionalligen abgestiegen. Aufsteiger in die 2. BL sind die Regionalligameister aus den fünf Staffeln der Regionalligen, der letzte Aufstiegsplatz wird durch Relegationsspiele der Zweitplatzierten ermittelt.

Trotz anfänglicher Unsicherheiten hinsichtlich des Spielmodus ist es durch die Einführung des Play-off Modus im Frauenhandball gelungen, die Zuschauernachfrage um damit insgesamt die Attraktivität der Bundesligen zu steigern. Hinsichtlich der Vermarktung des Frauenhandballs ist die Änderung des Spielmodus daher als positiv einzuschätzen.

Weitere Eingriffsmöglichkeiten, um die Attraktivität einer Sportart zu erhöhen, bestehen neben Änderungen des Spielmodus in der Änderung des Regelwerks. Regeländerungen geben dem Verband die Möglichkeit, auf die Vermarktung des Produktes einzuwirken und diese zu optimieren (vgl. auch Schellhaaß & Enderle, 1999, S. 36). Die Regeln einer Sportart sind für die wettkampfmäßige Organisation von Sportligen von zentraler Bedeutung. Sie setzen den Rahmen für die Leistungsvergleiche und kennzeichnen die Sportart mit ihren zulässigen und nicht zulässigen Handlungen. Die vorrangige Funktion der Regeln ist die Gewährleistung, dass jeder Akteur die gleichen Ausgangsbedingungen und somit dieselben Chancen auf einen Sieg erhält (vgl. auch Swieter, 2002, S. 60; Franck, 1995, S. 125ff.).

Regeländerungen sind in den letzten Jahren im Teamsport häufig Zeichen des Kommerzialisierungsprozesses und insbesondere ökonomisch induzierte Änderungen zur Nachfragesteigerung (vgl. auch Brandmaier & Schimany, 1998, S. 77ff.). Durch Verschiebung von Wettkampfzeiten und Regeländerungen verschiedener Sportarten wird zunehmend auf die Wünsche des Publikums, der TV-Anstalten und Unternehmen eingegangen. Mit dem Ziel, den Sport dadurch spannender, telegener und besser vermarktbar zu machen wächst auch die Bereitschaft, die eigene Sportart den Wünschen der Medien anzupassen (vgl. auch Schellhaaß & Hafkemeyer, 2002, S. 29ff.). So wurde 2005 sogar eine erst wenige Jahre zuvor eingeführte Regel bezüglich des Time-outs bei Siebenmeterwürfen wieder abgeschafft.

Die Regeln des Handballspiels sind seit Beginn seiner Entwicklung mehrfach modifiziert worden, zunächst mit dem Ziel, den Männerhandball attraktiver zu gestalten. In der Summe führte dies zu einem veränderten Erscheinungsbild des Handballspiels. So auch aktuelle Regeländerungen, wie die Einführung der „schnellen Mitte“[27] im Jahr 1996. Diese Reform erhöhte die Attraktivität für Zuschauer enorm, da das Handballspiel dadurch noch schneller und dynamischer wurde. Außerdem fallen seitdem mehr Tore. Ferner hat die verschärfte Auslegung des passiven Spiels (Zeitspiel) das Tempo zusätzlich erhöht (vgl. dazu Wunderlich, 2006, S. 120ff.).

Die „schnelle Mitte“ hat Folgen für die Vermarktungsmöglichkeiten. Durch die Änderung dieser Regel spielen sich nur noch sehr wenige Szenen im *Mittelfeld* ab, was lediglich bei langsamen Angriffen der Fall ist, da durch die neue Regel immer schneller gespielt und der Mittelkreis sehr schnell überbrückt wird. Die im Fußball sehr beliebten und umsatzstarken Banden in der Mitte des Spielfeldes sind beim Handballspiel daher kaum sichtbar und für Sponsoren wenig attraktiv (vgl. auch Oediger, 2008a, S. 26f.).

Die meisten Regeländerungen zielen darauf ab, die Spannung und die Qualität des Handballspiels zu steigern. Der Nutzen von Regeländerungen wurde bislang allerdings nicht empirisch überprüft.

Für die Weiterentwicklung des Frauenhandballs ist es förderlich, dass der Handballsport heute nicht mehr als so brutal angesehen wird. Durch eine konsequente Bestrafung bei Foulspiel hat z.B. die Zahl der sofortigen Disqualifikationen als Strafe für einzelne Vergehen stark zugenommen. Aufgrund von Regeländerungen wurden diesbezüglich verschärfte Bewertungskriterien eines Foulspiels, das die Gesundheit des Gegenspielers gefährdet, durchgesetzt (vgl. auch Wunderlich, 2006, S. 122). Diese Regeländerung hin zu einem dynamischeren aber weniger brutalen Spiel kann sich insbesondere positiv auf die Nachwuchsrekrutierung von Handballerinnen auswirken.

Aktuelle Entwicklungen zeigen außerdem, dass der Handballsport durch seine Regeländerungen telegener geworden ist und die Attraktivität sowie der Unterhaltungswert zunehmend positiv bewertet werden, was wiederum dem Werbewert zugute kommt, auch des Frauenhandballs (vgl. auch Kap. 5.1).

5.2.2.5 Zentrale Vermarktung

In der ökonomischen Ligasportforschung wird die sportliche Ausgeglichenheit innerhalb einer Liga als zentraler Einflussfaktor auf die Attraktivität eines Ligaprodukts und damit auf die Vermarktungsfähigkeit konstatiert. Dabei wird davon ausgegangen, dass aufgrund der Ergebnisunsicherheit bezüglich des Ausgangs der Spielbegegnungen und Meisterschaften (*uncertainty of outcome*) die

[27] Die Regel wurde dahingehend modifiziert, dass der Anwurf nach einem Tor ausgeführt werden darf, sobald der Anwurfausführende mindestens mit einem Fuß die Mittellinie berührt, auch wenn die gegnerischen Spieler noch nicht in die eigene Hälfte zurückgelaufen sind (der andere Fuß darf die Mittellinie nicht überschreiten und der Werfer darf den Ausführungsort nicht verlassen, bis der Ball gespielt ist). Die Mitspieler des Werfers dürfen die Mittelinie nicht vor dem Anpfiff überqueren. Dieses Detail führte dazu, dass sich die Angriffsfrequenz im Handballsport deutlich erhöhte.

nachfragewirksame Spannung und Ausgeglichenheit der Sportproduktion (*competitive balance*) gewährleistet wird. Die Bedeutung sportlicher Ligenausgeglichenheit wird allerdings kontrovers diskutiert und ist zudem durch unterschiedliche Forschungsergebnisse gekennzeichnet (vgl. etwa Kesenne, 2002, S. 95ff.; Swieter, 2002; S. 129ff.; Downward & Dawson, 2000, S. 100ff.). Im Fußball ist die Schere zwischen der Finanzkraft zwischen „kleiner" und „großer" Clubs zunehmend größer geworden. Allerdings ist der dadurch vermutete Verlust an Spannung der Liga nicht eindeutig nachgewiesen. Der Ligaorganisator kann als Steuerungsinstrument einen Finanzausgleich vornehmen, um eine ausgleichende Wirkung bei sportlicher Unausgeglichenheit der Liga zu erwirken. Das Ziel ist, die sportlichen Leistungsunterschiede der einzelnen Teams in einem so engen Rahmen zu halten, dass der Wettbewerb spannend bleibt.

Eine Möglichkeit, um eine ausgleichende Wirkung bei sportlicher Unausgeglichenheit der Liga zu erwirken, ist ein Finanzausgleich von Seiten des Ligaorganisators. Das Ziel ist, die sportlichen Leistungsunterschiede der einzelnen Teams in einem so engen Rahmen zu halten, dass der Wettbewerb spannend bleibt. Zum einen kann der Ligaorganisator für einen Finanzausgleich Rechte zentral vermarkten, um mit diesen Erlösen einen Finanzausgleich vorzunehmen (vgl. auch Schelhaaß, 2005). Zum anderen kann der Ligaverband Erlöse von den einzelnen Teams fordern, die diese aus ihrer Einzelvermarktung erzielen (vgl. Schellhaaß & Enderle, 2000, S. 42ff.). Beide Formen der Vermarktung zielen darauf ab, den finanzstarken Teams einen Teil ihrer Erlöse zu entziehen und an die schwächeren Teams der Liga auszuschütten.

Bei der Zentralvermarktung werden beispielsweise die Senderechte aller Spiele innerhalb einer Meisterschaftsserie zu einem Paket gebündelt und verkauft, anstatt die Rechte jedes einzelnen Spiels zu vermarkten. Der Vermarktungserlös wird dann vom Ligaverband nach einem vereinbarten Verteilungsschlüssel an die Vereine ausgezahlt. In der Managementpraxis der Bundesligen wird diese zentrale Vermarktung durch den Ligaverband für den ligainternen Finanzausgleich häufig praktiziert, so auch im Handball. Vor- und Nachteile der Zentralvermarktung werden in der sportökonomischen Literatur indes sehr kontrovers diskutiert (vgl. etwa Kruse & Quitzau, 2002, S. 63ff.; Quitzau, 2002, S. 176ff.). Ein Vorteil der Zentralvermarktung ist, dass die Managementressourcen effizienter genutzt werden können. Alle Vereine werden bei Verhandlungen gleichermaßen vertreten. Qualitätsunterschiede hinsichtlich des Managements verschiedener Vereine und daraus resultierende Einnahmeunterschiede können dadurch reduziert werden (vgl. auch Heinemann, 1995, S. 74). Langfristig kann die Zentralvermarktung so zu einer Erhöhung der Gesamteinnahmen der Liga beitragen. Beide Arten der Vermarktung können nebeneinander praktiziert werden.

Die Zentralvermarktung einer Spitzenliga durch den Fach- oder Ligaverband stellt dabei ein institutionenökonomisches Instrument dar, mit dem die Produktion des Unterhaltungsgutes „Ligasport" optimiert werden kann. Denn es wird angenommen, dass es zur Sicherung des Spannungsgehalts einer Meisterschaftsrunde notwendig erscheint, allen Vereinen vergleichbare wirtschaftliche Rahmenbedingungen zur Verfügung zu stellen (vgl. auch Schellhaaß & Hafkemeyer, 2002, S. 60). In Sportarten, die nur geringfügige Erlöse aus dem Verkauf von Übertragungsrechten erzielen, können Vorteile in einer Zentralvermarktung liegen, da sie unmittelbar dazu führt, die finanziellen Ressourcen der Vereine zu stärken.

In den Bundesligen der Frauen und Männer erfolgt die Vermarktung sowohl zentral durch die Ligaverbände als auch dezentral. Die einzelnen Vereine vermarkten sich ebenso lokal über Sponsoren etc. Die HBVF hat im Gegensatz zur HBL, die ihre Namens- und TV-Rechte zentral vermarktet, nur einen zentralen Ballvertrag mit der Firma Molten; diese zahlt einen sechsstelligen Betrag für die Ausstattung aller Teams der 1. und 2. Handball BL Frauen mit Spielbällen (jedes Team erhält etwa 500 €/Jahr aus diesem Ballvertrag). Die Frauenteams vermarkten sich weiterhin überwiegend dezentral. Die Frauenteams erzielen demnach aus ihrem Sport weitaus weniger Erlöse als die Teams der HBL.

An diesem geringen Ausmaß der Zentralvermarktung ist zu sehen, dass sich der Ligahandball der Frauen in einem Anfangs- und Entwicklungsstadium befindet, in dem typischerweise eher eine dezentrale Vermarktung vorzufinden ist. Finanzstarke Großsponsoren der Liga bleiben aufgrund eines niedrigen Zuschauer- und Medieninteresses aus. Für den Frauenhandball kommt hinzu, dass dieser sehr stark regional verankert ist und die Vereine auf lokale Sponsoren bauen können. Eine dezentrale Vermarktung fördert die lokale Verbundenheit mit den Sponsoren sowie die Sponsorenakzeptanz bei den Fans. Die Zentralvermarktung stellt andererseits eine gute Möglichkeit dar, die Liga im eigenen Land populärer zu machen. Sie bietet die Chance, die Wahrnehmung der Liga als eigenständige Marke zu verbessern und damit die Bekanntheit zu erhöhen (vgl. Franck, 1999, S. 539ff.).

Der Ligaverband der Frauen HBVF äußert konkrete Pläne, die zentrale Vermarktung der Handball BL Frauen auszubauen.

„Dazu kann ich nur sagen, es gibt konkret Pläne einer Zentralvermarktung. Wir sprechen zurzeit mit verschiedenen Interessenten und müssen abwarten, was daraus wird. Ich habe bei der Abfassung unserer Werberichtlinien im Zusammenhang mit der Eigenständigkeit 2003 die Möglichkeit einer Namensänderung sowohl auf Ligaebene als auch Clubebene. Von daher können wir solche Entwicklungen relativ gelassen angehen" (HBVF, I-3, 6).

Die Teammanager der einzelnen Teams schätzen eine Zentralvermarktung im Frauenhandball dagegen eher als schwierig bzw. nur schwer realisierbar ein.

„Ich glaube, die zentrale Vermarktung ist schon im Männerhandball sehr schwierig. Im Frauenhandball hat man da ja einen kleinen Anfang mit dem Ballpartner gemacht, wo auch ein bisschen was Kleineres bei rüber kommt. Unterschiedlich viel, ob 1. oder 2. Liga, aber ich glaube, es ist in dieser Beziehung sehr, sehr schwer, das in Höhen zu treiben wo man sagt, die Vereine haben da wirklich was davon. Im Allgemeinen stößt man dann auch bei den Vereinen teilweise auf Unverständnis, denn es ist für die Leute, mit denen man regional oder kommunal zusammen arbeitet schwer, da man die ja auch irgendwo unterstützt und die eben Sponsoren sind. Ich denke, da wird man es schon schwierig haben, eine Zentralvermarktung durchzusetzen" (1. BL, V-13, 11).

„Ich finde das so im Moment, dass Frauenhandball sowieso noch eine Randsportart ist und da müsste man erst mal die Kräfte bündeln, um auf einen Nenner zu kommen und dann müsste man erst mal auf einen gewissen Stellenwert kommen. Da sollte man erst mal gucken, dass man die Sportart generell nach vorne bringt, und das fängt natürlich mit der

Einzelvermarktung jedes einzelnen Clubs an, da sind wir ja noch lange nicht, bevor man über eine Zentralvermarktung nachdenkt" (2. BL, V-38, 12).

„Das ist schwierig, weil Frauenhandball doch nicht so einen Stellenwert hat. Man sieht es ja an dem Moltenvertrag, dem Ballvertrag, der bringt vielleicht 500 € im Jahr und das sagt ja wohl schon alles" (2. BL, V-19, 98).

„Für uns in der 2. Liga ist das noch nicht so interessant, ich denke auch nicht, dass es möglich ist, da einen potenten Sponsor an Land zu ziehen. Wir haben das ja in kleinerer Form schon mit den Bällen, die kommen ja alle von Molten, aber wirklich viel springt da für die Vereine nicht rüber. Vielleicht sollte man da erst mal an einem Konzept für die 1. Liga arbeiten" (2. BL, V-14, 11).

Der HBL gelingt es weitaus erfolgreicher ihre TV- und Werberechte zentral zu vermarkten. Die Handballerinnen konnten bislang weder die Senderechte noch den Liganamen an einen Sponsor vergeben. Vor der Gründung des Ligaverbandes im Jahr 2003 unter dem Dach des DHB profitierten die Bundesligen der Frauen noch von dem TV-Vertrag des DHB; sie wurden bei der Verteilung der TV-Gelder berücksichtigt. Dabei wurden die Erlöse aus diesem TV-Vertrag nach dem Verteilungsschlüssel 70:30 an die Bundesligavereine im Männer- und Frauenhandball ausgezahlt. Dem DHB blieben somit 30% der Einnahmen. Während sich Senderechte im Männerhandball inzwischen gewinnbringend von der HBL veräußern lassen, erweist sich Frauenhandball noch als unverkäuflich. Eines der größten Vermarktungsprobleme für den Frauenhandball sehen die HBVF als auch die Erst- und Zweitligateams daher auch in der fehlenden Fernsehpräsenz.

„Die noch zu geringe Präsenz im Fernsehen ist sicherlich ein Haupthindernis der Vermarktung. Wir hatten im letzten Herbst schon einmal einen ganz konkreten Anlauf zusammen mit dem DSF unternommen, der sich dann leider doch noch nicht umsetzen ließ. Aber wir werden das Thema weiter bearbeiten und schaffen vielleicht einen Durchbruch für die kommende Saison" (HBVF, I-3, 8).

„Hauptargument dafür ist sicherlich das mangelnde Interesse der Medien, speziell des Mediums Fernsehen. Und was uns hier in der Region Westen besonders wehtut ist, dass selbst der WDR, wenn er Interesse am Handball hat, eigentlich nur Interesse zeigt in Richtung Männerhandball" (1. BL, V-6, 22).

„Der Frauenhandball hat im Moment eine relativ schlechte Ausgangsposition. Jetzt wo im Männerhandball auch noch die Gesamtvermarktung kommt, wird der Frauenhandball es nur schaffen, wenn er über sportliche Leistung auch an mehr Fernsehzeiten kommt" (1. BL, V-8, 24).

„Die Vermarktung ist schwierig, denn der Fußball ist, was in Deutschland interessiert. Es kommt einfach zu wenig im Fernsehen und es wird ja auch niemals so sein, dass Frauenhandball im Fernsehen die Spitzeneinschaltquoten hat. Da gibt es vielleicht den Sender MDR, wo mal was kommt, und ansonsten gibt es ja da einfach kein Interesse, weil es da reinweg nur noch um die Höhe der Einschaltquoten geht" (2. BL, V-25, 14).

Um zukünftig eine zentrale Vermarktung, etwa der TV-Rechte der Handball BL Frauen, voranzutreiben, sind speziell Ligaverbandsaktivitäten gefragt. So sollte mittelfristig das Ziel sein, das das Endspiel der Play-offs um die deutsche Meisterschaft eine TV-Präsenz erhält.

Eine mangelnde Medienpräsenz insbesondere im TV ist auch bei der Sponsorensuche ein struktureller Nachteil. Während sich die HBL sukzessive zu einem bundesweiten und international bekannten Produkt entwickelt, ist die Handball BL Frauen ein Nischenprodukt ohne hinreichende Markenbekanntheit der Liga. Trotzdem werden dem Frauenhandball von den meisten Vereinsvertretern gute Vermarktungschancen und durchaus ein noch ungenutztes Potential zugesprochen.

„Grundsätzlich denke ich lässt sich Frauenhandball sehr gut vermarkten. Man müsste da nur eine eigene Marketinggesellschaft haben, die den Frauenhandball vermarktet. Da könnte man schon einiges machen, weil wirklich der Frauenhandball auch sehr, sehr schnell geworden ist usw. und auch sehr athletisch und attraktiv. Das muss man Sponsoren nur richtig vermitteln und da sind uns die Herren einfach weit voran“ (2. BL, V-28, 100).

Die Interviewauszüge der Clubvertreter verdeutlichen den hohen Stellenwert, der den Medien bei der Vermarktung des Handballs zugeschrieben wird.

Neben der TV-Vermarktung setzt die HBL auch verstärkt auf eine Übertragung ihrer Spiele via Internet. Inzwischen sind Spiele der HBL über ein kostenpflichtiges Online-Sportportal (sportdigital.tv), das von der Vermarktungsagentur Sportfive betrieben wird, erhältlich. Bislang haben sich bei dem gemeinsamen TV-Projekt schon 50.000 Nutzer registriert. Ein Mindestbetrag an Übertragungsgebühren fließt dabei an die HBL.

Diese neuen Modelle könnten auch für den Frauenhandball erfolgversprechend sein, zumal kurzfristiger realisierbar als der Versuch, eine TV-Präsenz über die klassischen Fernsehsender zu erreichen. Ferner zeigen Eurosport und der Bezahlsender Eurosport2 alle Spiele deutscher Teams in der Champions League und anderen ausgewählten EHF Wettbewerben, auch der Frauen. Die HBVF hat für die Handball BL Frauen keinen eigenen TV-Vertrag (vgl. Nolden, 2007b).

Um einen einheitlichen Auftritt der Handball BL Frauen bei der Vermarktung zu gewährleisten hat sich der Ligaverband der Frauen ein eigenes Logo gegeben (vgl. Abb. 16). Das Liga-Logo ist sowohl bei den Frauen als auch den Männern auf dem rechten Ärmel des Trikots aller Bundesligavereine angebracht. Das Logo ist zentrales Gestaltungselement aller Kommunikationsmittel der HBVF und auf Eintrittskarten, Hallenheften, Homepages etc. präsent. Dadurch soll zum einen die Entwicklung der Bundesligen zu eigenen Marken erreicht und zum anderen die Corporate Identity gestärkt werden.

Abb. 16. Logos der Ligaverbände HBVF seit 2004 und HBL im Zeitverlauf 2004 bis 2008 (HBVF e.V.; HBL GmbH).

Nach der Ausgliederung der Bundesligen aus dem DHB 2004 wurden sowohl für die Handball BL Frauen als auch die HBL Logos eingeführt. Anders als die Männer hat die Handball BL Frauen ihr Logo seit Bestehen des Ligaverbandes nicht verändert. Dagegen hat die HBL ihr Logo bereits zweimal angepasst und präzisiert. Schon zur Saison 2005/06 präsentierte die HBL ein überarbeitetes Logo, worüber sofort erkennbar sein sollte, dass es sich um die Handball-Bundesliga handelt. Seit der Saison 2007/08 ist Toyota als Ligasponsor in das Logo der HBL integriert.

Die zentrale Vermarktung stellt hohe Anforderungen an das Ligenmanagement. Derzeit bestehen noch erhebliche Unsicherheiten über effektive Strategien einer besseren Vermarktung. Ein Problem bei der Zentralvermarktung besteht etwa in der Suche nach finanzkräftigen Sponsoren. Die Vergangenheit hat gezeigt, dass nur wenige Sponsoren bereit sind als Großsponsor für eine Liga aufzutreten. Strukturelle Ansatzpunkte einer zentralen Ligavermarktung greifen bei den Frauen daher noch nicht, hier herrscht weiter eine dezentrale Vermarktung vor.

Die Ausführungen in den vorangestellten Kapiteln haben deutlich gemacht, dass die Vermarktung des Spitzenhandballs der Frauen ganz offensichtlich durch vielfältige institutionell vorgegebene Strukturen bestimmt wird. Dabei hat es bereits einige strukturelle Veränderungen auf Verbands- und Ligaebene gegeben, die gleichzeitig die Professionalisierung und damit auch Vermarktung der Sportart Handball forciert.

5.2.3 Steuerung der Handball-Bundesliga Frauen auf Vereinsebene

Auch wenn der Ligen- und Verbandsbetrieb eigenständig funktionieren, ist zu berücksichtigen, dass die Beziehungen der Bundesligen zum Dachverband in vielfältiger Form bestehen bleiben. So sind die Vereine verpflichtet, sich durch die Mitgliedschaft im Ligaverband den Verbandsstatuten zu unterwerfen. Darüber hinaus geben DHB und HBVF den Vereinen über den sportlichen Wettbewerb den Wettbewerbsrahmen für die Leistungserstellung ihrer Handballproduktion vor. Dadurch wird das Entscheidungsfeld der Bundesligisten maßgeblich durch die Verbände beeinflusst, wobei nicht selten Konflikte zwischen liga- und vereinsindividuellen Interessen bestehen, die es zu steuern gilt.

5.2.3.1 Organisationsstrukturen

Die zunehmende Kommerzialisierung und Professionalisierung im Teamsport hat auch im Handball die Organisationsstrukturen verändert. Als eine wichtige Reform ist die seit Oktober 1998 eingeführte Abschaffung der Gemeinnützigkeit als Voraussetzung für eine Lizenzerteilung zu nennen (vgl. auch Hübl, Peters & Swieter, 2002, S. 28f.). Die Vorschrift, dass Vereine überwiegend ehrenamtlich geführt werden müssen, wurde aufgehoben. In den darauffolgenden Jahren haben viele Vereine den Schritt der Umwandlung von eingetragenen Handballvereinen (e.V.) in Kapitalgesellschaften vollzogen. Damit kam es zugleich zu einer zunehmenden Verflechtung verschiedener Organisationsformen. Die Handball BL Frauen stellt sich heute als Organisationsmix dar, indem der gemeinnützige Stammverein eng mit der ausgelagerten Spielbetriebs-GmbH kooperiert (vgl. Heinemann, 2007, S 142f.). Einfluss auf das Management der Bundesligaclubs nimmt auch die Art des Stammvereins, z.B. ob es sich um einen Mehrsparten- oder monostrukturell organisierten Verein handelt. Darüber hinaus ist das Ausmaß an Hauptamtlichkeit ein Signal für die Reaktion der Vereinsführung auf zukünftige Herausforderungen. Ein professionell agierendes Clubmanagement ist nicht nur im Bereich der Vermarktung aktiv, sondern steuert auch die Optimierung des Spielerinnenkaders sowie die Auswahl eines geeigneten Trainerteams.

Vereinsformen

In Folge der zunehmenden Orientierung von Sportvereinen am Markt haben sich auch strukturelle Veränderungen von Sportvereinen ergeben. Schließlich sind diese auf die Sicherung ihrer Existenz angewiesen (vgl. Cachay et al., 2001, S. 20). Die Entscheidungsprozesse in Vereinen werden in hohem Maße durch die Organisationsstruktur beeinflusst. Denn sie bestimmt weitgehend, in welchem Maße sich ein Verein als wandlungsfähig erweist (vgl. auch Thiel et al., 2006, S. 178). Im Zuge dessen gilt es, Organisationsstrukturen so zu verändern, dass heterogene Interessen von Mitgliedern berücksichtigt werden. Einerseits sind davon die Verberuflichung bestimmter Sportbereiche und andererseits die Umgestaltung im Verwaltungsbereich betroffen. Zudem eröffnet die Veränderung der Organisationsstrukturen weitere Entwicklungsmöglichkeiten für die Vereine. Dadurch entstehen allerdings gleichzeitig auch neue Herausforderungen und hier vor allem neue Managementaufgaben, die es zu bewältigen gilt. Insofern nehmen Vereinsstrukturen auch Einfluss auf die normative Steuerung der Handballclubs.

Tabelle 22 führt die typischen Vereinsformen der Erstligaclubs auf. Nachfolgend werden in Tabelle 23 die Vereinsformen der beiden Staffeln der 2. Handball BL Frauen dargestellt.

Tab. 22. *Vereinsformen der Erstligaclubs im Frauenhandball (Saison 2006/07) (eigene Recherchen).*

Team	Vereinstyp	Gründung	Mitglieder	Handball	Frauenanteil	Rang
1. FC Nürnberg Handball	Einsparten	1995	200	200	85%	1
TSV Bayer 04 Leverkusen	Mehrsparten	1904	11.000	100	60%	2
HC Leipzig	nur Frauen	1999	220	220	95%	3
DJK/MJC Trier	Mehrsparten	1950	1.000	340	50%	4
VfL Oldenburg	Mehrsparten	1894	1.550	450	60%	5
Frankfurter HC	nur Frauen	1994	163	163	95%	6
HSG Blomberg-Lippe (A)	Einsparten	1993	450	450	50%	7
Buxtehuder SV	Mehrsparten	1862	3.500	550	55%	8
Thüringer HC	Einsparten	2000	400	400	70%	9
TSG Ketsch	Mehrsparten	1902	1.800	450	60%	10
BV Borussia Dortmund	Mehrsparten	1909	-	200	80%	11
TPSG FA Göppingen (A)	Mehrsparten	1896	-	-	50%	12

Tab. 23. *Vereinsformen der Zweitligaclubs im Frauenhandball (Saison 2006/07) (eigene Recherchen).*

Team	Vereinstyp	Gründung	Mitglieder	Handball	Frauenanteil	Rang
Nordstaffel						
TV Beyeröhde	Mehrsparten	1893	270	180	50%	1
SV Union-Halle Neustadt	nur Frauen	1970	220	220	95%	2
SVG Celle	Mehrsparten	1980	1.250	145	95%	3
TSG Wismar	Mehrsparten	1961	-	300	80%	4
SC Greven 09	Mehrsparten	1909	900	300	60%	5
TSV Nord Harrislee (A)	Mehrsparten	1946	1.600	500	70%	6
SV BVG 49 Berlin	Mehrsparten	1949	800	100	95%	7
TSV Travemünde	Mehrsparten	1860	2.165	268	55%	8
HSC 2000 Magdeburg	nur Frauen	2000	223	223	95%	9
PSV Recklinghausen	Mehrsparten	1920	1.791	442	40%	10
VfL Wolfsburg (A)	Mehrsparten	1946	5.500	220	50%	11
VfL Oldenburg II	Mehrsparten	1894	1.550	450	60%	12
SG Pädagogik/PSV Rotsock (AB)	nur Frauen	2006	150	150	95%	13
HSG Stemmer/ Friedewalde (A)	Einsparten	1994	-	450	40%	14
Südstaffel						
HSG Sulzbach/ Leidersbach	Einsparten	1999	-	800	50%	1
TuS Metzingen	Mehrsparten	1861	1.200	260	60%	2
TuS Weibern	Mehrsparten	1920	600	500	50%	3
SC Markranstädt	nur Frauen	1998	212	212	80%	4
HSG Bensheim/Auerbach	Einsparten	2002	-	220	80%	5
TV Nellingen	Mehrsparten	1893	2.500	300	85%	6
BSV Sachsen Zwickau	Mehrsparten	1990	199	144	85%	7
TV Mainzlar	Mehrsparten	1905	900	250	50%	8
SV Allenbach	Mehrsparten	1947	1.200	250	90%	9
TSG Ober-Eschbach	Mehrsparten	1898	1.300	350	60%	10
SG Kirchhof (AB)	Mehrsparten	1909	403	200	50%	11
HC Sachsen Neustadt-Sebnitz (A)	Einsparten	1991	-	220	50%	12
SC Riesa (A)	Mehrsparten	1992	3.000	200	50%	13

Die Mehrheit der Teams entstammt sowohl in der 1. Liga (7 der 12 Clubs) als auch in der 2. Liga (19 von 27 Teams) aus geschlechtergemischten Mehrspartenvereinen. Mit Frisch Auf Göppingen ist sogar ein Club vertreten, der sowohl mit der Damen- als auch Männermannschaft in der 1. Handball BL antritt. Während die Frauenteams von Leverkusen und Dortmund weiter in die Struktur ihrer traditionsreichen Fußballvereine integriert sind, hat sich die bereits 1922 gegründete Handballabteilung des 1. FC Nürnberg 1995 als 1. FC Nürnberg Handball verselbstständigt. Den Namen des traditionsreichen Männerfußballclubs trägt der Verein aus strategischen Gründen allerdings immer noch. Interessant ist, dass die Erstligaclubs aus Nürnberg und Dortmund beinahe reinen Frauenhandballabteilungen entstammen. Offensichtlich hat sich innerhalb traditionsreicher Männerfußballclubs kein Spitzenhandball der Männer entwickeln können, jedoch der Frauenhandball. Auch die Zweitligateams der Mehrspartenvereine aus Zwickau, Nellingen, Metzingen oder Allensbach haben ausschließlich Frauenhandballabteilungen.

Darüber hinaus gibt es mit den Erstligateams aus Leipzig und Frankfurt/Oder und vier weiteren Zweitligateams auch reine Frauenhandballvereine.[28] Dieses in Deutschland eher untypische Phänomen – der reinen Frauensportclubs – ist ausschließlich bei Teams mit einem Standort in Ostdeutschland festzustellen. Insgesamt weisen 15,4% (6 der 39 Erst- und Zweitligateams) der Bundesligateams eine Eigenständigkeit als Frauenverein auf. Während die Mehrspartenvereine zumeist auf eine lange Tradition zurückblicken können, sind die reinen Frauenhandballvereine erst in jüngerer Zeit entstanden.

Im Hinblick auf die Vereinsgröße weisen die Teams Unterschiede auf. Die Handballabteilungen sind mit 100-550 Mitgliedern in der 1. Liga und 100-800 Mitgliedern in der 2. Liga unterschiedlich groß. Durchschnittlich haben die Handballabteilungen der Teams der 1. und 2. Handball BL Frauen 300 Mitglieder. Offenbar gelingt es auch kleinen Handballvereinen bzw. -abteilungen, sich im Spitzenhandball zu behaupten. So bestehen etwa die Spitzengruppen der 1. und 2. Handball BL Frauen – mit einer Ausnahme – durchweg aus kleineren Handballvereinen bzw. -abteilungen.

Auffällig ist in allen Vereinen der Handball BL Frauen zudem der durchweg hohe Frauenanteil (durchschnittlich 63%) auch in denen, die keine reinen Frauenhandballclubs sind.

Aus den Gründungsjahren und den Experteninterviews geht hervor, dass viele Bundesligaclubs eine lange Frauenhandballtradition haben.

„*Frauenhandball gibt es bei uns eigentlich schon seit den 1920er Jahren*“ (1. BL, V-1, 30).

„*Uns gibt es so zwar erst seit 1994. Wir sind aber entstanden aus den DDR-Traditionsvereinen im Frauenhandball BFV und Blau-Weiß Frankfurt/Oder*“ (1. BL, V-3, 31).

„*Wir sind ja ein Zusammenschluss zwischen dem TV Freya Friedewalde und dem TV Stemmer, das sind zwei Vereine, die es schon in den Anfangsjahren des Frauenhandballs, so in den 1920er Jahren, gab*“ (2. BL, V-27, 32).

„*Frauenhandball gibt es schon seit 1954 in Zwickau. Wir waren ja hier BSG Sachsenring Zwickau erst und haben uns dann 1990 verselbständigt als BSV und sind auch seit der Zeit in der 1. oder 2. Liga*“ (2. BL, V-13, 30).

„*Unseren Verein gibt es seit 1909 und wir feiern jetzt 40 Jahre Damenhandball. Wir haben seit 1929 Handball gespielt, d.h. Feldhandball, aber da haben nur unsere Männer gespielt. Also seit 1966 auch Damenhandball, aber immer auf sehr hohem Niveau. Wir haben 1977 schon in der 1. Liga gespielt und wenn ich da mal sehe, wer da noch spielt, ist da keiner mehr übrig geblieben*“ (2. BL, V-16, 31).

Die Vereinschroniken belegen zudem, dass sich die reinen Frauensportclubs meist aus Mehrspartenvereinen herausgelöst haben. In der Regel handelt es sich um Zusammenschlüsse zwischen benachbarten Handballvereinen, offenbar auch, um gezielt den Frauenhandball im Spitzenbereich zu

[28] Ein ähnliches Phänomen findet sich im Frauenfußball, wo 5 der 12 Erstligaclubs (41,6%) in der Saison 2006/07 eigenständige Frauenfußballvereine waren (vgl. Klein, 2007). Gleiches findet sich auch im Frauenbasketball. In diesen beiden Frauenteamsportarten sind Frauenvereine allerdings vorrangig in den Altbundesländern verbreitet. Die Beobachtung der Entstehung spezifischer Frauensportvereine ist relativ neu. Inwieweit dies als Reaktion einer Nichtbeachtung von spezifischen Bedürfnissen der Frauen zu deuten ist, wurde bisher nicht untersucht (vgl. Baur & Beck, 1999).

fördern. In den Vereinen der Erst- und Zweitligisten steht der Mädchen- und Frauenhandball nach Aussagen der Vereinsvertreter eindeutig an erster Stelle.

„Durch die Fusion haben wir auch Männermannschaften. Die spielen bei uns aber nicht so die Rolle. Wir haben uns eigentlich die Förderung des Frauenhandballs auf die Fahne geschrieben. Wir haben über 20 Mannschaften in allen Altersklassen weiblich und männlich" (1. BL, V-5, 34).

„Es gibt auch Männerhandball, aber keine männliche Jugend. In erster Linie konzentrieren wir uns hier auf Frauenhandball. Im Nachwuchsbereich haben wir jetzt erst angefangen und momentan erst vier Jugendmannschaften im Verein" (1. BL, V-1, 34).

„Der Männerhandball ist dann irgendwann abgebrochen, so vor 10 Jahren. Der Schwerpunkt ist eindeutig Frauenhandball, es gibt keine Männerteams mehr. Die gehen dann alle nach Neuhausen und wir haben speziell den Frauenhandball übernommen. Wir haben 2 Damenmannschaften und 9 Mädchenmannschaften" (2. BL, V- 24, 35).

„Wir haben neben der Bundesligamannschaft noch 2 Damenmannschaften und 5 Jugendmannschaften, alles nur im weiblichen Bereich, und wir haben noch Minimannschaften. Es gibt bei uns keinen Männerhandball" (2 BL, V-36, 34).

Der Männerhandball spielt in diesen Clubs – mit Ausnahme von Frisch Auf Göppingen – eher eine untergeordnete Rolle. Frauenhandball im Spitzenbereich kann sich offenbar insbesondere dort etablieren, wo keine höherklassigen Männerhandballmannschaften angesiedelt sind.
87,2% der befragten Clubs bestätigen, dass die Frauenmannschaft das Aushängeschild des Vereins ist. Nur zwei Vereine gaben an, dass die Frauenmannschaft keinen besonderen Stellenwert im Verein einnimmt. Drei weitere Vereine wollten den Stellenwert ihres Bundesliga-Teams nicht überbewerten. Folgende Zitate stützen diese unterschiedlichen Bewertungen des Stellenwerts der Frauenteams:

„Das ist natürlich in ganz Frankfurt/Oder das Aushängeschild. Wie schon gesagt, der Frauenhandball ist bei uns schon sehr populär und hat eine lange Tradition" (1. BL, V-3, 46).

„Absolutes Aushängeschild. Alle richten sich danach, alle müssen sich unterordnen, alle profitieren davon und früher hat die 1. Damenmannschaft den ganzen Verein finanziert. Das ist jetzt anders, da wir jetzt die GmbH haben, da hat es der Verein schon schwieriger. Der weiß nicht, wie er seine Jugend finanzieren soll. Eine E-Jugend kostet uns 1.000 €, früher haben wir das mitbezahlt" (2. BL, V-16, 46).

„Aushängeschild ganz klar und es profitiert auch der ganze Verein von dieser 1. Damenmannschaft. Z.B. was die Bewirtung angeht bei den Heimspielen, das macht der Verein, das haben wir dem Verein gelassen und das ist auch seine Haupteinnahmequelle, da haben wir nichts von" (2. BL, V-21, 46).

Die lange Tradition der Frauenteams sowie ihr hoher Stellenwert innerhalb der Vereine können als Ressourcenstärke hinsichtlich der Vermarktung des Frauenhandballs angesehen werden. Allerdings gelingt es den Clubs bisher noch nicht hinreichend, dies in ihre strategische Vermarktung zu integrieren.

Rechtsformen

Analog zum Ligaverband haben die BL-Teams auch auf der Clubebene organisatorische Ausgliederungen ihres Bundesligaspielbetriebs vollzogen und institutionelle Veränderungen durch die Umwandlung in Kapitalgesellschaften vorgenommen. Bei der Wahl der Rechtsform wird vor allem die GmbH, eine Form der Kapitalgesellschaft, genutzt. In der 1. Liga werden lediglich drei Teams noch in der Rechtsform des eingetragenen Vereins geführt, eines als GbR.[29] Zusammengenommen haben in der 1. und 2. Handball BL Frauen bereits 20 der 39 BL Vereine (51,3%) ihre Rechtsform umgewandelt. Folglich wird die Hälfte (48,7%) aller Erst- und Zweitligaclubs der Frauen weiterhin als e.V. geführt. Einen Überblick über die Rechtsformwahl der Erst- und Zweitligavereine der Handball BL Frauen zeigen die folgenden Tabellen 24 und 25.

Tab. 24. *Rechtsformen (Vereine und Kapitalgesellschaften) der 1. Handball-Bundesliga Frauen (Saison 2006/07) (eigene Recherchen).*

Team	Rechtsform
1. FC Nürnberg	GmbH
TSV Bayer 04 Leverkusen	e.V.
HC Leipzig	GmbH
DJK/MJC Trier	e.V.
VfL Oldenburg	GmbH
Frankfurter HC	e.V.
HSG Blomberg-Lippe	GbR
Buxtehuder SV	GmbH
Thüringer HC	GmbH
TSG Ketsch	GmbH
BV Borussia Dortmund	GmbH & Co. KGaA
TPSG FA Göppingen	GmbH

Tab. 25. *Rechtsformen (Vereine und Kapitalgesellschaften) der 2. Handball-Bundesliga Frauen (Saison 2006/07) (eigene Recherchen).*

2. BL Nord		2. BL Süd	
Team	Rechtsform	Team	Rechtsform
TV Beyeröhde	GmbH	HSG Sulzbach/Leidersbach	GmbH
SV Union-Halle Neustadt	e.V.	TuS Metzingen	GmbH
SVG Celle	GmbH	TuS Weibern	e.V.
TSG Wismar	e.V.	SC Markranstädt	GmbH
SC Greven 09	e.V.	HSG Bensheim/Auerbach	GmbH
TSV Nord Harrislee	e.V.	TV Nellingen	GmbH
SV BVG 49 Berlin	e.V.	BSV Sachsen Zwickau	e.V.
TSV Travemünde	e.V.	TV Mainzlar	GmbH
HSC 2000 Magdeburg	e.V.	SV Allenbach	e.V.
PSV Recklinghausen	e.V.	TSG Ober-Eschbach	e.V.
VfL Wolfsburg	e.V.	SG Kirchhof	GmbH
VfL Oldenburg II	GmbH	HC Sachsen Neustadt Sebnitz	e.V.
SG Pädagogik/ PSV Rostock	e.V.	SC Riesa	e.V.
HSG Stemmer/ Friedewalde	GbR		

[29] Zum Vergleich, in der Handball-Bundesliga der Männer haben 17 von 18 Vereinen eine Rechtformumwandlung vollzogen.

Die Rechtform wird als Rahmenbedingung für die Vermarktung der Vereine angesehen. Aus ökonomischer Sicht konstituieren die rechtlichen Regelungen der Clubverfassung eine inhaltliche und formale Ordnung für das angestrebte Zusammenwirken vorhandener Ressourcen der Teams. Darüber hinaus regelt die Clubverfassung die Partizipation der verbundenen Stakeholder mit dem Verein (vgl. auch Müller, 1999). Hier spricht viel für die These, dass Clubs mit rechtlich selbständigen Spielbetriebsgesellschaften ihr Management eher professionalisieren können, als Teams in direkter Zuständigkeit des ehrenamtlich geführten Stammvereins. Veraltete Vereinsstrukturen können so durch moderne Organisationsmuster ersetzt und ehrenamtliche Entscheidungsträger durch hauptamtliche Führungskräfte rekrutiert werden.

Die sportökonomische Literatur sieht dabei noch weitere Vorteile, die für die Umwandlung der Bundesligaclubs in Kapitalgesellschaften sprechen. Die Änderung der Rechtsform ist dabei nicht nur das Resultat ökonomischer Effizienzüberlegungen, vielmehr soll sie das Haftungsrisiko von Vereinsverantwortlichen bei Missmanagement einschränken (vgl. auch Wadsack, 2004, S. 296; Horch, Niessen & Schütte, 2003; DiMaggio & Powell, 1983). Darüber hinaus ist die Zulassung von anderen Rechtsformen zum Spielbetrieb in den Bundesligen vor allem in der drohenden Rechtsformverfehlung durch die wirtschaftlichen Tätigkeiten der eingetragenen Vereine und dem daraus folgenden Verlust der Gemeinnützigkeit zu sehen (vgl. etwa Hovemann, 2005, S. 228ff.; Müller, 1999, S. 124ff.). Argumente für die Umwandlung in Kapitalgesellschaften sind zum einen neben der Professionalisierung der internen Organisationsstruktur vor allem der zu erwartende Kapitalzufluss (vgl. auch Hardenacke & Hummelsberger, 2004, S. 62f.). Einer Handballkapitalgesellschaft eröffnet sich im Vergleich zum Handballverein der rechtliche Zugang zu einem größeren Finanzierungsportfolio. Daraus ergeben sich Vermarktungsvorteile für diese Teams, nicht zuletzt auch aufgrund kürzerer Entscheidungswege und autonomer Handlungsmöglichkeiten der Clubmanager. Damit verhalten sich die Handballclubs wie lernende Organisationen, indem sie auf Umweltdynamiken durch die Umstellung ihrer Organisationsstruktur reagieren (vgl. auch Kieser & Kubicek, 1992, S. 365ff.). Ferner ermöglicht die Umwandlung in Kapitalgesellschaften einen vom Hauptverein abgetrennten wirtschaftlichen Geschäftsbetrieb und im Falle einer drohenden Insolvenz beschränkt sich die Haftung auf das Gesellschaftsvermögen sowie das vertraglich fixierte Grundkapital, so dass der Verein nicht gefährdet ist.

Welche Gründe die Frauenhandballvereine zur Umwandlung ihrer Rechtsform bewegten, wird auszugsweise in folgenden Zitaten deutlich:

„Wir haben ja bzw. wir mussten aus vielerlei Gründen den Verein teilen und haben die Bundesligamannschaft, also die Profis, und die Regionalligamannschaft ausgegliedert in eine GmbH. Das haben wir gemacht, damit der Verein seine Gemeinnützigkeit nicht verliert und auch um den Verein zu schützen, wenn mal was passieren sollte, damit der Verein dann nicht von der Bildfläche verschwindet. Denn im Sportbereich ist die Situation ja so, dass mal ganz schnell viel Geld weg bricht, denn wir reden ja hier nicht von 5,80 €" (1. BL, V-5, 36).

„*Das haben wir aus haftungstechnischen Gründen gemacht. Es ist einfach so, dass das mit einer GmbH mit dem Rechnungenschreiben, mit der Buchhaltung, mit den Arbeitsverträgen usw. einfacher ist, als wenn das immer über den Verein läuft. Deswegen mussten wir das analog zu den Männern machen. In unserer Satzung steht auch drin, dass keine Berufsspielerinnen oder Berufssportler im Verein angestellt werden dürfen. Also, es war klar, in dem Moment, wo mal jemand kommt, der bezahlt werden muss, muss ausgegliedert werden in eine GmbH*“ (1. BL, V-9, 39).

„*Wir haben das in eine GmbH ausgegliedert, um das Haftungsrisiko für die Stammvereine zu senken und um auch über die GmbH, eine professionellere Abwicklung von Geschäften, wie Sponsorverträge und den operativen Spielbetrieb, zu ermöglichen*“ (2. BL, V-14, 36).

Die Umwandlung in eine kapitalgesellschaftliche Organisationsstruktur eröffnet den Teams Professionalisierungschancen hinsichtlich der Clubsteuerung. Aus den Interviewaussagen wird deutlich, dass auch die Frauenhandball-Bundesligateams von der voranschreitenden Professionalisierung im Teamsport nicht unberührt bleiben und im Zuge der Veränderung externer Rahmenbedingungen neue Organisationsformen wählen.

Den Bundesligaclubs können sich durch die Umwandlung der Rechtsform auch Marketingvorteile eröffnen. Aufgrund rückläufiger Subventionen der öffentlichen Hand wird den Teams durch die Gründung einer Spielbetriebs-GmbH ermöglicht, zusätzliche Gelder z.B. über Sponsoren zu erwirtschaften. Dies gelingt insbesondere auch durch die transparente Außendarstellung sowie eines gesteigerten Gläubigerschutzes infolge umfangreicher Publizitätspflichten. Allerdings sagt die Umwandlung der Rechtsform noch nichts über die Qualität des Clubmanagements aus, sie bietet lediglich bestimmte Rahmenbedingungen für eine effiziente Steuerung der Teams (vgl. Fritz, 2006, S. 185). Ob die Umwandlung in Kapitalgesellschaften (im Vergleich mit Vereinsstrukturen) unmittelbare Auswirkungen auf die Vermarktungserlöse im Frauenhandball hat, wurde in Kapitel 4 empirisch überprüft. Es hat sich gezeigt, dass die Rechtsform des e.V. gegenüber Kapitalgesellschaften insbesondere für die Erstligaclubs Nachteile bei der Vermarktung bedeutet.

Mitarbeiterstruktur

Die Charakterisierung der Vereine z.B. nach Sparten, Gründungsjahr sowie Mitgliederzahlen und ihrer Rechtsform allein geben aber noch keinen Hinweis auf spezifische Führungsanforderungen. Sowohl kleine als auch große Vereine können in ihren Vermarktungsbemühungen sehr aktiv oder inaktiv sein (vgl. auch Wadsack, 2008, S. 134). Allerdings ist in großen Mehrspartenvereinen die Bereitschaft zur Professionalisierung eher gegeben, da diese einen deutlich höheren Organisations- und Koordinationsaufwand aufweisen. Zudem können sie schon aufgrund ihrer finanziellen Ressourcen meist bezahlte Mitarbeiter beschäftigen. Die Entwicklung der Vereinsstrukturen der Frauenhandball-Bundesligavereine zeigt, dass im Zuge der Kommerzialisierung und Professionalisierung des Mannschaftssports zunehmend auch Veränderungen in den konstitutiven Merkmalen der Vereine festzustellen sind. Während die Organisation der Vereine (Vereinsstruktur, Rechtsform) den formalen Rahmen abgibt, hängt die Steuerung der Vereins- und Vermarktungsaktivitäten in erster Linie auch von einem effizienten Clubmanagement ab.

Das Clubmanagement sorgt dafür, dass der jeweilige Vereinsbetrieb effizient gesteuert und entwickelt wird (vgl. auch ebd., S. 137). Ein effizienter Vereinsbetrieb erfordert wiederum ein professionell agierendes Management, denn ein gut funktionierendes Management ist für den wirtschaftlichen und sportlichen Erfolg eines Bundesligateams verantwortlich. Für die Bundesligavereine stellt das Clubmanagement eine bedeutende strategische Humanressource dar. Allein die Sicherung des Verbleibs in einer Liga erfordert einen Mindestetat, den die verantwortlichen Manager erwirtschaften müssen. Eine größere Finanzkraft kann die sportlichen Erfolgsaussichten verbessern. So kann ein hauptamtliches Management auch den sportlichen Erfolg beeinflussen.

Die zentrale Aufgabe der Vereinsführung besteht in der optimalen Nutzung und dem effizienten Einsatz der verfügbaren Humanressourcen. Während der Trainer für die sportlichen Belange des Teams verantwortlich ist, ist das Management für die Abwicklung der wirtschaftlichen Angelegenheiten, wie Spielerinnentransfers und die Vermarktung des Teams zuständig (vgl. zur Managerproduktivität im Teamsport auch Scully, 1989). Die im Management tätigen Personen regulieren in der Regel das kaufmännische Geschehen. Im günstigsten Fall werden die Kosten für die Lizenzspielabteilung vollständig erwirtschaftet und Rücklagen für Investitionen der darauf folgenden Saison gebildet.

Aufgrund der veränderten Umfeldbedingungen und der immer komplexer werdenden Führungsaufgaben sind die Anforderungen an das Management der Vereine gestiegen. Im Spitzensport ist dabei zu beobachten, dass die Vereine nach und nach ein hauptamtliches Management einsetzen und die ehrenamtliche Organisationsarbeit in den Hintergrund gerät. Denn vor allem in größeren Vereinen wachsen die Aufgaben in einem Umfang, der durch freiwillige Mitarbeit nicht mehr allein bewältigt werden kann. Spezifische Managementfähigkeiten, -fertigkeiten und -kompetenzen werden in zunehmendem Maße erforderlich, die durch ehrenamtliche Mitarbeiter nicht mehr ohne weiteres zu gewinnen sind.

Auch das Ergebnis der Regressionsanalyse bestätigt diesen Zusammenhang, dass sich ein Management mit hauptamtlichen Mitarbeitern gegenüber rein ehrenamtlich arbeitenden Handballvereinen positiv auf die Vermarktungserlöse auswirkt. Die Einstellung hauptamtlicher Manager kann einen produktiven Prozess durch neue Ideen und neues Wissen bewirken, wobei die Vereinsarbeit dadurch professionellere Qualität annimmt, was wiederum Voraussetzung für die Steigerung der Effizienz des Managements ist.

Die Bundesligateams haben erkannt, dass die Bewältigung der heutigen Anforderungen im Teamsport sowohl personelle als auch organisatorische Veränderungen erfordern. Die Erst- und Zweitligateams sehen sich folglich vermehrt unter einem Professionalisierungsdruck, dem sie durch Anstellung hauptamtlicher Mitarbeiter im Management begegnen, sofern die finanziellen Mittel dies erlauben.

„Also, ein Druck ist sicher da, zumal sich auch jeder Verein weiterentwickeln will und man irgendwo – vor allem zeitlich – an Grenzen stößt, neue Sponsoren zu akquirieren und bestehende Sponsoren zu betreuen, um dieses extreme Umfeld dann auch positiv in die richtige Richtung zu bekommen. Es wäre sicherlich für den Verein positiv, wenn es mehr hauptamtliche Stellen geben würde, aber, wie gesagt, ist das immer abhängig vom Geld und den Sponsoren und man muss einfach das Beste daraus machen" (1. BL, V-1, 58).

„Ja klar entsteht da ein Druck und das ist auch gut so. Umso mehr Erfolg sie haben, umso mehr kommt ja auch von außen, auch von denen, die Geld geben und da muss man sich ja auch verbessern. Schon jedes Jahr die Liga zu finanzieren, das müssen Sie erst mal schaffen, das mag im Fußball kein Problem sein, aber im Frauenhandball, das ist eben eine Randsportart, da sind schon Herausforderungen mit verbunden. Außerdem gucken Sie sich mal Leipzig an, die haben ein Umfeld mit zehn Festangestellten, das ist ein richtiges Wirtschaftsunternehmen und ich denke, in Zukunft kommen wir auch nicht da drum herum, das ähnlich zu tun. Wir werden ohne festangestellte Leute die Ziele nicht erreichen können" (1. BL, V-5, 58).

„Die Anforderungen sind riesengroß und die Vereinsmitglieder sehen das zum Teil gar nicht so. Ja, das ist ganz sicher mit den Jahren gewachsen und da ist auch ein Professionalisierungsdruck da, aber das muss man auch finanzieren können. Wir sind vielleicht damals zu früh in die Bundesliga aufgestiegen. Ich wusste nicht, was das für ein brutales Geschäft wird, denn von dem Tag an, als wir aufgestiegen waren, hatten wir hier keine heile Welt mehr" (2. BL, V-16, 59).

„Wir brauchen schon hauptamtliche Mitarbeiter, die sich mindestens 5-6 Stunden am Tag nur um Handball kümmern können, das ist so ganz nebenbei gar nicht mehr zu bewerkstelligen. Die Grundidee, wie so professionelle Strukturen aussehen, die gibt es auf Papier, aber Professionalität bedeutet auch gleichzeitig Geld ausgeben und das ist das Problem, solche Konzepte kann man nur insofern umsetzen, wie man das Geld dafür hat" (2. BL, V-39, 59).

Die Notwendigkeit zu mehr hauptamtlichen Mitarbeitern wird von den Vereinsverantwortlichen durchweg bestätigt, allerdings sehen die Vereine finanzielle Grenzen. Das Geld wird jedoch eher für Spielerinnengehälter ausgegeben, als für Investitionen in das strategische Vereinsmanagement wie folgende Expertenaussagen untermauern:

„Wir würden gerne auch einen Geschäftsführer nehmen, der hauptamtlich ist, aber wir können eben nicht. Wir können nicht mal in die Mannschaft investieren und folglich bleibt dann diese Randerscheinung Geschäftsstelle, Geschäftsführer, Sekretärin und alles auf der Strecke" (1. BL, V-9, 61).

„Man hat schon geschafft die Einnahmen zu erhöhen, allerdings steigen auch die Ausgaben an oder man investiert noch mehr in Spielerinnen. Dann ist das Geld gleich wieder ausgegeben" (2. BL, V-25, 117).

Tabelle 26 und 27 zeigen, dass 83,3% der Erstligateams und 37% der Zweitligateams erste Schritte einer Professionalisierung durch hauptamtliche Anstellungsverhältnisse im Management gegangen sind.[30]

Tab. 26. *Verbreitung von Hauptamtlichkeit im Management der Erstligaclubs im Frauenhandball (Saison 2006/07) (eigene Recherchen).*

Team	Hauptamtlichkeit im Management	Team	Hauptamtlichkeit im Management
1. FC Nürnberg	2	HSG Blomberg-Lippe	1
TSV Bayer 04 Leverkusen	1	Buxtehuder SV	2
HC Leipzig	4	Thüringer HC	3
DJK/MJC Trier	2	TSG Ketsch	0
VfL Oldenburg	2	BV Borussia Dortmund	1
Frankfurter HC	3	TPSG FA Göppingen	0

[30] Darunter fallen alle Beschäftigten der Vereine, die für ihre Tätigkeit entlohnt werden, d.h. sowohl vollzeitbeschäftigte Manager der Clubs als auch weitere Angestellte, die entweder halbtags oder auf geringfügiger Beschäftigungsbasis angestellt sind, wie etwa Bürokräfte.

Die Zweitligateams und deren Spielbetriebs- oder Marketing-GmbHs werden überwiegend ehrenamtlich geführt. Nur wenige Zweitligaclubs verfügen über Teammanager, die sich speziell mit der Vermarktung beschäftigen können. In 19 von 39 Vereinen (48,7%) übernehmen weiterhin ausschließlich ehrenamtliche Mitarbeiter die Vermarktung der Erst- und Zweitligateams.

Mit der Entscheidung hauptamtliche Anstellungsverhältnisse zu schaffen, geht in den BL-Vereinen eine Dezentralisierung von Entscheidungskompetenzen einher (vgl. auch Heinemann & Schubert, 1992, S. 34ff.). Das Führungsteam handelt nun weitgehend autonom vom gemeinnützigen Verein. Es bestehen aber in der Realität organisatorische Mischformen, die demokratische und hierarchische Entscheidungsstrukturen verknüpfen.

Tab. 27. *Verbreitung von Hauptamtlichkeit im Management der Zweitligaclubs im Frauenhandball (Saison 2006/07) (eigene Recherchen).*

Nordstaffel		Südstaffel	
Team	Hauptamtlichkeit im Management	Team	Hauptamtlichkeit im Management
TV Beyeröhde	0	HSG Sulzbach/Leidersbach	1
SV Union-Halle Neustadt	1	TuS Metzingen	1
SVG Celle	1	TuS Weibern	0
TSG Wismar	0	SC Markranstädt	1
SC Greven 09	0	HSG Bensheim/Auerbach	0
TSV Nord Harrislee	0	TV Nellingen	0
TSV Travemünde	0	TV Mainzlar	0
HSC 2000 Magdeburg	2	SV Allenbach	0
PSV Recklinghausen	0	TSG Ober-Eschbach	0
VfL Wolfsburg	0	SG Kirchhof	0
VfL Oldenburg II	3	HC Sachsen Neustadt Sebnitz	0
SG Pädagogik/PSV Rostock	1	SC Riesa	1
HSG Stemmer/Friedewalde	0		

Hauptamtliche Mitarbeiter sind sowohl in den gemeinnützigen als auch als Kapitalgesellschaft geführten Vereinen weiterhin die Ausnahme, wobei mit sinkendem Liganiveau rein ehrenamtliche Führungsstrukturen zunehmen. So haben in den Teams der 1. Handball BL Frauen nur 16,7% rein ehrenamtliche Führungskräfte, in der 2. Handball BL Frauen sind es dagegen 63%. Es zeigt sich, nicht nur die formale Organisationsstruktur der Frauenhandballvereine hat sich geändert, sondern auch die Arbeits- und Aufgabenteilung, auch wenn in den Frauenhandball-Bundesligaclubs nach wie vor ehrenamtliche Mitarbeiter die wichtigste Ressource für die Vereinsarbeit darstellen.

Zusammenfassend zeigen die Ergebnisse, dass die Managementeffizienz durchaus über die Einrichtung hauptamtlicher Tätigkeitsfelder in den Bundesligaclubs gesteigert werden kann und zu höheren Vermarktungserlösen der Teams führt. Durch die Einstellung hauptamtlicher Manager kann die

Vereinsarbeit eine höhere Qualität annehmen. Steigende Managementeffizienz ist folglich ein entscheidender Faktor für die Weiterentwicklung im Spitzenhandball der Frauen.
Die Rekrutierung hauptamtlicher Manager unterscheidet sich von der ehrenamtlicher Funktionäre. Diese sind freiwillige Mitglieder des Vereins und werden von der Hauptversammlung in das entsprechende Amt gewählt. So werden Führungspositionen im Vorstand der Vereine in der Realität meistens mit Mitarbeitern besetzt, die zwar über eine hohe Affinität und Erfahrung im Handball verfügen, jedoch nicht unbedingt eine Managementausbildung und Führungserfahrung haben. Teilweise stehen den Clubs aber Unternehmensberater, Juristen o.ä. im erweiterten Vorstand ihres Vereins zur Seite. Spezifische Qualifikationen im Sportmanagement besitzen nur die wenigsten Mitarbeiter der Frauenhandballteams.

„Ja, wir haben in unserer Geschäftsstelle einen Diplom-Sportwissenschaftler und eine Bürokauffrau. Dann bin ich als Medien- und Unternehmensberater auch noch da. Also, ich denke schon, dass wir in Bezug auf Managementqualifikationen besser ausgestattet sind als andere Vereine" (1. BL, V-7, 58).

„Also, einmal habe ich das selbst gemacht. Ich habe drei Jahre lang in Düsseldorf beim IST-Institut einen Lehrgang gemacht über Sportmanagement. Der Klaus Röhricht kommt aus der Betriebswirtschaft, also insofern, denke ich, sind wir da schon ganz gut aufgestellt" (1. BL, V-2, 60).

Das Clubmanagement basiert ihrer Meinung nach eher auf einem *learning by doing* Prozess, der auf praktischer Erfahrung beruht.

„Ja gut, Qualifikationen, in keinem Fall solche, dass wir ein Studium oder so was haben. Im Endeffekt haben wir uns das über die Jahre und die berufliche Erfahrung angeeignet. Bei uns ist es dann auch noch so, dass wir seit 20 Jahren im Bereich Handball tätig sind. Wir führen auch noch unsere eigenen Firmen, aber haben selber keine Qualifikation in Form von Studium" (1. BL, V-5, 56).

„Nein, wir sind nicht speziell geschult. Bei mir muss ich natürlich sagen, ich mache das hier jetzt seit 28 Jahren. Zunächst 18 Jahre als Trainer und von meiner sportlichen Laufbahn habe ich die Erfahrung mitgebracht. Ich war Gründungsmitglied der HBVF, war Schiedsrichter der 1. Bundesliga, war 12 Jahre im Ligaausschuss beim DHB und deshalb ist die HSA auch mein Kind und wenn es nicht geklappt hätte, hätte es bei uns schon Probleme gegeben" (2. BL, V-23, 58).

„Ich bin in diese Position hineingewachsen und andere, bspw. im Aufsichtsrat, da haben wir Juristen, Rechtsanwalt und Notar, dann haben wir Steuerberater und Wirtschaftsprüfer, wir haben ehemalige Geschäftsführer von größeren Wirtschaftsunternehmen, wie z.B. Botterblom, das ist unser Aufsichtsratvorsitzender und, und, und" (2. BL, V-32, 54).

Die Einstellung eines hauptamtlichen Mitarbeiters ist allein noch keine Erfolgsgarantie, sondern lediglich ein Schritt im Professionalisierungsprozess. Qualifizierte Funktionäre in der ehrenamtlichen Vereinsführung bleiben unverzichtbar für das Management der Bundesligavereine im Frauenhandball. Durch die Erweiterung von entsprechendem Managementwissen könnten die Clubs Wettbewerbsvorteile erzielen.
Nur wenige bilden sich auf dem Gebiet des Managements weiter. 80% der Vereinsvertreter sehen entweder keine Notwendigkeit oder nicht die ausreichende Zeit dafür, Schulungsmaßnahmen zu besuchen. Es ist aber zu beobachten, dass von Seiten des Ligaverbands (HBVF) kaum die Möglichkeit der Weiterbildung in Form von Managementschulungen für die Vereine angeboten wird. Dies wird auch von den Vereinsverantwortlichen bemängelt.

„Ansonsten im Managementbereich, denke ich, sind wir so lange am Markt und wir setzen den Trend, da müssen wir uns nichts anschauen. Man kann zwar immer lernen, aber da ist die Zeit natürlich auch sehr knapp, da irgendwelche Schulungen etc. zu machen, das ist natürlich sehr schwierig. Meine Assistentin, die würde das sehr gerne machen, aber das Tagesgeschäft frisst zu viel Zeit auf" (1. BL, V-4, 44).

„Insgesamt gibt es da sehr wenig. Jetzt ist gerade ein Sozialversicherungsträger dabei, der ein Angebot gemacht hat. Dann das mit der VBG, das war super, da wissen wir jetzt, wie wir das ausrechnen usw., das haben wir vorher nicht gewusst" (2. BL, V-24, 61).

„Es gibt von Seiten der HBVF jetzt nicht so wirklich Schulungen im Managementbereich. Nein, das ist dann eher das Wissen, was man sich in all den Jahren Vereinsarbeit und Beruf angeeignet hat" (2. BL, V-30, 61).

„Das wäre mal eine Maßnahme, die man machen müsste. Eine Qualifizierung für Manager ab Regionalliga, dass die teilweise selbst ernannten Manager in solchen Maßnahmen geschult werden. Das ist eigentlich dringend notwendig, wenn man den Frauenhandball weiter nach vorne bringen will" (2. BL, V-33, 62).

In der Regel werden die Frauenclubs von Männern geleitet. Allerdings gibt es auch einen im Folgenden zitierten Verein der es geschafft hat, nur Frauen als Gesellschafterinnen seiner GmbH zu mobilisieren, wobei einige Funktionsstellen im sportlichen Bereich auch mit Männern besetzt sind.

„Ich bin die alleinige Geschäftsführerin der GmbH. Wir haben in dieser GmbH elf Gesellschafterinnen. Wir hatten das auch so mal ins Auge gefasst, da wir hier in der Region auch stark im Männerhandball sind, und da schon viele Männer engagiert sind, haben wir uns damals gedacht, wir suchen uns elf Frauen und haben die auch tatsächlich gefunden. Wir haben demnach jetzt elf Frauen, die bereit waren, die GmbH zu tragen, wir haben dann aber noch einen Teammanager, wir haben ganz normal einen Betreuer und eine Betreuerin und einen Physiotherapeuten und eben den Trainer" (2. BL, V-16, 49).

Insgesamt zeigt sich die Situation, dass die Bundesligaclubs im Frauenhandball überwiegend von Männern gemanagt werden. Aber auch Frauen sind mit einem Anteil von 30,7% in unterschiedlichen ehrenamtlichen Führungspositionen (Vorstand) bei den Erst- und Zweitligaclubs involviert. Die starke Unterrepräsentation von Frauen in Führungspositionen des deutschen Handballs stimmt mit Ergebnissen breiter angelegter Studien überein (vgl. dazu auch Combrink & Hartmann-Tews, 2006; Combrink, 2004; Shaw & Hoeber, 2003, S. 317ff.). Die (inter)nationalen Befunde zur Frage der Geschlechterparität im Sport im Allgemeinen und zur Beteiligung von Frauen in Führungspositionen der Sportsysteme im Besonderen sind eindeutig: Europaweit und international sind Frauen nicht entsprechend ihrem Anteil an den aktiven Mitgliedern in den leitenden Funktionen des organisierten Sports repräsentiert. Je mehr Verantwortung, Einfluss und Entscheidungsbefugnisse mit einer Position im Sportsystem verbunden sind, desto weniger Frauen sind dort zu finden (vgl. Hartmann-Tews, 2004, S. 31ff.).

Neben den Hauptamtlichen (19,8%) sind noch etwa 142 ehrenamtlich tätige Personen in unterschiedlichen Funktionen aktiv. Darüber hinaus sind etwa 400 weitere Freiwillige – auch Frauen – auf der operativen Ebene (Spieltagsabwicklung) tätig. Im Frauenhandball bestätigt sich – wie in allen Sportvereinen Deutschlands – die herausragende Bedeutung ehrenamtlicher Helfer. Insbesondere für die Organisation und Durchführung der Spieltage sind alle Vereine sehr stark auf ehrenamtliche Helfer angewiesen. Die Teammanager koordinieren in fast allen Erst- und Zweitligaclubs meist den Ablauf des Spieltages und den Einsatz der Helferteams, wie folgende Zitate exemplarisch zeigen.

„Das ist eine komplett eingespielte Geschichte. Der Hallenaufbau weiß, was er zu tun hat, ob wir groß aufbauen oder klein, ob wir VIP-Raum aufbauen oder nicht und genauso ist es mit den Verpflegungsgeschichten für die Zuschauer. Das wird dann alles relativ selbständig von unseren zahlreichen Helfern organisiert" (1. BL, V-1, 64).

„Das machen wir als Geschäftsführer in Kooperation mit unseren Helfern. Der Spieltag wird am Abend vorher vorbereitet, da werden die Banden und die Werbung aufgehängt und dann wird schon mal abgesprochen, wie der Spieltag abläuft. Es wird der Ordnungsdienst und die Abwicklung, was Schiedsrichter und Kampfgericht angeht, besprochen usw." (2. BL, V-24, 65).

Ein weiterer interessanter Befund ist, dass in 31 der Erst- und Zweitligaclubs (79,5%) das Personal eigens für die Frauenmannschaft zuständig ist und es kaum Überschneidungen mit dem Männerhandballbereich im Verein gibt. Dies bestätigt erneut den hohen Stellenwert der Frauenteams innerhalb der Handballvereine. Die Frauenteams sind hier in keiner Weise benachteiligt, sofern es keine hochklassigen Männer-(Handball)Teams im Verein gibt.

Zusammenarbeit mit Agenturen

Professionalisierungsbemühungen von Seiten der Vereine zeigen sich auch in der Zusammenarbeit mit Vermarktungsagenturen. Während im Erstligafußball kaum ein Verein ohne die Unterstützung externer Vermarkter auskommt, ist diese Vermarktungspraxis im Handball und hier erst recht im Frauenhandball kaum verbreitet.[31] Als Anreiz für die Kooperation mit einer Vermarktungsagentur werden in der sportökonomischen Literatur drei Aspekte genannt: die direkter und unmittelbarer Zufluss liquider Mittel, die davon ausgehende ökonomische Planungssicherheit für die Dauer der Kooperationsbeziehung und der Know-how-Transfer des Expertenwissens der Agentur auf das Clubmarketing (vgl. auch Parensen, 2004, S. 307ff.). Die Vermarktung der Frauenclubs findet überwiegend in Eigenregie statt. Nur 17,9% der Frauenbundesligateams (3 Erstliga- und 4 Zweitligaclubs) arbeiten mit einer externen Agentur zusammen. Allerdings basiert diese Zusammenarbeit meist auf persönlichen Beziehungen; zum Teil werden auch Gegenleistungen verlangt. Hierbei handelt es sich meist um Tauschgeschäfte, wobei sowohl der Verein als auch die Agentur eine Leistung erhält, ohne dafür eine monetäre Gegenleistung zahlen zu müssen.

Die Teams, die bereits Kooperationen mit externen Partnern eingegangen sind, profitieren von deren Unterstützung vor allem in der Werbe- und PR-Arbeit. Mit wenigen Ausnahmen beschränken sich die Kooperationen auf ein Minimum, da fast alle Vereine aufgrund ihrer geringen Etats kaum in ihre Kommunikationspolitik investieren können. Andererseits ist das Interesse professioneller Vermarkter am Frauenhandball aufgrund der geringen Ertragsaussichten gering. Eine effektive Eigenvermarktung scheint – mit wenigen Ausnahmen – für die Vereine aufgrund ihrer Organisationsstruktur bzw. ihrer personellen Struktur im Management auch nicht möglich. Insgesamt ist aber

[31] Die Teams aus Berlin und Gummersbach sind jüngst Partnerschaften mir der Vermarktungsagentur IMG eingegangen. Alle anderen 16 Teams (88,9%) der Toyota HBL werden in Eigenregie vermarktet.

eher eine Zurückhaltung bezüglich Investitionen in Marketing festzustellen, was wiederum die Vermarktungsperspektiven begrenzt.

5.2.3.2 Sportliches Erfolgspotential

Das sportliche Erfolgspotential hängt eng mit den Humanressourcen der Clubs zusammen. Die Humanressourcen entscheiden wesentlich über die Effektivität und die Effizienz bei der Nutzung vorhandener Ressourcen. Die *Spielerinnen* können als die wichtigste Ressource angesehen werden, denn sie erstellen, angeleitet durch einen Trainer oder eine Trainerin, das Kernprodukt, den sportlichen Wettkampf. Die Mannschaft bzw. die Spielerinnen erbringen die vermarktbaren sportlichen Leistungen (vgl. Hübl & Swieter, 2002, S. 51f.). Sie erzielen im günstigsten Fall sportliche Erfolge bei nationalen sowie internationalen Wettbewerben, mit denen sich die Zuschauer identifizieren und die auch Medien und Sponsoren nachfragen. Die Leistungsstärke des Spielerinnenkaders wird wiederum durch die Rekrutierungspolitik des Clubmanagements beeinflusst. Zentrales Ziel der Vereine ist es, ein erfolgreiches Team aufzubauen. Denn durch eine konstant hohe Spielqualität bzw. einen führenden Rang in der Tabelle erwirbt sich ein Club eine Reputation, die er in der Regel erlössteigernd in die Vermarktung einbringen kann.

Jeder Club muss über ein Team verfügen, das die Handballproduktion in ausreichender Quantität und Qualität erbringen kann (vgl. ebd., S. 51). Die Quantitätsdimension bezieht sich auf die erforderliche Spielerinnenanzahl zur Abwicklung des Spielbetriebs. Die Qualitätsdimension betrifft die Spielstärke der Mannschaft, die sich aus der Stärke der einzelnen Teammitglieder ergibt. Im Zuge der strategischen Analyse sind im Folgenden Aussagen zur Spielstärke der Teams zu treffen. Die Spielstärke einer Mannschaft bestimmt letztlich den sportlichen Erfolg der Vereine. Für das Management eines Clubs bieten sich grundsätzlich drei Handlungsmöglichkeiten die Spielstärke zu beeinflussen: (1) die Ausbildung eigener Spielerinnen, (2) die Rekrutierung neuer Spielerinnen auf dem Transfermarkt sowie (3) die Investition in die bestehende Spielstärke.

Die Ausbildung eigener Spielerinnen ist für die Handballvereine erstrebenswert, jedoch teilweise sehr risikobehaftet. Zum einen ist nicht sicher, ob die Nachwuchsspielerinnen das Potential für die Bundesliga entwickeln, zum anderen besteht die Gefahr, dass die Spielerinnen nach der Ausbildung den Verein verlassen. Bei der Verpflichtung bereits ausgebildeter Spielerinnen auf dem Transfermarkt fallen für den Verein keine Investitionen in die Entwicklung dieser Spielerinnen an, allerdings entstehen Kosten der Informationsgewinnung z.B. in Form eines guten Scoutings bzw. der Beobachtung von Spielerinnen. Zu Transfererlösen kommt es im Frauenhandball noch relativ selten. Meist wechseln die Spielerinnen den Verein erst nach Erfüllung eines bestehenden Vertrags. Bei der Investition in den eigenen Kader (Vertragsverlängerungen) reduzieren sich Unsicherheiten über die Leistungsbereitschaft bzw. das Leistungsvermögen dieser Spielerinnen.

Insgesamt ist eine hohe Fluktuation im Spielerinnenkader zu verzeichnen. Die durchschnittliche Teamzugehörigkeit der Spielerinnen in der Saison 2006/07 betrug bei Vereinen der 1. Liga 2,7 Jahre, bei den Clubs der 2. Liga 3,1 Jahre. Demgegenüber standen in der Saison 2006/07 durchschnittlich 4 Neuverpflichtungen in der 1. Handball BL Frauen, 4,3 neue Spielerinnen in der 2. Handball BL Frauen. Die durchschnittliche Anzahl von eigenen Jugendspielerinnen betrug in der 1. Liga 0,25 bei einer durchschnittlichen Kadergröße von 15,5 Spielerinnen, 1,6 Spielerinnen bei durchschnittlich 15,3 Spielerinnen in der 2. Liga. Die Bedeutung der eigenen Ausbildung fällt dabei eher gering aus. Dies bestätigt auch ein relativ hohes Durchschnittsalter der Teams von 24 Jahren in der 1. Liga und 23,5 Jahren in der 2. Liga.

Durch Veränderungen im Zuge des Bosman-Urteils[32] (siehe dazu ausführlich Riedl & Cachay, 2002) werden auch vermehrt ausländische Spielerinnen rekrutiert. Umgekehrt interessieren sich auch ausländische Clubs vermehrt für deutsche Spitzenspielerinnen. Allein sieben Nationalspielerinnen wechselten zur Saison 2007/08 in die stärkste Frauenhandballliga der Welt nach Dänemark. Für die deutschen Bundesligen ist diese Entwicklung einerseits bedauerlich, da leistungsstarke Spielerinnen verloren gehen, andererseits zeigt sich darin, dass der deutsche Frauenhandball an Attraktivität hinzugewonnen hat. Umgekehrt genießt der deutsche Handballsport im Ausland einen guten Ruf, was auch durch den hohen Zulauf an ausländischen Spielerinnen, den die deutschen Handball-Bundesligen seit einigen Jahren verzeichnen, bestätigt wird. Ausländische Starspielerinnen wechseln vermehrt in die Bundesliga und steigern hier die Spielqualität.

In der 1. Handball BL Frauen waren in der Saison 2006/07 im Schnitt 11 deutsche und 4 ausländische Spielerinnen im Kader der Teams. Eine ähnliche Struktur des Spielerinnenkaders zeigte sich auch in der 2. Handball BL Frauen. Allerdings verzeichnete diese einen deutlich geringeren Anteil ausländischer Handballerinnen. Im Schnitt 2,3 Ausländerinnen in der 2. Handball BL Frauen.

In Folge des Bosman-Urteils, aber auch aufgrund des hohen Stellenwerts, den die deutschen Bundesligen im Ausland genießen, ist es in den letzten beiden Jahren zu einem starken Anstieg ausländischer Spielerinnen im Handball gekommen. Die sportliche und finanzielle Attraktivität der deutschen Bundesligaclubs scheint, begünstigt durch das Bosman-Urteil, begehrt bei ausländischen Spielerinnen. Aktuell liegt der Anteil ausländischer Spielerinnen bei 35% (2008/09) und hat sich damit seit der Saison 2005/06 um 10% gesteigert. In der 2. Handball BL Frauen ist der Anteil mit 20% ausländischer Spielerinnen ebenfalls beachtlich.

Für den Untersuchungszeitraum der Saison 2006/07 fällt auf, dass für die Frauenhandball-Bundesligateams die Rekrutierung ausgebildeter Spielerinnen über den Transfermarkt die erste Prä-

[32] Am 15.12.1995 kam es infolge des Bosman-Urteils zu einer radikalen Veränderung der Strukturen des bezahlten Sports. Bis dahin geltende Ausländerbeschränkungen und Transferregelungen im Mannschaftssport wurden für nichtig erklärt, da diese Regelungen der im § 48 des EU-Vertrags festgeschriebenen Freizügigkeit für Bürger der Europäischen Union hinsichtlich ihres Aufenthaltsortes und ihrer Arbeitsplatzwahl widersprachen (vgl. dazu auch Riedel & Cachay, 2002 & 2001; Hilf & Pache, 1996).

ferenz darstellt. Quantitativ hat die Rekrutierung deutscher Spielerinnen eine höhere Bedeutung als die ausländischer Spielerinnen, obwohl in der Handball BL Frauen die wichtigsten Positionen im Rückraum oft von Ausländerinnen besetzt werden. Diese sind neben deutschen Spitzenspielerinnen ganz klar die Leistungsträgerinnen in den Teams. In der 2. Liga sind sogar ein Drittel der besten Torjägerinnen ausländische Spielerinnen, in der 1. Liga sind dagegen nur zwei ausländische Spielerinnen unter den Top-Torschützinnen.

Der wachsende Anteil ausländischer Spielerinnen in der Bundesliga ist nach Experteneinschätzungen auch auf ein zu geringes Angebot an leistungsstarken deutschen Spielerinnen zurückzuführen, diese wechseln vermehrt zu europäischen Vereinen. Es ist mittlerweile sogar die Situation entstanden, dass die Vereine ausländische Spielerinnen verpflichten müssen, um konkurrenzfähig zu bleiben. Ausländische Spielerinnen haben im Vergleich zu deutschen Spielerinnen aus Sicht der Vereinsvertreter allerdings häufig geringere Gehaltsanforderungen, was den Vereinsvertretern entgegen kommt.

„Man holt sich nicht die Ausländerinnen, weil die unbedingt besser sind, sondern weil die einfach billiger sind, weil die bezahlbar sind. Eine gute deutsche Spielerin können wir gar nicht mehr bezahlen, also, wir jedenfalls nicht. Ja, die gehen nach Dänemark und kassieren dort ab oder gehen nach Spanien oder irgendwo hin oder sind eben bei den drei, vier Topclubs in Deutschland. Aber wir selber können uns eine gestandene Spielerin aus der 2. oder 1. Liga überhaupt nicht leisten. Und deswegen geht man dann halt eben in den Ostblock oder nach Holland und versucht dort eine Spielerin zu rekrutieren. Ob das immer gut ist, mag dahingestellt sein. Ich denke, dass der Bundestrainer das nicht gerne sieht, aber wirtschaftlich müssen wir uns ja so orientieren“ (1. BL, V-9, 19).

„Wir haben jetzt auch wieder in der Winterpause eine Ausländerin verpflichtet, aber andererseits bauen wir auch auf gute deutsche Spielerinnen. Problem ist halt eine leistungsstarke Spielerin zu bekommen, also, die schon gewisse Erfahrung hat; die ist auf dem deutschen Spielermarkt für die 2. Liga nicht zu bekommen. Geld alleine spielt bei den Frauen keine Rolle, wegen 5 € wechseln die nicht den Verein. Es bleibt uns da gar nichts anderes übrig und um zentrale Positionen zu besetzen, Ausländerinnen zu verpflichten“ (2. BL, V-19, 16).

Der Transfermarkt für Handballspielerinnen ist mehr und mehr in einem europäischen Gesamtmarkt zu sehen; dies wird durch den Ligaverband der Frauen bestätigt.

„Ich glaube, dass wir solche Spielerwechsel mittlerweile eher gesamteuropäisch sehen müssen. Unsere Spielerinnen gehen teilweise ins Ausland, dafür spielen ausländische Leistungsträgerinnen in Deutschland“ (HBVF, I-3, 12).

Die Rekrutierung von Ausländerinnen wird auf der einen Seite als notwendig und den Marktwert der Clubs steigernd angesehen. Auf der anderen Seite gibt es auch skeptische Stimmen, da deutsche Nachwuchsspielerinnen dadurch benachteiligt werden. Jedoch wird gleichzeitig die mangelnde Qualität der deutschen (Nachwuchs-)Spielerinnen, insbesondere auf Schlüsselpositionen im Rückraum, kritisiert.

„Also es macht sicherlich Sinn, ausländische Topspielerinnen in die Frauen-Bundesliga zu holen, um das Niveau nach oben zu ziehen. Vor allem für die Mannschaften, die international mitspielen, denn ich glaube, mit dem deutschen Spielerpotential ist es nicht möglich, 12 Bundesligamannschaften entsprechend stark zu besetzen und auch entsprechend nur mit solchen Spielerinnen zu vermarkten – was vielleicht für manche Vereine regional möglich sein könnte. Aber insgesamt gesehen, wenn ich mich international entwickeln will, muss sicherlich die eine oder andere ausländische Spielerin in der Mannschaft drin stehen. Ich möchte allerdings auch sagen, dass das, was, im Männerbereich geschieht, aus meiner Sicht schon zu viel ist, weil man dadurch auch jungen Spielern im Prinzip Möglichkeiten der Weiterentwicklung nimmt und sicherlich auch die Nationalmannschaft schwächt“ (1. BL, V-1, 16).

„Ausländische Topspielerinnen sind schon ganz wichtig für die Bundesliga. Die ausländischen Stars bringen die Liga schon ein Stück voran. Aber natürlich nur, wenn die Qualität dieser Spielerinnen auch stimmt. Es bringt nichts für die Liga, wenn die dann nur Mittelmaß sind“ (2. BL, V-21, 17).

Sowohl das gestiegene Leistungsniveau der Handball BL Frauen als auch die ausländischen Spielerinnen selbst reduzieren die Chancen für Nachwuchsspielerinnen, den Sprung in die 1. Bundesliga zu schaffen. Somit sind auch in der Handball-BL Frauen die Nachwuchsförderung und die mangelnde Integration von Nachwuchsspielerinnen zu einem Folgeproblem des Bosman-Urteils geworden (vgl. auch Riedl & Cachay, 2001, S. 215ff.).

Insgesamt ist festzustellen, dass in den Spielerinnenkadern der Spitzengruppe der 1. Handball BL Frauen mit 44,1% ein sehr hoher Anteil an Nationalspielerinnen – deutsche wie ausländische – vertreten sind. In der 2. Liga sind nur 3,1% aller Spielerinnen Nationalspielerinnen. Mit der Verpflichtung bekannter Spielerinnen aus dem In- und Ausland können die Erstligavereine somit stärker als die Zweitligaclubs ihr Image positiv beeinflussen und Identifikationsmöglichkeiten für Nachwuchsspielerinnen und Zuschauer schaffen. Sowohl aktuelle als auch vergangene sportliche Erfolge beeinflussen dabei die Rekrutierung von Spielerinnen in hohem Maße. Sportlich erfolgreiche Teams sowie Traditionsclubs haben hier normalerweise Vorteile gegenüber weniger bekannten Teams.
Bei der Zusammenstellung des Kaders spielt neben Überlegungen zur Leistungsstärke der Spielerinnen daher auch mögliche Stareffekte oder die Demonstration des eigenen sportlichen Konzepts, z.B. als Nachwuchsverein, eine Rolle. Neben den sportlichen Grundqualitäten der Spielerinnen sind auch weitere Humankapitaldimensionen, wie Persönlichkeit, zu berücksichtigen. So sind die Vereine bemüht Spielerinnen zu verpflichten, die in ihr sportliches Konzept passen.

„Der Trainer äußert Wünsche und dann gucken wir, ob wir das ermöglichen können und führen die Gespräche. Wir sind eine sehr familiäre Mannschaft und unternehmen auch privat viel und da muss man immer gucken, passt die überhaupt zu uns. Das ist bei Frauen auch ganz wichtig“ (2. BL, V-37, 71).

„Die meisten Mannschaften haben als Leistungsträgerinnen schon ausländische Spielerinnen und da ist die Grundausbildung gerade in den Ostblockstaaten erheblich anspruchsvoller. Im Moment kommt kaum eine Spitzenmannschaft, die vorne mitspielt, ohne eine ausländische Spielerin aus. Aber auch davon können deutsche Talente profitieren und von denen lernen. Von daher, es muss eine vernünftige Integration da sein, die müssen sich zum Team formen, denn es nutzt ja nichts, wenn ich zwei Superstars habe und die integrieren sich nicht in den Rest des Teams“ (2. BL, V-14, 16).

Für die Realisierung von Transfers spielen weitere Gesichtspunkte, wie Finanzierbarkeit oder Ausbildung und Studium, eine Rolle.

„Ja, das passiert natürlich auch, dass der Trainer sagt, ich brauche jemand für die linke Seite und dann überlegt man sich, wer kommt in Frage. Und da wir uns im Moment dieses Profitum noch nicht leisten können wird dann überlegt, was macht die Spielerin, studiert sie, hat sie einen Job, wo wir sie unterbringen können usw. Wir kriegen sehr viel Spielerinnen auf Empfehlung oder der Kontakt unter den Spielerinnen ist sehr gut, da bieten sich jeden Tag auch Spielerinnen selber an“ (1. BL, V-9, 75).

Die Clubs der Handball BL Frauen zahlen ihren Spielerinnen Gehälter in unterschiedlicher Höhe. Die Gehaltssumme liegt zwischen wenigen 100 € bis zu mehreren 1.000 Euro. Die in den Interviews ermittelte Mindestgrenze liegt bei den Erst- und Zweitligaclubs zwischen 150 € und 750 € im Monat.

„*Das ist unterschiedlich. Das kommt dann darauf an, welche Qualität die Spielerin hat. Es ist im Nachwuchsbereich so, da wird man über ein Fixum sprechen müssen. Aber nicht jede bekommt irgendwelche Leistungszuschläge, sondern ein fixes Gehalt, mindestens 400 €. Darüber hinaus erhalten die Spielerinnen sowieso weitere Unterstützung bzgl. Miete, Auto, Ausbildung etc.*" (1. BL, V-12, 76).

„*Jede Spielerin muss mindestens 150 € bekommen, um bei der BG versichert zu werden. Das ist aber das Beste, was es überhaupt gibt. Wir hatten da schon so Probleme, dass Spielerinnen verletzt waren und wir die weiter bezahlen mussten, obwohl sie nicht gespielt haben*" (2. BL, V-16, 76).

„*Aufwandsentschädigungen bis hin zu einem Festgehalt sind natürlich je nach Spielerin, wenn man sie haben will, notwenig zu bezahlen. Bei uns geht das so los bei 200 € mindestens, plus Auto und wir haben auch ein Prämiensystem. Wir orientieren uns durchaus auch an den Leistungen und da bekommen die Prämien mit zu ihrem Festgeld*" (2. BL, V-15, 70).

„*Wir sind momentan im Umbruch. Bisher haben wir Aufwandsentschädigungen netto ausbezahlt und jetzt müssen wir ja aufgrund der steuerlichen Situation brutto auszahlen, unter dem Strich ist das aber in etwa das Gleiche. Aber für uns ist das schon ein Gesamtaufwand von so 750 € brutto im Monat je Spielerin. Keine Spielerin kann mit dem Geld ihren Lebensunterhalt bestreiten, das fällt alles in die Rubrik Minijob. Manche Vereine machen mit ihren Spielerinnen Ich-AGs, aber davon halten wir nichts. Die Mädchen haben bei uns keine Lohnnebenkosten zu tragen, aber sehr wohl wir*" (2. BL, V-24, 76).

Zahlungskräftige Vereine können mit zusätzlichen Vergütungsbestandteilen, wie Autos, Wohnungen und Ausbildungsplätze den Wettbewerb um Spielerinnen für sich entscheiden, während finanziell schwächere Vereine das Nachsehen haben. Dieser strukturelle Wettbewerbsnachteil wird von vielen Vereinen resigniert hingenommen:

„*Da gibt es in der Frauenbundesliga eben Leipzig, das ist also wie Bayern München. Das wird Leipzig vielleicht bestreiten, aber im Grunde ist es so. Und ich sage mal, wenn Leipzig unbedingt eine Spielerin haben will und ich will die auch haben, dass dann Leipzig im Zweifel mehr bietet, das ist schon klar. Und das haben wir auch schon mal gehabt die Situation, aber mit anderen Vereinen auch. Das ist dann so, beklagt sich in der Bundesliga auch selten einer drüber*" (1. BL, V-7, 80).

„*Die Spielerinnen bekommen eine Aufwandsentschädigung und Fahrtkosten, die werden komplett eingekleidet und bekommen sonst, was sie evtl. an Bandagen etc. brauchen. Es bekommen aber alle den gleichen Minimalbetrag, weil wir auch nicht mehr zahlen können. Momentan haben wir zwei, die aus Dänemark zurückgekommen sind, die bekommen schon etwas mehr Geld*" (2. BL, V-37, 75).

„*Arbeitsplätze, Ausbildung, das ist das, was wir machen können. Aber Miete, Auto und so, das sind geldwerte Vorteile und das mache ich alles nicht. Das hatte ich in der 1. Bundesliga, das Spielchen wollten wir gerne mitmachen, aber das ist nicht zu bezahlen. Ich weiß nicht, wie die anderen Vereine das machen, wir können das nicht und wir machen das nicht*" (2. BL, V-16, 74).

Mittels Gehaltsanreizen versuchen vor allem die finanzstarken Clubs die besten Spielerinnen zu bekommen und an sich zu binden. Die meisten Erst- und Zweitligateams praktizieren ein gestuftes Entlohnungssystem, was je nach Spielstärke der Spielerin differiert.

„*Prinzipiell haben alle Spielerinnen einen Vertrag, zusätzlich über einen Sponsor ein Auto. Und wir sind natürlich auch in jeder Hinsicht den Spielerinnen behilflich, wenn es um Ausbildung oder Studium geht usw. Da muss man dann immer gucken, wo Möglichkeiten vorhanden sind, die man dann nutzt. Wohnungen bekommen insbesondere die ausländischen Spielerinnen oder die, die nicht mehr zu Hause oder hier in der Region wohnen*" (1. BL, V-1, 73).

„*Je nachdem. Das hängt vom Leistungsniveau ab und was die Spielerin braucht. Wenn die Spielerin ein Auto hat, dann bekommt sie eben mehr Geld usw. Wir sagen immer, eine Spielerin muss leben, wohnen und fahren können. Wir versuchen auch, über unsere Sponsoren beruflich was zu vermitteln*" (1. BL, V-10, 74).

„*Es gibt ein Paket, das setzt sich zusammen aus einem Grundgehalt, einem Wohnungszuschuss und einem Autozuschuss. Jede Spielerin kann bei uns entscheiden, welche Komponenten sie davon wählt. Und zu unserem Konzept gehört auch, dass wir unseren Spielerinnen Ausbildungsverträge, Studienplätze und Arbeitsplätze vermitteln*" (2. BL, V-14, 74).

„Na, das ist ja üblich. Es fängt ja keine Spielerin mehr an, ohne dass man sagt Wohnung, Auto und ein Betrag X noch netto. Die Autos bekommen wir zum Teil von unserem Hauptsponsor und dann haben wir noch einen direkten Kfz Sponsor, ein Autohaus" (2. BL, V-20, 73).

Die empirischen Ergebnisse dieses Kapitels zeigen, dass im Frauenhandball bei der Rekrutierung leistungsstarker Spielerinnen besondere Entscheidungsprämissen zu berücksichtigen sind. Aufgrund der sehr geringen Bezahlung sind die Spielerinnen in erster Linie intrinsisch motiviert ihren Sport auszuüben. Gleichwohl zeigt sich aber ein sehr starker Einfluss finanzieller Anreize. Den finanzschwachen Clubs bietet sich lediglich die Möglichkeit in die Ausbildung eigener Spielerinnen zu intensivieren bzw. Verträge langfristig abzuschließen, um so der hohen Fluktuation im Spielerinnenkader entgegenzuwirken und die Abwanderung von Spitzenspielerinnen zu finanzstärkeren Clubs zu verhindern, ggf. auch Transfererlöse zu generieren. In der Regel sind es die sportlich erfolgreichen Clubs, welche für (ausländische) Spitzenspieler/innen attraktiv sind und diese zu einem Wechsel zu ihrem Club motivieren. Dementsprechend ziehen die sportlich erfolgreichen Clubs die besten Spieler/innen an. Dadurch vergrößert sich das sportliche Leistungsgefälle innerhalb der Liga und damit auch die Disparitäten in den Vermarktungschancen der Clubs. Dies ist der Attraktivität der Ligen allerdings abträglich und gefährdet den sportlichen Spannungsgrad.

Neben den Spielerinnen ist der *Trainer* am sportlichen Erfolg der Teams maßgeblich beteiligt. Trainer stellen aus ressourcenorientierter Perspektive eine wichtige Einflussgröße auf die Qualität des sportlichen Produktes dar. Trainer/innen wirken auf die Zusammensetzung des Kaders und somit auch auf die Leistungsfähigkeit des jeweiligen Teams ein. Die Aufgabe des Trainers ist in der Regel die Zusammenstellung des Mannschaftskaders, die Festlegung der taktischen Ausrichtung, mit der das jeweilige Team im Spiel agiert und außerdem die Sicherstellung der Motivation und körperlichen Fitness der Spielerinnen. Der Trainer soll die Spielstärke der Clubs sichern und weiter entwickeln.

Die Auswahl des Trainers obliegt wiederum dem Vereinsmanagement. Bei der Rekrutierung von neuen Trainer/innen setzen die Erst- und Zweitligaclubs in der Regel auf ihre persönlichen Kontakte. Die Besetzung über Stellenausschreibungen wie sonst in der Arbeitswelt üblich, bleibt die Ausnahme.

„Das ist schon schwierig, wenn ein Trainerwechsel ansteht. Hier sind immer die gleichen Namen im Spiel und wir sind noch nicht in der Lage, dänische Trainer zu verpflichten wie die in Leipzig. Meistens geht das auf Empfehlung, aber wir brauchen eigentlich auch nur dreimal hintereinander verlieren und dann meldet sich schon ein Trainer bei uns" (1. BL, V-9, 85).

„Wir rekrutieren die eher über persönliche Kontakte, sage ich mal. Da ist es nicht üblich, Trainer abzuwerben, aber wenn einer irgendwo aufhört und der könnte passen, dann gibt es Gespräche. Meistens orientieren wir uns da aber regional" (2. BL, V-34, 80).

Dabei nehmen die Teams auch die Chance wahr, mehr Frauen zu integrieren, wie folgendes Zitat zeigt:

„Also, wichtig ist auch hier, die eigenen Spielerinnen zu qualifizieren. Heike Schmitt, Maike Balthazar, Connie Cook, alles Spielerinnen des VfL Oldenburg. Im Grunde rekrutieren wir alles aus eigenem Bestand. Wir unterstützen auch bei den Lizenzen, denn die müssen schon dementsprechend da sein" (2. BL, V-32, 81).

Die Frauenteams stehen bezüglich der Rekrutierung guter Trainer in unmittelbarer Konkurrenz zum Männerhandball. Da dort deutlich höhere Gehälter gezahlt werden, ist es oft schwierig einen Trainer für ein Frauenteam zu gewinnen. Andererseits ist ein Traineramt in der 2. Liga nicht besonders lukrativ, da dort – anders als in der 1. Liga – die Trainer meist nicht hauptamtlich beschäftigt sind, sondern das Traineramt nur nebenberuflich ausüben.

„Ja, das ist schwierig. Es gibt zwar genug, die qualifiziert sind, aber es ist schwierig, da die meisten im Männerbereich mehr bekommen und dahin gehen. Ich bin auch für die Ausbildung der A-Lizenz im DHB zuständig. Da haben wir momentan so 580 und davon ist die Hälfte gerade als Trainer aktiv. Und von den 250, die aktiv sind, sind vielleicht 80 im Frauenbereich und der Rest im Männerbereich. Was mich aber freut, dass die Anzahl der weiblichen Spitzentrainerinnen immer mehr zunimmt" (2. BL, V-24, 21).

„Qualifizierte Trainer sind schon da, die diese Zeit aufbringen würden, aber die Frage ist ja, kann man in der 2. Liga von dem Trainerberuf leben. Da steht dann doch immer an erster Stelle noch ein anderer Beruf oder die Arbeit, um einfach das tagtägliche Leben zu meistern und danach kann man sich drum kümmern, eine Trainertätigkeit auszuüben. Das machen viele aber lieber dann nicht. Wenn man dann noch Familie hat etc., das ist problematisch. Das ist vielleicht auch der Grund, warum weniger Frauen eine Trainertätigkeit übernehmen. Von der Qualität her – ein Trainer muss ja in der 1. Liga der Frauen die A-Lizenz vorweisen und in der 2. Liga die B-Lizenz –, da ist dann schon eine Anforderung da, die sein muss. Darüber hinaus denke ich aber, dass die Frauen auch noch speziell so ein Händchen benötigen, was dann den guten Trainer auszeichnet im Vergleich zu dem weniger guten Trainer, speziell sich halt mit Frauen zu befassen. Ich denke, das ist nicht so ganz einfach" (2. BL, V-25, 24).

Hinsichtlich der geforderten Qualifikation zeigt sich, dass die Frauenteams schon aufgrund der Verbandsvorgaben über qualifizierte Trainer verfügen. Während Trainer in der 1. und 2. Handball BL Männer eine A-Lizenz vorweisen müssen, ist dies im Frauenhandball lediglich für die 1. Handball BL Frauen gefordert. Um eine Trainerposition in der 2. Handball BL Frauen zu übernehmen, ist bereits die B-Lizenz ausreichend.

Die meisten Trainer und Trainerinnen im Spitzenhandball der Männer und Frauen waren vor ihrer Trainerkarriere selbst als Spieler bzw. Spielerinnen aktiv. Trainerinnen sind gleichwohl unterrepräsentiert. Der Frauenanteil unter den Trainern betrug in der Saison 2006/07 lediglich 15,4% (weiblicher Anteil an Co-Trainern 20%). Nur 6 der 39 Cheftrainer der Handball BL Frauen sind weiblichen Geschlechts. Tendenziell sind in der 1. Handball BL Frauen mit 25% Trainerinnen (weiblicher Anteil an Co-Trainern 20%) mehr Frauen als in der 2. Handball BL Frauen mit 11,1% Trainerinnen (weiblicher Anteil an Co-Trainern 16,7%) vorzufinden. Insbesondere in hochklassigen Männerteams haben Frauen bislang keine Chancen. Keine der HBL-Mannschaften wird von einer Frau trainiert, oder hat eine Co-Trainerin. Dieser Befund aus dem Handball wird durch andere sportwissenschaftliche Untersuchungen bestätigt. Trainerinnen betreuen demnach eher Jugendgruppen sowie Frauenteams. Weibliche Führungskräfte im Sport werden zudem auf allen Ebenen schlechter bezahlt (vgl. etwa Combrink & Hartmann-Tews, 2006; Sinning, 2005; Combrink, 2004; Gieß-Stüber, 2002 & 1997).

Ferner zeigt sich, dass die deutschen Handball-Bundesligen durchaus sehr attraktiv für ausländische Trainer sind. So rekrutieren die Clubs – vor allem in der 1. Liga – für die Position ihres Cheftrainers zunehmend ausländische Coachs. In der 1. Handball BL Frauen sind 2006/07 neben acht deutschen (66,7%) auch vier ausländische Trainer (33,3%) beschäftigt gewesen. In der HBL waren in der Saison 2006/07 sogar zehn ausländische (55,5%) und acht deutsche Trainer (44,5%) angestellt.

Insgesamt lässt sich festhalten, dass es in der Handball BL Frauen vor allem männliche Trainer sind, die die Frauenteams steuern und betreuen. D.h. hinsichtlich der Rekrutierung guter Trainer ergibt sich eine verschärfte Konkurrenz zum Männerhandball, hier insbesondere an Standorten in Handball-Hochburgen.

Nachdem die strukturellen und personellen Ressourcen näher charakterisiert wurden, erfolgt abschließend die Darstellung des Einflusses der Standortkonstellationen der jeweiligen Vereine.

5.3 Standortkonstellationen der Frauenhandball-Bundesligaclubs

Die Frauenbundesligateams stehen markttheoretisch an den jeweiligen regionalen Standorten im Wettbewerb mit anderen (Team)Sportarten um Zuschauer, Sponsoren und infrastrukturelle Unterstützung der Stadt. Dabei sind die Vermarktungsbedingungen für die Clubs im Einzelnen sehr unterschiedlich. Das Zusammenspiel dieser regionalen Besonderheiten ist für eine erfolgreiche Weiterentwicklung der Handball BL Frauen zu erkennen und zu berücksichtigen.

5.3.1 Regionale Verteilung der Bundesligateams

Während in der internationalen ökonomischen Ligasportforschung die Wahl des Teamstandorts als strategisch wichtige Entscheidung des Managements der als Franchiseunternehmen geführten Clubs angesehen wird (vgl. auch Wadsack, 2004, S. 296), ist der Standort eines Teams im europäischen Ligensystem meist vorgegeben. Die wenigen Beispiele aus dem Männerteamsport, bei denen eine Bundesligalizenz an einen Club in andere Regionen verkauft wurde, sind eher die Ausnahme als die Regel. Folglich müssen sich die meisten Vereine mit den vorgegebenen demografischen und sozioökonomischen Bedingungen des Standorts arrangieren. Abbildung 17 gibt Auskunft über die räumliche Verteilung der Erst- und Zweitligaclubs im Frauen- und Männerhandball.

Abb. 17. Die Vereine der 1. und 2. Bundesliga im Handball (Saison 2006/07) (eigene Darstellung mit Hilfe von mixmaps.de).

Ebenso wie andere Sportarten hat sich der Handballsport regional unterschiedlich verbreitet. Auffallend ist eine starke Verbreitung des (Frauen-) Handballs in Nord- und Mitteldeutschland. In Regionen, in denen sich Frauenhandball in den Anfangsjahren entwickelte, sind auch heute noch mehrere Teams beheimatet (etwa Oldenburg, Neustadt-Sebnitz, Berlin). Grundsätzlich ist zu beobachten, dass Frauenhandball seine Hochburgen ebenfalls dort hat, wo der Männerhandball stark vertreten ist. Wie die Vereinsstrukturanalyse gezeigt hat, handelt es sich dabei offensichtlich um unterschiedliche Handballvereine der Frauen und Männer (sieh auch Kap. 5.2.3.1).

„Wenn es in der Region nur Frauenhandball gibt, können sich die Frauen toll präsentieren. Bei uns hier im Kreis Lübbecke ist Männerhandball sehr präsent, Lemgo, Nettelstedt und Dankersen, dann die ganzen Mannschaften, die Regionalliga spielen und 2. Liga. Im Umfeld hier hat es der Frauenhandball absolut schwer, präsent zu werden oder richtig attraktiv für große Sponsoren“ (2. BL, V-27, 13).

In den Handball-Hochburgen gibt es offenbar schon aus der Tradition heraus eine regionale Verankerung, die Vermarktungsvorteile auch für die Frauenbundesligateams eröffnet.

„Hier ist schon eine Hochburg des Handballs, ob Frauen oder Männer. Das ist hier sehr positiv. Hier regiert der Handball, nicht der Fußball“ (2. BL, V-21, 207).

„Die Region ist ganz klar eine Handballhochburg im Männer- wie im Frauenhandball. Das ist schon ein Vorteil für uns“ (1. BL, V-10, 201).

„Für unsere Region kann ich sagen, dass wir ja auch eine Vorgeschichte haben und es auch Firmen gibt, die gesagt haben, also wenn ich Geld gebe in den Sport, dann soll das auch für den Frauenhandball sein, weil es hier einen großen populären Club gibt. Wir haben hier keinen Männerhandball oder -fußball, es gibt Football und Individualsportarten, die aber nicht halb so bekannt sind wie Handball. Da habe ich einfach von der Vorgeschichte und der Tradition her so einen Stand“ (1. BL, V-3, 14).

Nach den Ergebnissen der Regressionsanalyse beeinflusst die regionale Verankerung des Frauenhandballs die Vermarktungschancen jedoch eher weniger. Allerdings wurde bereits auf eine möglicherweise unzureichende Operationalisierung der Variablen hingewiesen (siehe Kap. 4.4). Die Einschätzungen der Vereinsverantwortlichen liefern diesbezüglich erweiterte Erkenntnisse. Die Clubmanager bestätigen, dass eine regionale Verankerung wichtig ist und sich insbesondere den Teams Vermarktungsvorteile eröffnen, die regional stark verwurzelt sind.

Betrachtet man die Verteilung der Clubs auf das gesamte Bundesgebiet Deutschland so fällt auf, dass der Handballsport in Mitteldeutschland stark angesiedelt ist, aber vor allem auch im Raum Stuttgart oder Ostwestfalen. Etwa die Hälfte aller Erst- und Zweitligateams liegt in den beiden letztgenannten Regionen.

„Damenhandball hat hier bei uns schon einen hohen Stellenwert. Das ist ähnlich wie in Leipzig. Wir haben ja generell in Sachsen sehr viele Vereine, die Frauenhandball auf einem sehr hohen Niveau spielen. Wir sind da schon auch ein Traditionsverein“ (2. BL, V-13, 201).

„Ja, da ist man hier schon in einer Handballregion, wie gesagt Meißen war ein Traditionsverein in der DDR, der sehr erfolgreich – schon damals – im Frauenhandball war. Frauenhandball ist hier schon verankert. Sie sehen das ja auch an den vielen Mannschaften in Sachsen, wir haben ja alleine vier in der 2. Bundesliga“ (2. BL, V-22, 199).

„Ja, das ist hier im Raum Stuttgart schon in der Region verankert und wir haben hier ja auch unwahrscheinlich viele Vereine mit Frauenhandball. Das ist schon so etwas wie eine Hochburg im Frauenhandball“ (2. BL, V-19, 199).

Auffällig ist demgegenüber die geringe Anzahl ostdeutscher Standorte im Bundesligahandball der Männer. Die regionale Verteilung zeigt, dass 79,6% (43 von 54) aller Vereine der Bundesligen im Männerhandball in den alten Bundesländern und nur 20,4% (11 Vereine von 54) in den neuen Bundesländern beheimatet sind. In der HBL ist mit dem SC Magdeburg nur ein einziger Verein in Ostdeutschland ansässig.

Im Erstligahandball der Frauen sind dagegen 25% der 12 Vereine in den neuen Bundesländern angesiedelt (HC Leipzig, Frankfurter HC, Thüringer HC). Fasst man die erste und zweite Liga zusammen, befinden sich sogar 30,8% der Teamstandorte der Handball BL Frauen in Ostdeutschland (2006/07). Obwohl eine Vielzahl der ostdeutschen Bundesligavereine in Regionen mit z.T. sehr hohen Zukunftsrisiken liegt, haben sich Teamstandorte in Ostdeutschland auch in der inferenzstatistischen Auswertung als vorteilhaft für die Vermarktung der Frauenclubs herausgestellt. Schlechte sozioökonomische Rahmenbedingungen der Standorte scheinen die BL-Teams in ihrer Existenz kaum zu gefährden, sofern sie keine Konkurrenz durch weitere Männerbundesligisten haben.

Für die Wirtschaftskraft am Standort konnte die Regressionsanalyse keine signifikanten Ergebnisse liefern. Allerdings hat sich gezeigt, dass sich an Standorten mit großem Marktpotential gute Vermarktungsperspektiven vor allem für die Erstligaclubs eröffnen. Demgegenüber haben die Zweitligateams eher in Klein- und Mittelstädten günstige Vermarktungsbedingungen. Insgesamt ist der Handballsport weiterhin eher in ländlicheren Regionen wie in Ostwestfalen, Schwaben oder im Leipziger Land verbreitet als in Großstadtregionen, was aber nicht heißt, dass sich Handball nicht auch in Großstädten wie Hamburg oder Köln etabliert hätte (Kalle, 2008b, S. 60ff.).
Die Erstligavereine im Frauenhandball weisen im Bezug auf die Einwohnerzahl der Stadt eher günstige Voraussetzungen auf. Die Teams sind überwiegend in großen bis mittelgroßen Städten beheimatet. Lediglich zwei Vereine stammen aus Kleinstädten (vgl. Tab. 28).[33]
Teams mit Standort in Großstadtregionen können beispielsweise leichter Sponsoren gewinnen und verfügen über ein größeres Fanpotential.

Tab. 28. *Standorte der Vereine in der 1. Handball-Bundesliga Frauen (Saison 2006/07) (eigene Recherchen).*

Team	Bundesland	Stadt	Einwohner	Klassifizierung
1. FC Nürnberg Handball	Bayern	Nürnberg	501.615	Großstadt
TSV Bayer 04 Leverkusen	NRW	Leverkusen	161.336	Großstadt
HC Leipzig	Sachsen	Leipzig	506.578	Großstadt
DJK/MJC Trier	Rheinland-Pfalz	Trier	103.518	Großstadt
VfL Oldenburg	Niedersachsen	Oldenburg	158.780	Großstadt
Frankfurter HC	Brandenburg	Frankfurt/Oder	62.594	Mittelstadt
HSG Blomberg-Lippe	NRW	Blomberg	16.972	Kleinstadt
Buxtehuder SV	Niedersachsen	Buxtehude	37.901	Mittelstadt
Thüringer HC	Thüringen	Erfurt	202.658	Großstadt
TSG Ketsch	Baden-Württemberg	Ketsch	12.837	Kleinstadt
BV Borussia Dortmund	NRW	Dortmund	585.045	Großstadt
TPSG FA Göppingen	Baden-Württemberg	Göppingen	57.627	Mittelstadt

In der 2. Handball BL Frauen gibt es bezüglich der Größe der Städte Unterschiede der beiden Staffeln Nord und Süd. Während die Teams der 2. Handball BL Frauen Nord ebenfalls eher in großen bzw. mittelgroßen Städten beheimatet sind (85,7%), sind es in der 2. Handball BL Frauen Süd nur knapp die Hälfte (46%). Hier gibt es keinen Verein, der in einer Großstadt ansässig ist (vgl. Tab. 29). Umgekehrt sind sieben Vereine (54%) der 2. Handball BL Frauen Süd der Klassifizierung Kleinstadt bzw. Landstadt/Dorf zuzuordnen, in der Nordstaffel hingegen nur zwei Verein.

[33] Die Klassifizierung der Städte erfolgte in Anlehnung an die internationale Statistikkonferenz: Landstadt/ Dorf (< 5.000 Einwohner), Kleinstadt (zwischen 5.000 unter 20.000 Einwohner), Mittelstadt (zwischen 20.000 und 100.000 Einwohner), Großstadt (> 100.000 Einwohner) und Millionenstadt (> 1.000.000 Einwohner).

Tab. 29. *Standorte der Vereine in der 2. Handball-Bundesliga Frauen (Saison 2006/07) (eigene Recherchen).*

Team	Bundesland	Stadt	Einwohner	Klassifizierung
Nordstaffel				
TV Beyeröhde	NRW	Wuppertal	358.043	Großstadt
SV Union-Halle Neustadt	Sachsen-Anhalt	Halle	233.874	Großstadt
SVG Celle	Niedersachsen	Celle	71.371	Mittelstadt
TSG Wismar	MVP	Wismar	45.257	Mittelstadt
SC Greven 09	NRW	Greven	35.402	Mittelstadt
TSV Nord Harrislee	Schleswig-Holstein	Harrislee	11.293	Kleinstadt
BVG Berlin	Berlin	Berlin	3.405.259	Millionenstadt
TSV Travemünde	Schleswig-Holstein	Travemünde	13.786	Kleinstadt
HSC 2000 Magdeburg	Sachsen-Anhalt	Magdeburg	229.226	Großstadt
PSV Recklinghausen	NRW	Recklinghausen	121.521	Großstadt
VfL Wolfsburg	Niedersachsen	Wolfsburg	120.881	Großstadt
VfL Oldenburg II	Niedersachen	Oldenburg	158.780	Großstadt
SG Päd./PSV Rostock	MVP	Rostock	199.097	Großstadt
HSG Stemmer/Friedewalde	NRW	Minden	83.099	Mittelstadt
Südstaffel				
HSG Sulzbach/ Leidersbach	Bayern	Aschaffenburg	69.863	Mittelstadt
TuS Metzingen	Baden-Württemberg	Metzingen	22.003	Mittelstadt
TuS Weibern	Rheinland-Pfalz	Weibern	1.587	Landstadt/Dorf
SC Markranstädt	Sachsen	Markranstädt	15.301	Mittelstadt
HSG Bensheim/Auerbach	Hessen	Bensheim	40.028	Mittelstadt
TV Nellingen	Baden-Württemberg	Nellingen	1.882	Landstadt/Dorf
BSV Sachsen Zwickau	Sachsen	Zwickau	96.786	Mittelstadt
TV Mainzlar	Hessen	Staufenberg	8.220	Kleinstadt
SV Allenbach	Baden-Württemberg	Allensbach	7.111	Kleinstadt
TSG Ober-Eschbach	Hessen	Ober Eschbach	6.500	Kleinstadt
SG Kirchhof	Hessen	Kirch-hof/ Melsungen	650/13.839	Kleinstadt
HC Sachsen Neustadt-Sebnitz	Sachsen	Neustadt	8.920	Kleinstadt
SC Riesa	Sachsen	Riesa	37.970	Mittelstadt

Insbesondere für die Teams aus den Kleinstädten und Dörfern kann die geringe Einwohnerzahl eher als Hemmfaktor für die Vermarktung angesehen werden. In kleineren Stadtregionen reichen das Zuschauervolumen sowie das wirtschaftliche Potential der Unternehmen oft nicht aus, um den Frauenhandball langfristig auf Spitzenniveau zu halten.

„Hauptkonkurrent ist unser eigenes Team in der HBL, denn es gibt keine gemeinsame Vermarktung, weil die Männermannschaft sich nicht noch einen Klotz ans Bein binden will. Es kommt schon vor, die EnBW ist Hauptsponsor bei den Männern und die Frauen haben keinen Trikotsponsor und viele sagen dann, ich bin doch schon Sponsor bei FrischAuf. Ja, bei den Männern, aber nicht den Frauen und da ist auch kein Interesse“ (1. BL, V-9, 209).

„Unser Standortvorteil liegt zwar ganz klar hier in der Provinz. Wir haben die Halle in Elsenfeld und die ist für uns wie geschaffen und es steht und fällt ja alles mit dem Geld. Wenn das fließt, ergibt sich alles andere von selbst. Auf der anderen Seite ist die Nähe zu TV Großwallstadt schon ein Hemmfaktor, denn mittlerweile versucht ja jeder, seine Schäfchen ins Trockene zu bekommen. Und da sind die Männer eben noch im Vorteil. Es wird auch nicht überall gern

gesehen, dass wir so erfolgreich sind. Der Herrenhandball wird ganz klar favorisiert, wenn es ums Sponsoring etc. geht, denn mit Frauenhandball können die auch nicht so viel anfangen, weil sie oft selber noch nie einem Spiel zugeschaut haben" (2. BL, V-21, 217).

Kleinstädte bieten den Vereinen ein wesentlich geringeres Zuschauer- und Sponsorenpotential, als dies in Großstädten der Fall ist. Allerdings ist in Kleinstädten die Konkurrenz durch andere Bundesligateams meist gering. Demnach nimmt nicht nur die die Größe der Stadt Einfluss auf die Erfolge im Zuschauer- und Sponsorenmarkt, sondern auch die Wettbewerbssituation sowie ihre wirtschaftliche Lage. Vor diesem Hintergrund ist interessant zu untersuchen, wie sich die Konkurrenzsituation am Standort darstellt.

5.3.2 Konkurrenzsituation am Standort

Insgesamt ist die Konkurrenzsituation für die Frauenhandballvereine an ihren regionalen Standorten als sehr groß anzusehen, insbesondere in Städten, in denen noch weitere Bundesligamannschaften anderer Teamsportarten angesiedelt sind. Als Substitut kommen vor allem weitere Teamsportarten der Männer und Frauen wie Fußball, Eishockey, Handball, Basketball in Betracht. Angesichts der hohen Popularität des Männerteamsports, hier insbesondere des Fußballs, scheint die Substitutionsgefahr im Frauenhandball besonders groß. Eine Konkurrenzsituation zwischen mehreren ansässigen BL-Clubs entsteht schon allein durch die zeitlichen Überschneidungen des Saisonverlaufs der verschiedenen Teamsportarten (vgl. Tabelle 30).

Tab. 30. *Spielzeiten ausgewählter Teamsportarten (eigene Darstellung in Anlehnung an Riedmüller, 2003, S. 101).*

	Januar	Februar	März	April	Mai	Juni	Juli	August	September	Oktober	November	Dezember
BL	—	—	—	—	—			—	—	—	—	—
HBL	—	—	—	—	—				—	—	—	—
BBL	—	—	—	—	—					—	—	—
DEL	—	—	—	—					—	—	—	—
HBVF	—	—	—	—	—				—	—	—	—
BL FFB	—	—	—	—	—	—		—	—	—	—	—

Anmerkungen: BL = Fußball-Bundesliga, HBL = Handball-Bundesliga, BBL = Basketball Bundesliga, DEL = Deutsche Eishockey Liga, HBVF = Handball-Bundesliga Frauen, BL FFB = Bundesliga Frauenfußball

Die Saisonzeiten sind zentral durch die jeweiligen Verbände festgelegt. Aufgrund der festen Trainingsplanung im Sport und der ohnehin knappen Wettkampfpausen gibt es hier kaum Variationsmöglichkeiten von Seiten der Clubs. Die Spielsaison im Frauenhandball (HBVF) beginnt – wie in den meisten anderen Teamsportarten auch – Anfang September und geht bis Mitte Mai. Durch diese Überschneidungen der Saisonzeiten kommt es an wettbewerbsintensiven Standorten auch zu Problemen hinsichtlich der Spielansetzungen. Zum einen führt die Konkurrenzsituation zu gleichzeitigen Anstoßzeiten verschiedener Teams am Standort, zum anderen kann es zu Kapazitätsengpässen der Hallenbelegung kommen. Hier sind es in der Regel die Männerteamsporten, die Priorität hinsichtlich der Hallenzeiten haben.

„Wir sehen das ja an unserem Nachbarn, dem TBV Lemgo. Wenn man da in die Halle geht, dann geht das auch darum, zu sehen und gesehen zu werden. Die Halle bietet ein ganz anderes Umfeld, die Bewirtung ist eine ganz andere und vor und nach dem Match sind ganz andere Angebote da, die eine große Rolle spielen. Und wir spielen in einer Schulturnhalle, wo man maximal noch die Pressekonferenz anschaut und dann nach Hause geht. Diesen Aspekt, sehen und gesehen werden, gibt es bei uns nicht und da stehen wir aber auch im Schatten des Männerhandballs" (1. BL, V-10, 100).

„Unsere Hauptspielzeit ist Samstag 19:30 Uhr, wenn dann die Männer in Konstanz um 20 Uhr spielen, dann merken wir das schon. Dann haben wir natürlich nur den harten Kern bei uns. Das macht uns schon einiges aus" (2. BL, V-23, 208).

„Wir haben zunächst einmal die Baskets in der 1. Liga EWE-Baskets und wir haben die eigenen Fußballer in der Niedersachsenliga und den VfB Fußball und unsere eigene 1. Damenmannschaft in der 1. Handball-Bundesliga Frauen. Da gibt es schon einige Überschneidungen an den Spieltagen" (2. BL, V-32, 105).

„Mit Fußball, egal in welcher Liga wir sind, steht man immer in Konkurrenz. Egal ob Kreisklasse oder sonst was" (2. BL, V-22, 203).

Eine direkte Konkurrenz besteht erst durch weitere Spitzensportangebote im lokalen Umfeld der Vereine. Auf regionaler Ebene sind der Status und die Ressourcenstärke des Frauenclubs davon abhängig, ob sie eine Alleinstellung im lokalen Umfeld haben oder ob es (höherklassige) Konkurrenz insbesondere durch Männerteams gibt. Sofern Vereine an ihrem jeweiligen Teamstandort ohne Konkurrenz durch weiter hochklassige Teams sind, müssen sie in der Regel geringere Anstrengungen unternehmen, ihre Ressourcen zu sichern.

In größeren Städten ist das Nachfragepotential für den Frauenhandball prinzipiell höher, aber auch der Wettbewerb der Teamsportarten untereinander intensiver.

„Wir haben hier in der Region ein sehr schwieriges Umfeld, weil hier unheimlich viele Sportarten aufeinanderprallen und auch gegenseitig konkurrieren. Es fängt mit dem Fußball an über Basketball, Leichtathletik, Volleyball, hier wird Spitzensport en masse geboten bis hin zu den Boxern, zu den Judokas und da ist es doch sehr, sehr schwer. Es entwickelt sich dann zu einem Teufelskreis. Wenn die Präsentationsplattform sich schon schwierig darstellt, ist es natürlich auch schwer, in Hinblick auf Sponsoren die optimale Vermarktung der eigenen Mannschaft zu garantieren" (1. BL, V-6, 22).

„Nehmen wir den HC Leipzig, da ist Frauenhandball die Nr. 1 und das ist dort über Jahre gewachsen. Die haben da eine immense Arbeit geleistet, da gibt es aber auch nichts anderes. Und wir sind halt hier eine Randsportart und wir haben hier immer noch den SC Hansa Rostock, die kurz vor dem Aufstieg in die 1. Fußball-Bundesliga stehen, wir haben Eishockey, die ganz stark im Kommen sind, wir haben den HC Empor im Handball, dann haben wir SV Schwerin um die Ecke und Wismar Frauenhandball, die immer mindestens das Doppelte an Zuschauern haben wie wir, denn da ist auch nichts anderes und auch dort ist das gewachsen" (2. BL, V-35, 98).

Eine vorteilhafte Alleinstellung im Teamsportmarkt haben in der Handball-Bundesliga Frauen nur sehr wenige Teams, z.B. der HC Leipzig. Häufiger ist eine solche Monopolstellung in Mittel- oder Kleinstädten als in Großstädten anzutreffen.

„Na ja, in Buxtehude sind wir nahezu konkurrenzlos. Zum einen was Zuschauerzahlen anbetrifft, zum anderen gibt es im Sport in Buxtehude keine Konkurrenz. Aber man kann selbst in einer so kleinen Stadt, wo Frauenhandball Alleinstellung hat, nicht davon ausgehen, dass die Leute das alle wissen und von alleine kommen. Da muss man ganz gezielt und systematisch dran arbeiten, dass man die Leute in die Halle kriegt und Werbung für die Spiele machen" (1. BL, V-7, 221).

„Wir müssen damit leben, was unser Standort hergibt. Wir haben hier zwar keine Konkurrenz und sind ganz klar die Nr. 1, aber es gibt auch nur die Möglichkeiten, die hier vorhanden sind. Für uns aber dennoch ein Vorteil, wir würden jetzt nicht auf die Idee kommen nach Hannover zu ziehen, da hätte es Frauenhandball schon schwer. Ich denke, Frauenhandball ist schon ein Sport der Kleinstädte und das sollte er auch bleiben" (2. BL, V-36, 210).

„In unserer Region lässt sich der Frauenhandball super vermarkten. Wir haben nicht das Problem mit dem Fußball und bei uns ist das öffentliche Interesse auch hoch. Aber ich denke auch, dass es in anderen Regionen schwieriger ist, Frauenhandball oder die Bundesliga zu vermarkten, das ist schon so ein regionales Ding" (2. BL, V-22, 99).

Auffällig ist, dass der faktisch bestehende Wettbewerb von vielen Teams nicht als solcher wahrgenommen wird. Vielmehr wird von einer verträglichen Koexistenz der lokalen Clubs ausgegangen, auch wenn ihnen durch die Existenz von Männerteams etwa Sponsoren wegbrechen.

„Es gibt schon noch bis zu zehn andere Sportarten, es gibt Bundesliga Judo und Ringen und es gibt Boxen und Radsport, und da nervt schon mal diese Gießkannenpolitik nach dem Motto, jeder bekommt ein bisschen, zum Leben zu wenig und zum Sterben zu viel. Ja, aber es ist nicht so, dass wir uns gleich die Messer in den Rücken rammen, wir arbeiten ja hier alle unter einem Dach und verstehen uns ganz gut" (1. BL, V-3, 207).

„Konkurrenz würde ich gar nicht so sagen. Es ist hier Eishockey, Fußball, Basketball, aber unmittelbar für uns sind die eher keine Konkurrenten" (2. BL, V-29, 203).

„Es gibt ja hier sonst nichts, es gibt den VfL Bad Schwartau und den VfB Lübeck, aber das sind ja Herren, das ist keine Konkurrenz. Wir haben zwar zum Teil die gleichen Sponsoren, die Stadtwerke z.B., die sind jetzt bei uns aber ausgestiegen und machen nur noch was bei den Männern, da habe ich nur gesagt, ihr seid ja verrückt. Nein, Konkurrenz gibt es bei uns nicht" (2. BL, V-31, 203).

„Im Frauenbereich gibt es eigentlich keine richtige Konkurrenz für uns. Mit dem Fußball geraten wir schon aneinander. Wir haben den gleichen Sponsor, aber es ist eigentlich eher keine Konkurrenz. Wir gehen dort zuschauen und die kommen auch zu uns, da hilft man sich eher" (2. BL, V-38, 205).

Ferner gilt es aus ökonomischer Perspektive die Substitutionskonkurrenz innerhalb des Unterhaltungsmarktes zu beachten. Hier fallen sowohl die Anzahl (professioneller) Sportmannschaften im Einzugsbereich als auch alternative Unterhaltungsangebote (vgl. dazu auch Fritz, 2006, S. 78; Parkhouse, 2001, S. 78ff.). In einem vielfältigen Freizeit- und Kulturangebot sehen die Erst- und Zweitligaclubs aber eher keine Konkurrenz.

„Das spielt weniger eine Rolle, denn die, die zum Sport gehen, gehen auch zum Sport und nicht zu anderen Freizeitangeboten" (2. BL, V-29, 206).

„Das merken wir eigentlich nicht so, obwohl wir ja das Ruhrgebiet mit seinen zahlreichen Kultur- und Freizeitmöglichkeiten vor der Tür haben" (2. BL, V-38, 209).

Die Substitutionskonkurrenz scheint angesichts der großen Popularität von Teamsportarten vernachlässigbar. Auf den Absatz eines einzelnen Frauenhandballclubs kann ein hohes Sport- und Unterhaltungsangebot am Teamstandort jedoch mitunter nachfragerelevanten Einfluss nehmen.

5.3.3 Sozioökonomische Situation am Standort

Eine weitere Rahmenbedingung der Vermarktung stellt die außersportliche sozioökonomische Konstellation am jeweiligen Teamstandort dar. Anhand bestimmter sozioökonomischer Größen wie Bruttoinlandprodukt (BIP) pro Kopf, Arbeitslosenquote, Pro-Kopf-Einkommen oder Kaufkraft der Bevölkerung lässt sich der Wohlstand der Teamstandorte ablesen. So kann sich ein wirtschaftlich starkes und dynamisches Umfeld besonders auf den finanziellen Erfolg der Vereine auswirken. Allerdings ist neben der Größe der Stadt auch die Wirtschaftskraft der Kommune als unveränderlicher Tatbestand hinzunehmen.

Sowohl die Zahl der Einwohner, die als potentielle Zuschauer zur Verfügung stehen, als auch die Kaufkraft der Bevölkerung determinieren die lokale Nachfrage im Ticketing und Merchandising. Des Weiteren setzt sich der Etat der Bundesligaclubs zu einem großen Teil aus Sponsorengeldern starker Wirtschaftspartner zusammen (siehe Kap. 6.1.2). Damit existieren je nach Club standortspezifische Restriktionen.

Um den Wohlstand der Teamstandorte der Handball BL Frauen zu bewerten, wurde wie bereits erwähnt, auf den Zukunftsatlas der Prognos AG zurückgegriffen. Die Stärke der Standorte[34] wird in einem Gesamt-Index, der aus 29 makro- und sozioökonomischen Indikatoren besteht, zum einen durch den Ist-Zustand, d.h. die momentane Standortstärke und zum anderen durch die Dynamik, also die Veränderungen im Zeitverlauf, abgebildet (vgl. dazu Prognos, 2007). Die ausgewählten Indikatoren bilden dabei, abhängig von ihrer regionalen Ausprägung, flächendeckend auf der kleinsten gemeinsamen Aggregationsebene, die Zukunftschancen für die jeweiligen Teamstandorte der Handball BL Frauen ab.

Tab. 31. *Sozioökonomische Situation am Standort der Vereine in der 1. Handball-Bundesliga Frauen (Saison 2006/07) (Prognos, 2007).*

	Gesamt 2007		Dynamik	Wohlstand	Zukunftschancen
Team	Rang	Index-Wert	Rang	Rang	
1. FC Nürnberg Handball	63	47,4	80	301	sehr hoch
TSV Bayer 04 Leverkusen	21	50,5	36	177	sehr hoch
HC Leipzig	157	43,6	151	433	mittel
DJK/MJC Trier	128	44,7	45	389	hoch
VfL Oldenburg	70	47,1	23	261	sehr hoch
Frankfurter HC	372	37,1	434	432	niedrig
HSG Blomberg-Lippe	276	41,0	299	199	mittel
Buxtehuder SV	238	42,0	224	179	mittel
Thüringer HC	269	41,1	351	369	mittel
TSG Ketsch	28	49,9	43	32	sehr hoch
BV Borussia Dortmund	233	42,0	242	431	mittel
TPSG FA Göppingen	201	42,7	284	54	mittel

In den Tabellen 31 und 32 zeigt sich, dass insbesondere die Teams aus Ostdeutschland niedrige bis sehr niedrige Zukunftschancen aufweisen. 6 der 39 Bundesligateams (15,4%) sind in solch strukturschwachen Regionen Ostdeutschlands angesiedelt. Mit den Erstligateams aus Erfurt (Thüringer HC) und Leipzig (HC Leipzig) und den Zweitligateams aus Halle (SV Union Halle-Neustadt), Magdeburg (HSC 2000 Magdeburg) und Rostock (SG Pädagogik/PSV Rostock) weisen allerdings auch fünf Teams mittlere Zukunftschancen auf. Auf der anderen Seite sind ebenso in Westdeutschland

[34] Bei der Berechnung wurden Größeneffekte relativiert, so dass alle Standorte die gleichen Chancen haben und „große" Standorte nicht bevorzugt werden.

zahlreiche Teams in Regionen mit mittleren Zukunftschancen ansässig. Insgesamt gehören 20 Teams der 1. und 2. Handball BL Frauen (51,3%) dieser Klassifizierung an.

Demgegenüber haben 8 der 39 Teams (20,5%) ihren Teamstandort in einer der wirtschaftlich stärksten Regionen in Deutschland. Darüber hinaus sind 5 weiter Frauenhandball-Bundesligaclubs (12,8%) an strukturstarken Standorten mit hohen Zukunftschancen ansässig. Ein Drittel aller Frauenhandball-Bundesligateams sind demnach an einem sozioökonomisch starken Standort beheimatet.

Tab. 32. *Sozioökonomische Situation am Standort der Vereine in der 2. Handball-Bundesliga Frauen (Saison 2006/07) (Prognos, 2007).*

2. BL Nordstaffel	Gesamt 2007		Dynamik	Wohlstand	Zukunftschancen
Team	Rang	Index-Wert	Rang	Rang	
TV Beyeröhde	330	39,3	421	296	mittel
SV Union-Halle Neustadt	259	41,4	244	415	mittel
SVG Celle	244	41,8	209	250	mittel
TSG Wismar	382	36,5	339	436	niedrig
SC Greven 09	134	44,4	73	168	hoch
TSV Nord Harrislee	250	41,7	211	63	mittel
BVG Berlin	245	41,8	276	434	mittel
TSV Travemünde	272	41,1	200	395	mittel
HSC 2000 Magdeburg	188	42,9	136	411	mittel
PSV Recklinghausen	299	40,5	325	313	mittel
VfL Wolfsburg	22	50,4	2	129	sehr hoch
VfL Oldenburg II	70	47,1	23	261	sehr hoch
SG Päd./PSV Rostock	255	41,6	302	204	mittel
HSG Stemmer/Friedewalde	124	44,8	93	169	hoch
2. BL Südstaffel					
HSG Sulzbach/ Leidersbach	285	40,9	241	75	mittel
TuS Metzingen	194	42,8	98	271	mittel
TuS Weibern	196	42,8	170	214	mittel
SC Markranstädt	397	35,6	354	288	sehr niedrig
HSG Bensheim/Auerbach	131	44,6	132	113	hoch
TV Nellingen	68	47,1	177	22	sehr hoch
BSV Sachsen Zwickau	343	38,6	399	355	niedrig
TV Mainzlar	179	43,0	124	135	mittel
SV Allenbach	66	47,4	49	131	hoch
TSG Ober-Eschbach	12	51,3	131	9	sehr hoch
SG Kirchhof	221	42,2	269	148	mittel
HC Sachsen Neustadt-Sebnitz	394	35,7	383	320	sehr niedrig
SC Riesa	398	35,5	419	340	sehr niedrig

In strukturschwachen Regionen ergeben sich aufgrund eines geringeren Sponsoren- und Zuschaueraufkommens häufiger Vermarktungsprobleme. Diese stellen die betroffenen Vereine vor hohe Managementherausforderungen.

„*Ja gut, wir haben hier natürlich das Problem, dass wir nicht gerade eine finanzstarke oder wirtschaftlich starke Region sind. Wir liegen im Herzen Europas, aber am Ende von Deutschland, so ungefähr. Wir leben hauptsächlich vom Tourismus und vom Wein vielleicht noch, aber die Industrie ist dadurch sehr schwach. Das hat dann natürlich auch Auswirkungen auf die Sponsoren. Wenn du dann relativ viele Sportarten hast, es ist ja nicht nur Handball, sondern auch Fußball, Basketball, Eishockey usw., da wird das Ganze natürlich immer schwieriger*" (1. BL, V-8, 149).

„*Wir sind hier in einem wirtschaftlich schwachen Umfeld, ich meine über 20% Arbeitslose. Und das Ticket muss immer gekauft sein. Das haben wir im Vergleich zur Vergangenheit ganz klar gemerkt, dass da also mehr überlegt wird. D.h. zu den Spitzenspielen kommen mehr und zu den weniger interessanten Spielen kommen dann halt mal weniger. Man kommt nicht immer zu allen Spielen, sondern man überlegt sich, zu welchen Spielen man kommt*" (1. BL, V-4, 106).

Ein Standort in einer wirtschaftlich starken Region bringt hingegen in der Regel Vermarktungsvorteile mit sich. Die Manager der BL-Teams sind sich dieser Vorteile durchaus bewusst, wie folgende Interviewauszüge zeigen:

„*Bei den Zuschauern macht sich das mit Sicherheit bemerkbar, dass wir hier in einer starken Region leben, denn sonst würde es wohl nicht mal so eben vorkommen, dass man mit vier Personen bei 10 € Eintritt zum Frauenhandball geht. Man sieht aber auch, dass in Regionen wie dem Ruhrgebiet, wo Fußball – Dortmund, Schalke – ist, auch mit einer hohen Arbeitslosigkeit schon durch eine Identifikation die Stadien gefüllt werden können* (1. BL, V-9, 215).

„*Wir leben hier in Wolfsburg, da sind fast alle bei Volkswagen beschäftigt und die bezahlen gut. Klar merkt man da die Wirtschaftskraft. Man sagt ja auch ganz leicht, Volkswagen hustet und die ganze Stadt hat eine Lungenentzündung. Krisen bei Volkswagen spiegeln sich in der gesamten Wolfsburger Gesellschaft wider und dann sitzt auch der Euro nicht mehr so locker, um mal eben zum Handball zu gehen*" (2. BL, V-39, 209).

„*Natürlich, wenn ich in Stuttgart wäre und dasselbe Engagement an den Tag legen würde, hätte ich mit Sicherheit schon einen Etat von 1,5 Millionen zusammen. Und wenn ich in Leipzig wäre und nicht hier, hätte ich auch ganz andere Möglichkeiten*" (2. BL, V-15, 205).

Während das Vermarktungspotential in einer kleinen Stadt natürlich begrenzt ist, werden auch in Großstädten vorhandene Potentiale nicht immer genutzt, so dass sportliche Erfolge hinter der lokalen Wirtschaftskraft zurück bleiben können. Zudem bedeuten wohlhabende Regionen nicht gleich zahlungsbereite Sponsoren, wie folgende Zitate untermauern:

„*Also, ich glaube, dass das schon was ausmacht, ob man in einer Region angesiedelt ist, wo entsprechend Vollbeschäftigung herrscht oder Industrie angesiedelt ist, gerade hinsichtlich Sponsoren und Zuschauer. Da sind wir ja hier leider – obwohl wir hier in einer starken Region sind – in den letzten Jahren arg gebeutelt gewesen. Gerade alteingesessene große Firmen in der Umgebung sind kaputt gegangen und machen auch teilweise nichts mehr im Sportsponsoring, weil sie das auch der Öffentlichkeit gar nicht mehr verkaufen können. Ich kann nicht 1.000 oder 2.000 Leute entlassen und steige aber mit einer sechsstelligen Summe ins Sportsponsoring ein, das kann man nach außen nicht vertreten*" (1. BL, V-1, 209).

„*Die Wirtschaftskraft hier in unserer Region ist eigentlich so stark, dass wir davon noch mehr profitieren müssten, aber die Schwaben sind eben sehr sparsam. Die Kaufkraft in der Bevölkerung ist nicht so maßgebend, da würde ich mal sagen, haben wir aber auch ein gutes Preis-/Leistungsverhältnis, das ist zu vernachlässigen. Da reagieren wir mit unseren Eintrittspreisen schon darauf, wenn die Ausgaben steigen, aber da haben wir auch eine gemeinsame Strategie hier in der Region und manche sagen sogar, mit euren Eintrittspreisen können wir gar nicht mithalten*" (2. BL, V-24, 208).

An diesen Zitaten wird deutlich, dass offensichtlich ein Zusammenhang zwischen dem Vermarktungserfolg und der sozioökonomischen Situation einer Stadt besteht. Dies schließt aber nicht aus, dass auch Vereine in kleineren Orten trotz eines sozioökonomischen Standortnachteils teilweise zu guten Vermarktungsergebnissen gelangen, sofern sie eine Alleinstellung auf dem lokalen Teamsportmarkt haben. Vielmehr ist eine strategische Ausrichtung des Clubmarketings maßgeblich für eine effektive Vermarktung mitverantwortlich. Dies wird durch die Regressionsanalyse bestätigt. So konnte kein signifikant positiver Zusammenhang zwischen dem Gesamtbudget und der sozioökonomischen Stärke am Teamstandort nachweisen werden. Die Einnahmesituation der Frauenhandball-Bundesligavereine hängt demnach weniger von Standortfaktoren ab. Wettbewerbsfähiger Frauenhandball ist also auch in kleineren und wirtschaftlich schwächeren Regionen möglich. So können Frauenhandballclubs mit einem Teamstandort in Ostdeutschland, der eigentlich eher als ressourcenschwach einzuordnen ist, stark von kommunalen Institutionen profitieren, da hier ein Sponsorenengagement noch in viel stärkerem Maße durch halbstaatliche Unternehmen erfolgt. Von daher bieten sich Teams mit einem Clubstandort in Ostdeutschland sogar Vermarktungsvorteile. In wirtschaftlich schwachen Regionen sind die Vermarktungsvoraussetzungen für die Handballerinnen aber eher ungünstig, in wirtschaftsstarken dagegen günstiger. Strukturschwache Kommunen verfügen kaum über die finanziellen Möglichkeiten etwa die Sportstätten zu sanieren oder gar Neu- und Umbaumaßnahmen vorzunehmen, wohingegen in Zukunftsregionen meist eine moderne Sportstätteninfrastruktur mit Multifunktionsarenen vorhanden ist, die die Vermarktung der Bundesligisten begünstigt. Die sozioökonomische Situation ist demnach indirekt auch ausschlaggebend für die Sportstättensituation der Clubs.

5.3.4 Sportstättensituation der Clubs

Die Spielstätte entscheidet mit ihren räumlichen Gegebenheiten über die Vermarktungsmöglichkeiten der BL-Teams. Zum einen ist die Zuschauerzahl durch die Kapazität der Halle begrenzt, zum anderen bestimmen Größe und Ausstattung die Gestaltungsmöglichkeiten in den Bereichen Service, Catering, Rahmenprogramm und Hospitality. Neuere Hallen verbessern die Vermarktungsmöglichkeiten in der Regel, während ältere Spielstätten eher hemmend auf die Vermarktung einwirken. Neuere Hallen sind qualitativ besser ausgestattet (z.B. höherer Sitzkomfort) und auch größer. Sie bieten demzufolge die Möglichkeit der Ausschöpfung eines höheren Zuschauerpotentials. Bezogen auf die Prozesspolitik sind als Indikatoren für die Qualität in diesem Zusammenhang Bereiche zu nennen, die eine lange Wartezeit etwa beim Catering oder bei sanitären Anlagen vermeiden.

Während die 1. BL Männer zurzeit mit den vorhandenen Hallengrößen aufgrund der hohen Zuschauernachfrage an ihre Kapazitätsgrenzen stößt, gibt es offenbar bei den Frauen durchaus noch ungenutzte Potentiale (vgl. Tab. 33).

Tab. 33. *Kapazität und Auslastung der Spielstätten der 1. Handball-Bundesliga Frauen (Saison 2006/07) (eigene Recherchen).*

Team	Sporthalle	Kapazität	Auslastung	Zuschauerschnitt
1. FC Nürnberg Handball	BBZ am Berliner Platz	2.000	41%	826
TSV Bayer 04 Leverkusen	Ullrich-Haberland Halle	800	75%	603
HC Leipzig	Arena Leipzig	7.000	31%	2.180
DJK/MJC Trier	Arena Trier	3.140	37%	1.170
VfL Oldenburg	EWE Arena	2.500	28%	708
Frankfurter HC	Brandenburg-Halle	2.300	42%	969
HSG Blomberg-Lippe	Sporthalle Ulmenallee	2.500	21%	518
Buxtehuder SV	Schulzentrum Nord	1.800	71%	1.270
Thüringer HC	Salza-Halle	1.200	80%	964
TSG Ketsch	Neutorhalle	1.100	49%	541
BV Borussia Dortmund	Sporthalle Wellinghofen	2.500	29%	730
TPSG FA Göppingen	Hohenstaufenhalle	3.950	28%	1.120

Die durchschnittliche Hallenkapazität der Handball BL Frauen liegt bei 2.566. Mit durchschnittlich nur 45% Auslastung besteht für die Erstligaclubs hier noch ein deutliches Potential, die Zuschauerzahlen zu steigern. Dies erfordert verstärkte Vermarktungsbemühungen im Zuschauermarkt, auf die an späterer Stelle noch eingegangen wird.

Die Spielstätten der Zweitligaclubs sind deutlich kleiner und liegen bei einer durchschnittlichen Hallenkapazität von 807 Plätzen (vgl. Tab. 33 und 34). Angesichts des geringen Zuschauerschnitts besteht bei einer durchschnittlichen Auslastung von nur 56% die Möglichkeit, die Zuschauerzahlen zu steigern.

Tab. 34. *Kapazität und Auslastung der Spielstätten der 2. Handball-Bundesliga Frauen (Saison 2006/07) (eigene Recherchen).*

Team	Sporthalle	Kapazität	Auslastung	Zuschauerschnitt
Nordstaffel				
TV Beyeröhde	Sporthalle Langerfeld	500	70%	350
SV Union-Halle Neustadt	Universitätssporthalle	700	36%	250
SVG Celle	HBG Sporthalle	1.300	59%	761
TSG Wismar	Sporthalle Wismar	1.500	60%	850
SC Greven 09	Rönnehalle	1.000	55%	550
TSV Nord Harrislee	Holmberghalle	800	31%	250
BVG Berlin	Sporthalle am Anton-Saefkow-Platz	800	37%	300
TSV Travemünde	Senator-Emil-Possehl-Halle	400	75%	300
HSC 2000 Magdeburg	Mittellandhalle Barleben	430	81%	350
PSV Recklinghausen	Sporthalle Nord	420	62%	260
VfL Wolfsburg	Berufsbildende Schulen	500	60%	300
VfL Oldenburg II	Robert-Schumann-Halle	600	50%	300
SG Päd./PSV Rostock	Sporthalle Marienehe	1.000	40%	400

Team	Sporthalle	Kapazität	Auslastung	Zuschauerschnitt
HSG Stemmer/Friedew.	Sporthalle Minden-Nord	400	63%	250
Südstaffel				
HSG Sulzbach/Leidersbach	Main-Spessart Halle	700	100%	700
TuS Metzingen	Öschhalle	700	77%	540
TuS Weibern	Robert-Wolff Halle	600	58%	350
SC Markranstädt	Stadthalle Markranstädt	700	79%	550
HSG Bensheim/Auerbach	Weststadthalle Bensheim	2.000	35%	700
TV Nellingen	Sporthalle 1 Nellingen	1.100	32%	350
BSV Sachsen Zwickau	Sporthalle Neuplanitz	750	67%	500
TV Mainzlar	Clemens-Brentano-Europaschule Lollar	400	75%	300
SV Allenbach	Riesenbergsporthalle Allensbach	1.000	43%	430
TSG Ober-Eschbach	Albin-Göhring-Halle	800	50%	400
SG Kirchhof	Stadtsporthalle Melsungen	1.500	17%	250
HC Sachsen Neustadt-Sebnitz	Sportforum Neustadt	600	75%	450
SC Riesa	WM-Halle Riesa	600	67%	400

Die Bundesligaspiele der Frauen finden ausschließlich in kommunalen Sporthallen statt (vgl. Tab. 33 und 34). Keiner der untersuchten Vereine verfügt über eine eigene Sportstätte. Bei der Vermarktung der „Namingrights" an den Sporthallen sind den Vereinen dadurch bisher Grenzen gesetzt.

Die meisten Vereine tragen ihre Spiele in Hallen aus, die als Schulturnhallen konzipiert wurden. Die zugewiesene Sporthalle dient den Vereinen als Trainings- und Spielstätte. Vereine an kleineren Standorten haben in der Regel kleinere Hallen, da auch eine geringere Anzahl potentieller Nachfrager vorhanden ist. Hier gilt es, die Hallenkapazität gut an die regionalen Erfordernisse anzupassen. Nur für wenige Teams ist ein Umzug in eine große moderne Arena empfehlenswert. Für Teams an einem kleineren Standort, mit entsprechend geringem Einzugsgebiet im Hinblick auf Zuschauer, könnte der Umzug in eine größere Halle sogar kontraproduktiv sein, da damit immer auch das Risiko verbunden ist, vorhandene Zuschauer zu verlieren. Zudem bleibt ungewiss, ob durch einen Standortwechsel überhaupt mehr Zuschauer angesprochen werden können.

„Ja klar, da hängt viel von den Gegebenheiten der Halle ab. Uns fehlen auch zu jedem Heimspiel bzw. zu den Topspielen etwa 500 Plätze. Aber die Stimmung ist bei uns einfach super und da muss man sehen, baut man um, oder leben wir mit dem, was wir haben. Wir hätten auch gerne einen schöneren VIP-Raum, aber in der jetzigen Halle ist das einfach nicht gegeben. Wir reden da auch schon über einen Umbau, denn für den Europapokal müsste die Halle umgebaut werden, um den Anforderungen zu entsprechen" (1. BL, V-5, 97).

„Wir sind ja dabei, eine neue Halle zu bauen mit 1.600 Zuschauern. Aber so eine neue Halle ist ja auch immer ein zweischneidiges Schwert. Wir haben jetzt die Halle immer schön gefüllt und das ist eine tolle Hallenatmosphäre. Wenn man dann dieselbe Atmosphäre erst erreicht, wenn in der anderen Halle 1.100 Zuschauer sind, dann ist das nicht nur eine Möglichkeit, die sich dem Verein bietet, sondern auch ein Risiko. Wenn wir die Zuschauerzahlen dann nicht steigern können, wäre diese Halle zu groß. Für die Sponsoren haben wir jetzt schon gute Bedingungen, aber die werden dann dort noch besser, da haben wir dann einen VIP-Bereich mittig über dem Spielfeld angesiedelt in einem großen Glasbereich und es gibt dort einfach neue Möglichkeiten, wo wir uns auch sehr viel von versprechen hinsichtlich der Vermarktungsmöglichkeiten" (2. BL, V-15, 92).

Trotz der angesprochenen Risiken ist in Folge des Wettbewerbsdrucks auch im Frauenhandball festzustellen, dass einige Vereine ihre Spiele in moderne Multifunktionsarenen verlagern, so der HC Leipzig, die DJK/MJC Trier und der VfL Oldenburg. Auch die HSG Sulzbach/Leidersbach ist zur Saison 2008/09 mit dem Aufstieg in die 1. Handball BL Frauen in die moderne Unterfrankenhalle nach Aschaffenburg umgezogen. Nach Aussage der Experten streben im Frauenhandball noch weitere Vereine den Umzug in größere Spielstätten an, da die Vermarktungsmöglichkeiten in modernen Arenen wesentlich besser eingeschätzt werden.

„Gut ist, dass viele Vereine mittlerweile in großen Hallen spielen. Dass Trier eine neue Arena bekommen hat aufgrund des Basketballs oder dass Frankfurt/Oder eine neue Halle hat, das macht sehr viel aus; dazu Oldenburg mit einer Arena und Nürnberg, die ab und zu in der großen Arena spielen. Das macht das Ganze natürlich deutlich attraktiver, denn es geht raus aus diesen Schulsporthallen. Das ist, denke ich, eine sehr, sehr positive Entwicklung" (1. BL, V-4, 22).

„Durch die neuen Hallen wird Frauenhandball noch attraktiver. Wir haben ja da noch Hallen in der Bundesliga, da muss man sich für schämen. Das finde ich schon ansprechender mit den neuen modernen Hallen, das ist auch sehr wichtig, um in Zukunft mehr Menschen für Damenhandball zu begeistern" (1. BL, V-3, 100).

„Wir bauen gerade eine neue Halle, damit wir eine bessere Möglichkeit zur Betreuung unserer Sponsoren haben und mehr Zuschauer gewinnen können" (2. BL, V-15, 188).

„Vorteil ist auf jeden Fall das große Foyer, da kann man sehr gut die Zuschauer bewirten und sich gleichzeitig präsentieren, sprich einen Infostand von Sponsor X aufbauen, das ist ganz wichtig. Die Halle hat auch einen super exklusiven gläsernen VIP-Raum, die hat einen Fahrstuhl, da können die Spielerinnen gleich von unten hoch in den VIP-Raum fahren. Die Halle ist innen sehr hell und freundlich gemacht, also hat keinen Schimmer mehr von diesen grauen Schulturnhallen, die hat eine gute Atmosphäre und die Leute kommen gerne. Für uns und Frauenhandball die beste Halle" (2. BL, V-21, 204).

Zum einen sind die modernen Arenen besser auf die Bedürfnisse der Zuschauer und Sponsoren zugeschnitten, zum anderen bieten sie den Teams im Vergleich zu den Schulturnhallen die Möglichkeit einer zusätzlichen VIP-Betreuung, d.h. sie ermöglichen gleichzeitig eine verbesserte Vermarktung.

„Die Ausstattung muss natürlich komfortabel sein, denn wenn sie einen Vorstandsvorsitzenden eines Unternehmens in so eine Halle wie in Weibern oder in Mainzlar reinlassen, tja, was soll ich dem da präsentieren? Der sieht eine kleine Fuzzi-Halle, und vielleicht geht die Frau von ihm auf die Toilette und da ist noch nicht mal Papier drin. Wie wollen Sie denn von dem einen riesigen Betrag holen? Niemals, niemals geht das. Wenn Sie aber da in eine schicke Halle reinkommen, großzügig, wo eine angenehme Atmosphäre ist, wo Stimmung drin ist und dann mit einem Bierchen oben drin im VIP-Raum und der fühlt sich wohl, das ist doch ganz was anderes" (2. BL, V-21, 103).

Die Mehrzahl der Spielstätten der Teams der Handball BL Frauen ist schon relativ alt, was sich notgedrungen in Komforteinbußen niederschlägt. Der mangelnde Komfort in den Schulturnhallen vor allem im Catering- oder Hospitality-Bereich wird von einigen Vereinsvertretern daher auch bemängelt. Diese unzureichenden infrastrukturellen Gegebenheiten wirken sich wiederum nachteilig auf die Möglichkeiten bei der Sponsorenbetreuung aus und schränken den Service stark ein.

„Von der Größe her ist die Halle in Ordnung, aber sie hat nicht so viele Räumlichkeiten, wo man jetzt mal einen schönen VIP-Raum machen könnte und, und, und. Die Bewirtungsmöglichkeiten sind allgemein sehr schlecht und da ist auch gleichzeitig der Eingang vom Schwimmbad. Das ist eben eine alte Schulturnhalle, die noch nicht so einen Komfort bietet wie die neuen Arenen. Parkplätze sind ein Problem, es gibt Probleme bei der Bewirtung, es gibt Probleme beim Licht, es gibt eigentlich in allen Belangen Defizite" (1. BL, V-10, 188).

„Die Verkehrsanbindung, da eine U-Bahnstation da ist, ist sicherlich o.k., auch die Anfahrt mit dem Auto ist o.k., wobei die Parkplatzmöglichkeiten sehr, sehr schlecht sind, da die Halle fast in einem Wohngebiet liegt. Die Halle, muss man sagen, ist schon etwas zu alt und entspricht nicht mehr modernen Anforderungen einer Bundesligamannschaft. Auf der anderen Seite muss ich sagen, so lange in Nürnberg keine andere Halle für uns da ist, da die Arena zu groß für uns ist, müssen wir damit leben. Diese altertümliche Halle behindert uns aber sicherlich auch daran, uns anders darzustellen" (1. BL, V-1, 189).

„Ich denke, für unsere Verhältnisse ist die Hohenstaufenhalle ideal. Also, wir haben sicher das Potential, die Halle auch zu füllen. Verbesserungsfähig sind insbesondere die Sanitäreinrichtungen oder sonst was, aber es ist ja auch nicht umsonst ein Betrag von 13 Millionen Euro im Raum, um die Halle zu sanieren. Die Halle soll saniert und auf 5.400 Zuschauer erweitert werden nächstes Jahr. Wir haben keine Logen, wir haben keinen VIP-Raum, wir haben keinen Presseraum, wir haben keinen separaten Aufwärmplatz, das haben wir alles nicht, das soll jetzt kommen. Ob das aber für uns Frauen gut ist, eine Halle mit noch mehr Zuschauern, bezweifle ich. Aber da werden wir auch nicht groß gefragt. Vor allem auch, was wir während der Bauphase machen. Das interessiert hier in Göppingen auch niemand, wo wir dann spielen werden. Von daher finde ich im Moment die Halle sehr gut und gerade wenn man auch hört, die anderen spielen gerne in Göppingen, weil wir viele Zuschauer haben" (1. BL, V-9, 192).

Die Zweitligaclubs sind zumeist trotz baulicher Mängel mit den ihnen zur Verfügung stehenden Sportstätten zufrieden. Für sie bietet sich größtenteils auch gar nicht die Möglichkeit, an ihrer Hallensituation etwas zu ändern.

„Parkplatzmöglichkeiten sind sehr schlecht, die Verkehrsanbindung mit öffentlichen Mitteln relativ gut. Vom sportlichen gibt es für unsere Bedürfnisse keine andere Halle, das ist dann schon die Tophalle in Berlin, also in der Größenordnung bis zu 1.000. Aber hier eben, der Gastronomiebereich und VIP-Bereich ist dann schon nicht entwicklungsfähig und teilweise für die Sponsoren auch sehr gewöhnungsbedürftig" (2. BL, V-26, 198).

„Die Sporthalle ist schon sehr alt und wir wären froh, wenn wir mal irgendwie eine neue Halle hätten. Die Parkplätze an der Halle sind ausreichend und auch die Verkehrsanbindung ist in Ordnung. Von den Vermarktungsmöglichkeiten her ist eine solch alte Halle nicht optimal, aber wir haben auch nicht die Möglichkeit, in eine andere Halle umzuziehen" (2. BL, V-13, 188).

„Wir wollen hier in unserer Halle bleiben. Wir haben mal zwei Spiele in Mayen ausgetragen und das hat gar nicht funktioniert. Das ist einfach hier so eine Sache im Dorf, die möchten dann nach dem Spiel noch gemütlich ihre Wurst essen und ein Bierchen trinken und nicht noch weit fahren müssen" (2. BL, V-18, 192).

„Da kann ich nur positive Aspekte nennen. Es gibt mehr als genug Parkplätze und auch der Bahnhof ist nur drei Minuten entfernt. Außerdem gibt es sehr gute Verkehrsanbindungen in Metzingen. Die Halle ist für uns optimal, auch wenn wir mit der Bandenwerbung inzwischen schon an unsere Kapazitätsgrenze gestoßen sind. Bis auf den VIP-Bereich sind die Vermarktungsmöglichkeiten durchaus gut" (2. BL, V-24, 187).

Ein nicht zu verachtender Vorteil einer kleineren Halle liegt nach Aussage der Interviewpartner in der einzigartigen Atmosphäre, die darin erzeugt wird.

„Die Halle hat eigentlich keine Vorteile. Lediglich die Verfügbarkeit ist super, die steht uns immer zur Verfügung. Und die Atmosphäre ist auch gut in so einer kleinen Halle, wenn die voll ist" (1. BL, V-10, 198).

„Dass die Halle sehr eng ist, kann für die Stimmung ein Vorteil sein, aber ansonsten hat sie nur Nachteile. Wie gesagt, wir haben nicht mal einen Raum eine Pressekonferenz zu machen oder was auch immer" (2. BL, V-39, 198).

Durch den Umzug einiger Vereine in Multifunktionsarenen der Großstädte sowie die Realisierung mehrerer Hallenneubauprojekte können sich die bestehenden Disparitäten zwischen den Vereinen der Handball BL Frauen weiter verstärken. So werden insbesondere diejenigen Vereine, die über einen *schlechten* Standort (etwa kleines Einzugsgebiet und kaum Zuschauerzuspruch) oder ungenügend Hallenkapazitäten verfügen, benachteiligt. Sich bietende Einnahmepotentiale können so nicht gleichermaßen von allen Vereinen realisiert werden. Durch die Vernachlässigung des gastronomischen Services, zielgruppenspezifischen Angeboten wie VIP-Bereiche sowie sonstigen Verkaufseinrichtungen (Fanartikel) wird zudem versäumt, die Zahlungsbereitschaft von Zuschauern vollständig auszureizen.

5.3.5 Unterstützung durch die Kommune

Ohne staatliche Unterstützung wäre der Ligasport in Deutschland nicht funktionsfähig. Auch die Erst- und Zweitligaclubs erfahren durch die öffentliche Hand, sprich die Kommune, Unterstützung, die damit sportpolitische Ziele hinsichtlich regionaler oder nationaler Reputation verfolgt. Denn durch einen ansässigen Bundesligaclub ergeben sich für eine Kommune direkte und indirekte wirtschaftliche Effekte, da die Stadt das Bundesligateam für Stadtmarketing und Standortpolitik nutzen kann (vgl. auch Heinemann, 1999, S. 27). So übernimmt das Bundesligateam die Rolle einer gesellschaftlichen Institution innerhalb seines Teamstandortes (vgl. Cachay et al., 2004, S. 28).

„Es ist das Aushängeschild der Stadt. Es gibt eben nichts Vergleichbares und wir sind seit 1989 in der 1. Bundesliga, gehören also zu den Vereinen, die am längsten dabei sind. Es ist natürlich nicht so – denn der Bürgermeister und der Stadtrat haben auch andere Sorgen – die rufen jetzt nicht täglich an und fragen, was sie für uns tun können" (1. BL, V-7, 215).

„Es gibt einen Sportreferenten, der gleichzeitig Bürgermeister ist. Das fängt also an bei unserem Oberbürgermeister, da muss man sagen, das ist ein großer Glücksfall für die Stadt, der auch ein sehr sportbegeisterter Mensch ist und da anfasst wo es nur geht. Auch zur regionalen Politik muss man sagen, haben wir ein sehr gutes Verhältnis" (1. BL, V-8, 125).

„Da sind wir zufrieden mit dem, was die Stadt angeht. Die schaffen schon Verbindungen und öffnen uns auch die Türen. Unter dem Strich haben wir eine sehr engagierte Bürgermeisterin, die auf unserer Seite steht. Auch das mit dem Unternehmergespräch, wo wir uns präsentieren konnten, und das Sponsoring der Stadtwerke ist durch ihre Unterstützung zustande gekommen" (2. BL, V-24, 212).

„Da ist gut, dass unser Bürgermeister ein Handballfan ist und der kommt auch zu den Spielen. Wir haben auch ein paar Handballverrückte in den Gremien. Das ist sicherlich ein Vorteil, aber trotzdem ist das hier immer noch ein Kampf um Hallenzeiten und es gibt immer Dinge, die da zu verbessern wären. Alles in allem können wir uns aber hinsichtlich der Unterstützung der Stadt nicht beklagen" (2. BL, V-14, 214).

Die Frauenclubs profitieren in unterschiedlichem Maße von einer kommunalen Unterstützung. Neben der Bereitstellung der Sportstätten ist die Hilfe z.B. durch städtische Institutionen bei der Organisation der Spieltage üblich. Darüber hinaus ist das sportpolitische Engagement einflussreicher Vereinslobbyisten auch gegenüber der lokalen Wirtschaft ein Ressourcenvorteil, den jedoch alle Sportarten und Vereine genießen.

In einigen Fällen sind zwar für die Nutzung der Sporthallen Gebühren zu entrichten, dennoch müssen sich die Clubs in der Regel nicht an den laufenden Betriebskosten beteiligen. Für sie ist die Möglichkeit der Nutzung einer kommunalen Halle gegenüber der Anmietung einer modernen Arena immer noch die kostengünstigste Alternative.

„Einmal haben sie ja gesehen, dass die Stadt durchaus an den Erfolgen Anteil nimmt, dass die Stadt oder deren Repräsentanten häufig Gäste in unserer Sporthalle sind, sowohl die Bürgermeisterin, der Präsident oder der Senator für Kultur und Sportstättenbildung, der auch bei uns Präsidiumsmitglied ist. Besucher unserer Bundesligaspiele sind häufig aber auch die Schirmherren unserer Nachwuchsarbeit. Also so präsentieren oder unterstützen sie uns schon. Und das andere ist, verhalten gesagt, nicht nötig, sie stellen uns die Sportstätten zu einem Obolus, der noch bezahlbar ist,

zur Verfügung und damit tun sie eigentlich sehr sehr vieles. Sie wissen ja, dass Sportstätten und deren Erhaltung sehr teuer ist und da nehmen wir das schon sehr wohlwollend wahr" (2. BL, V-30, 233).

Darüber hinaus gewähren Städte und Gemeinden indirekt weitere Sportförderleistungen, indem städtische Energieversorger oder Sparkassen und Volksbanken als Sponsoren auftreten. Insbesondere die Clubs in Ostdeutschland profitieren aufgrund der dortigen traditionellen Verankerung des Damenhandballs von einer kommunalen Unterstützung, insbesondere der Energieversorger. Dies wird auch als Standortvorteil gegenüber anderen Teams aus anderen Regionen gesehen.

„Im Bereich der fünf neuen Bundesländer sind es ganz klar die öffentlichen Träger, die einfach auch aus der Historie heraus den Frauenhandballsport unterstützen. Dort sehen sie überall die öffentlichen Träger, sie sehen überall Gas, sie sehen überall Öl, sie sehen überall Versicherungen, Sparkasse etc.; in einer weitaus höheren, auch finanziellen Unterstützung wie hier in den Altbundesländern" (2. BL, V-17, 214).

„Wir haben das Glück, dass die Stadt in ihren Sportförderungsrichtlinien viel tut und wir auch jede Unterstützung der Stadt erfahren. Wir zahlen für die Nutzung der Sporthalle nur einen kleinen Beitrag. Die in Sebnitz müssen, glaube ich, alleine dafür schon 30.000 € aufbringen. Außerdem zahlen wir keine Abgaben für die Werbung und können die in der Halle auch noch hängen lassen. Das erspart schon einen enormen Zeitaufwand. Die Stadt präsentiert sich außerdem nach außen mit der Damenmannschaft und wirbt auch mit uns für Zwickau. Die öffentliche Unterstützung ist bei uns auf jeden Fall besser als bei vielen anderen Vereinen in der 2. Liga" (2. BL, V-13, 213).

Wie die Ausführungen in diesem Kapitel gezeigt haben, beeinflussen die Einwohnerstärke und die wirtschaftliche Situation einer Stadt insgesamt die Vermarktungsergebnisse der Clubs. Die regionale Wirtschaftsstärke der Standorte schlägt sich eindeutig in entsprechenden Unterstützungspotentialen nieder. Die Einflussmöglichkeiten der Vereine hinsichtlich einer strategischen Standortentwicklung bleiben allerdings durch das europäische Ligensystem eingeschränkt. Daneben determinieren die Sportstätte sowie die kommunale Unter-stützung vor Ort die Vermarktungsergebnisse der Teams. Ein gutes Beziehungsmanage-ment zu Dachverbänden, Kommune und weiteren Kapitalgebern ist für eine erfolgreiche Vermarktung der Handball BL Frauen unerlässlich.

Damit sind die Ressourcen der Frauenhandball-Bundesligaclubs beschrieben. Die auf der Nachfrageseite erzielbaren Vermarktungserlöse werden vom gezielten Einsatz dieser Ressourcen bestimmt, d.h. vom Grad der Ausschöpfung von Vermarktungspotentialen. Welche Erlöse die Frauenhandballteams auf den verschiedenen Teilmärkten erzielen, wird im Folgenden untersucht.

6 Vermarktungserfolge der Frauenhandball-Bundesligateams

In diesem Kapitel werden zunächst die Vermarktungserfolge, gemessen an den erzielten Budgets, dargelegt. Zugleich werden Disparitäten zwischen den Clubs der 1. und 2. Handball BL Frauen wie auch innerhalb der Ligen sowie im Vergleich zum Männerhandball und weiteren Frauenteamsportarten aufgezeigt, um die Marktstellung des Frauenhandballs innerhalb des weiteren Teamsportmarktes darzustellen. Zudem werden die Vermarktungserfolge der Frauenhandball-Bundesligaclubs bezogen auf die im theoretischen Teil der Arbeit in Kapitel 2 dargelegten vier Absatzmärkte, zunächst im B2C-Bereich (Zuschauer, Fans) und anschließend im B2B-Bereich (Sponsoren, Medien, Staat), analysiert.

6.1 Die Finanzkraft der Clubs

Die Finanzkraft eines Clubs ist in der Regel Ergebnis eines nach wirtschaftlichen Gesichtspunkten operierenden Managements. Allerdings existieren auch zahlreiche Beispiele von Vereinen im Spitzensport, die ihre Finanzkraft einem zahlungskräftigen Mäzen zu verdanken haben. Ein hohes Budget sagt demnach noch nicht, ob dies durch Marktserfolge erzielt wurde oder nicht. Allerdings ist die Finanzkraft eine wichtige Voraussetzung zur Erzielung sportlicher Erfolge unabhängig davon, ob durch eigene Vermarktungsaktivitäten oder einen Mäzen erwirtschaftet. Die folgende Darlegung der Finanzkraft gibt Aufschluss darüber, welche Budgets den Frauenhandballvereinen zur Abwicklung ihres Spielbetriebs zur Verfügung stehen. Zugleich ist der verfügbare Etat auch Indikator für die Ressourcenschwäche bzw. -stärke der einzelnen Clubs. Wie sich die finanzielle Situation im Frauenhandball aktuell darstellt, wird im weiteren Verlauf des Kapitels dargestellt.

6.1.1 Budgetansätze der Bundesligateams

Vermarktungserfolge können anhand des zur Verfügung stehenden Etats abgelesen werden. Informationen über Etathöhe und erst recht die Entwicklung der Etats sind allerdings nur schwer zugänglich und nicht über einen längeren Zeitraum verfügbar. Neben den Etatansätzen der Saison 2006/07, die in den Experteninterviews erhoben wurden, konnten lediglich zur Saison 2002/03 mittels Dokumentenanalyse Budgetangaben eruiert werden.

Tabelle 35 gibt einen Überblick zu Budgetansätzen in Abhängigkeit vom Tabellenplatz der Saison 2002/03 gegenüber der Saison 2006/07. Fast alle Clubs konnten ihre Budgets im Vergleich der beiden Saisons erhöhen. Zudem geht bei den Teams mit Erhöhung ihrer Finanzkraft häufig eine Verbesserung des Tabellenplatzes einher. Betrachtet man die Summe der Einzeletats der 1. Handball BL Frauen, so konnte dieser um 13,3% von 6 Mio. € in der Saison 2002/03 geringfügig auf 6,8 Mio. € in der Saison 2006/07 erhöht werden. Durchschnittlich standen den Teams der 1. Handball BL Frauen in der Saison 2006/07 etwa 566.000 € zur Verfügung.

Tab. 35. *Etatansätze und Tabellenplatz in der 1. Handball-Bundesliga Frauen (Saison 2002/03 und 2006/07 im Vergleich) (eigene Recherchen – diverse Quellen).*

Team	Etat (€) 02/03	Rang 02/03	Etat (€) 06/07	Rang 06/07	Veränderung
1. FC Nürnberg	700.000	3	800.000	1	+ 14,3%
TSV Bayer 04 Leverkusen	500.000	5	500.000	2	0%
HC Leipzig	1.000.000	6	1.200.000	3	+ 20%
DJK/MJC Trier	450.000	1	500.000	4	+ 11,1%
VfL Oldenburg	400.000	10	550.000	5	+ 37,5%
Frankfurter HC	450.000	4	550.000	6	+ 22,2%
HSG Blomberg-Lippe (A)	200.000	2. BL	300.000	7	+ 50%
Buxtehuder SV	400.000	2	500.000	8	+ 25%
Thüringer HC	300.000	2. BL	500.000	9	+ 66,6%
TSG Ketsch	200.000	2. BL	350.000	10	+ 75%
BV Borussia Dortmund	450.000	9	450.000	11	0%
TPSG FA Göppingen (A)	-	2. BL	300.000	12	-

Anmerkungen:
Rang 1-4 = Play-off Teilnehmer Deutscher Meister 2006/07 1. FC Nürnberg Handball
Rang 5 = letzter Teilnehmer im internationalen Wettbewerb
Rang 11 und 12 = sportliche Absteiger
(A) = sportliche Aufsteiger der 2. Handball BL Frauen Saison 2005/06

Die Unterschiede in der finanziellen Ausstattung der Spitzenteams und dem Rest der Liga sind dabei eklatant. Dem Verein mit dem geringsten Budget, Frisch Auf Göppingen, standen 4-mal weniger Finanzmittel zur Verfügung als dem Spitzenreiter HC Leipzig.

Überraschenderweise gehören die beiden Frauenteams der traditionsreichen Männerfußballclubs Bayer Leverkusen und Borussia Dortmund keineswegs zu den führenden Clubs der Erstligisten. Hier wird der benötigte Etat zur Sicherung des Spielbetriebs als fixer Betrag von den Stammvereinen zur Verfügung gestellt. Das bedeutet aber auch, dass diese Teams keine Anstrengungen unternehmen müssen, um sich selbst zu vermarkten. Die reinen Frauenclubs dagegen, die ihr Budget durch eigene Zuschauer- und Sponsoreneinnahmen erwirtschaften müssen, haben dagegen auch die höheren Budgets. Besonders gut gelingt diese Vermarktung dem HC Leipzig, der von der finanziellen Ausstattung her die Rangliste der Erstligaclubs seit Jahren anführt.

Vor besonderen Herausforderungen stehen demgegenüber die Aufsteiger aus der 2. Handball BL. Sie müssten ihren Etat deutlich erhöhen, um in der 1. Handball BL konkurrenzfähig zu sein. Hier zeigt sich die Ressourcenschwäche der Zweitligateams im Vergleich zu den Erstligaclubs sehr deutlich. Zwar konnten die beiden Aufsteiger Ketsch und Blomberg ihren Etat bis zu 75% steigern, insgesamt zeigt sich aber, dass die sportlichen Aufsteiger oft in der gleichen Saison wieder die sportlichen Absteiger sind. Lediglich die Teams aus Blomberg (1. Liga) und Nord Harrislee (2. Liga Nord) haben den Klassenverbleib erreicht. Die übrigen Aufsteiger der Saison 2005/06 sind zum Ende der Saison 2006/07 wieder in die jeweils untere Spielklasse abgestiegen. Die Teams aus Rostock und Kirchhof konnten sogar den Abstieg bis in die Regionalliga nicht verhindern. Darin zeigt sich, dass der (sportliche) Abstieg aus einer Spitzenliga meist mit erheblichen finanziellen Einbußen der Teams verbunden ist. Eine Folge daraus ist die Abwanderung leistungsstarker Spielerinnen zu anderen Vereinen, was wiederum dazu führt, dass auch das sportliche Leistungsniveau stark abfällt und sich die Vermarktungschancen weiter verschlechtern.

Im Vergleich zu den Erstligamannschaften müssen die Zweitligaclubs mit deutlich geringeren Budgets auskommen (vgl. Tab. 36). Die Teams der 2. Handball BL Frauen sind sich ihrer Ressourcenschwäche gegenüber der 1. Handball BL Frauen durchaus bewusst, wie folgende Zitate mit den Geschäftsführern und Marketingleitern der Clubs belegen:

„Wir haben einen Etat von rund 200.000 € und ich denke, wenn wir in der 1. Liga wettbewerbsfähig agieren wollen, müssen wir diesen Etat verdoppeln“ (2. BL, V-14, 104).

„Der Etat bewegt sich so um 200.000 €, das versuchen wir jetzt aber noch zu steigern, denn wenn wir irgendwann in absehbarer Zeit mal an die Tür der 1. Liga anklopfen wollen, dann müssen wir diesen Etat deutlich erhöhen, genauer gesagt mindestens verdoppeln“ (2. BL, V-33, 105).

Die Interviewaussagen zeigen, dass für den Aufstieg in die 1. Liga mindestens ein Etat von 400.000 € benötigt wird, um sich längerfristig in der 1. Liga zu etablieren.

In der Regel sind es die Zweitligateams mit den höchsten Budgets, die es in die Play-offs oder gar den Sprung in die 1. Handball BL schaffen. Mit den Clubs aus Halle, Markranstädt und Zwickau haben lediglich drei Teams (11,1%) überhaupt einen vergleichbaren Etat wie die wirtschaftlich schwächsten Erstligateams. Alle anderen Vereine der 2. Handball BL Frauen (88,9%) haben ein viel geringeres Budget. Die Befunde spiegeln auch die starke ökonomische Disparität zwischen den beiden Frauenligen auf der Ebene der einzelnen Vereine wider.

Tab. 36. *Etatansätze und Tabellenplatz in der 2. Handball-Bundesliga Frauen (Saison 2006/07) (eigene Recherchen – diverse Quellen).*

Team	Etat (€) 06/07	Rang 06/07
Nordstaffel		
TV Beyeröhde	200.000	Aufstieg 1. BL
SV Union-Halle Neustadt	300.000	Play-off (2)
SVG Celle	250.000	Play-off (3)
TSG Wismar	150.000	Play-off (4)
SC Greven 09	90.000	5
TSV Nord Harrislee (A)	70.000	6
BVG Berlin	150.000	7
TSV Travemünde	75.000	8
HSC 2000 Magdeburg	200.000	9
PSV Recklinghausen	80.000	10
VfL Wolfsburg	140.000	11
VfL Oldenburg II	100.000	12
SG Pädagogik/PSV Rostock (AB)	70.000	13
HSG Stemmer/Friedewalde (A)	80.000	14

Team	Etat (€) 06/07	Rang 06/07
Südstaffel		
HSG Sulzbach/Leidersbach	230.000	Aufstieg 1. BL
TuS Metzingen	200.000	5
TuS Weibern	210.000	Play-off (3)
SC Markranstädt	475.000	Play-off (2)
HSG Bensheim/Auerbach	200.000	Play-off (4)
TV Nellingen	150.000	6
BSV Sachsen Zwickau	300.000	7
TV Mainzlar	100.000	8
SV Allenbach	80.000	9
TSG Ober-Eschbach	150.000	10
SG Kirchhof (AB)	250.000	11
HC Sachsen Neustadt-Sebnitz (A)	200.000	12
SC Riesa (A)	140.000	13

Anmerkungen:
Rang 1-4 = Play-off Staffel Nord und Süd und Ermittlung der sportlichen Aufsteiger (sportliche Aufsteiger zum Ende der Saison 2006/07 waren die HSG Sulzbach/Leidersbach sowie der TV Beyeröhde)
Rang = 11-14 Play-down Staffel Nord und Süd und Ermittlung der sportlichen Absteiger, die TSG Ober-Eschbach schaffte den Klassenerhalt (alle weiteren Teams 11-14 der Nordstaffel und 11-13 der Südstaffel sind zum Ende der Saison 2006/07 abgestiegen)
(A) = sportliche Aufsteiger der 2. Handball BL Frauen Saison 2005/06
(AB) = sportliche Absteiger der 1. Handball BL Frauen Saison 2005/06

Den Zweitligateams standen in der Saison 2006/07 im Schnitt 170.000 € zur Verfügung, 3,3-mal weniger als den Erstligateams. Dabei variieren die Budgets wiederum enorm. Der SC Markranstädt hat mit einem Budget von 475.000 € als finanzstärkstes Team der 2. Liga etwa 6,7-mal mehr finanzielle Mittel zur Verfügung als die finanzschwächsten Clubs aus Rostock, Travemünde oder Nord Harrislee.

Auffällig ist dabei, dass die drei finanzstärksten Zweitligateams ihren Standort in Ostdeutschland haben und darüber hinaus zwei von ihnen reine Frauenhandballclubs sind. Dies hat auch sportliche Konsequenzen. Das Team aus Markranstädt ist sportlich mit vier Play-off Teilnahmen in den letzten vier Jahren eines der erfolgreichsten Teams in der 2. Handball BL Frauen. Gleiches trifft auf den Club aus Halle zu. Entgegen der These, dass Vereine an strukturstarken Standorten Vermarktungsvorteile haben, zeigt sich hierin, dass auch Teams trotz eines sozioökonomischen Standortnachteils zu guten Vermarktungsergebnissen gelangen können. Ein Standort in Ostdeutschland scheint die Vermarktung der Zweitligaclubs sogar eher positiv zu beeinflussen. Offenbar können die Clubs an strukturschwachen Standorten von einem guten Beziehungsmanagement etwa zur kommunalen Politik profitieren, sofern sie eine Alleinstellung auf dem lokalen Teamsportmarkt haben und es keine Konkurrenz zu Männerteamsportclubs gibt. Darüber hinaus haben offenbar auch in der 2. Liga eigenständige Frauenclubs Vermarktungsvorteile.

Insgesamt konnten die Erst- und Zweitligaclubs ihre Budgets in den letzten Jahren deutlich steigern. Dies wird von den Vereinsexperten bestätigt.

„Wir hatten Ende der 1990er einen Etat von 350.000 DM, in der 2. Liga hatten wir 180.000 € und jetzt haben wir einen Etat von 300.000 €“ (1. BL, V-10, 104).

„Wir hatten früher einen Etat von 30.000 DM und liegen jetzt etwa bei 800.000 €“ (1. BL, V-5, 103).

„Wir haben angefangen mit einem Haushalt von 40.000 DM in der Regionalliga und hatten im Jahr 2000 schon einen Haushalt von 400.000 DM. Heute sind wir bei fast 500.000 €“ (2. BL, V-15, 106).

„Wir haben in der Regionalliga mit 70.000 € gearbeitet und wir haben nicht diese wirtschaftlichen Voraussetzungen wie in anderen Regionen. Wir haben diesen Etat jetzt verdoppeln können, also auf 140.000 €. Aber auch das ist einfach zu wenig, wenn man aus der Sicht heraus sich langfristig in dieser 2. Bundesliga zu etablieren versucht. Da kann man mit einem Etat von 180.000-200.000 € erst solide arbeiten“ (2. BL, V-22, 103).

Allerdings sind die gestiegenen Einnahmen weniger Resultat einer besseren Vermarktung. Vielmehr sind die Erlössteigerungen der Erst- und Zweitligaclubs darauf zurückzuführen, dass die Teams im Zuge steigender Kosten für Spielerinnengehälter oder Spielbetriebskosten ihre Einnahmen zwangsweise erhöhen mussten. Vor allem den sportlich erfolgreichen Teams gelingt dies offenbar leichter.

Mit dem wirtschaftlichen entsteht zumeist auch ein sportliches Ungleichgewicht. Eine besondere Herausforderung für das Management der Teams liegt daher in der finanziellen Absicherung der Clubs, was wiederum zunehmend professionelles Handeln verlangt. Auch die Vereinsvertreter sehen die starke Heterogenität bezüglich der sportlichen Leistungsstärke der Bundesligateams problematisch. Aus Sicht der Experten besteht die Unausgeglichenheit sowohl innerhalb der 1. Liga als auch verstärkt noch einmal zwischen der 1. und 2. Liga. Einige Clubs betonen aber, dass zumindest die 1. Handball BL Frauen immer ausgeglichener wird.

„Ich denke, die Frauen-Bundesliga ist stärker und vor allem ausgeglichener geworden. Also im Vergleich so vor vier, fünf Jahren, wo, sag ich mal, zwei Vereine, sprich Leipzig und Lützellinden, dieses Geschehen gänzlich bestimmt haben und niemand anderes eine Chance hatte, ist das natürlich jetzt bedeutend besser. Ich denke, dass vier bis fünf Mannschaften Meister werden können jedes Jahr. Das ist natürlich eine sehr, sehr positive Entwicklung, da dadurch das Produkt Handball wesentlich interessanter wird“ (1. BL, V-4, 22).

„Ich denke, das ist schon eine Entwicklung in den letzten Jahren, trotzdem gibt es nur drei, vier, fünf Mannschaften, die auf einem sehr, sehr guten Niveau spielen und die auch international eine gute Rolle spielen können. Dann gibt es ein dunkles Mittelfeld, sage ich mal, und am unteren Ende der 1. Bundesliga viele Mannschaften, die es halt einfach – selbst schon aus finanziellen Gründen, oder aus Gründen des Umfeldes her – nicht schaffen. Hier besteht kein Unterschied mehr zum oberen Tabellendrittel der 2. Bundesliga. Da denke ich, das ist immer so ein kleines Auf und Ab. Wer da aus der 2. Liga hoch kommt, hat es aber auf alle Fälle immer schwer“ (2. BL, V-25, 9).

Bei der Überprüfung der These des Zusammenhangs zwischen wirtschaftlichem und sportlichem Erfolg fällt auf, dass es weder die Teams mit dem höchsten Budget sind, die in den letzten Jahren gute Abschlussplatzierungen erzielt haben, noch stets die Teams mit dem geringsten Budget absteigen.

Großer sportlicher Erfolg in der Vorsaison führt in der Regel zu einem höheren Budget in der nachfolgenden Saison und somit gesteigerten Vermarktungserlösen. So locken sportliche Erfolge verstärkt Zuschauer an, die wiederum als Käufer von Fanartikeln zusätzliche Erlöse generieren. Zudem wird das Interesse von Sponsoren geweckt, was auch hier zu einem Anstieg der Erlöse führen kann. Den sportlich weniger erfolgreichen Clubs, die um den Verbleib in der Liga zu kämpfen haben, bereitet es dagegen oft Schwierigkeiten, ihr Gesamtbudget etwa durch Zuschauer- und Sponsorengewinnung zu erhöhen.

Sportliche Erfolge allein sind aber noch keine Garantie für eine hohe Budgeterzielung; dies bestätigte auch die inferenzstatistische Auswertung. Vielmehr gilt es, die prinzipiellen Vorteile sportlicher Erfolge in eine erfolgreiche Vermarktung umzusetzen.

Tab. 37. *Sportliche Erfolge (Meisterschaft) der Clubs in der 1. Handball-Bundesliga Frauen von der Saison 2003/04 bis zur Saison 2007/08 (eigene Recherchen).*

Team	Rang 03/04	Rang 04/05	Rang 05/06	Rang 06/07	Rang 07/08
1. FC Nürnberg	2	1	3	1	1
TSV Bayer 04 Leverkusen	5	4	2	2	3
HC Leipzig	3	3	1	3	2
DJK/MJC Trier	6	2	4	4	5
VfL Oldenburg	7	6	9	5	8
Frankfurter HC	1	7	5	6	4
HSG Blomberg-Lippe	2. BL	2. BL	2. BL	7	9
Buxtehuder SV	4	5	7	8	7
Thüringer HC	2. BL	2. BL	8	9	6
TSG Ketsch	2. BL	2. BL	10	10	11
BV Borussia Dortmund	8	7	6	11	2. BL
TPSG FA Göppingen	2. BL	2. BL	2. BL	12	2. BL

Zu den sportlich erfolgreichsten Clubs im deutschen Frauenhandball zählen die Teams aus Nürnberg, Leverkusen und Leipzig (vgl. Tabelle 37). Diese Spitzengruppe der 1. Handball BL Frauen kann ihre sportliche Überlegenheit auch dank ihres starken finanziellen Status seit Jahren behaupten. Die Teams aus Nürnberg und Leipzig hatten bislang immer die höchsten Budgets. Diese ermöglichen wiederum Investitionen in Spitzenspielerinnen aus dem In- und Ausland. Nach dieser Spitzengruppe folgen die Teams aus Trier, Buxtehude, Oldenburg und Frankfurt/Oder, die rein von den Etathöhen mit dem Team der Spitzengruppe aus Leverkusen mithalten können. Die nachfolgenden Clubs haben es schwer; sie kämpfen meist gegen den Abstieg in die 2. Liga. Ihre Etathöhen liegen deutlich unter dem Ligadurchschnitt.

Die Finanzkraft eines Vereins allein garantiert noch nicht den sportlichen Erfolg. Vielmehr beeinflussen weitere Faktoren, wie die Fähigkeit des Managements Talente zu entdecken und in die Mannschaft zu integrieren sowie die Leistung des Trainers, das sportliche Standing eines Clubs.

Der Zusammenhang zwischen sportlichem Erfolg und wirtschaftlichem Potential zeigt sich insbesondere bei Vereinen der 2. BL (vgl. Tabelle 38).

Tab. 38. *Sportliche Erfolge der Clubs in der 2. Handball-Bundesliga Frauen seit der Saison 2004/05 (Angaben aus Experteninterviews).*

Team	Rang 04/05	Rang 05/06	Rang 06/07	Rang 07/08
Nordstaffel				
TV Beyeröhde	7	Play-off (2)	Aufstieg 1. BL	1. BL (12)
SV Union-Halle Neustadt	Play-off (1)	Play-off (4)	Play-off (2)	Play-off (3)
SVG Celle	Play-off (3)	Play-off (3)	Play-off (3)	Play-off (2)
TSG Wismar	12	Play-off (4)	Play-off (4)	12
SC Greven 09	5	5	5	7
TSV Nord Harrislee	RL	RL (1)	6	Play-off (4)
BVG Berlin	Play-off (4)	10	7	9
TSV Travemünde	11	6	8	8
HSC 2000 Magdeburg	10	7	9	5
PSV Recklinghausen	RL (1)	8	10	6
VfL Wolfsburg	RL	RL (1)	11	RL
VfL Oldenburg II	RL (1)	9	12	RL
SG Pädagogik/PSV Rostock	1. BL (6)	1. BL (11)	13	RL
HSG Stemmer/Friedewalde	RL	RL (1)	14	RL
Südstaffel				
HSG Sulzbach/Leidersbach	RL	RL (1)	Aufstieg 1. BL	1. BL (10)
TuS Metzingen	5	6	5	7
TuS Weibern	1. BL (12)	Play-off (1)	Play-off (3)	6
SC Markranstädt	Play-off (2)	Play-off (2)	Play-off (2)	Play-off (3)
HSG Bensheim/Auerbach	8	7	Play-off (4)	5
TV Nellingen	RL (1)	5	6	Play-off (4)
BSV Sachsen Zwickau	6	10	7	8
TV Mainzlar	1. BL (11)	12	8	9
SV Allenbach	7	9	9	Play-off (2)
TSG Ober-Eschbach	9	8	10	11
SG Kirchhof	1. BL	1. BL (12)	11	RL
HC Sachsen Neustadt-Sebnitz	RL (1)	11	12	RL
SC Riesa	RL	RL (1)	13	RL

Der Club aus Markranstädt mit dem höchsten Budget der Zweitligateams belegte in den letzten Jahren durchweg vordere Tabellenränge, während das Team aus Travemünde mit einem der niedrigsten Budgets in der 2. Handball BL Frauen sportlich immer im unteren Tabellendrittel rangiert. Allerdings zeigen die Clubs aus Allensbach, Greven oder Nord Harrislee, dass kurzfristig auch mal Clubs mit eher niedrigen Budgets beachtliche sportliche Erfolge erzielen und die Play-offs erreichen, oder gar wie das Team des TV Beyeröhde mit einem Budget im mittleren Bereich sogar den Aufstieg in die 1. Handball BL schaffen. Langfristig gesehen, haben es diese Clubs aber schwer sportlich mit den finanzstarken Teams der Liga mitzuhalten; diese dominieren in Bezug auf die Play-off-Teilnahmen.

Im Vergleich zum Männerhandball werden die Disparitäten hinsichtlich der Budgeterzielung im Handball noch deutlicher. Tabelle 39 zeigt ligeninterne Durchschnitte, Maximal- und Minimalwerte sowie deren Relationen zu den verfügbaren Etats für die ersten beiden Ligen im Handball (Saison 2006/07).

Tab. 39. *Etats der Handball-Bundesligen (Saison 2006/07) (eigene Recherchen – diverse Quellen).*

	Etat in Mio. Euro			
Handball	Max.	Min.	Rel.	Ø
1. BL (Männer)	6,0	1,5	4,0	3,1
2. BL N (Männer)	0,9	0,2	4,5	0,58
2. BL S (Männer)	0,65	0,5	1,3	0,55
1. BL (Frauen)	1,2	0,3	4,0	0,56
2. BL N (Frauen)	0,5	0,07	7,14	0,15
2. BL S (Frauen)	0,47	0,08	5,87	0,20

Im Vergleich zu den Männern müssen die Erstligateams im Frauenhandball mit sehr niedrigeren Budgets auskommen. Der Gesamtetat der 1. Handball BL Frauen entspricht mit 6,8 Mio. € in etwa dem Budget des deutschen Rekordmeisters im Männerhandball THW Kiel alleine. Die 1. BL Männer ragt mit einem durchschnittlichen Etat von 3,1 Mio. € deutlich heraus. Das sind etwa 5,6-mal mehr als die Etatansätze der 1. BL Frauen mit durchschnittlich 566.000 €. Überraschenderweise zeigt sich, dass die 1. BL Frauen bezüglich ihrer Ressourcenausstattung vergleichbar mit der 2. BL Männer ist, die einen durchschnittlichen Etat von 565.000 € aufweist. Die ligeninternen Relationen sowohl bei den Männern als auch den Frauen zeigen, dass die Etathöhen der einzelnen Vereine stark voneinander abweichen. Dies betrifft sowohl die ersten als auch zweiten Bundesligen. Die führenden Teams der 2. BL können dabei rein nach der Etathöhe aber durchaus mit den finanzschwächsten Teams der 1. BL mithalten.

Vergleicht man die Handball BL Frauen mit anderen Frauenteamsportarten, zeigt sich ein überraschendes Ergebnis (vgl. Tab. 40). Die Frauenhandball-Bundesliga weist eindeutig die höchsten Budgets auf, etwa 2-mal höher als die 1. BL im Frauenfußball oder Frauen-basketball. Im durchschnittlichen Etat von 290.000 € der 1. Frauenfußball BL sind zudem 69.000 € pro Saison an vom DFB überwiesenen TV-Geldern enthalten, über die die Handballerinnen nicht verfügen. Folglich können die Vereine der 1. Handball BL Frauen eindeutig als die erfolgreicheren Vermarkter angesehen werden, da sie ihre Budgets ausschließlich durch eigene Marketinganstrengungen erwirtschaften.

Tab. 40. *Etats Bundesligen im Frauenteamsport (Saison 2006/07) (eigene Recherchen – diverse Quellen).*

	Etat in Millionen Euro			
Frauenteamsportart	Max.	Min.	Rel.	Ø
Frauenhandball				
1. BL	1,2	0,3	4,0	0,56
2. BL Nord	0,5	0,07	7,14	0,15
2. BL Süd	0,47	0,08	5,87	0,20
Frauenfußball				
1. BL	0,7	0,16	4,38	0,29
Frauenbasketball				
1. BL	0,35	0,15	2,3	–
Frauenvolleyball				
1. BL	0,55	–	–	–

Mit einem durchschnittlichen Etat von 170.000 € steht die 2. Handball BL Frauen hinter der 1. BL im Frauenfußball und Basketball. In der 2. Handball BL Frauen gibt es allerdings einige Vereine, die über deutlich weniger als 100.000 € verfügen. Ihre wirtschaftliche Situation ist in etwa vergleichbar mit den sehr ressourcenschwachen Frauenteamsportarten Basketball und Volleyball. Die ligeninternen Relationen zeigen, dass starke Divergenzen sowohl zwischen den Clubs innerhalb einer Liga als auch übergreifend, im Vergleich der Frauenteamsportligen untereinander, bestehen. Diese Konkurrenzanalyse zeigt, dass der Frauenhandball sowie die weiteren Frauenteamsportarten im Vergleich zum Männerhandball hinsichtlich der wirtschaftlichen Stärke als ressourcenschwach einzuordnen sind. Gleichwohl ist der Frauenhandball im Vergleich der Frauenteamsportarten untereinander hinsichtlich seiner Budgets führend.

6.1.2 Zusammensetzung der Budgets

Auch wenn die Finanzausstattung der Frauen-Bundesligateams vor allem im Vergleich zu den Erstligisten im Männerhandball starke Disparitäten aufweist, unterscheidet sie sich kaum in ihrer Einnahmenstruktur.[35] Nur Einnahmen aus TV-Übertragungsrechten sind bislang für den Frauenhandball ausgeblieben (vgl. Tab. 41). Wie in der HBL hängt im Spitzenhandball der Frauen die Budgethöhe zu einem erheblichen Teil von Sponsoreneinnahmen ab. Zwischen 50-95% des Etats setzen sich allein aus Sponsorengeldern zusammen. Im Schnitt decken die Erstligaclubs damit 75% ihres Budgets ab. Sponsoren sind demnach das bedeutendste Finanzierungsinstrument der Frauenteams. Demgegenüber werden nur durchschnittlich 10% der Einnahmen über den Verkauf von Eintrittskarten erzielt und weitere 15% durch sonstige Einnahmen wie Catering, Merchandising, Subventionen

[35] Die Clubs der HBL verzeichneten 2007/08 einen Rekordumsatz von 75 Mio. €. Dies entspricht einem durchschnittlichen Umsatz ca. 4,2 Mio. € pro Team. Dabei machen Werbe- und Sponsoringeinnahmen 70%, das Ticketing 22% sowie TV-, Merchandising- und Cateringeinnahmen 8% der Gesamteinnahmen aus. Es zeigt sich, dass TV-Einnahmen trotz der erhöhten Aufmerksamkeit prozentual immer noch sehr wenig zur Einnahmengenerierung der HBL-Teams beitragen. Immerhin werden 92% aller Einnahmen der HBL durch Sponsoring und Ticketing generiert (vgl. auch Oediger, 2008b, S. 17).

oder Mitgliedsbeiträge. Letztere verbleiben in der Regel bei den Stammvereinen und fließen nicht in das BL-Team. Daher bleiben sie bei den folgenden Betrachtungen unberücksichtigt.

Tab. 41. *Etatstruktur der 1. Handball-Bundesliga Frauen (Saison 2006/07) (Angaben aus Experteninterviews).*

Team	Etat (€)	Zusammensetzung (%)		
		Ticketverkauf	Sponsoring	Sonstiges
1. FC Nürnberg	800.000	5%	95%	-
TSV Bayer 04 Leverkusen	500.000	5%	50%	45%
HC Leipzig	1.200.000	15%	80%	5%
DJK/MJC Trier	500.000	15%	70%	5%
VfL Oldenburg	550.000	5%	90%	5%
Frankfurter HC	550.000	15%	80%	5%
HSG Blomberg-Lippe	300.000	5%	80%	15%
Buxtehuder SV	500.000	20%	80%	-
Thüringer HC	500.000	10%	70%	20%
TSG Ketsch	350.000	5%	80%	15%
BV Borussia Dortmund	450.000	5%	50%	45%
TPSG FA Göppingen	300.000	10%	80%	10%

Eine Besonderheit stellt die Deckung der Etats bei den Frauenteams dar, die Vereinen der traditionsreichen Männerfußballclubs angehören, wie Bayer Leverkusen, Borussia Dortmund und VfL Wolfsburg, da der Etat zum Großteil von den Stammvereinen zur Verfügung gestellt wird. Sie weisen 40-45% an sonstigen Einnahmen aus.

Im Vergleich der Budgetzusammensetzung der Erst- und Zweitligaclubs wird deutlich, dass für Zweitligateams die Sponsoren eine noch dominantere Funktion bei der Deckung der Etats haben.

Tab. 42. *Etatstruktur der 2. Handball-Bundesliga Frauen (Saison 2006/07) (Angaben aus Experteninterviews).*

Team	Etat (€)	Zusammensetzung (%)		
		Ticketverkauf	Sponsoring	Sonstiges
Nordstaffel				
TV Beyeröhde	200.000	5%	90%	5%
SV Union-Halle Neustadt	300.000	5%	90%	5%
SVG Celle	250.000	10%	80%	10%
TSG Wismar	150.000	15%	80%	5%
SC Greven 09	90.000	10%	70%	20%
TSV Nord Harrislee	70.000	10%	70%	20%
BVG Berlin	150.000	5%	80%	15%
TSV Travemünde	75.000	20%	60%	20%
HSC 2000 Magdeburg	200.000	10%	70%	20%
PSV Recklinghausen	80.000	5%	90%	5%
VfL Wolfsburg	140.000	10%	50%	40%
VfL Oldenburg II	100.000	5%	90%	5%
SG Pädagogik/PSV Rostock	70.000	5%	95%	-

Team	Etat (€)	Zusammensetzung (%)		
		Ticketverkauf	Sponsoring	Sonstiges
HSG Stemmer/Friedewalde	80.000	5%	70%	15%
Südstaffel				
HSG Sulzbach/Leidersbach	230.000	10%	90%	-
TuS Metzingen	200.000	18%	80%	2%
TuS Weibern	210.000	5%	90%	5%
SC Markranstädt	475.000	5%	90%	5%
HSG Bensheim/Auerbach	200.000	10%	70%	20%
TV Nellingen	150.000	10%	90%	-
BSV Sachsen Zwickau	300.000	10%	70%	20%
TV Mainzlar	100.000	10%	90%	-
SV Allenbach	80.000	5%	80%	15%
TSG Ober-Eschbach	150.000	20%	60%	20%
SG Kirchhof	250.000	5%	90%	5%
HC Sachsen Neustadt Sebnitz	200.000	5%	90%	5%
SC Riesa	140.000	10%	80%	10%

Der Sponsorenanteil an den Einnahmen beträgt durchschnittlich 80%; 11% werden über sonstige Einnahmen und 9% durch Zuschauereinnahmen gedeckt (vgl. Tab. 42).

Nahezu alle Vereinsvertreter sehen einen engen Zusammenhang zwischen Erfolgen im Zuschauer- und Sponsorenmarkt.

„Sponsoren sind da ein Punkt, aber auch alles zusammen, das ist ja eine zusammenhängende Kette. Wenn wir mehr Sponsoren hätten, hätten wir mehr Plakate, mehr Plakate heißt, mehr Leute kommen usw.“ (1. BL, V-3, 116).

„Das sind ja alles Dinge, die da so zusammenhängen. Ich kann die Zuschauerzahlen steigern und wenn ich mehr Sponsoren habe, kann ich auch mal bessere Spielerinnen holen. Wenn die Halle voll ist, lohnt es sich auch für die Sponsoren zu kommen und dann ist auch eine VIP-Betreuung sinnvoll usw. Da kommen schon viele Dinge zusammen und die insgesamt sind das Potential, eben auch alles etwas professioneller aufzuziehen“ (2. BL, V-28, 114).

Neben diesen Einnahmen aus Eintrittskartenverkauf und Werbeverträgen auf den klassischen Absatzmärkten des Teamsports helfen des Weiteren Sachspenden von Sponsoren, freiwillige (finanzielle) Unterstützung durch Mitglieder und kommunale Zuwendungen in z.T. nicht unerheblichem Ausmaß, den Spielbetrieb des Vereins zu finanzieren. Zudem erfahren die Teams der Handball BL Frauen teilweise auch Unterstützung von Mäzenen.

6.1.3 Ausgabensituation und Verschuldungsproblematik im Frauenhandball

Ein hoher Etat bedeutet für die Frauen-Bundesligaclubs zwar finanzielle Spielräume, die sich meist positiv auf die sportliche Leistungsfähigkeit der Teams auswirken. Die Etathöhe allein sagt allerdings noch nichts über die Finanzsituation der Clubs im Sinne von Liquidität aus. In diesem Kapitel soll daher auch die Ausgabenseite der Bundesligaclubs betrachtet werden. Folgende Fragen sind in diesem Zusammenhang interessant zu beantworten: Welche Kosten müssen von den Clubs vorrangig abgedeckt werden und welche Auswirkungen haben steigende Kosten auf den Verschuldungsgrad der Clubs?

Auch wenn fast alle Teams ihr Budget in den letzten Jahren steigern konnten, schätzen die Interviewpartner es als immer schwieriger ein, den benötigten Etat jede Saison aufs Neue zu generieren oder aufgrund gestiegener Kosten sogar zu steigern.

„Die Ausgaben für die Spielkosten sind stetig gestiegen und dementsprechend musste man auch die Einnahmen erhöhen. Die Sponsoreneinnahmen mussten deutlich erhöht werden, denn die Zuschüsse sind eher gleichbleibend, wenn nicht sogar rückgängig" (2. BL, V-13, 110).

„Natürlich, die Ausgaben sind schon gestiegen, die Schiedsrichterkosten und das Kampfgericht. Dazu ist noch der elektronische Spielbericht gekommen, dafür musste ein Laptop angeschafft werden etc. und dementsprechend mussten wir auch unsere Einnahmen erhöhen" (2. BL, V-37, 111).

„Die Gehälter der Mädels haben schon angezogen in den letzten Jahren und damit sind auch die Ausgaben gestiegen. Aber da konnten wir auch entsprechend unsere Einnahmen durch Sponsoren erhöhen" (2. BL, V-18, 111).

Alle Vereinsvertreter gaben an, dass die Personalkosten sowie Sachkosten (Gehälter, Wohnungen, Autos, Versicherungen) für Spielerinnen und Trainer/innen den höchsten Ausgabeposten der Clubs darstellen. Durchschnittlich 76% der Ausgaben in der 1. Liga und 69% in der 2. Liga entfallen auf die Bezahlung der Mannschaft, des Trainers und der Betreuer. Des Weiteren fallen Ausgaben für den Spielbetrieb, wie Abgaben an den DHB, Kosten für die GmbH, Hallengebühren, Schiedsrichter, Trainingslager, Auswärtsfahrten, Verpflegung, Sportkleidung und Druckkosten für Werbemittel an.

Das ökonomische Ziel der Kostendeckung wird des Öfteren verfehlt, was dazu führt, dass mehrere Teams zunehmend mit Finanzproblemen und Verschuldung zu kämpfen haben. Darüber hinaus führt der Rückzug von Sponsoren zu wirtschaftlichen Turbulenzen. Oft sind die Clubs von einem Hauptsponsor bzw. wenigen Geldgebern oder gar einem Mäzen so abhängig, dass unvorhergesehene Zahlungsausfälle oder -reduzierungen bereits die Existenz gefährden können. Fällt dieser Gönner aus, können die Vereine nicht schnell genug reagieren und die fehlende Lücke im Etat kompensieren. In der Vergangenheit waren davon bereits zwei sportlich sehr erfolgreiche Frauenhandballteams betroffen. Der TV Lützellinden, mit sieben deutschen Meistertiteln und fünf Pokal- und Europacupsiegen noch immer der erfolgreichste Verein im deutschen Frauenhandball sowie Walle Bremen, fünfmaliger deutscher Frauenhandballmeister mit drei Pokal- und zwei Europacupsiegen. Beide Clubs konnten eine Insolvenz aufgrund finanzieller Schwierigkeiten nicht mehr abwenden und es folgte der Zwangsabstieg in die Regionalliga (vgl. auch Monz, 2005, S. 36).

Durch die Organisationsform des gemeinnützigen Vereins wird die Kontrolle des geschäftsführenden Vorstands erschwert. Dadurch konnten beim TV Lützellinden Schuldenberge angehäuft werden und über längere Zeit unentdeckt bleiben. Die weniger strenge Rechnungslegung für Vereine trägt außerdem dazu bei, dass die Verschuldungsproblematik oft nicht angemessen eingeschätzt wird (vgl. dazu auch Sigloch, 2003).

Ferner besteht auch im Frauenhandball zunehmend die Gefahr, dass die Vereine zu stark in die Leistungsfähigkeit ihrer Mannschaft investieren. So kommt es zu einer Hyperinvestition in die Spielstärke und damit zu einer kurzfristigen Orientierung an den sportlichen Saisonzielen.
Ein aktuelles Beispiel ist auch der deutsche Frauenhandballmeister der Saison 2007/08, 1. FC Nürnberg Handball, der mit Hilfe von unterschiedlichen Mäzenen in nur sieben Jahren aus der Verbandsliga zum deutschen Meister und Pokalsieger avancierte (vgl. Pazen, 2005, S. 31). Das Team kämpft bereits seit Jahren mit finanziellen Problemen (vgl. auch Kalle, 2005c, S. 42f.). Dreimal in drei Jahren musste die jeweilige Spielbetriebs-Gesellschaft schon Insolvenz anmelden, dreimal erhielt man die Lizenz nur unter Auflagen (vgl. Kalle, 2005a, S. 33). Nachdem die Handball-Marketing GmbH & Co. KG des 1. FC Nürnberg zur Saison 2004/05 und die Spielbetriebs-GmbH 2006/07 in Insolvenz gegangen sind, wurde nach der Saison 2007/08 auch die neu gegründete Sportförderung Noris GmbH zahlungsunfähig. 2009 steht der deutsche Frauenhandballmeister erneut vor Finanzproblemen. Zwar wurde mit dem neuen Geschäftsführer der Spielbetriebs-GmbH ein Finanzexperte verpflichtet und es wurden Gespräche mit Sponsoren geführt, um die aktuelle Lücke im Etat für die kommende Bundesligasaison sowie die Altschulden aus der Vorsaison zu decken, allerdings konnten diese Bemühungen die Insolvenz des Frauenclubs im Mai 2009 nicht mehr abwenden. Der 1. FC Nürnberg Handball wird ab der Saison 2009/10 nicht mehr in der Handball BL Frauen vertreten sein.
Ebenso erging es jüngst der HSG Sulzbach/Leidersbach. Das Team ist mit Hilfe eines wohlhabenden Geschäftsmanns in nur drei Jahren aus der Oberliga in die 1. Handball BL Frauen aufgestiegen und schaffte sowohl in der Saison 2007/08 als auch der Saison 2008/09 die sportliche Qualifikation für die 1. Handball BL. Ungeachtet dessen läuft gegen die Spielbetriebs-GmbH des Teams seit Mai 2009 ein Insolvenzverfahren, was zum Entzug der Lizenz durch die HBVF geführt hat. Nach den Lizenzrichtlinien der HBVF verlieren Vereine automatisch ihre Lizenz, wenn gegen sie oder ihre wirtschaftlichen Träger ein Insolvenzverfahren angestrengt wird. In diesem Punkt unterscheiden sich die Richtlinien der Handball BL Frauen wesentlich von denen der HBL. Sowohl der 1. FC Nürnberg Handball als auch die HSG Sulzbach/Leidersbach haben für die kommende Saison keine Lizenz für die Teilnahme an der 1. Handball BL Frauen mehr erhalten. Aufgrund der finanziellen Schwierigkeiten dieser beiden Vereine wurde die Lizenz an die beiden sportlichen Absteiger Thüringer HC und BVB Dortmund vergeben. Beide Clubs werden somit auch in der kommenden Saison in der 1. Handball BL Frauen vertreten sein. Unter dieser Situation leidet wiederum die sportliche Integrität des Wettbewerbs.

Die Verschuldung im Frauenhandball wird von weiteren Erstliga- und auch Zweitligaclubs sehr kritisch gesehen, wie folgende Zitate belegen:

„*Es wird zu viel auf Pump gemacht, da geht eine GmbH pleite und dann wird fix eine neue gegründet*" (1. BL, V-6, 84).

„Und das ist natürlich das Problem auch im deutschen Handball, dass viele Großsponsoren einsteigen und dann zahlen sie vom einen Tag auf den anderen nicht und dann fällt der Vorhang runter" (2. BL, V-23, 143).

„Ein Problem ist auch immer das hohe Risiko, das hinter all den Alltagsproblemen wie Geldbeschaffung, Einhaltung von Lohnterminen, Steuer- und Sozialversicherungsterminen sowie sportlichem Erfolg oder Misserfolg steht. Das Problem lauert, dass das Unternehmen im schlimmsten Fall zahlungsunfähig, d.h. insolvent wird. Das verlangt von den Verantwortlichen sehr, sehr viel Engagement, auch immer wieder vorkommende Liquiditätsengpässe zu überbrücken" (2. BL, V-24, 10).

Insbesondere die zu starke Fokussierung auf einen Großsponsor sehen die Vereinsvertreter als problematisch an. Eine zu starke Abhängigkeit von Sponsoren oder Mäzenen sollte allerdings vermieden werden, auch wenn die Sponsorenakquise sehr viel Engagement von Seiten der Clubs erfordert.

Die in diesem Kapitel dargestellte Finanzsituation der Frauen-Bundesligaclubs steht in engem Zusammenhang mit der Nachfrage nach dem Produkt „Handball BL Frauen". Die Handballclubs verfügen hier prinzipiell über identische Vermarktungsrechte, die wiederum stark von ihrer Reputation als lokale Marke abhängen. Dabei führen erfolgreiche Vermarktungsaktivitäten der Vereine auf den Absatzmärkten im B2C- sowie im B2B-Bereich zu dem Gesamtbudget eines Clubs. In den folgenden Kapiteln sollen die Vermarktungsergebnisse auf diesen Absatzmärkten detailliert analysiert werden.

6.2 Vermarktungserfolge im B2C-Bereich

Die Frauenhandballclubs vermarkten ihren erbrachten sportlichen Output im B2C-Bereich auf zwei Absatzmärkten und erzielen dabei Erlöse aus dem Verkauf von Eintrittskarten und dem Handel mit Sachgütern in Form von Fanartikeln. Im folgenden Abschnitt werden diese beiden Erlösquellen der Frauenhandballclubs im B2C-Bereich differenzierter dargestellt.

6.2.1 Zuschauernachfrage

Die Nachfrage von Zuschauern nach Ligaspielen stellt eine zentrale Rahmenbedingung der Vermarktung des Handballs dar. Das Interesse der Öffentlichkeit lässt sich an den durchschnittlichen Besucherzahlen bzw. der Auslastung der Sportstätte ablesen (vgl. Swieter, 2002, S. 32). Aber auch die Nachfrage nach Handball in den Medien, hier vor allem dem Fernsehen, ist ein Indikator für seine Vermarktbarkeit. Große Zuschauerzahlen führen zu höheren Spieleinnahmen und das Interesse der werbetreibenden Wirtschaft und der Medien steigt in der Regel (vgl. Wadsack, 2004, S. 294). Insgesamt sind die Erlöse aus dem Ticketing in nicht unerheblichem Maße vom sportlichen Erfolg der Frauenhandballclubs abhängig, auch wenn der Zuschauer bzw. Handballfan als Konsument des Handballspiels nur mittelbar für den ökonomischen Erfolg eines Clubs verantwortlich ist (die Zuschauereinnahmen machen nur etwa 10% der Gesamteinnahmen aus). Bei durchschnittlichen Eintrittspreisen von 10 € in der 1. Liga ergeben sich Zuschauereinnahmen von etwa 5.000 bis 20.000 €. In der 2. Liga kostet eine Eintrittskarte im Durchschnitt 6 €; die Zuschauereinnahmen sind mit etwa 1.500 bis 4.500 € deutlich geringer. Da die Erlöse nicht exakt quantifizierbar sind, werden die Zuschauereinnahmen an dieser Stelle nicht differenziert in ihrer monetären Größe erfasst. Die genauen Eintrittspreise der Teams werden hinsichtlich der Preisdifferenzierung der Clubs an späterer Stelle mit aufgegriffen (siehe Kap. 8.2.2.1). Gleichwohl können durch das Ergreifen von entsprechenden Marketingmaßnahmen die Zuschauerzahlen gesteigert und damit steigende Zuschauereinnahmen realisiert werden.

Gleichzeitig tragen die Zuschauer entscheidend zur Qualität des Spiels bei, indem sie eine gewisse Atmosphäre schaffen, die wiederum ein Anreiz für potentielle Sponsorenengagements darstellen kann. Darüber hinaus beeinflussen Größe und affektive Involvierung der Fans auch die Attraktivität eines Clubs (vgl. Riedl, 2006, S. 63ff.).

In Deutschland hat sich eine Spitzenliga im Frauenhandball entwickelt, die immer mehr auf Akzeptanz und Zuschauerinteresse stößt und in der bereits eine eigene Fankultur entstanden ist (vgl. Abb.18 und 19).

Abb. 18. Fangemeinde des HC Leipzig (Wunderlich, 2006, S. 164).

Abb. 19. Zuschauer des SV Buxtehude (Vereinshomepage SV Buxtehude).

Betrachtet man die Zuschauerzahlen[36] im Frauenhandball, lässt sich auch dort eine positive und dynamische Entwicklung feststellen. Die Gesamtzahl der Zuschauer der Bundesligen ist stetig gestiegen. Innerhalb von 10 Jahren konnten die Besucherzahlen seit der Saison 1996/97 von 79.334 ausgehend um 77% gesteigert werden (vgl. dazu auch DHB, 1997, S. 329). Auch die durchschnittliche

[36] Die im Folgenden angegebenen Zuschauerzahlen wurden im Rahmen dieser Arbeit aus verschiedenen Quellen zusammengetragen.

Besucherzahl eines Ligaspiels im Frauenhandball ist im Zeitraum von 10 Jahren im Schnitt um 120% gestiegen, von durchschnittlich 436 (Saison 1996/97) auf durchschnittlich 953 (Saison 2007/08).

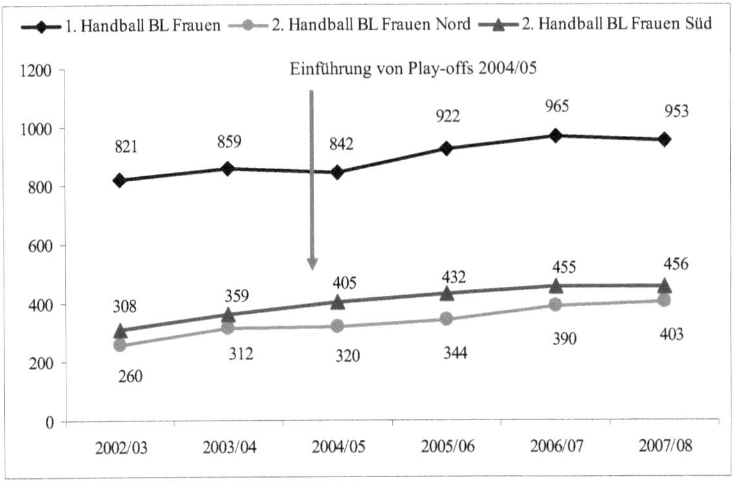

Abb. 20. Entwicklung der Zuschauerzahlen der Handball-Bundesliga Frauen im Zeitverlauf.

Insgesamt wurden die Spiele der 1. Handball BL Frauen 2006/07 von 140.522 Zuschauern besucht, diese Zahl konnte mit 141.157 Besuchern in der Saison 2007/08 nochmals leicht gesteigert werden (vgl. Abb. 20).

Die Einführung des Play-off Modus in der Saison 2004/05 hat einen positiven Zuschauereffekt für die Bundesligen hervorgerufen. Damit zeigt sich, dass diese Maßnahme der Produktoptimierungen des Ligaverbandes zu einer Attraktivitätssteigerung des Frauenhandballs führen kann. Trotz dieser positiven Entwicklung liegt die Gesamtzahl der Zuschauer noch unter den Erwartungen und den Hallenkapazitäten der einzelnen Vereine, die meist nicht ausgelastet ist. Andererseits gibt es auch Beispiele von Teams, die in größere und komfortablere Spielstätten umgezogen sind und dadurch ihre Zuschauerzahlen deutlich steigern konnten. Die Wahrnehmung der Vereinsexperten bestätigt diese insgesamt positive Entwicklung der Zuschauernachfrage im Frauenhandball.

„Durch den Wechsel in die Arena konnten wir den Zuschauerschnitt deutlich erhöhen. Also, wir haben einen Schnitt mit 2.600, da sind wir Lichtjahre vor dem Rest der Frauenbundesliga. Und wir hatten vorher gar nicht die Kapazität. Mit so einer neuen Halle, da kommen Leute wegen der Halle. Da ist mehr Platz und sie müssen sich nicht anstellen wegen Karten, denn sie kriegen immer einen guten Platz. Das macht schon Sinn. In der Spitze hast du schon mal 4.000 und bei einem Gurkenspiel, wenn ein Aufsteiger kommt, mal 1.500, klar. Ansonsten sind wir sehr zufrieden" (1. BL, V-4, 61).

„Mit dem Umzug in die EWE-Arena konnten die Zuschauerzahlen fast verdoppelt werden, von durchschnittlich 500 auf 950 letzte Saison 2005/06" (1. BL, V-12, 118).

„Wir hatten so vor fünf Jahren zwischen 300 bis 350 und jetzt sind es im Schnitt immer so 600, das hat sich also schon fast verdoppelt" (2. BL, V-28, 119).

Steigende Zuschauerzahlen sind vor allem durch die Veränderung von Hallenkapazitäten beeinflussbar. So konnte der Spitzenreiter der 1. BL Frauen bei den Zuschauerzahlen, HC Leipzig, seinen Zuschauerschnitt, auch durch dem Umzug in die Arena Leipzig, von 1.438 (2001/02) auf 2.180 (2006/07) steigern (+ 51,6%). Selbst Schlusslicht HSG Blomberg-Lippe konnte den Schnitt von 488 (2001/02) auf nunmehr 518 (2006/07) erhöhen (+ 6,1%). Neben einer verbesserten Infrastruktur der Spielstätten zeigen sicher auch die verstärkten Marketingmaßnahmen der Vereine ihre Wirkung auf die Zuschauernachfrage.

Hinsichtlich der Attraktivität für Zuschauer verzeichnen die Frauenhandball-Bundesliga-clubs eine starke Asymmetrie. Der HC Leipzig konnte mehr als 5-mal so viele Zuschauer in der Arena Leipzig verzeichnen als das Team der HSG Blomberg-Lippe mit dem geringsten Zuschaueraufkommen (siehe Tab. 43). Auf den HC Leipzig entfallen schon alleine 20% der Gesamtzuschauer der Liga. Insgesamt entfallen auf die vier Teams mit der stärksten Zuschauernachfrage bereits rund 50% der Zuschauer, während die letzten vier Teams gerade mal 17% der Besucher verzeichnen. Hieraus kann eine unterschiedliche regionale Attraktivität und Konkurrenzsituation der Clubs abgeleitet werden. Dieser Befund wird durch die durchschnittlichen Zuschauerzahlen bestätigt. Der Mittelwert liegt bei 965; nur fünf Teams liegen darüber.

Tab. 43. *Zuschauerzahlen der 1. Handball-Bundesliga Frauen (Saison 2006/07).*

Team	Tabellenrang	Zuschauerrang	Zuschauer	Zuschauer Ø
1. FC Nürnberg	1	7	10.750	826
TSV Bayer 04 Leverkusen	2	10	7.850	603
HC Leipzig	3	1	26.168	2.180
DJK/MJC Trier	4	3	14.050	1.170
VfL Oldenburg	5	8	9.210	708
Frankfurter HC	6	4	12.603	969
HSG Blomberg-Lippe	7	12	6.220	518
Buxtehuder SV	8	2	15.250	1.270
Thüringer HC	9	6	11.570	964
TSG Ketsch	10	11	6.501	541
BV Borussia Dortmund	11	9	8.030	730
TPSG FA Göppingen	12	5	12.320	1.120

Interessanterweise besteht nicht durchgängig ein Zusammenhang zwischen dem Tabellenrang und der Zuschauernachfrage. So belegt z.B. der SV Buxtehude trotz des 8. Platzes in der Meisterschaft Rang 2 in der Zuschauertabelle, während der Meister der Saison 2006/07, 1. FC Nürnberg Handball, in der Zuschauergunst nur im Mittelfeld liegt. Auch das Beispiel Leverkusen belegt diese Diskrepanz. Obwohl als Traditionsverein bereits seit 23 Jahren in der 1. Handball BL Frauen vertreten und mit zahlreichen sportlichen Erfolgen versehen, erfährt das Team an dem sehr wettbewerbsintensiven Standort nur mäßigen Zuschauerzuspruch. Wettbewerbsvorteile im Zuschauermarkt entstehen offensichtlich durch eine besondere regionale Identifikation und traditionelle Verankerung des Frauenhandballs sowie günstige Standortkonstellationen. Weitere Traditionsvereine wie etwa Buxtehude (19 Jahre in der 1. Handball BL Frauen) oder Leipzig (17 Jahre in der 1. Handball BL Frauen) haben hier aufgrund ihrer Quasi-Monopolstellungen in der Region Vermarktungsvorteile, so dass selbst eine schlechtere sportliche Leistung nicht dazu führt, dass der Zuschauer- und Sponsorenzuspruch sinkt.

Die aktuellen Zuschauerzahlen im Frauenhandball lassen Professionalisierungstendenzen erkennen. Folgt man der Klassifizierung von Gundel und Hecker (2007, S. 182), sind dem reinen Amateursport Zuschauer unter 500 zuzuordnen; darüberliegend beginnt der Professionalisierungsprozess. Von einem reinen Profisport mit Zuschauern über 3.000 ist der Frauenhandball aber noch weit entfernt.

Im Vergleich zur 1. Handball BL Frauen liegt der Zuschauerzuspruch in der 2. Handball BL Frauen weit unterhalb von deren Gesamt- und Durchschnittszahlen (vgl. Tab. 44).

Tab. 44. *Zuschauerzahlen der 2. Handball-Bundesliga Frauen (Saison 2006/07).*

Team	Tabellenrang	Zuschauerrang	Zuschauer	Zuschauer Ø
Nordstaffel				
TV Beyeröhde	1	4	4.900	350
SV Union-Halle Neustadt	2	12	3.250	250
SVG Celle	3	2	9.880	760
TSG Wismar	4	1	11.050	850
SC Greven 09	5	3	6.600	550
TSV Nord Harrislee	6	13	3.000	250
BVG Berlin	7	7	3.600	300
TSV Travemünde	8	7	3.600	300
HSC 2000 Magdeburg	9	6	4.200	350
PSV Recklinghausen	10	11	3.120	260
VfL Wolfsburg	11	7	3.600	300
VfL Oldenburg II	12	7	3.600	300
SG Päd./PSV Rostock	13	5	4.800	400
HSG Stemmer/Friedew.	14	13	3.000	250
Südstaffel				
HSG Sulzbach/Leidersb.	1	1	9.800	700
SC Markranstädt	2	5	6.480	540
TuS Weibern	3	10	4.200	350
HSG Bensheim/Auerbach	4	4	6.600	550
TuS Metzingen	5	2	7.700	700
TV Nellingen	6	11	3.850	350
BSV Sachsen Zwickau	7	7	5.500	500
TV Mainzlar	8	12	3.300	300
SV Allenbach	9	8	4.730	430

Team	Tabellenrang	Zuschauerrang	Zuschauer	Zuschauer Ø
TSG Ober-Eschbach	10	9	4.400	400
SG Kirchhof	11	13	2.750	250
HC Sachsen Neustadt-Sebnitz	12	2	7.700	700
SC Riesa	13	6	5.940	540

Die Verteilung der Zuschauerzahlen zeigt auch hier, dass Topvereine mit einer traditionellen Verankerung des Frauenhandballs am jeweiligen Teamstandort und einem nahezu konkurrenzlosen Umfeld beachtliche Zuschauerzahlen erzielen

Insgesamt zeigt sich in der 2. Handball BL Frauen, dass sportlicher Erfolg für die Zuschauernachfrage eine bedeutendere Rolle spielt als in der 1. Handball BL Frauen. Unter Vermarktungsgesichtspunkten sollten gerade die Zweitligaclubs – aufgrund ihrer ohnehin deutlich geringeren Zuschauerresonanz – die Marketingaktivitäten im Zuschauerbereich intensivieren.

Im Vergleich zum sehr erfolgreichen Männerhandball ist die Zuschauerresonanz im Frauenhandball vergleichsweise gering, auch wenn sich die Akzeptanz der Besucher in den letzten Jahren merklich verbessert hat (vgl. Tab. 45).

Tab. 45. *Zuschauerzahlen der Handball-Bundesligen (Saison 2006/07) (eigene im Rahmen der Arbeit erhobene Daten – diverse Quellen).*

	Zuschauerzahlen				
Handball	Max.	Min.	Rel.	Ø	Absolut in Mio.
1. BL (Männer)	19.400	1.000	19,4	4.900	1,5
2. BL N (Männer)	7.868	150	52,4	936	0,56
2. BL S (Männer)	6.000	300	20,0	996	0,37
1. BL (Frauen)	3.496	250	14,0	965	0,14
2. BL N (Frauen)	1.000	250	4,0	350	0,04
2. BL S (Frauen)	3.050	280	10,9	430	0,05

Aber auch in der Männer Handball BL sind die Disparitäten erheblich. So verzeichnet der Spitzenreiter der 1. BL (Männer) THW Kiel 4,4-mal so viele Zuschauer wie der Tabellenletzte. In den 2. Bundesligen verstärken sich diese Disparitäten noch weiter. Unter Vermarktungsgesichtspunkten lassen sich die – im Vergleich zu den Männerteamsportarten – relativ geringen Zuschauerzahlen als strukturelle Schwäche der Handball BL Frauen einordnen, da mit dem Zuschauerzuspruch auch ein geringeres Sponsoren- und Medieninteresse verbunden ist. Die Ungleichheiten zwischen den Vereinen hinsichtlich der Zuschauerzahlen sind sowohl innerhalb der 1. und 2. Liga als auch zwischen den beiden Bundesligen tendenziell noch höher als bei den Budgets. Dies lässt auf eine teilweise gute Vermarktungspraxis oder ein funktionierendes Mäzenatentum in den Handball Bundesligen der Männer und Frauen schließen.

Stellt man die Zuschauerzahlen der Handball BL Frauen denen weiterer Frauenteamsportarten in Deutschland gegenüber, so zeigt sich der wiederum überraschende Befund, dass der Frauenhandball mit 140.522 Besuchern in der Saison 2006/07 auf Platz 1 der Zuschauerliste steht, noch vor der Frauenbundesliga im Volleyball mit 101.440 Besuchern. Erst danach folgen die Bundesligen im Frauenfußball (96.405 Zuschauer) und Frauenbasketball mit geschätzten 90.000 Besuchern (vgl. Tab. 46).

Tab. 46. *Zuschauerzahlen der Bundesligen im Frauenteamsport (Saison 2006/07) (eigene im Rahmen der Arbeit erhobene Daten – diverse Quellen).*

	Zuschauerzahlen				
	Max.	Min.	Rel.	Ø	Absolut in Tsd.
Frauenhandball					
1. BL	3.496	250	14,0	964	140.522
2. BL Nord	1.000	250	4,0	350	46.329
2. BL Süd	3.050	280	10,9	430	51.211
Frauenfußball					
1. BL	2.133	80	26,7	732	96.405
2. BL Nord	756	25	30,2	176	23.276
2. BL Süd	500	20	25,0	128	16.917
Frauenbasketball					
1. BL	700	150	4,6	–	–
Frauenvolleyball					
1. BL	3.200	120	26,7	920	101.440

Ein Vermarktungsvorteil des Frauenhandballs gegenüber dem Fußball ist sicherlich, dass Handball als Hallensportart wetterunabhängig ist. Durchschnittlich 965 Besucher kamen in der Saison 2006/07 zu den Ligaspielen der 1. BL Frauenhandball, wohingegen die Frauenfußball-Bundesligaspiele von durchschnittlich 732 Zuschauern besucht wurden. Auch im Vergleich der 2. Bundesligen der Frauen liegt die durchschnittliche Zuschauerzahl im Handball deutlich über der der anderen Frauenteamsportarten.

6.2.2 Merchandising

Neben den Erlösen aus dem Verkauf von Eintrittskarten erzielen Proficlubs im B2C-Bereich von Sportkonsumenten auch Einnahmen aus dem Verkauf von Fanartikeln (siehe Abb. 21).

Abb. 21. Merchandisingprodukte der Frauenhandball-Bundesligateams (Vereinshomepages).

Die Fans zeigen durch den Kauf von Merchandisingartikeln Verbundenheit mit ihrem Verein. Der Vereinsname und das Vereinslogo werden hierbei durch verschiedene Merchandising-Aktivitäten vermarktet. Das Merchandising ist noch ein relativ neues Vermarktungsinstrument. Es stellt ein wichtiges Mittel zur Pflege der Kundenbeziehung, in diesem Fall der Fans, dar (vgl. dazu Rohlmann, 2005, 85ff. & 2001, S. 429f.).

Das Merchandising ist als Einnahmequelle der Frauenhandballvereine noch zu vernachlässigen. Die Höhe der Einnahmen aus dem Verkauf von Fanartikeln geben die Interviewpartner der Erst- und Zweitligaclubs als marginal an.

„Es wird nie eine entscheidende Einnahmequelle des Vereins werden. Wir sind damit nicht unzufrieden aber das ist steigerbar. Wird sich aber nie irgendwie prozentual nennenswert beitragen zur Finanzierung der Bundesliga“ (1. BL, V-7, 196).

„Nein, das ist kein Einnahmeposten. Andererseits glaube ich aber schon, dass das zur Identifikation mit dazugehört und dieses Jahr, seit es das wieder gibt, hat man ja gesehen, dass diese Artikel abgenommen werden“ (1. BL, V-10, 183).

„Einnahmepotential ist das absolut keins. Wenn ich da ein Originaltrikot haben will, da haben wir schon Sonderpreise, muss ich dafür 45 € zahlen. Und jetzt überlegen Sie mal, wer kauft sich das für 45 €. Das kaufe ich mir vielleicht von Bayern München, aber nicht von Kirchhof 09. Da verkaufe ich vielleicht vier bis fünf im Jahr“ (2. BL, V-16, 184).

„Das ist kein Faktor, um Geld zu verdienen, ganz klar“ (2. BL, V-29, 183).

„Einnahmepotentiale nicht unbedingt, aber wir sehen das schon als Instrument, um uns ein bisschen bekannter zu machen und die Identifikation mit den Jugendlichen über uns herzustellen. Aber nicht, dass wir das als Haupteinnahmequelle sehen“ (2. BL, V-38, 185).

Angesichts hoher Produktionskosten ist der Markt für Merchandising für die Vereine der Handball BL Frauen finanziell noch nicht interessant. Das Merchandising verstärkt allerdings eine ganzheitliche Marketingstrategie (vgl. auch Rohlmann., 2005, S. 96).

6.3 Vermarktungserfolge im B2B-Bereich

Im B2B-Bereich vermarkten die Frauenhandballclubs ihren erbrachten sportlichen Output ebenfalls auf zwei Absatzmärkten und erzielen dabei Erlöse aus dem Verkauf von Werbe- und Medienrechten. Im folgenden Abschnitt werden diese beiden Erlösquellen der Frauenhandballclubs im B2B-Bereich analysiert.

6.3.1 Sponsorenengagement

Das gesteigerte öffentliche Interesse am Teamsport allgemein ermöglicht auch den Frauenhandball-Bundesligateams, Werberechte im Zusammenhang mit ihren Ligabegegnungen zu vermarkten. Als Hauptzielgruppe in diesem B2B-Bereich sind Sponsoren zu nennen. Sie zählen insofern zu den Nachfragern, als dass sie die Werberechte bei den Bundesligateams erwerben und für ihre Zwecke nutzen. Sie unterstützen die Teams damit in der Regel in finanzieller Hinsicht, aber zunehmend auch mit Sachmitteln oder Dienstleistungen. Als Gegenleistung erhalten sie das Recht zur kommunikativen Nutzung von Werbeflächen, um ihrerseits Kommunikationsziele zu erreichen (vgl. auch Bruhn, 1991, S. 21).

In der Handball BL Frauen ist das Sponsoring das zentrale Instrument zur Finanzierung des Spielbetriebs. Mit dieser Vermarktungsposition werden derzeit bis zu 90% des Etats eines Teams erzielt. Über die absolute Höhe der Einnahmen aus Sponsoringverträgen konnten keine differenzierten Zahlen ermittelt werden.
Üblicherweise werden mit den Sponsoren Verträge abgeschlossen, wobei die vertraglichen Regelungen sehr unterschiedlich sein können. Der erzielbare Preis für Werbeverträge hängt nicht zuletzt von der Bekanntheit, dem Image und den Erfolgen der Frauenteams ab. Folglich schwanken die Einnahmen zwischen den Teams stark, was sich wiederum in den unterschiedlichen Etats widerspiegelt.

Die Hauptsponsoren der Vereine umfassen exklusive Hauptsponsoren mit hoher Aufmerksamkeitswirkung bis hin zu kleineren Sponsoren. Dabei sind die Sponsoren zumeist lokale, seltener regionale Unternehmen. Unter den Sponsoren der Frauenhandball-Bundesligavereine sind nur wenige national oder gar international bekannte Marken zu finden. Einige Teams profitieren dabei aber von den Großsponsoren des Stammvereins, wie z.B. das Team aus Leverkusen von der Bayer AG. Allerdings konzentriert sich der Bayer Konzern seit 2008 ausschließlich auf ein Engagement im Profifußball. Dies bedeutete entscheidende Veränderungen hinsichtlich der Vermarktung der Handballmannschaft des TSV Bayer 04 Leverkusen (vgl. Schnitzler, 2007, S. 29). Das Team aus Leverkusen muss sich von nun an eigenständig vermarkten und dementsprechend das Interesse potentieller Sponsoren erwecken.
Weiteren Vereinen der Handball BL Frauen ist es jüngst gelungen, national bekannte Unternehmen als Partner zu gewinnen, so Erdgas (HC Leipzig), KIK (BVB Dortmund), Hugo Boss (TuS Metzingen), Provital (Blomberg-Lippe). Letzteres Unternehmen sorgte sogar als Namenssponsor für eine Umbenennung des Vereinsnamens in HSG Provital Blomberg-Lippe (vgl. Lucas, 2008, S. 43).

Bei einigen Teams ist die Hauptfinanzierung aber noch immer durch wohlhabende Geschäftsleute (Mäzene) gesichert. Diese Vereine werden finanziell von einzelnen Personen getragen, die in der Regel als Großsponsoren agieren. Allerdings ist damit eine extreme Abhängigkeit verbunden, da unvorhergesehene Zahlungsausfälle in der Regel die Existenz des Clubs gefährden. Zudem übt ein Großsponsor häufig auch Einfluss auf das Management der Clubs aus. Ein Mäzen oder Großsponsor kann durchaus Wettbewerbsvorteile eröffnen, sofern anderen Teams keine vergleichbare Finanzquelle zur Verfügung steht. Diese Mittel erweitern die Spielräume bei der Rekrutierung und Entlohnung von Spielerinnen (vgl. auch Fritz, 2006, S. 95).

„Ja, wir haben einen großen Sponsor oder auch Mäzen, der sich aber nicht in das Management einmischt" (1. BL, V-1, 142).

„Wir haben einen zentralen Sponsor, der mehr als 50% unseres Etats ausmacht und gleichzeitig ist der auch Geschäftsführer unserer GmbH" (2. BL, V-38, 145).

Mittlerweile haben die Clubs das Risiko einer einseitigen Abhängigkeit erkannt und stellen die Deckung ihres Etats auf eine breitere Sponsorenbasis. Die meisten Frauenbundesligisten setzen dabei auf eine Sponsorenpyramide in ihrem Verein. Klassifizierungen der Sponsoren in eine Sponsorenpyramide oder einen Sponsorenpool nehmen alle Teams vor.

„Ich sage mal, wir haben drei Hauptsponsoren. Neben den drei Hauptsponsoren gibt es dann fünf Top-Sponsoren und dann bestimmt 150 oder mehr, die Werbepartner oder Kooperationspartner sind. Wir haben ja alleine 100 dieser Signetpartner, wobei das auch viele dann sind, die auch andere Maßnahmen machen. Oder Kooperationspartner, da gibt es auch Leute, die uns nicht Geld geben, sondern die bestimmte Dinge kompensieren, wo wir meinetwegen nach dem Spiel Buffets bekommen und die bekommen dafür irgendwie Werbeleistungen" (1. BL, V-7, 152).

„Unser Sponsorenpool besteht im Prinzip so auf drei Standbeinen. Das eine sind kleine mittelständige Handwerksbetriebe oder Einzelhandelsbetriebe, die uns also schon seit zehn oder fünfzehn Jahren begleiten, dann gibt es eine mittlere Sparte, das sind etwas größere hier aus der Region, dann gibt's einen Club von drei so genannten Hauptsponsoren, die aus dem überregionalen Bereich angesiedelt sind. Wir wollen immer versuchen, unseren Etat auf diesen drei Beinen aufzustellen und wo möglich nicht auf einen Hauptsponsor zu setzen, wie es bis vor drei Jahren war. Weil, wenn der wegfällt, dann kriegt man ein Problem. Wir haben verschiedene Konzepte, wir haben Sponsorenmappen, wir haben Unterlagen, die professionell ausgearbeitet sind, mit denen wir dann halt auf die Sponsoren oder auch Interessenten zugehen" (1. BL, V-8, 79).

„Wir haben schon eine Sponsorenpyramide und die ist gestaffelt in Hauptsponsoren, Co-Sponsoren, einen Partnerkreis sowie einen Club der 500er und einen Club der 100er. Wir haben drei Hauptsponsoren und 17 Co-Sponsoren, dann einen Partnerkreis von etwa 80 Kleinsponsoren" (2. BL, V-14, 144).

„Also, wir haben einen breit gefächerten Sponsorenpool, haben da aber drei, vier, fünf, die etwas mehr geben wie der Rest. Wir sind aber von der Philosophie daran gehalten, alle gleichmäßig im Umgang zu hegen und zu pflegen, dass jeder, der uns unterstützt – sachlich, fachlich kaufmännisch –, der wird bei uns genauso behandelt" (2. BL, V-30, 147).

Die Sponsorenpyramide besteht in der Regel aus ein bis zwei größeren Sponsoren sowie weiteren Co-Sponsoren und einem Sponsorenpool. In der Regel wird dieser Sponsorenpool von einer Vielzahl lokal ansässiger Kleinunternehmen gebildet, die dem Verein eher kleinere Summen zur Verfügung stellen.

Die Erst- und Zweitligateams verkaufen ihre Werbeflächen vor allem auf Banden in der Halle sowie auf den Trikots (vgl. Abb. 22).

Abb. 22. Bandenwerbung in der Handball-Bundesliga Frauen (TSG Wismar).

Neben der Bandenwerbung macht das Trikotsponsoring den größten Ertragsteil für die Vereine aus. Folglich liegt auf der Gewinnung eines Trikotsponsors das Hauptaugenmerk der Clubs.

„*Schwerpunkt ist schon eher das Trikot, das erscheint mal in den Zeitungen und da kann man dann die Sponsoren gut erkennen. Bandenwerbung und die Werbung im Programmheft ist mehr was für das Finanzamt; das sage ich den Sponsoren auch und ich weiß auch, wie wenig solche Werbung bewegt*" (2. BL, V-15, 90).

„*Ja gut, wir sehen es eigentlich so, dass wir da in alle Richtungen arbeiten und nicht unbedingt Schwerpunkte setzen. Wir haben sowohl Trikotwerbung wie Bandenwerbung, Banner usw. Wir haben einen Ausrüstungsvertrag mit Adidas und auch Autoleasingverträge für unsere Profispielerinnen. Wir sind da nach allen Seiten offen*" (1. BL, V-1, 95).

„*Es wird sicherlich so sein, dass man ein bisschen Augenmerk auf Sponsoren wirft, die auch Produkte für Frauen herstellen. Sonst ganz klar die klassischen Dinge, Bande, Boden, Trikot und Spielkleidung, Eintrittskarten usw. Wir haben auch ein Busunternehmen, mit dem wir zusammenarbeiten und es gibt auch Sponsoren, die nur Sachleistungen erbringen wie Getränke und Essen usw.*" (2. BL, V-33, 97).

Darüber hinaus haben die Clubs meist eine Vielzahl an Kleinsponsoren. Die Sponsorensuche gestaltet sich daher häufig sehr aufwendig, da eine Vielzahl von Unternehmen kontaktiert werden muss. Kleinsponsoren zahlen meist nur einen geringen Betrag oder gewähren Rabatte auf Sachleistungen (z.B. auf Autos, Ausrüstung, Speisen und Getränke für das Catering etc.). Oft werden diese Sachleistungen auch kostenlos zur Verfügung gestellt. Darüber hinaus werden den Frauenclubs Dienstleistungen kostenlos angeboten (wie etwa das Know-how bei der Pflege der Homepage, Erstellung des Hallenheftes etc.). Insbesondere bei den Zweitligaclubs wird diese zusätzliche Möglichkeit der Mittelbeschaffung intensiv genutzt.

„*Gut, Sachsponsoring läuft bei uns sehr viel hinsichtlich Kuchen, Bäcker, Metzger, Mineralwasser, Bier, Blumen etc.; da sind wir ganz gut aufgestellt*" (1. BL, V-9, 159).

„*Wir haben viele kleinere Dinge, z.B. eine Firma, die uns die Karten kostenlos druckt usw. Da gibt es viele, die stellen uns auch mal die Poster her oder auch Sachgüter. Nur die 1. Mannschaft hat bei uns einen Ausrüstervertrag mit Kempa, aber einen Satz Aufwärm-T-Shirts oder so bekomme ich dann auch mal. Spenden sind aber auch nicht mehr so angesagt unter den Geschäftsleuten, das bringt denen eigentlich nicht so viel und da machen die lieber Werbung bei uns*" (2. BL, V-13, 155).

„*Wir haben jetzt einen Bäcker gefunden, der uns die Brötchen für die Auswärtsfahrten sponsert, die mussten bisher selbst bezahlt werden. Und bei unserem Auswärtsspiel haben Travemünder Sponsoren, die ich von dort her noch kenne, die Übernachtung gesponsert und uns ein Essen im Hotel bezahlt. Im Prinzip muss ein Manager sich da auch für die Sponsoren einsetzen und man muss ständig kreativ sein"* (2. BL, V- 33, 156).

Die zunehmende Bedeutung des Sponsorings als Finanzierungsquelle erfordert von den Handballvereinen ein professionelles Marktverhalten, da Sponsoren für ihre Leistungen, die sie in einen Verein oder in eine Liga investieren, auch qualifizierte Gegenleistungen erwarten. Gerade die Suche nach geeigneten Sponsoren ist heute besonders im Spitzensport durch starke Konkurrenz gekennzeichnet. Eine erfolgreiche Sponsorenakquisition ist demnach nur möglich, wenn es gelingt, sich gegenüber der Konkurrenz zu positionieren und abzugrenzen (vgl. auch Berrett & Slack, 2001, S. 22).

6.3.2 Medieninteresse

Die medialen Verwertungsrechte umfassen im Wesentlichen die Vermarktung über Fernsehen, Rundfunk, Print und neuere Technologien (z.B. Internet). Ihre Berichterstattung dominiert die Darstellung und Wahrnehmung des Frauenhandballs in der Öffentlichkeit. Der Verkauf von Medien- und TV-Rechten spielt im Spitzenhandball der Frauen noch eine untergeordnete Rolle. Die Handball-Bundesliga Frauen nimmt – ungeachtet teilweise großer sportlicher Erfolge – nur einen sehr geringen Raum in der Sportberichterstattung der Fernsehanstalten sowie der Tagespresse ein. Während die Toyota Handball-Bundesliga der Männer seit August 2007 im WDR und NDR eine regelmäßige Plattform im Fernsehen bekommen hat (das neue Handballmagazin TV-Format mit dem Namen *Liga 1*), das DSF Bundesligaspiele live überträgt und Europsport Champions League Spiele sendet, gibt es für die Handball BL Frauen keine entsprechenden Formate und Sendezeiten (vgl. Eggers, 2007, S. 15). Die Medienpräsenz der Bundesligateams ist im Vergleich zur Nationalmannschaft gering. Erlöse können von den Frauen-Bundesligisten bislang keine durch den Verkauf von Medienrechten erzielt werden. Das mangelnde Interesse am Frauenhandball von Seiten der TV-Sender wird von den Vereinsverantwortlichen bemängelt. Sie sehen den Frauenhandball durchaus als telegen an, wie folgendes Zitat untermauert:

„Das Produkt Frauenhandball ist absolut top, sage ich mal, das ist auch für mich keine Frage und es ist auch noch attraktiver geworden, was schneller geworden usw. Ich persönlich meine auch, dass Frauenhandball sogar attraktiver ist als Männerhandball. Das Produkt ist einfach in Ordnung und ist auch anderen Sportarten wie Basketball und Volleyball eher überlegen, denke ich. Also auch für den Fernsehzuschauer ist es eigentlich perfekt. Ich kann mir vorstellen, wenn das Fernsehen da anders ran gehen würde oder wenn mal ein Sender sagen würde, wir wollen aus dem Frauenhandball was machen, dass das denkbar und machbar wäre. Auch mit großem Erfolg. Man müsste das in der richtigen Form präsentieren, man müsste sich überlegen, ob man das ganze Spiel live überträgt oder nur die besten Szenen in einer Zusammenfassung, ob alle Spiele oder nur manche. Da wäre Potential drin, es müsste nur ein Sender mal sagen, wir machen das. Gerade Frauenhandball bietet für die Zuschauer und das Auge unheimlich viel. Wir sehen das ja auch immer wieder bei vielen Zuschauern oder Sponsoren, die wir erstmals in die Halle gebracht haben. Wir haben es dann erlebt, dass die künftig kein Spiel mehr verpasst haben oder wir auch neue Sponsoren dazu gewonnen haben. Und daran sehen wir, dass da Potential ist, dass Frauenhandball attraktiv ist, sowohl in der Halle als auch im Fernsehen, was die Einschaltquoten bei der EM nochmals gezeigt haben" (1. BL, V- 7, 105).

Aus dem Interviewauszug geht hervor, dass von Seiten der Teams noch Unsicherheiten über ein geeignetes Sendeformat bestehen.

Innerhalb der Berichterstattung über die Bundesligavereine kommt dem Sportteil der lokalen Tagespresse die größte Bedeutung zu. Dort wird sehr sachlich über den Frauenhandball berichtet. Die Clubs sehen sich hier in keiner Weise benachteiligt oder nicht ernst genommen. Bei den meisten Berichten in der Tagespresse handelt es sich um ausführliche und durch Fotos ergänzte Vor- und Nachberichte zu den Spielen.

Die lokale und regionale Presse ist bei allen Vereinen vertreten, wobei auch hier regionale Unterschiede je nach lokaler Konkurrenzsituation zu verzeichnen sind. Die lokale Situation entscheidet etwa darüber, ob und wie viele Journalisten zu den Spielbegegnungen kommen. Insgesamt sind die Teams mit ihrer regionalen Öffentlichkeitsarbeit und der daraus resultierenden Medienpräsenz zufrieden.

„Im Printbereich sind wir sicherlich ganz vorne dran in Leipzig. Natürlich auch noch die Fußballer, aber die Farbbilder kriegt immer der HCL. Hier gibt es eine große Tageszeitung, die Leipziger Volkszeitung und eine, die in Dresden produziert wird, die aber in Leipzig auch gelesen wird. Da nehmen wir schon einen sehr großen Platz ein. Da kriegen wir in jedem Jahr eine farbige Beilage, so 12 Seiten, produziert in einer Auflage von 250.000 Stück, das hat auch nicht jeder. Na ja, und dazu kommen dann natürlich noch die ganzen kleinen Zeitungen, Sonntagszeitungen usw., da sind wir auch überall vertreten. Dazu im Radiobereich alle relevanten Sender wie: Radio Leipzig, MDR. Der MDR mit seinen Sendern berichtet von jedem Heimspiel des HCL live, die anderen Privatsender halt in Schlaglichtern mit gewissen Vor- und Nachberichten. Im TV-Bereich ist der Leipzig-Sender immer da, ein Lokalsender, der aber auch in ganz Sachsen zu sehen ist. Darüber hinaus sind wir sicher der einzige Verein, der die Möglichkeit hat, Live-Spiele bundesweit auszustrahlen, wo der MDR eine Halbzeit oder das ganze Spiel überträgt. Und das ist natürlich ein großer Luxus für uns. Da gibt es zwar noch Verbesserungsmöglichkeiten, aber wir sind damit schon sehr zufrieden" (1. BL, V-1, 40).

„Wir können uns gar nicht beklagen, da sind wir sehr zufrieden. Wir haben es auf die Titelseite der Thüringer Allgemeinen Zeitung geschafft und das schafft sonst niemand, der nicht Fußball ist. Wir können uns da wirklich nicht beschweren. Es gibt immer einen Vorbericht, auch in der Woche und dann Nachbericht. Wir sind in allen großen und kleineren Zeitungen hier vor Ort vertreten, ob Thüringer Allgemeine Zeitung, Ostthüringer Zeitung, Thüringische Landeszeitung, Freies Wort oder Bild Zeitung und auch im Hörfunk des MDR, der Antenne Thüringen und der LandesWelle Thüringen wird regelmäßig von den Spielen berichtet" (1. BL, V-5, 164).

„Na ja, in der Presse hat sich bei uns jetzt auch einiges getan. Wir haben hier zwei Verlage und da sind uns die Sportredakteure gut gesonnen und berichten auch von jedem Spiel von uns. Da wird sehr gut und ausführlich berichtet, fast immer auch mit Bild, aber das liegt auch an unserem Erfolg. Wir waren fast drei Jahre ungeschlagen und in der Mannschaft liegt ein riesiges Potential" (2. BL, V-21, 171).

„Also, wir haben zwei lokale Zeitungen, eine deutsche – das Flensburger Tageblatt – und eine dänische Zeitung – Flensburg Avis –, die auch deutsch, also deutsch und dänisch schreibt. Die berichten schon sehr positiv und auch sehr viel. Die dänische Zeitung schreibt wesentlich mehr als die Flensburger Zeitung, da das Flensburger Tageblatt extra Seiten für den Männerhandball hat und da sind wir selten vertreten. Da leiden auch alle anderen Sportarten drunter. Aber all das, was wir in die Zeitung haben wollen, wird eigentlich auch abgedruckt" (2. BL, V-37, 164).

Aus den Interviewauszügen geht hervor, dass an den Clubstandorten in der Berichterstattung der Tageszeitungen der Frauenhandball regelmäßig vorkommt. Zudem gibt es Kurzberichtschaltungen in Lokalradios. Mit letzteren pflegen die Teams meist sogar eine enge Zusammenarbeit.

Die Analyse der Vermarktungsergebnisse im Frauenhandball hat gezeigt, dass den klassischen vier Absatzmärkten des Profiteamsports der Männer im Frauenhandball eine unterschiedliche Bedeutung zukommt. So wurde deutlich, dass im B2C-Bereich das Merchandising und Catering als Erlösquellen zu vernachlässigen sind. Zudem tritt in der Handball BL Frauen im B2B-Bereich der Markt für Übertragungs- und Senderechte an den Sportveranstaltungen in den Hintergrund, da hier keine oder zumindest kaum nennenswerte Erlöse über den Verkauf der TV-Senderechte zu erzielen sind. Allerdings wird auch deutlich, dass es bislang kaum eine strategische Vermarktung von Medien- und TV-Rechten der Erst- und Zweitligaclubs im B2B-Bereich gibt. Die Medien sind aber in Bezug auf die beiden Schlüsselmärkte Zuschauer und Sponsoring von hoher Bedeutung. Primär erzielen die Bundesligen im Frauenhandball ihre Vermarktungsergebnisse demnach nur über zwei der vier klassischen Absatzmärkte: Sponsoren (B2B) und Zuschauer (B2C). Die sozioökonomischen Konstellationen auf diesen beiden Märkten entscheiden offenbar wesentlich über die sportlichen sowie wirtschaftlichen Entwicklungsperspektiven der BL-Teams. Hinsichtlich externer Einflussfaktoren sind die Konkurrenz mit anderen Teamsportvereinen in der Region sowie die wirtschaftliche Situation der Teamstandorte bestimmend für den Vermarktungserfolg. Die Frauenhandballclubs müssen sich folglich hauptsächlich in ihrem lokalen Umfeld über ihre Vermarktungsaktivitäten finanzieren.

Die Vermarktung des Frauenhandballs ist bei weitem nicht so erfolgreich wie im Männerhandball; sie gestaltet sich im Vergleich zur HBL weitaus schwieriger. Das zunehmende öffentliche Interesse am Männerhandball beeinflusst die Vermarktungsmöglichkeiten auch der Frauen allerdings zunehmend positiv, da das Nachfragepotential an Handball Interessierten damit wächst.
Gemessen an den Etat- und Zuschauerzahlen ist die Handball BL Frauen überraschenderweise die führende Liga im Frauenteamsport in Deutschland. Dessen ungeachtet zeigt sich aber, dass der Frauenhandball dieses Leistungspotential in seiner Positionierung gegenüber der Teamsportkonkurrenz noch nicht ausreichend einsetzt. Bedenklich ist die Finanzsituation der meisten Teams, die als relativ unsicher bezeichnet werden kann. Zudem sind starke Unterschiede in der Ressourcenausstattung zu verzeichnen, sowohl innerhalb der Liga und verstärkt zwischen der 1. und 2. Liga, was bereits zu spürbaren Problemen finanzieller und sportlicher Perspektiven der Clubs geführt hat.
Angesichts des engen Zusammenhangs zwischen wirtschaftlichem Handeln und sportlichem Erfolg sollte für jedes Team eine Sicherung der verfügbaren Ressourcen das vorrangige Ziel sein. Günstig ist hierbei, seine eigene Wettbewerbsposition zu kennen. Diese wird im folgenden Kapitel noch einmal differenziert gekennzeichnet.

7 Zusammenfassende strategische Diagnose der Marktsituation der Handball-Bundesliga Frauen

Ausgehend von den Rahmenbedingungen der Vermarktung (Kapitel 5) sowie den Vermarktungserfolgen der Frauenhandball-Bundesligaclubs auf den verschiedenen Absatzmärkten (Kapitel 6) erfolgt nachfolgend eine zusammenfassende strategische Analyse der aktuellen Vermarktungssituation. Diese verdichtet die Einzelinformationen der vorangegangenen Kapitel und wirkt somit komplexitätsreduzierend. In der strategischen Analyse geht es um eine Standortbestimmung der Handball BL Frauen sowie um das Erkennen und Aufzeigen der Möglichkeiten am Markt. Je nach Ausmaß der internen Leistungspotentiale kann die Positionierung auf den relevanten Beschaffungs- und Absatzmärkten erfolgen. Im Umkehrschluss ist der Ressourcenaufbau entlang den Anforderungen des Marktes in Relation zu den Leistungspotentialen der Konkurrenz auszurichten.

7.1 Position des Frauenhandballs im Teamsportmarkt

Für den Spitzenhandball der Frauen lassen sich sowohl günstige als auch ungünstige Entwicklungsvoraussetzungen identifizieren. Diese werden in einer Stärken- und Schwächen- sowie Chancen- und Risiken-Analyse dargestellt. Die so gennante SWOT-Analyse stellt dabei einen Bezugsrahmen zur Systematisierung derjenigen Entwicklungstatbestände dar, die es bei der Strategieformulierung im Marketing zu beachten gilt (vgl. auch Homburg & Krohmer, 2006, S. 503). Die SWOT-Analyse trägt im vorliegenden Fall dazu bei, die Ressourcenposition des Spitzenhandballs der Frauen im Wettbewerb der Teamsportarten zu bestimmen; sie ist gleichzeitig auch eine Potentialanalyse zukünftiger Perspektiven und Strategieimplikationen. Die konkurrenzbezogene Ressourcenbewertung erfolgt dabei unter der Perspektive des *benchmarking,* d.h. dem Abgleich der Ressourcen mit anderen Teamsportarten, wobei der Männerhandball als Branchenführer im Handballmarkt verstanden werden kann.

Tabelle 47 zeigt die Ergebnisse im Überblick und stellt dabei die Stärken und Schwächen den Chancen und Risiken gegenüber.

Tab. 47. *SWOT-Analyse Vermarktungssituation Handball-Bundesliga Frauen (eigene Darstellung).*

Stärken	Schwächen
• Ausgliederung der Bundesligen (Gründung HBVF) • Ausgliederung BL-Teams (Spielbetriebsgesellschaften) • Professionalisierung des Clubmanagements (Tendenz zu hauptamtlichen Managern, Zusammenarbeit mit externen Marketingfachleuten) • Regeländerungen/Spielmodus (Play-offs, eingleisige 2. Liga geplant) • Kapitalausstattung (steigende Budgets) • attraktives Produkt Spitzenhandball/steigende Zuschauerzahlen • Frauenhandball ressourcenstärkste Frauenteamsportart • neue Arenen/Komfort • regionale Verankerung des Frauenhandballs	• „positionales Gut" eher zweitrangig im Vergleich zum Männerteamsport • zumeist starke Konkurrenz am Standort • steigender Kostendruck und Gefahr der Verschuldung • zu starke Fokussierung auf Sponsoring • sportliche und ökonomische Unausgeglichenheit der Liga • geringes Medieninteresse • keine TV-Erträge • fehlende Markenbekanntheit und strategische Positionierung gegenüber anderen Frauenteamsportarten
Chancen	**Risiken**
• hoher Stellenwert von Teamsportarten in der Bevölkerung • wachsendes Interesse am Frauenteamsport • Image/Popularität des Handballs (zunehmende sportliche Erfolge) „große Handballfamilie" • Stars/Welthandballerin des Jahres 2007 aus Deutschland • Investitionen in Sportstättenbau	• geringes (stagnierendes) TV-Interesse • Konkurrenzdruck durch Dominanz Männerteamsport • zunehmende Konkurrenz durch stark geförderten Frauenfußball • Verknappung öffentlicher Mittel • viele weitere Substitutionsmöglichkeiten • Wirtschaftskrise (Finanzierungslücken, weitere Insolvenzen)

Günstige Voraussetzungen für die Vermarktung wurden insbesondere durch die fortschreitende Professionalisierung des Spitzenhandballs geschaffen. Vor allem der Männerhandball hat in Deutschland eine professionelle Performance erreicht, die das Interesse von Zuschauern, Medien und Sponsoren auf sich zieht. Handball hat an Attraktivität gewonnen und verbessert damit gleichzeitig seine Wettbewerbsposition im Teamsportmarkt.

Ausgliederung der Bundesligen – Gründung eigener Ligagesellschaften

Im Zuge von Professionalisierungstendenzen haben die Handball-Bundesligisten – Männer wie Frauen – eigene Ligaverbände gegründet, um unabhängig von ihrem Dachverband agieren zu können. Mit der zunehmenden Finanzkraft der einzelnen Bundesligamannschaften wurden vermehrt Mitsprache und Teilhabe an Vermarktungsprozessen eingefordert. In der Folge kam es zur Verselbstständigung der beiden Ligaverbände der Männer und Frauen und somit zu einer klaren Trennung der Spitzenligen von den Amateurligen.

Die Vermarktung der Handball BL Frauen wird durch den organisatorischen Schritt der Verselbständigung allerdings nicht unbedingt erleichtert. Es zeigt sich, dass die von Fachleuten aus Wissenschaft und Praxis geforderten institutionellen Veränderungen hohe operative Managementanforderungen an das Ligenmanagement stellen und keineswegs automatisch bessere Vermarktungsergebnisse garantieren.

Ausgliederung der Bundesligateams – Gründung von Kapitalgesellschaften

Analog zur Verbands- und Ligaebene haben die Handball-Bundesligavereine ebenfalls begonnen, ihre Bundesligateams in erwerbswirtschaftliche Clubverfassungen umzuwandeln, die bessere Voraussetzungen gerade auch in Bezug auf die Vermarktung ermöglichen. Aus kultureller Perspektive können veraltete Vereinsstrukturen ein hinreichend wirtschaftliches Leistungsdenken blockieren. In der HBL sind nahezu alle Teams als Kapitalgesellschaften verfasst, während sich sowohl unter den 12 Erstliga- als auch den 27 Zweitligateams der Frauen noch mehrere eingetragene Vereine befinden.

Professionalisierung des Clubmanagements

Zunehmend werden neben ehrenamtlichen auch hauptamtliche Mitarbeiter im Clubmanagement eingesetzt. Allerdings vollzieht sich diese Professionalisierung in den Handballclubs mit unterschiedlicher Dynamik. Es gibt noch große Unterschiede zwischen den Clubs in der Mitarbeiteranzahl und deren Marketingqualifikationen. Viele der Vereine können allerdings auch ohne ein hauptamtliches Management existieren und teilweise sogar konkurrenzfähig sein. Sie geraten jedoch zunehmend unter einen Wettbewerbsdruck, der nahe legt, Wachstumschancen bei Mitgliedern, Zuschauern und Budgets voll auszuschöpfen. Gerade für ressourcenschwache Sportarten ist ein effizientes Clubmanagement zur Erschließung von Vermarktungspotentialen erforderlich.

Regeländerungen und Änderung des Spielmodus in der Handball-Bundesliga Frauen

Neben organisatorischen Änderungen auf der Vereins- und Verbandsebene wurden auch strukturelle Veränderungen in das Regelwerk vorgenommen, um das Produkt Spitzenhandball zu optimieren. Neben Regeländerungen, die den Sport noch dynamischer und schneller machen, wurde der Spielmodus der Frauen-Bundesligen verändert. Zur Saison 2004/05 wurde ein Play-off Modus zur Ermittlung des deutschen Frauenhandballmeisters eingeführt. Mit diesen strukturellen Änderungen wurde auch auf die Wünsche des Publikums sowie von Unternehmen eingegangen, die Meisterschaft noch spannender zu gestalten.

Steigende Clubbudgets und gestiegene Zuschauernachfrage

Die gestiegenen Budgets und Zuschauerzahlen haben gezeigt, dass sich der Frauenhandball in den letzten Jahren im Vergleich zu anderen Frauenteamsportarten eine gute Ausgangssituation erarbeitet hat.

Wechsel in komfortablere und größere Spielstätten

Durch den Umzug aus kleinen, alten Sporthallen in moderne Multifunktionsarenen können mehr Menschen und zudem andere Zielgruppen angesprochen und die Zuschauereinnahmen gesteigert werden. Die neuen Arenen vermitteln nicht nur ein ansehnlicheres Bild bei Fernsehübertragungen, sondern schaffen auch bessere Möglichkeiten zur Gewinnung neuer Sponsoren. Diesem Trend des strategischen Sportstättenwechsels werden in Zukunft noch weitere Vereine folgen. Inwieweit eine Aufstockung von Hallenkapazitäten und Neubauten realisiert werden kann, hängt von der finanziellen Situation der Städte ab. Für diejenigen Frauenteams, die ihre Spiele weiterhin in alten und teilweise sehr unkomfortablen Hallen austragen müssen, können dadurch gleichzeitig Vermarktungsnachteile entstehen.

Starke regionale Verankerung des Handballs

Frauenhandball ist im Vergleich zu den anderen Teamsportarten immer noch sehr stark regional verankert. Die Identifikation der Stadt und lokalen Wirtschaft mit dem Team drückt sich nicht selten in einem Sponsorenengagement und starker kommunalpolitischer Unterstützung aus. Insbesondere für Frauenteams, die an ihren Standorten eine Monopolstellung haben, ergeben sich daraus günstige Vermarktungsvoraussetzungen. Probleme haben Clubs, die in strukturschwachen Regionen ansässig sind.

Neben günstigen Vermarktungsvoraussetzungen lassen sich für den Spitzenhandball der Frauen in Deutschland aber auch Vermarktungshemmnisse feststellen.

Starke Konkurrenz- bzw. Wettbewerbssituation als Regelfall

Existieren neben dem Frauenhandball weitere hochklassige Mannschaften in der Region, sind noch einmal verstärkte Anstrengungen in Marketingmaßnahmen erforderlich, da sich die Zielgruppen der Vereine zum Teil überschneiden. In der Regel steht Frauenhandball im Vermarktungswettbewerb zurück. Durch die Dominanz des Männerteamsports entsteht bei der Sicherung der zur Aufrechterhaltung des Spielbetriebs notwendigen Ressourcen ein hoher Konkurrenzdruck. Die zunehmende Verknappung öffentlicher Mittel erhöht den Wettbewerbsdruck zusätzlich, da die Sporthallen nicht mehr kostenlos genutzt werden können. Es hat sich gezeigt, dass das Marktumfeld der Clubs immer komplexer und wettbewerbsintensiver wird. In der Konsequenz müssen die Clubs ein höheres Effizienzniveau erreichen, um zu überleben und sich finanziell abzusichern.

Sportliche und ökonomische Unausgeglichenheit der Ligen

Sowohl in der HBL als auch in der Handball BL Frauen ist die Ökonomisierung in den letzten Jahren merklich vorangeschritten. Einerseits bieten sich den Teams bessere Vermarktungsmöglichkeiten, andererseits besteht weiterhin ein großer Unterschied zwischen den Teams innerhalb der ersten Liga hinsichtlich ihrer Ressourcenausstattung. Es zeigt sich, dass die Asymmetrie armer und reicher Clubs größer wird, da die Kommerzialisierung insbesondere in den Topclubs weiter fortgeschritten ist.

Problematischer wirken sich die starken Unterschiede hinsichtlich des sportlichen Leistungsgefälles zwischen der 1. und 2. Handball BL Frauen aus. Hier ist die Vermarktung des Produktes „Handball BL Frauen" durch eine schwache Performance der Clubs im unteren Tabellendrittel bereits geschwächt. Die HBVF hat durch die Einführung des Play-off-Modus bereits ein Element zur Regulierung der sportlichen Unausgeglichenheit eingeführt, um den Spannungsgrad zu erhöhen. Der ökonomische Nachteil eines solchen Play-off-Modus liegt allerdings darin, dass den sportlich weniger erfolgreichen Teams frühzeitig Vermarktungsmöglichkeiten abgeschnitten werden (vgl. dazu auch Schellhaaß & Hafkemeyer, 2002, S. 31ff.).

Steigender Kostendruck und Verschuldungsproblematik

Die gestiegenen Gesamtetats dürfen nicht über die teilweise schwierige finanzielle Situation mancher Vereine hinwegtäuschen. Da die Rahmenbedingungen, eine konkurrenzfähige Mannschaft zu führen, immer komplexer werden, kommt es immer wieder zu Liquiditätsproblemen bei den Bundesligavereinen. Der Ressourcenzugang stellt sich für die Frauenteams wesentlich schwieriger dar als im Bundesligahandball der Männer. Dies lässt sich anhand der erzielbaren Vermarktungserlöse gegenüber Fernsehsendern oder Sponsoren und Zuschauern ablesen.

Geringes Medien- bzw. TV-Interesse

Vermarktungsprobleme ergeben sich für den Frauenhandball aus dem immer noch relativ geringen Medien- bzw. TV-Interesse. Bei den Frauen existiert keine zentrale TV-Vermarktung und die Einnahmemöglichkeiten aus TV-Übertragungen sind sehr gering. Hier ist die HBVF gefragt, bislang unzureichend ausgeschöpfte Vermarktungspotentiale über die (neuen) Medien zu nutzen.

Mangelnde Positionierung im Wettbewerb der (Frauen)Teamsportarten

Die Handball BL Frauen steht, was die vergleichsweise hohen Etat- und Zuschauerzahlen zeigen, im Vergleich der Frauenteamsportarten bereits erstaunlich gut da. Gleichwohl sieht sich der Frauenhandball großen Herausforderungen gegenüber, da die Konkurrenz vor allem im Frauenfußball stärker wird. Dieser wird seit einigen Jahren massiv vom Fachverband gefördert. Der Frauenhandball hat bislang kaum ein eigenes Profil herausgebildet.

Eine klare Positionierung vor allem gegenüber dem aufstrebenden Frauenfußball, ist allerdings wichtig, um im Wettbewerb um Mitglieder, Zuschauer und Sponsoren langfristig mithalten zu können oder sogar Vermarktungsvorteile zu erzielen.

7.2 Wettbewerbsposition der einzelnen Frauenhandball-Bundesligaclubs

Um die Wettbewerbsposition der Vereine der Handball BL Frauen einordnen zu können, bietet sich die Verwendung von Portfoliomodellen aus dem strategischen Marketing an (vgl. etwa Steinmann & Schreyögg, 2000, S. 209f.). Durch diese kann ein Maßstab definiert werden, der es erlaubt, die unterschiedlichen Teams zu vergleichen. Im Folgenden wird aufgrund der starken Disparitäten zwischen 1. und 2. Handball BL Frauen nur eine Portfolio-Matrix für die Erstligaclubs erstellt, da sich gezeigt hat, dass die Teams der 2. Handball BL Frauen kaum konkurrenzfähig zu den Erstligaclubs anzusehen sind. Lediglich die führenden Teams der 2. Liga können mit den (schwächeren) Teams der 1. Handball BL Frauen mithalten. Die Zweitligateams könnten daher in einer solchen Portfolio-Matrix, wie in Abbildung 24 dargestellt, – wenn überhaupt – nur rechts unten eingeordnet werden. Diese geringe Marktattraktivität und schlechte Wettbewerbsposition im Vergleich zu den Erstligateams würde in diesem Feld zu der Normstrategie *Liquidation*, d.h. Auflösung, führen. Zudem haben die Zweitligaclubs ihre Wettbewerbsposition gegenüber ihren Konkurrenten der 2. Handball BL Frauen zu bestimmen. Die Analyse der Erstligisten kann aber auch den Zweitligaclubs z.B. hinsichtlich der Suche nach Best-Practice Beispielen helfen.

In Anlehnung an das Marktattraktivitäts-Wettbewerbsvorteils-Portfolio erfolgt zur Einordnung der Frauenteams eine Dreiteilung der Ressourcenstärke sowie der Branchen- bzw. Marktattraktivität in hoch, mittel, niedrig. Die Ressourcenstärke der einzelnen Erstligaclubs wird in diesem Modell ihrem relativen Wettbewerbsvorteil am jeweiligen Standort gegenübergestellt, so dass man zu einer Neunfeldermatrix gelangt. Die Bestimmung der Basisdimensionen Ressourcenstärke und Branchenattraktivität beinhaltet eine Vielzahl von Faktoren, die im Rahmen der Markt- und Ressourcenanalyse erschlossen wurden. Die Ressourcenstärke für die Handball BL Frauen wird gekennzeichnet durch interne Faktoren wie Finanzkraft (Etathöhe), sportliche Erfolge (Tabellenrang), Professionalisierung im Management (hauptamtlicher Mitarbeiter) und Tradition. Kennzeichen für das Marktpotential bzw. die Branchenattraktivität sind externe Faktoren, wie die Wettbewerbssituation am jeweiligen Standort, die Wirtschaftsstärke, die kommunale Unterstützung (Kommune/Sponsoren), die Sportstättensituation (Arena/Schulturnhalle) und der Zuschauerrang. Diese unterschiedlichen Faktoren wurden auf die Dimensionen Ressourcenstärke und Branchenattraktivität verdichtet und in der Matrix jeweils zu einem Gesamtwert zusammengefasst. Die Bewertung erfolgte anhand einer Bewertungsskala von 1 (sehr positiv) bis 4 (eher negativ). Maximal waren hinsichtlich der Ressourcenstärke und der Branchenattraktivität jeweils 16 Punkte (100%) zu erzielen. Daraus konnte für jede Dimension eine Prozentzahl ermittelt werden, die schließlich eine Positionierung der Clubs in der Matrix erlaubt (vgl. Abbildung 23).

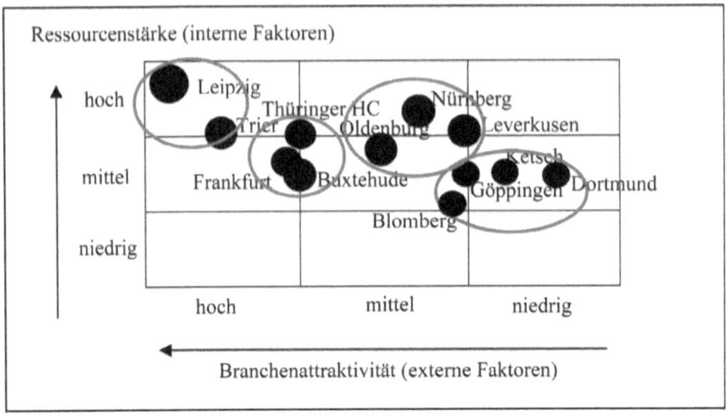

Abb. 23. Marktattraktivität-Wettbewerbsvorteil-Portfolio der Erstligaclubs (Saison 2006/07) (eigene Darstellung in Anlehnung an Hax & Majluf, 1991, S. 181).

Grundsätzlich ist zu berücksichtigen, dass es sich bei der Beurteilung der Frauenhandballclubs nur um (möglichst aussagekräftige) Einschätzungen, weniger um absolute Festlegungen handeln kann. Ferner unterliegen die Bewertungen der Clubs Veränderungen, so dass hier nur ein Zeitausschnitt von einer Saison betrachtet wird.

Die Portfolio-Matrix dient dazu, die 1. Handball BL Frauen insgesamt zu betrachten und die Position der einzelnen Vereine in Relation zu den anderen Frauenhandballclubs zu visualisieren. Eine solche Darstellung ermöglicht darüber hinaus strategische Ansatzpunkte zu identifizieren. Die Teams können als Geschäftseinheiten der Ligagesellschaft angesehen werden. Ökonomisch betrachtet treffen die Clubs Vereinbarungen, die die Effizienz des sportlichen Wettbewerbs und die Ausschüttung von Erträgen unter den Clubs regeln. Die Liga kann demzufolge als Gemeinschaftsunternehmen, bei dem rechtlich selbständige Wettbewerber aufgrund gemeinsamer Absprachen ein gemeinsames Produkt erstellen (Joint-Venture), eingeordnet werden. Erst durch die Ligenorganisation kann ein für Zuschauer, Sponsoren und Medien gleichermaßen interessantes Produkt von gleich bleibender Qualität verwirklicht werden (vgl. auch Flynn & Gilbert, 2001; Neale, 1964).

Anhand der strategischen Positionierungsmatrix können die Frauenhandballclubs ihre normativ angestrebten Ziele reflektieren. Zudem können die Teams durch positionsadäquate strategische Entscheidungen ihre Existenz und zukünftige Entwicklungsfähigkeit sichern.

Links oben kann in dieser Matrix der HC Leipzig, der im Frauenhandball seit Jahren als Branchenführer gilt, eingeordnet werden. Der HCL zeichnet sich sowohl durch eine hohe Branchenattraktivität (lokale Monopolstellung, starke kommunale Unterstützung und moderne Arena als Spielstätte) als auch eine hohe Wettbewerbsstärke (Etat: 1,2 Mio. €, hohe Zuschauerzahlen usw.) aus. Strategisch gilt es für den HCL die führende Marktposition mit einer Ausrichtung auf einen langfristigen Gewinn bzw. langfristige Vermarktungserfolge weiter auszubauen. Der HCL hat bereits frühzeitig durch die Schaffung entwicklungsfördernder Führungsstrukturen Wettbewerbsvorteile erzielen können. So hat der HCL mittlerweile zur Vermarktung des Teams sieben festangestellte Mitarbeiter (vgl. Hohenauer, 2006, S. 31). Durch diese strukturellen Veränderungen und dem anhaltenden sportlichen Erfolg steht der HCL wirtschaftlich gut da. Auch das Zuschauerinteresse ist mit einem Schnitt von 2.600 Zuschauern (zehnmal mehr als bei manchen Ligakonkurrenten) sehr hoch. Der Club hat zudem eine breit angelegte Sponsorenpyramide mit etwa 100 Sponsoren, darunter sechs Haupt- und Topsponsoren. Seit 2002 trägt das Team zudem seine Heimspiele meist in der modernen Arena Leipzig aus, was den Sponsoren einerseits bessere Präsentationsmöglichkeiten bietet und andererseits dem Verein bessere Betreuungsleistungen gegenüber den Sponsoren ermöglicht. Zudem bedeutet die Arena einen gestiegenen Komfort für die Zuschauer. Der HCL setzt auch bezüglich der werblichen Vermarktung innovative Maßstäbe. So ist er der einzige Verein mit einem eigenen Design, des Molten Balls, in den Vereinsfarben blau-gelb sowie einer eigenen Vereinskollektion für Fans und Spielerinnen. Ein Spitzenclub wie der HCL sollte seine überlegene Position auch weitergin absichern. Hierbei steht der Ausbau der Bekanntheit der Clubmarke im Vordergrund, um neue Zielgruppen im B2C- und B2B-Bereich anzusprechen. Als zentrale Reputationsressource macht die Clubmarke Erlös- und Kapitalströme unabhängiger vom sportlichen Erfolg.

Auch der Club aus Trier befindet sich aus Vermarktungssicht in einer vorteilhaften Wettbewerbsposition. Hier könnte durch eine gezieltere Positionierung der Marke im lokalen Markt das Potential noch weiter ausgebaut werden.

Für die Teams im mittleren Bereich gilt es, ihre strategischen Positionen zu verbessern, d.h. Schwächen abzubauen und Stärken auszubauen und ein so genanntes *Stuck in the middle* zu verhindern (etwa Porter, 1999a, S. 71ff.). Insbesondere das Fehlen einer stringenten strategischen Ausrichtung der Teams führt zu einer solch instabilen Wettbewerbsposition. Durch falsche sportliche Erwartungen setzen sich diese Clubs dem hohen Wettbewerbsdruck aus. Die Folge sind meist verstärkte Investitionen in die Spielerinnenstärke, die oft zu einer existentiellen Bedrohung werden. Mittel- bis langfristig ist eine derartige Positionierung nicht aufrechtzuerhalten.

Für Clubs wie Thüringen, Frankfurt oder Buxtehude bedeutet dies, neue Vermarktungsmöglichkeiten zu identifizieren und diese gezielt zu verfolgen. Dabei geht es darum, Wachstumsbereiche zu entwickeln, die möglichst unabhängig vom kurzfristigen sportlichen Erfolg sind. Dafür wären etwa ein strategisches Fanmarketing sowie eine intensive Sponsorenbetreuung denkbar. Möglichkeiten dafür bieten eine Eventisierung, d.h. ein besonderes Rahmen- oder Showprogramm zur emotionalen Zuschauerbindung oder Maßnahmen im Bereich Hospitality. Diese Clubs haben bereits in professionellere Führungsstrukturen investiert und auch im Zuschauerinteresse stehen sie im Ligavergleich überdurchschnittlich da.

Auch für die Clubs aus Leverkusen, Nürnberg oder Oldenburg gilt es, zumindest ihre Position zu halten bzw. in bestimmten Bereichen auch gezielt weiter auszubauen. So gerät das Team aus Nürnberg bspw. trotz herausragender sportlicher Erfolge aufgrund der starken finanziellen Unterstützung eines einzelnen Mäzens immer wieder in Finanznöte. Hier ist es angeraten, langfristig solide zu arbeiten und somit diesem starken Abhängigkeitsverhältnis zu entgehen. Das in der Vergangenheit sportlich sehr erfolgreiche Team aus Leverkusen kann aufgrund der begrenzten Hallenkapazität sein Zuschauerpotential nicht ausschöpfen. Der Umzug in eine größere Spielstätte könnte hier zusätzliche Vermarktungsmöglichkeiten eröffnen. Zudem sind Vermarktungsdefizite, die in der Vergangenheit durch die Zuschüsse von Bayer überdeckt werden konnten, abzubauen. In Oldenburg ist der Umzug in eine größere Halle bereits vollzogen, allerdings ist hier Potential, die Zuschauernachfrage durch Marketingmaßnahmen der Zuschauergewinnung noch weiter zu steigern.

Für die Clubs Blomberg, Dortmund, Göppingen und Ketsch geht es erst mal darum, ihre Existenz zu sichern. Für diese Clubs ist ihre Wettbewerbssituation meist nur kurzfristig haltbar. Sie gehören in der 1. Handball BL Frauen zu der Gruppe, die aus der 2. Liga aufgestiegen oder stark abstiegsgefährdet sind. Meist ist diese Gruppe in einer schwierigen wirtschaftlichen Situation und es gelingt ihr kaum, die Ressourcen für den Klassenerhalt abzusichern. So sind Dortmund und Göppingen zwar nach ihrem Abstieg 2006/07 in der Saison 2008/09 wieder in der 1. Liga vertreten, allerdings zeigt sich, ohne eine strategische Ausrichtung – ggf. durch die Besetzung einer Nische z.B. als Ausbildungsclub– können die beiden Teams ihre Situation nur schwer verbessern. So spielt auch die TSG Ketsch nach einem kurzen Zwischenspiel wieder in der 2. Handball BL. Eine Ausnahme in dieser Gruppe bildet das Team aus Blomberg. Der Verein konnte seine finanzielle Situation durch die Partnerschaft mit der Heristo AG stark verbessern.[37] Seither trägt die HSG sogar den Namen des Unternehmens bzw. einer Produktgruppe in ihrer Vereinsbezeichnung. Aufgrund ihrer schwierigen Situation gelingt es den Clubs mit einer schlechteren Positionierung kaum, Spitzenspielerinnen zu verpflichten. Sie sollten sich daher gezielt als Ausbildungsclubs für Nachwuchsspielerinnen positionieren, wobei sich die Vermarktung vornehmlich auf die Heimatregion konzentrieren sollte. Durch Betonung der regionalen Identität gilt es, die Loyalität der lokalen Öffentlichkeit und Wirtschaft zu gewinnen. Dies umso mehr, wenn die sozioökonomische Situation am Standort zusätzlich Restriktionen für die Vermarktung setzt. Hier ist zu empfehlen, in die Verbesserung der Vermarktungsinfrastruktur zu investieren, da diese eine bessere Durchdringung des lokalen Absatzmarktes ermöglicht. Die Sicherung der Zugehörigkeit zur 1. Handball BL Frauen kann für diese Clubs mittelfristig sogar zu einer mittleren Positionierung führen. Exemplarisch dafür kann die HSG Blomberg/Lippe angeführt werden.

[37] Seit 1. Juli 2008 ist die Heristo AG neuer Hauptsponsor des Clubs HSG Blomberg-Lippe. Der Markenname des Unternehmens wurde im Rahmen des Vereinssponsorings zugleich neuer Vereinsname. Das Team startet seit Januar 2008 unter dem neuen Namen HSG Provital Blomberg-Lippe. Der Vertrag läuft zunächst über dreieinhalb Jahre. Bei der Provital Blomberg-Lippe GmbH gibt es seitdem einen Beirat, der aus sieben Mitgliedern besteht (vier davon von Sponsor Heristo) (siehe dazu auch Lucas, 2008, S. 43).

Soll der Übergang in eine bessere Wettbewerbsposition realisiert werden, müssen bestehende Ressourcen zunächst stabilisiert und anschließend sukzessive ausgeweitet werden. Gute Rahmenbedingungen dafür bieten Spielzeiten mit überlegener sportlicher Effizienz. Die Mehrerlöse sollten daraufhin für substanzverstärkende Investitionen (z.B. Intensivierung der Nachwuchsarbeit, Investitionen in Marketing) eingesetzt werden. Die Verwendung der Mehrerlöse für eine kurzfristige Verbesserung des Spielerinnenkaders sollte demgegenüber vermieden werden. Festzuhalten bleibt, dass die Teams eine Differenzierung vor dem Hintergrund ihrer clubspezifischen internen und externen Verhältnisse gestalten sollten. Nur dann ist mittel- bis langfristige der Übergang in eine bessere Wettbewerbsposition realisierbar.

Die Portfolioanalyse hat gezeigt, dass die Rahmenbedingungen der Vermarktung für die Erstligaclubs sehr unterschiedlich sind und es hier in Vermarktungsfragen einer spezifischen Vereinsberatung bedarf. Aus Sicht der HBVF würde eine stärkere strategische Ausrichtung des Clubmanagements dazu führen, die Liga insgesamt und somit die Dachmarke „HBVF“ zu stärken.

8 Vermarktungsstrategien und -maßnahmen der Frauenhandball-Bundesligisten

Im Folgenden werden die bisherigen Strategien und Maßnahmen der Frauenhandball-Bundesligaclubs untersucht. Sie geben Auskunft darüber, wie sich die Vereine im Wettbewerb der Teamsportarten, insbesondere an ihren lokalen Standorten, zu behaupten versuchen. Im systematischen Vergleich der praktizierten Marketingstrategien und -maßnahmen lassen sich Potentiale insbesondere für die Vereine identifizieren, die diese bisher noch nicht ausgeschöpft haben. Die Erst- und Zweitligateams werden zunächst dahingehend untersucht, ob überhaupt Management- und Marketingkonzepte in den Vereinen existieren. Hierzu gehören Leitbilder und Zielformulierungen sowie Festlegungen zur grundsätzlichen strategischen Ausrichtung der Clubs. Der Schwerpunkt liegt im Weiteren auf der Analyse von Maßnahmen, die im Marketing-Mix zum Einsatz kommen. Die Instrumente des Marketing-Mix dienen dabei strategischen Überlegungen, um die Eingriffsmöglichkeiten darzustellen, die den Bundesligavereinen zur Verfügung stehen, die Vermarktung ihres „Produktes" voranzutreiben. Dabei ist anzunehmen, dass die Clubs je nach sportlicher oder wirtschaftlicher Situation unterschiedliche Ziele und Managementstrategien zur Ressourcensicherung sowie der Erzielung von Wettbewerbsvorteilen verfolgen. Empirischer Ansatzpunkt dieser Ausführungen sind wiederum die mit den Bundesligavereinen geführten Experteninterviews.

8.1 Marketingkonzepte der Clubs

Grundsätzlich beeinflusst die Zielstruktur eines Vereins seine Investitionspolitik und Wettbewerbstrategie. Die Wettbewerbsstrategie wiederum beeinflusst den Erfolg und kann hier als Ausgestaltung der Verbindung zwischen dem Verein und seiner externen Umwelt betrachtet werden (vgl. auch Grant & Nippa, 2006, S. 34). Aufgabe der Strategie ist es festzulegen, wie der Verein seine Ressourcen (ressource based view) in Relation mit seiner Umwelt (market based view) einsetzen sollte, um seine langfristigen Ziele zu erreichen, und wie der Verein zu organisieren ist, um diese Strategie erfolgreich umzusetzen, um letztendlich Wettbewerbsvorteile zu erlangen. Wissen stellt in diesem Zusammenhang eine bedeutende Ressource dar und bezieht sich auf Kenntnisse bzw. Marketingfähigkeiten der Manager zur Erfüllung ihrer Aufgabe.

Bislang existieren nur wenige Studien zum strategischen Management in Sportorganisationen (vgl. Breuer, 2005, S. 148ff.). Meist können Amateurvereine ihre Organisation auch ohne ein strategisches Management erfolgreich im Sportmarkt führen. Allerdings eröffnen sich durch die Möglichkeiten der Umweltreaktion Entwicklungschancen, die strategisch genutzt werden können (vgl. auch ebd., S. 149). Aus marktorientierter Sichtweise stellt Porter (1999a, S. 13) fest: „*Jede im Wettbewerb stehende Organisation hat eine Wettbewerbsstrategie, bewusst oder unbewusst*". Dies ist auch für die Frauenhandballclubs anzunehmen. Auch wenn davon auszugehen ist, dass die Bundesligateams im Frauenhandball wenig analytisch in ihrer Strategieentwicklung vorgehen, ergreifen sie Maßnahmen, um ihre Ressourcen zur Aufrechterhaltung des Spielbetriebs zu sichern und sich im wettbewerbsintensiven Teamsportmarkt zu behaupten. Denn mit der traditionellen Steuerungsstrategie eines unreflektierten „sich Durchwurschtelns" lassen sich bestimmte Anforderungen inzwischen nicht mehr angemessen bewältigen (vgl. auch Bette, 2005, S. 131; Thiel, 2002). Strategien dienen in diesem Zusammenhang der Erreichung von organisations- und marktbezogenen Zielen. Welche Ziele die Erst- und Zweitligaclubs konkret verfolgen und wie sie ihre Marketingaktivitäten tatsächlich ausgestalten, wird im Folgenden untersucht. Es wird dargelegt, wie die Teams dadurch versuchen, ihre Ressourcen auf den unterschiedlichen Absatzmärkten zu sichern und ihre Vermarktungserlöse zu steigern.

8.1.1 Ökonomische und sportliche Ziele

Zielformulierungen sind der Ausgangspunkt jeglicher strategischer Ausrichtung von Marketingmaßnahmen. Ziele stellen zum einen den Handlungsrahmen, innerhalb dessen strategische Entscheidungen fallen, dar, zum anderen determinieren sie, welche strategischen Stoßrichtungen von Bedeutung sind. Oberstes Ziel stellt, unter einem systemisch-evolutionären Managementverständnis, die Überlebensfähigkeit der Vereine dar (vgl. auch Breuer, 2005, S. 149). Voraussetzung dafür ist die Absicherung ihres Ressourcenzuflusses, wobei sie dazu sowohl internen (z.B. Mitgliedern, Mitarbeitern) als auch externen Bedürfnissen der Ressourcengeber (z.B. Staat, Kommune, Sponsoren) entsprechen müssen. Strategisches Management geschieht demzufolge ressourcengeberorientiert. Die Zielformulierungen der untersuchten Frauenhandball-Bundesligaclubs beziehen sich in erster Linie darauf, ihren Ressourceninput mindestens zu sichern. Dies unterstreichen die folgenden Interviewaussagen:

„Ziel ist ja, das überhaupt weiter so halten zu können. Das ist schon schwierig genug, dass man jedes Jahr den Etat wieder zusammenbekommt. Man steht jedes Jahr vor den gleichen Problemen, dass man zuerst über die Ausgaben entscheidet und dann kommen erst die Einnahmen" (1. BL, V-7, 99).

„Ziele sind ganz klar: wir wollen weiterkommen, dazu wollen wir einfach einerseits professioneller werden d.h. mit Trainingsmöglichkeiten, aber andererseits auch finanziell und dabei nicht über dem Level arbeiten" (2. BL, V-28, 92).

Allgemein wird als der erste Schritt im Prozess einer strategischen Organisationsführung die Formulierung eines Leitbildes oder einer Philosophie angesehen. Sie ist Grundlage für die nachgelagerte Festlegung von Marketingzielen. Leitbilder schaffen – auch in Sportvereinen – eine einheitliche Grundauffassung zugunsten einer Gesamtorientierung und verdeutlichen, was die Organisation zu werden wünscht oder wohin sie strebt. Den Mitarbeitern wird ein Orientierungsrahmen für die internen und externen Dimensionen ihrer Aktivitäten geliefert. Das Leitbild übernimmt bei entsprechender Außendarstellung eine Legitimationsfunktion gegenüber den Stakeholdern der Vereine, indem es Zusammenhänge für Entscheidungen der Clubs vermittelt (vgl. Keller, 2008, S. 151ff.).

Im Frauenhandball besitzen nur wenige Teams, wie z.B. die TuSSies aus Metzingen, ein explizit ausformuliertes Leitbild, von dem strategische Ziele abgeleitet werden können. Problematisch für die Bundesligateams ist in Zusammenhang mit der Leitbildentwicklung, dass durch die Ausgliederung der Bundesligaabteilung in eine Spielbetriebs-GmbH häufig der Bezug zum Gesamtverein verloren geht. Insbesondere der eingestellte Geschäftsführer bzw. Manager der GmbH fühlt sich in erster Linie für die wirtschaftlichen Geschicke des Bundesligateams verantwortlich und identifiziert sich nicht unbedingt mit dem Gesamtverein und dessen Zielformulierungen. Dennoch besitzen die Frauenhandballclubs implizite Organisationsvorstellungen. Die Erstligateams haben in der Regel das Selbstverständnis eines professionellen Vereins.

„Wir sind eindeutig leistungsorientiert und sehen uns als professionellen Verein. Es geht darum, europäische und nationale Spitze zu sein, das ist immer das Ziel. Der Anspruch ist da sehr hoch – Platz 3 ist kein Erfolg" (1. BL, V-4, 80)

„Wenn ich jetzt nur vom Damenhandball, -volleyball, -fußball ausgehe, dann sind wir schon professionell aufgestellt, wenn ich aber den Profifußball oder Männerhandballbereich als Vergleich nehme, sind wir sicher nicht professionell aufgestellt" (1. BL, V-1, 85).

„Ich sage mal, angepasst an die Möglichkeiten, die wir haben, versuchen wir das Bestmögliche und das möglichst professionell zu händeln und finden da immer noch Dinge, die wir verbessern können, aber wo wir glauben, dass wir das – immer auch den Umständen angepasst – relativ vernünftig und erfolgreich machen" (1. BL, V-7, 91).

„Absolut professionell. Mit einigem Selbstbewusstsein sage ich, Leipzig sicherlich vorneweg so ein bisschen und dann wüsste ich nicht, wer sonst an Nr. 2 käme" (1. BL, V-12, 87).

Die Zweitligaclubs sehen sich zumeist noch als Amateurvereine bzw. ordnen sich zwischen einem Amateurverein und einem professionell auftretenden Spitzenverein ein.

„Wir sind mit Sicherheit kein professioneller Verein, wo sich alle allein vom Handball ernähren. Von daher hat das so einen semi-professionellen Status, sowohl im Management als auch bei den Spielerinnen. Das geht nur mit extremem Zeiteinsatz und wenn man handballverrückt ist und der Bereitschaft, 80-90% seiner Freizeit für den Handball zu opfern" (2. BL, V-14, 86).

„Irgendwo dazwischen. Wir bemühen uns, in der Bundesliga das professionelle Auftreten aufzubauen, aber da sind wir noch nicht so weit. Das ist eine Herausforderung für alle Vereine, sich da ein bisschen besser zu positionieren (2. BL, V-26, 86).

„Wir wollen schon professionell auftreten, das gelingt uns aber finanziell nicht und daher muss man ehrlicherweise schon sagen, das hat eher Amateurstatus" (2. BL, V-35, 84).

Leitbilder und genaue Organisationsvorstellungen stellen häufig schon Aussagen zur grundlegenden strategischen Positionierung der Vereine dar. Da die Ziele die gewünschte langfristige Entwicklungsperspektive des Vereins festlegen, kommt ihrer Formulierung eine besondere Bedeutung zu. Wie folgende Aussagen der Vereinsvertreter aufzeigen, geben die Vereine bereits bei der Frage nach dem Organisationsziel schon sehr konkrete Marketingziele, wie die Steigerung der Bekanntheit oder Sponsorengewinnung, an.

„Ja, unser größtes Ziel ist es, baldmöglichst einen wirklich potenten Hauptsponsor zu finden, um die Sache für die Zukunft entsprechend abzusichern. Auf der anderen Seite sind wir froh, viele kleine Sponsoren zu haben, also einen Sponsorenpool, der hundertprozentig funktioniert. Das ist für uns sozusagen die Absicherung, wenn uns jetzt so ein Hauptsponsor ausfallen würde, dass man dann natürlich ganz große Probleme hat, relativ schnell einen Nachfolger zu finden" (1. BL, V-1, 91).

„Ziel ist, die Bekanntheit der Elbehexen noch auszubauen und da müssen wir uns in der Öffentlichkeitsarbeit noch verbessern" (2. BL, V-22, 91).

„Ziel ist es, über die Grenzen Travemündes hinaus durch eine gezielte Öffentlichkeitsarbeit eine regionale Popularität zu erlangen, um darauf aufbauend das Sponsorenengagement zu steigern, um mittelfristig den Aufstieg in die 1. Bundesliga zu erreichen" (2. BL, V-31, 91).

„Na ja, das ist so ein Traumziel wie wohl bei den meisten Vereinen, dass mal eine größere Firma wie im Fußball sagt, wir machen jetzt Frauenhandball. Wir haben mit aller Macht versucht, bei EnBW einen Fuß in die Tür zu bekommen, aber für die gibt es, glaube ich, gar keine Frauen auf der Welt, also die unterstützen keine Frauen. Also, das wäre schon toll, wenn man mal schaffen würde, dass uns eine größere Firma unterstützt. Es muss ja nicht so eine große Summe von 100.000 € sein, sondern auch mal ein Dreijahresvertrag mit jeweils 50.000 €, das ist schon ein Traumziel. Das hat aber bisher keiner hier in Baden Württemberg geschafft" (2. BL, V-19, 90).

Primäres ökonomisches Ziel der Handballvereine ist, die Selbstfinanzierungskraft zu stärken, um sportliche Ziele erreichen zu können. Gewinnmaximierung, wie es Profivereinen unterstellt wird, findet sich nicht unter den Zieldefinitionen.

„Das Ziel der Vermarktung ist genau das der sportlichen Ziele, Wir wollen in die Spitzengruppe der 1. Bundesliga. Wir wollen da schon in fünf Jahren sein und das gilt genauso für die Vermarktung" (1. BL, V-5, 91).

Die Zweitligaclubs geben als sportliches Ziel fast immer den Aufstieg in die 1. Handball BL Frauen an oder wollen zumindest den Erhalt in der 2. Liga sichern. Da die Zielerreichung – sportlicher Erfolg – davon abhängig ist, dass Sponsoren finanzielle Mittel o.ä. zur Verfügung stellen, nehmen wirtschaftliche Ziele auch hier eine zentrale Stellung ein. Die Vereine möchten die Finanzierung des BL Teams langfristig gesehen auf eine solide Basis stellen.

„Kurzfristig möchten wir natürlich in die Play-offs. Gut, langfristig ist halt die Frage, man wird die Leute nicht mehr mit den Play-offs zufrieden stellen können und muss dann auch aufsteigen, aber das ist schwierig für uns. Langfristig möchten wir schon mal die Bundesliga anstreben, aber finanziell ist das nicht machbar. Vielleicht wenn sich die Region hier mal einig wäre, dann kann man sich ja mal zusammenschließen und das gemeinsam angehen" (2. BL, V-19, 41).

„Es ist so, dass uns die 2. Liga natürlich auf den Leib geschrieben ist. Wenn wir in der 1. Liga spielen wollen, müssen wir unseren Etat fast verdreifachen. In erster Linie ist unser Ziel der Erhalt der 2. Bundesliga" (2. BL, V-23, 43).

„Kurzfristig wollen wir uns weiter in der 2. Bundesliga etablieren und unseren Unterbau dafür zu festigen, vielleicht eben Talente aus der Region hier zu bündeln. Und langfristig ist ja immer das Ziel, mal in die 1. Bundesliga aufzusteigen, aber auch das mit einem vernünftigen Unterbau sowohl finanziell als auch von den Spielerinnen her" (2. BL, V-28, 41).

Die Vereine der 2. Handball BL Frauen haben klare sportbezogene Ziele, wie Meisterschaft, Aufstieg, Vermeidung des Abstiegs. Es geht vorrangig um die Steigerung oder Stabilisierung der eigenen sportlichen Leistung und dabei – zur Maximierung des Erfolgs – auch um Budgetmaximierung. Die sportlichen Ziele von Erst- und Zweitligaligaclubs sind ähnlich gelagert. Hinsichtlich der kurzfristigen sportlichen Ziele, d.h. der Saisonziele, haben die Vereine sehr konkrete Vorstellungen. So streben die Teams der unteren Tabellenhälfte und die Aufsteiger primär den Klassenerhalt an; sie würden das Erreichen dieses Zieles bereits als sportlichen Erfolg werten. Dahingegen verweisen die Ziele der Teams, die eher im Mittelfeld der Tabelle stehen, auf eine Etablierung ihrer Mannschaft im oberen Tabellendrittel oder sie wollen den Abstand zur Spitzengruppe der Liga verringern. Die

Teams der Spitzengruppe möchten um die Meisterschaft mitspielen und sich zudem für den internationalen Wettbewerb qualifizieren.

„Ziel ist es schon, jeweils um den Titel mitzuspielen und es muss mittelfristig auch so sein, dass wir versuchen werden, uns bei den internationalen Wettbewerben weiterzuentwickeln" (1. BL, V-1, 41).

„Kurzfristig ist ganz klar Platz 5 unser Ziel, und das haben wir Anfang der Saison ausgegeben und das ist wohl auch ganz realistisch. Langfristig möchten wir uns in der Spitzengruppe der 1. Bundesliga etablieren und mittelfristig einen Europacupplatz erreichen" (1. BL, V-5, 41).

„Sportlich kann es letztlich nur darum gehen, im Bundesligabereich die Liga zu halten. Andere Ziele sind aufgrund unserer Etatsituation kaum zu realisieren. Die Bundesliga ist aber strategisch wichtig für uns, um eine vernünftige Nachwuchsarbeit zu leisten, dafür ist es enorm wichtig, eine Bundesligamannschaft im Verein zu haben. Und außerdem ist es das Ziel, die Mannschaft in der obersten deutschen Spielklasse zu halten, um Motivation für die eigene Arbeit zu schaffen. Wirtschaftliche Ziele sehe ich mal emotionslos. Ziel muss es sein, einen ausgeglichenen Etat darzustellen, was im Sport, im Besonderen in einer Randsportart wie Frauenhandball, schon schwer genug ist" (1. BL, V-10, 41).

„Kurzfristig natürlich Klassenerhalt, wenn Sie sich mal die Situation in der 1. Bundesliga angucken, kämpfen momentan die Plätze 5-12 darum. Und langfristig möchten wir uns im Mittelfeld der 1. Bundesliga etablieren" (1. BL, V-11, 41).

Über die sportlichen Ziele hinaus liegen meist keine operationalisierbaren Zielformulierungen vor. Nahe liegende Marketingzielbereiche, vor allem im Hinblick auf Zuschauergewinnung und -bindung oder Mitgliedergewinnung, kommen nicht vor. Langfristige wirtschaftliche oder marktbezogene Ziele, wie etwa Investitionen in hauptamtliche Manager, werden eher vage formuliert. Ohne langfristige Zielsetzung im ökonomischen Bereich laufen die Vereine indes Gefahr in einen reinen Aktionismus zu verfallen, d.h. das Tagesgeschäft in den Vordergrund zu stellen. Bislang unterschätzen die Handballvereine die Wichtigkeit einer strategischen Planung noch.

8.1.2 Marketingstrategien

Die Marketingstrategie stellt einen mittel- bis langfristigen Verhaltensplan zur Erreichung festgelegter Marketingziele dar (vgl. auch Bruhn & Michalski, 2004, S. 65). Die Implementierung ist ein Prozess, durch den die Marketingpläne in aktionsfähige Aufgaben umgewandelt und durchgeführt werden (vgl. etwa Homburg & Krohmer, 2006, S. 429ff.; Kotler & Bliemel, 2001, S. 107ff.). Für die Bundesligateams gilt es, ein komplexes Beziehungsgeflecht zu managen. Sinnvollerweise sind sämtliche Stakeholder bei der Implementierung eines Marketingkonzepts zu berücksichtigen (vgl. etwa Bruhn 2005, S. 43ff.).

Gefragt nach der Gesamtausrichtung im Marketing gab es keine entsprechenden Statements der Vereine. Die meisten Teams haben keine klare Vorstellung von der eigenen konzeptionellen Ausrichtung, es fehlt ihnen hier offenbar die Erfahrung im strategisch-konzeptionellen Marketing.

41% der Erst- und Zweitligaclubs bestätigen, ein schriftlich fixiertes Marketingkonzept zu besitzen. 59% aller Clubs gaben an, über kein richtiges Konzept zu verfügen, wie folgende Zitate zeigen:

„Es gibt jetzt kein ausgeklügeltes Vermarktungskonzept. Es ist so, dass wir vor Jahren mal versucht haben, mit einer externen Firma zusammenzuarbeiten. Nur die Vorkasse, die finanzielle Vorleistung, die man von uns erwartet hatte, die konnten und wollten wir einfach nicht bringen. Jetzt machen wir das mehr oder weniger aus der Erfahrung heraus" (1. BL, V-6, 76).

„Ja, auch das ist wieder so eine Frage, die mag ich eigentlich gar nicht beantworten. Aber ich denke, es steckt nicht wirklich ein durchdachtes Konzept dahinter, eher versucht man, sich irgendwie durchzuwurschteln und nimmt jede Hilfe, die man kriegen kann" (2. BL, V-25, 94).

Insgesamt weisen nur 16 von 39 Teams ein schriftliches Marketingkonzept auf. Darunter fallen indessen alle Teams mit drei und mehr hauptamtlichen Mitarbeitern im Management, wohingegen bei Teams mit nur ein bis zwei Hauptamtlichen nur die Hälfte der Clubs angaben, ein schriftlich fixiertes Marketingkonzept zu besitzen. Von den 19 Teams mit ehrenamtlichem Management haben 79% und bei den 20 Teams (darunter fallen 10 Clubs der 1. Handball BL Frauen) mit hauptamtlichem Management nur 20% kein ausformuliertes Marketingkonzept.

„Konzept, ja, wir haben ein Konzept gehabt. Wir haben auch eine Sponsorenmappe gemacht, als Arbeitshypothese, das andere Gesicht der Borussia. Da waren dann also Bilder von hübschen Frauen drin, hab ich noch zu Hause jetzt im Moment. Hat aber nicht viel gebracht. Das heißt, wenn wir also nicht das, was Borussia selbst hat, mit einsetzen, dann wird es sehr, sehr schwer" (1. BL, V-2, 64).

„Wir haben in vielen Dingen abgestimmte Konzepte, also bspw. ein ganz vernünftiges Konzept für den VIP-Raum, also wie der aussehen soll und was bieten wir da oder wem bieten wir was, und genauso gibt es also diverse Konzepte für Sponsoren, die irgendwie mehr machen wollen. Also, das ist dann unterschiedlich, es gibt unterschiedliche Spielpräsentationen. Es gibt viele Dinge, die wir den Leuten professionell präsentieren können und wo sie sich aus verschiedenen Alternativen was aussuchen können. Aber keine Bibel oder so, kein Gesamtkonzept" (1. BL, V-7, 95).

„Da haben wir schon ein Gesamtkonzept und mit dem Ziel Bundesliga steht da eindeutig, dass man in drei Bereichen zulegen muss, einmal im sportlichen Bereich, sprich junge Talente aber auch gestandene Spielerinnen mit einzubinden, und das bedingt zweitens ein wirtschaftliches Konzept, was eine gewisse Stabilität hat, und das dritte ist eben Professionalisierung im Umfeld" (2. BL, V-26, 89).

„Ja, das gibt es. Neben dem Marketingkonzept brauchen wir auch Konzepte für die Sponsoren. Kein Sponsor wird in den nächsten Jahren mehr so dumm sein und seine 10.000 € geben und gut is. Die Konzepte müssen schon transparent und greifbar für die Sponsoren sein" (2. BL, V-33, 91).

Auch wenn die wenigsten Clubs ein Gesamtkonzept haben, zeigen die Interviewauszüge, dass es Konzepte für einzelne Bereiche, vor allem das Sponsoring, gibt. Schriftlich fixierte Vorgaben werden zwar von den Vereinsvertretern als sinnvoll angesehen, sie dienen aber nicht auf Dauer als Orientierung, vielmehr müssen diese flexibel und veränderbar sein.

„Es gibt es schon schriftlich. Es ist aber so, dass man sich immer den Gegebenheiten anpassen muss und man in diesem Geschäft sehr, sehr flexibel sein muss. Schnell reagieren muss man können. Das ist, sag ich mal, ziemlich entscheidend. Das ist bei uns auf jeden Fall gegeben" (1. BL, V-4, 50).

Die meisten Clubs verstehen unter einem Marketingkonzept ihre Sponsorenmappen und weniger Marketingmaßnahmen, die darüber hinaus auch die Zielgruppen der Zuschauer und Mitglieder ansprechen.

„Also, das schriftlich fixierte Marketingkonzept haben wir nicht. Wir haben aber Sponsorenunterlagen, die dann entsprechend bei den Sponsoren vorgelegt werden" (1. BL, V-1, 89).

„Ja, wir haben im Verein zwei Vorstandsmitglieder, die sich nur mit Sponsoring und Marketing beschäftigen. Ein richtiges Konzept haben wir nicht, aber wir pflegen unsere Sponsoren" (2. BL, V-23, 90).

„Ich habe sogar ein Kurzportrait für Sponsoren dabei, wo wir uns darstellen mit den Erfolgen der Vergangenheit und der Jugendarbeit mit der Strategie 'Aus der Region für die Region'" (2. BL, V-27, 88).

Vereine, die mit einer externen Agentur zusammenarbeiten, besitzen eher ein schriftlich ausgearbeitetes Marketingkonzept als rein ehrenamtlich geführte. Eine strategische Kooperation mit Marketingagenturen wird zum Teil schon praktiziert.

„Einer unserer Partner ist eine Werbeagentur und von denen bekommen wir manchmal Werbemittel und die beraten uns da auch im Marketing. Da kommt jetzt auch das Logo und der Name der Flames her und die haben da auch das Merchandising mit eingebunden usw." (2. BL, V-14, 88).

„Jetzt machen wir das aufgrund der schwierigen finanziellen Situation wieder in Eigenregie. Im letzten Jahr, da hatten wir aber eine Agentur, die auch den HSV Handball – die Männermannschaft – machen und die haben da schon einige tolle Sachen draus gemacht. Die haben ja auch z.B. den Namen Rostock Dolphins entwickelt, aber für uns war das der vierte Schritt vor dem Ersten. Für uns passte das finanziell überhaupt noch gar nicht, auch von den Aussagen und dem Konzept her, denn da steckte ja noch gar nichts hinter, weil die finanziellen Mittel fehlten" (2. BL, V-35, 86).

Andere Teams sehen durchaus die Vorteile, im Marketing mit einer Agentur zusammenzuarbeiten und wollen diese Zusammenarbeit zukünftig konkreter ausgestalten.

„Wir machen es im Moment in Eigenregie, sind aber sehr daran interessiert, in Zukunft wieder mit einer Agentur zusammenzuarbeiten. Aber wie gesagt, das ist im Damenhandball gar nicht so einfach. Es gibt Agenturen, die haben da überhaupt kein Interesse, im Damenhandball was zu machen" (1. BL, V-1, 87).

„Wir sind jetzt in Kontakt, logischerweise mit einer Agentur, vielleicht erst mal in Zusammenarbeit mit den Sponsoren. Denn das darf man nicht unterschätzen, bei den großen Sponsoren sind eigentlich Agenturen dabei. Mit anderen Worten, nach zehn Jahren könnte ich schon dahin gehen als Geschäftsführer und die Idee über deren Agenturen verfolgen lassen. Das ist ein großer Vorteil" (1. BL, V-12, 89).

„Momentan ist das noch Eigenvermarktung, aber wir haben gerade Gespräche mit einer Marketingfirma, die dann auch weitergehend um uns herum Sponsoren finden soll, um dann eben Frauenhandball hier noch weiter nach vorne zu treiben" (2. BL, V-28, 88).

„Wir sind gerade dabei, eine Werbeagentur mit dazu zu nehmen, die uns auch ein Marketingkonzept entwirft" (2. BL, V-13, 86).

Die Zusammenarbeit im Marketing mit Agenturen wird insgesamt von den Vereinsvertretern positiv bewertet. Auch die Teams, die bislang nicht mit Agenturen zusammenarbeiten, wollen dies mittelfristig ändern. Allerdings fehlen ihnen bislang die finanziellen Mittel, eine Agentur mit der Vermarktung zu beauftragen. Vorteile sehen die Interviewpartner in einer Agenturkooperation insbesondere in dem bereits vorhandenen Marketing-Know-how.

8.2 Strategische Ansatzpunkte der Clubs im B2C- und B2B-Bereich

Die Absicherung der Vereinsetats durch die Vermarktung ihres Kernprodukts „Bundesligaspiel" liegt bei den Vereinen selbst. Differenzierungsstrategien eröffnen den Bundesligaclubs hier eine Vielfalt an Gestaltungsmöglichkeiten. Grundsätzlich lassen sich dabei zwei mögliche Ausrichtungen der Differenzierungsstrategie unterscheiden: die Differenzierung auf der Basis überlegener Produkte und die Differenzierung auf Basis besserer Kundenbeziehungen (vgl. Homburg & Krohmer, 2006, S. 515f.). In Anlehnung an die klassischen 4 P's im Marketing-Mix sind hier verschiedene Maßnahmen der Frauenbundesligaclubs zu nennen, auf die im Weiteren detailliert eingegangen wird. Dabei werden die Marketingstrategien der Frauenhandball-Bundesligaclubs bezogen auf die im theoretischen Teil der Arbeit in Kapitel 2 dargelegten Absatzmärkte zunächst im B2C-Bereich (Zuschauer, Fans) und anschließend im B2B-Bereich (Sponsoren, Medien, Staat) erläutert.

8.2.1 Maßnahmen zur Verbesserung der Produktqualität

Zur Verbesserung der sportlichen Qualität ist anzustreben das Produkt Handball-Bundesliga Frauen so zu gestalten, dass es von den Kunden (Fans/Zuschauer, Sponsoren, Medien) im Konkurrenzvergleich als einzigartig wahrgenommen wird. Dies kann sich sowohl auf objektive Leistungsmerkmale als auch auf subjektiv empfundene Vorteile der Leistung beziehen.

Ein wichtiger Bereich der Produktpolitik von Teamsportvereinen ist, bei der Saisonplanung sowie der zeitlichen Terminierung der Spielbegegnungen die verschiedenen Vorstellungen von Vereinen, Verbänden, Medien und Fans zu berücksichtigen (vgl. dazu Werners & Wülfing, 2007, S. 207). Generell stehen Spieltermine unter der Woche oder am Wochenende zur Verfügung. Ökonomischen Studien zur Zuschauernachfrage zufolge wirkt sich ein Spieltermin am Wochenende positiv auf die Zuschauernachfrage aus (vgl. etwa Marcum & Greenstein, 1985).

In der Handball BL Frauen sind hinsichtlich einheitlicher Zeitpunkte der Spielansetzung noch große Defizite vorhanden. Es gibt keinen aufeinander abgestimmten Spielplan. Die Spiele werden teilweise am Wochenende, Samstag oder Sonntag, oder aber auch an Wochentagen Dienstag, Mittwoch, Donnerstag zu unterschiedlichen Anwurfzeiten ausgetragen. Es gibt kaum eine Regelmäßigkeit, auf die sich etwa die Zuschauer und Medienvertreter einstellen könnten. Ein sinnvoller Ansatzpunkt im Bereich der Produktpolitik ist (im Sinne einer Kooperationsstrategie) darauf zu achten, dass es keine Überschneidungen in der Spielansetzung mit anderen Vereinen am Ort gibt und dass in etwa gleiche Anwurfzeiten über die Saison eingehalten werden.

„Wir spielen samstags abends um 17 Uhr und das ist so gewachsen. Wir haben da sogar eine Umfrage bei unseren Zuschauern gemacht und die haben sich diese Zeit gewünscht und daraufhin haben wir die festgelegt. Außerdem achten wir schon darauf, dass es keine Überschneidungen mit den anderen Sportarten gibt. So spielen die freitags abends Eishockey und die Rollstuhlbasketballer spielen am Sonntag" (2. BL, V-13, 207).

„Wir spielen Samstag 17:30 Uhr und das ist für uns eine super Spielzeit, denn da ist die Fußball-Bundesliga vorbei und ich konkurriere nicht mit dem Fernsehprogramm, wie jetzt um 19.30 Uhr. Da kann ich echt nur in den kleinen handballverrückten Dörfern ein Spiel ansetzen, da mag das funktionieren" (2. BL, V-14, 206).

„Ja schon, ich denke, was die Zuschauer betrifft, hat schon jeder Verein seine festen Zuschauer. Aber da merkt man auch, dass die nach Wetzlar zur Bundesliga oder Hüttenberg gehen bei den Männern. Es gibt auch eine Fülle von Mannschaften in der Region hier, da guckt man schon, dass sich die Spiele nicht alle überschneiden" (2. BL, V- 25, 208).

„Ja, ganz klar, obwohl das eigentlich nur bei den Männern von Melsungen ist, die spielen in der HBL. Wir haben auch beide den gleichen Hauptsponsor und auch die Zuschauer sind zum größten Teil gleich, aber da versuchen wir, uns mit den Anwurfzeiten aus dem Weg zu gehen" (2. BL, V-16, 204).

Ein Frauenhandballclub zeigt aber auch, dass durch den Umzug in die Provinz versucht wird, dem intensiven Wettbewerb zu entgehen.

„Der SCM, der ist ja mit verantwortlich dafür, dass wir nicht mehr hier in Magdeburg sondern in Barleben spielen. Da haben wir schon Schwierigkeiten, Sponsoren zu finden. Ganz klar, die gehen zum SCM. Jetzt ist noch dazu gekommen

der FC Magdeburg in der Regionalliga Fußball und mit dem neuen Stadion. Für uns war das schon ein Hemmfaktor in einer größeren Stadt, schon allein durch die Konkurrenz und deshalb spielen wir ja auch jetzt in Barleben. Ich glaube, wir haben Glück, dass wir in Barleben sind, denn in Magdeburg selber würde es uns ganz schlecht gehen. Das ist eben eher genau umgekehrt wie bei den Männern, die es ja in die Großstädte zieht. Wir hätten hier in Magdeburg keine Chance, Sponsoren zu gewinnen. Die sind bei den Männern des SCM auch im Fernsehen präsent und es gibt viel höhere Zuschauerzahlen, da können wir nicht mithalten und die engagieren sich mehr im Männerhandball" (2. BL, V-33, 213).

Das Kernprodukt für die Vereine stellt das Ligaspiel dar. Kooperationsstrategien finden sich hier in Form von Vereinszusammenschlüssen zu Handballspielgemeinschaften, um das sportliche Leistungspotential zu maximieren. So haben sich in der 2. Handball BL Frauen, um die Ressource *leistungsstarke Spielerinnen* zu bündeln, drei Handballspielgemeinschaften (HSG) aus den Handballabteilungen mehrerer Vereine gebildet. Selbiges trifft auch auf die HSG Blomberg/Lippe in der 1. Handball BL Frauen zu.

Auch die Aktivitäten zur Rekrutierung geeigneter Spielerinnen können die Leistungen des eigenen Teams gegenüber den Wettbewerbern steigern (vgl. auch Fritz, 2006, S. 108). Sowohl die Kaderzusammenstellung als auch Beschäftigungsstrategien (Transferpolitik) können für die BL-Teams zu Wettbewerbsvorteilen führen. Im Folgenden sollen daher die Strategien der einzelnen Teams zur Verbesserung der sportlichen Qualität genauer analysiert werden.

Hinsichtlich der Rekrutierung von Spielerinnen verfolgen die Frauenclubs entsprechend ihrer finanziellen Möglichkeiten sehr unterschiedliche Strategien. Die Teams der Spitzengruppe setzen meist auf eine größere Anzahl an Nationalspielerinnen. Dahinter ergänzen meist junge deutsche Talente bzw. Nachwuchsspielerinnen den Kader, die erst in die Bundesligateams integriert werden sollen. Andere Vereine wiederum verfügen über sehr wenige Nationalspielerinnen und haben stattdessen größtenteils junge deutsche oder ausländische Handballerinnen in ihrem Mannschaftskader.

Die Nachwuchsarbeit stellt eine wichtige Strategie zur Beeinflussung der Teamqualität dar. Nicht nur aus Kostengründen, sondern auch um die lokale Verbundenheit des Vereins zu signalisieren, werden junge Spielerinnen aus der Region ausgebildet. Diese Nachwuchsspielerinnen lassen sich gegenüber lokaler Sponsoren und der Presse gut vermarkten, weniger hingegen auf überregionalen Märkten. Die meisten Frauenbundesligavereine verfügen bereits über einen sehr guten Jugendbereich. Nahezu alle Vereine setzen auf eine intensive Nachwuchsarbeit im Verein und somit auf junge, deutsche Spielerinnen.

„Wir sind in jeder Altersklasse vertreten, im männlichen wie auch im weiblichen Bereich, wobei schwerpunktmäßig wir uns auf den weiblichen Bereich konzentriert haben. Wir haben neben der ersten Mannschaft in der 1. Bundesliga eine zweite Mannschaft, die spielt Regionalliga, und wir haben eine dritte Mannschaft, die in der Landesliga spielt, die fast in die Oberliga aufgestiegen wäre. Wir haben in der Jugend eine A-Jugend, wir haben eine weibliche B-1, eine weibliche B-2, wir haben weibliche C-1 und C-2 bis runter dann D und Minis E und Minis" (1. BL, V-6, 53).

„Wir haben auf der Frauenebene alles besetzt, wir haben die 1. Mannschaft in der 2. Bundesliga, wir haben eine 2. Mannschaft in der Landesliga, wir haben A-Jugend Regionalliga und B-Jugend Regionalliga und wir haben eine C-Jugend. Wir haben 14 Jugendmannschaften, 7 weibliche und 7 männliche, die am aktuellen Spielbetrieb teilnehmen. Dazu kommen zwei unterklassige Männermannschaften und 2 unterklassige Frauenmannschaften" (2. BL, V-14, 34).

„Wir haben inzwischen in jeder Altersklasse Mannschaften. Insgesamt haben wir 17 Mannschaften, die aktiv am Spielbetrieb teilnehmen. Da sind auch Männermannschaften bei, aber die spielen ganz weit unten" (2. BL, V-31, 34).

Insbesondere, wenn Spielerinnen aus der eigenen Jugend den Sprung in die Handball BL Frauen schaffen, untermauert dies die Qualität der Nachwuchsarbeit des jeweiligen Vereins. Der Erstligaverein HSG Blomberg-Lippe etwa hat die Nachwuchsarbeit fest im Vereinskonzept verankert. Mit dem Slogan „Für die Region" wollen sie junge, einheimische Spielerinnen ansprechen – nach Möglichkeit aus der Region. Die Zusammensetzung des Kaders – 8 von 14 Spielerinnen sind zwischen 17 und 22 Jahren alt, 2 weitere kommen aus der eigenen Jugend – zeigt, dass der Club seinem sportlichen Konzept absolut entspricht.

Die HSG Blomberg-Lippe setzt hier auf eine Nischenstrategie, die darauf abzielt, in einem eng begrenzten Markt – wie dies in der Männerhandball-Hochburg Ostwestfalen gegeben ist, Wettbewerbsvorteile zu erlangen. Die Strategie der Nischenbildung beruht auf einer konsequenten Konzentration aller Aktivitäten des Geschäftsbereichs auf die bestmögliche Erfüllung einer spezifischen Abnehmergruppe, eines regionalen Marktes oder einer engen Produktlinie (vgl. dazu Porter, 1999a, S. 67). Eine erste Nischenstrategie ist dabei die Regionalnische, d.h. die Konzentration auf einen klar definierten regionalen Markt und der entsprechenden Ausrichtung eines regionalen Brandings (vgl. auch Keller, 1993; Kapferer, 1992).

Neben der HSG Blomberg-Lippe leistet auch der VfL Oldenburg eine gute Nachwuchsarbeit. Der VfL ist bereits für seine Nachwuchsarbeit mit dem Grünen Band, einem Nachwuchsförderpreis der Dresdener Bank und dem DOSB, ausgezeichnet worden (vgl. dazu ausführlich Boysen, 2006, S. 38f.).

Aus ökonomischer Sicht führt eine erfolgreiche Jugendarbeit dazu, der Preisspirale bei Transfer- und Gehaltszahlungen auf dem Spielerinnenmarkt zu entgehen. Aus einer effizienten Nachwuchsförderung entstehen darüber hinaus nicht-monetäre Vorteile. Eine erfolgreiche Jugendarbeit begünstigt das öffentliche Erscheinungsbild des Vereins und kann so zu einem Imagegewinn führen (vgl. auch Cachay & Riedl, 2001, S. 21).

Die Rekrutierung von Bundesligaspielerinnen aus dem eigenen Verein ist dennoch schwierig; ob die Nachwuchsspielerinnen überhaupt das erforderliche Niveau für die Bundesliga erreichen, ist ungewiss. Im Durchschnitt schaffen nach Aussage der Interviewpartner nur ein bis zwei Nachwuchsspielerinnen ihres Jahrgangs den Sprung in die Bundesliga.

„Also, wenn es ein oder zwei sind, dann ist es gut. Wir haben zwar in den letzten Jahren immer welche bekommen, aber das ist doch nicht die Masse. Wir schaffen es aber schon, hin und wieder eine Spielerin in den Bundesligabereich zu bekommen" (1. BL, V-10, 43).

„Das ist von Jahr zu Jahr unterschiedlich. Wir haben ja hier noch 10 weitere Mädchenmannschaften. Das hat sich in den letzten Jahren gezeigt, obwohl die A-Jugend zurzeit nicht so viel hergibt, das wird in ein paar Jahren anders sein. Wir hatten in den letzten 5 Jahren 12 Spielerinnen aus der Jugend, die den Sprung in die Bundesliga geschafft haben" (1. BL, V-3, 44).

„Momentan ja, also in unserer A-Jugend sind mindestens zwei bis drei Spielerinnen, die den Sprung in die erste Mannschaft schaffen werden und die trainieren auch jetzt schon da mit. Dennoch, in der Breite gesehen eignen sich nur wenige für die Bundesliga" (2. BL, V-37, 43).

„Es gibt schon Spielerinnen, die in der Jugend mit der Perspektive Bundesliga zu uns gekommen sind, die spielen jetzt B- oder A-Jugend. Ich sage mal, von der A-Jugend, bei 10 Spielerinnen, werden es 20% schaffen" (2. BL, V-18, 43).

Um ihre Nachwuchsrekrutierung zu unterstützen, vergeben einige Vereine Stipendien an ihre Spielerinnen. Andere Clubs kooperieren hier sehr stark mit Schulen.

„Wir vergeben ja als einer der wenigen Bundesligavereine Stipendien für talentierte Nachwuchsspielerinnen an unsere eigenen Spielerinnen. Und dann ist da auch noch eine Spielerin, die durch ein Stipendium von außerhalb zu uns gekommen ist. Die werden jetzt in den nächsten Jahren langsam aufgebaut, denn auch da sollte man sehen, dass man die jungen Spielerinnen nicht so verheizt. Und die haben dann auch durchaus die Möglichkeit, in der 1. Bundesliga Fuß zu fassen" (1. BL, V-5, 43).

„Wir haben hier Teilzeitinternate im eigenen Verein, daran partizipieren wir. Wir sind auch Eliteschule des Sports, d.h. wir bieten eine Sportlerklasse. Also diesen Weg sind Woltering und Müller zum Beispiel gegangen, die an unserem Teilzeitinternat teilgenommen haben und die Vorzüge haben genießen können" (1. BL, V-6, 127).

„Wir haben ja hier Internate, die fangen ab C-Jugend an, und die kommen zu uns an die Schule und wollen auch Leistungssport betreiben" (2. BL, V-29, 42).

„Wir haben hier Sportschulen und unser Internat und wir arbeiten daran, Feriencamps auf die Beine zu stellen. Bei uns ist schon der Leistungssport im Vordergrund und da laden wir Nachwuchsspielerinnen ein zum Sichtungstraining. Gerade im oberen Bereich ist das schon so, dass man talentierte Spielerinnen anspricht" (1. BL, V-3, 82).

„Wir haben insgesamt vier Kooperationen mit Schulen. Die werden geleitet von einer unserer holländischen Spielerinnen, aber das wird insbesondere mit dem Gymnasium in Zukunft noch stärker forciert. Wir planen da ein Handballteilzeitinternat, wenn der Leistungsstützpunkt wieder hierher kommt, jetzt mit der neuen Halle" (2. BL, V-24, 80).

Die Vergabe von Stipendien dient den Clubs vorrangig dazu, ihren talentierten Nachwuchsleistungspielerinnen optimale Ausbildungs- und Trainingsbedingungen zu bieten und diese gezielt zu fördern. Damit versuchen diese Teams auch Talente frühzeitig an ihren Verein zu binden.
Die Zusammenarbeit mit Schulen dient auch dazu, allgemein Werbung für den Mädchen- und Frauenhandball zu machen.

„Wir haben Handball-AGs an Schulen und haben auch jeden Samstag zwei Hallen, wo alle Kinder zwischen 6 und 12 Jahren kostenlos Handball spielen können, Ferienprogramme machen usw. Wir wollen, das hier wirklich ein Handballverein und eine Handballstadt entsteht und nicht nur eine Bundesligamannschaft" (1. BL, V-7, 85).

„Im Augenblick haben wir hier für den Kreis Bergstraße ein Leistungszentrum, ansonsten haben wir Kooperationen mit Schulen. Wir versuchen jetzt mittelfristig, Werbung bei den Schülern mit Freikarten für unsere Spiele zu machen; die wurden dann von Sponsoren bezahlt. Wir sind auch in den Sportstunden aktiv und da gibt es immer wieder Berührungspunkte" (2. BL, V-14, 80).

Insgesamt ist die Nachwuchsarbeit der Bundesligavereine deutlich intensiviert worden. Allerdings lässt sich qualitativ hochwertige Nachwuchsarbeit nur mit hauptamtlichen Trainern und einem entsprechenden Umfeld realisieren, das nicht allen Vereinen zur Verfügung steht.
Grundsätzlich betreiben die Clubs zur Rekrutierung neuer Spielerinnen auf dem Transfermarkt kaum ein strategisches Scouting, vielmehr spielen persönliche Kontakte eine entscheidende Rolle. Spielerinnen werden zum einen von den jeweiligen Trainer/innen zum anderen auch von den Managern oder weiteren Helfern beobachtet.

„Wir haben jemanden, der für uns Videobeobachtungen macht und der eben auch Spielerinnen scoutet, die uns interessieren. Ich habe auch selbst einen sehr guten Kontakt zu Trainern und wir haben noch jemanden, der mal zu Regionalligaspielen hin fährt und sich bestimmte Spielerinnen anguckt. Da haben wir 2 bis 3 Mann, die sich um die Rekrutierung kümmern" (2. BL, V-13, 70).

„Das ist nicht wie im bezahlten Fußball, wo eben auch bezahlte Scouts auf der Welt verteilt sind. Aber da hat man über die Zeit hinweg natürlich gewisse Kontakte zu ehemaligen Trainern, Auswahltrainern. Man hat auch einen Namen als Verein, man hat Kooperationen, wie wir mit der Jugendmannschaft, die Regionalliga spielt. Man nutzt Kontakte, die die Spielerinnen untereinander haben, Augen und Ohren geöffnet und dann kommt die persönliche Ansprache" (2. BL, V-17, 76).

„Gut, wir beobachten eigentlich den Markt und der Trainer hat natürlich bestimmte Wünsche, wir kontaktieren manchmal auch einen Spielervermittler oder z.B. den Trainer von Nürnberg, den Herrn Müller, ob er uns einen Tipp geben kann" (2. BL, V-19, 71).

Einige wenige Vereine leisten es sich, den Spielerinnenmarkt genauer zu beobachten und investieren strategisch in *Man Power*. Vorreiter ist der HC Leipzig, der neuerdings einen Scout beschäftigt hat. Der Trainer der HSG Blomberg-Lippe baut sich darüber hinaus eine eigene Datenbank mit allen Spielerinnen ab 15 Jahren auf. Insbesondere hinsichtlich der Vorbeugung des Risikos einer sportlichen Fehlinvestition sowie auf kostengünstige Spielerinnentalente aufmerksam zu werden, bedarf es einer systematischen Beobachtung und Analyse des Spielerinnenmarktes.

Es zeigt sich, dass sowohl die Erst- als auch Zweitligaclubs bei der Rekrutierung von ausgebildeten Spielerinnen über den Transfermarkt neben deutschen Spitzenspielerinnen auch auf Ausländerinnen setzen. Durchschnittlich waren 4,1 ausländische Handballerinnen im Kader der Erstligateams von im Schnitt 15,5 Spielerinnen. Bei den Zweitligaclubs waren es durchschnittlich 3,1 Ausländerinnen bei 15,3 Handballerinnen im Kader. Die richtige Mischung des Spielerinnenkaders scheint bedeutsam für die Teams und ihre sportliche Leistungsfähigkeit zu sein. Nationalitätsmerkmale der Spielerinnen können aber auch einen hemmenden Einfluss auf die Wahrnehmung der Clubs in der Öffentlichkeit haben. So ist eine lokale Identifikation mit ausländischen Spielerinnen schwerer zu realisieren als etwa mit Spielerinnen aus der Region.

Neben strategischen Maßnahmen zur Verbesserung der sportlichen Qualität können auch durch ein vielfältiges Angebot an Zusatzleistungen Wettbewerbsvorteile erzielt werden. Die Erst- und Zweitligaclubs ergreifen hier sehr unterschiedliche Maßnahmen, die zum Beziehungsmarketing mit aufgegriffen werden.

8.2.2 Maßnahmen des Beziehungsmarketing

Die strategischen Maßnahmen des Beziehungsmarketing zielen darauf ab, durch den Aufbau langfristiger Kundenbeziehungen im Wettbewerb zu bestehen (vgl. Homburg & Krohmer, 2006, S. 516). Welche Maßnahmen die Frauenhandballclubs in diesem Bereich ergreifen, wird nachfolgend dargestellt.

8.2.2.1 Zuschauergewinnung und -bindung (B2C)

Wie bereits herausgestellt, stellen die Zuschauer die wichtigste Zielgruppe bei der Vermarktung von Sportereignissen dar. Sie sind die direkten Konsumenten des Produktes Handball BL Frauen. Gleichzeitig beeinflussen sie die Qualität dieses Produktes. Eine gute Atmosphäre durch eine ausverkaufte Halle stellt zum einen Anreize für die Spielerinnen zu der Optimierung der sportlichen Leistung dar, zum anderen für Sponsoren und Medien, sich in dieser Sportart zu engagieren.
Für ein strategisches Marketing-Management im Zuschauermarkt ist zunächst die Zusammensetzung des Frauenhandballpublikums zu klären. Die Vereine beobachten hier ein sehr gemischtes Publikum, das beide Geschlechter als auch die unterschiedlichen Altersgruppen umfasst.

„Ich sage mal, es sind sicherlich viele Vereinsangehörige und Handballbegeisterte, die zum Teil selber noch aktiv sind oder waren. Vom Alterspotential haben wir von Jugendlichen bis Rentner durchgängig Zuschauer und auch der Frauenanteil ist relativ hoch, höher meine ich als beim Fußball" (1. BL, V-1, 130).

„Auffälligkeiten insofern, dass wir ein ziemlich breites Publikum haben. Ich denke mal, ein starker Teil aus der so genannten Mittelschicht, von daher für Sponsoren auch eine sehr gute Struktur, und dann sehr stark sortiert von jung bis alt. Es ist also nicht so wie z.B. im Basketball, die sehr viel junges Publikum haben, sondern ganz gemischt, großer Anteil Kinder, wo die Spielerinnen eine große Vorbildfunktion haben. Interessant dabei ist, dass sich das im männlichen und weiblichen Bereich so ungefähr die Waage hält. Also, die kleinen Jungs schwärmen genauso für eine Svetlana Moskovejewa wie auch ein kleines Mädchen. Also, ein sehr gemischtes Publikum" (1. BL, V-8, 107).

„Sehr gemischt, aber in erster Linie sind das Vereinsangehörige, da haben wir schon so ein festes Stammpublikum. Aber zu Altersstruktur und Geschlecht, da möchte ich mich nicht genau festlegen, das sollten wir vielleicht mal untersuchen" (2. BL, V-34, 129).

Den Erst- und Zweitligaclubs ist die Sozialstruktur ihres Publikums nicht detailliert bekannt. Die genaue Kenntnis des Zuschauerprofils z.B. ermittelt über entsprechende Befragungen, ist aber entscheidend für Maßnahmen zur Gewinnung und Bindung von Fans. Gerade die Kontaktpflege zu Fans erweist sich als ein wichtiger Faktor für den sportlichen und wirtschaftlichen Erfolg von Bundes- und Amateurligen (vgl. Roy, 2004, S. 169ff.; Wadsack, 2004, S. 294). Befragungen des Publikums können den Clubs darüber hinaus Hinweise über die Zufriedenheit mit den Leistungen des Vereins geben. Zudem gibt die Zusammensetzung der Zuschauer Auskunft über die Anerkennung des Frauenhandballs bzw. der einzelnen Teams in der Öffentlichkeit.
Auch hinsichtlich des Einzugsgebietes ihrer Zuschauer herrscht keine klare Vorstellung bei den Vereinsmanagern. Es begrenzt sich nach Einschätzungen der Clubmanager zumeist auf die engere Region. Dabei steht das Einzugsgebiet in Zusammenhang mit der Bekanntheit des Vereins bzw. dessen sportlichen Erfolgen. Während die Vereine der 2. Handball BL Frauen ihr Einzugsgebiet mit etwa 10-50 km angeben, umfasst es in der 1. Liga bis zu 100 km. Große Chancen, das Einzugsgebiet ihres Vereins weiter auszudehnen, sehen die Vereine nicht.
Ein erfolgreiches Marketingmanagement erfordert auch die Kenntnis von sportbezogenen Einflussfaktoren auf den Konsum des Bundesligaspiels. Spiele gegen starke Gegner und Lokalderbys führen in der Regel zu einer besonderen Aufmerksamkeit bei Zuschauern. Auch sind bekannte heimische Spielerinnen in der Regel Publikumsmagneten. Ein Rahmenprogramm, wie es im Männerteamsport

üblich geworden ist, wird eher als nachrangig eingeschätzt. Von daher liegen hierauf auch nicht die größten Marketinganstrengungen der Clubs.

„Also, das hängt sicherlich mit vielen Komponenten zusammen. Zum einen sicherlich, wie steht die Mannschaft da und wie ist sie aufgestellt. Da sollte ein Zuschauerpotential da sein. Das ist aber hier nicht da und da sind wir dann an dem Punkt, was wir schon angesprochen haben und zwar der Region, in der man sich befindet. Dann kommt es auf den Gegner an, ist das ein starker Gegner, ist die Halle voll, ist das ein schwacher Gegner, ist die Halle leer. Das Rahmenprogramm oder der angesprochene Hallenkomfort sind nicht so ausschlaggebend, denn die Zuschauer, die wir haben, kommen alleine wegen dem Handballspiel und andere muss man erst mal auf Damenhandball stoßen. Erst dann kann man vielleicht über Rahmenprogramm etc. nachdenken" (1. BL, V-1, 135).

„An erster Stelle vom Erfolg und an zweiter Stelle von der Klassenzugehörigkeit. Ein Rahmenprogramm wollen die Zuschauer eigentlich gar nicht und für die paar Zuschauer lohnt es sich nicht, die kommen fünf Minuten vor dem Spiel und gehen nach dem Spiel auch gleich raus" (2. BL, V-37, 134).

„Das ist eine ganz einfache Geschichte, ausschlaggebend ist der sportliche Erfolg. Und dann würde ich sogar sagen, das Drumherum ist gar nicht so unwichtig und da würde ich mir wünschen, dass da noch viel mehr gemacht wird, nicht nur hier, sondern auch in anderen Hallen, gerade auch für die Familien. Spitzenspielerinnen sind auch mal ein Anziehungspunkt. Es würden sicher auch noch mehr Zuschauer kommen, wenn der Komfort besser wäre" (2. BL, V-33, 135).

„Gut, das hängt schon ab vom sportlichen Erfolg und auch vom Gegner und hier in der Region wollen die schon Spielerinnen sehen, die von hier kommen und mit denen sie sich identifizieren können. Rahmenprogramm haben wir immer mal wieder gehabt, aber das ist nicht so entscheidend" (2. BL, V-19, 132).

Marketingmaßnahmen im B2C-Bereich sind für die weitere Verwertung des Produkts Handball BL Frauen im B2B-Bereich wichtig. Ohne eine große Fangemeinde vor Ort existiert kein größeres TV-Publikum und die Vereine sind damit weniger attraktiv für Sponsoren. Eine hohe emotionale Bindung der Zuschauer an den Verein und ein großes Fanpotential führt ggf. dazu, vom aktuellen sportlichen Erfolg unabhängiger zu werden. Da in der Frauenhandball-Bundesliga in den letzten Jahren eine eigene Fankultur entstanden ist, sind hier bereits erste günstige Voraussetzungen geschaffen worden.

Um Wettbewerbsvorteile in den stark umkämpften regionalen Sportmärkten zu erzielen, gewinnen aber gerade Zusatzleistungen wie Informationsdienstleistungen, Angebote im Catering, Fanartikelverkauf, die Hallenausstattung und auch Rahmenprogramme o.ä. an Bedeutung.

Die Erst- und Zweitligaclubs im Frauenhandball bieten ihren Anspruchsgruppen sehr unterschiedliche Zusatzleistungen im Rahmen des Spieltages an.

„Ich denke mal, die Stimmung in der Halle ist bei uns ein Punkt und auch die lokale Identifikation. Die Spannung ist auch wichtig und bei uns das Umfeld, das ist auch wichtig, denn es gibt viele Aktionen vor dem Spiel, nach dem Spiel, in der Pause und so weiter, da machen wir ganz viel mit unseren Sponsoren" (1. BL, V-5, 134).

„Wir machen schon richtig Stimmung mit einer Lightshow und unserem Piranha Fisch und so. Es ist da eine riesige Stimmung in der Halle und ich denke, deswegen kommen schon einige. Wir haben auch ein Rahmenprogramm mit Musik und Cheerleadern usw., die Leute wollen ja auch unterhalten sein. Der sportliche Erfolg ist, denke ich, auch noch ein Kriterium und der Gegner, der kommt, denn zu den Spitzenspielen, das merken wir ja selber, sind schon mehr Zuschauer in der Halle" (2. BL, V-15, 129).

Die meisten Clubs sehen aber keine Notwendigkeit für Maßnahmen in diesem Bereich. Spezielle Aktionen mit Cheerleadern o.ä. beschränken sich auf Spitzenspiele oder den letzten Spieltag. Alle Teams verteilen zu jedem Heimspiel ein kostenloses Hallenheft, in dem das Handballspiel als *Highlight* präsentiert wird. Daneben veranstalten die meisten Teams nach jedem Heimspiel eine Pressekonferenz, die auch von den Zuschauern mitverfolgt werden kann. Viele Clubs erachten darüber hinaus den persönlichen Kontakt zu den Spielerinnen als eine spezielle Zusatzleistung.

„Es gibt sehr viele Aktionen, mal gibt es da Nudeln für die Zuschauer, die ein Sponsor verteilt oder die obligatorischen Kulis. Es ist ja nicht so, dass die Leute in die Halle kommen und sehen nur das Spiel an. Wir haben viele Sponsoren, die kaufen einen Spieltag und starten dann Aktionen. Wir haben ein Programmheft für jeden Spieltag und es gibt eine Pressekonferenz und Catering, auch für die Zuschauer, das sind mehrere Stände, wo die essen und trinken können" (1. BL, V-5, 136).

„Wir hatten da schon ab und an mal eine Band da und dann vor dem Spiel die Bewirtung von A-Z. Wir haben einen Fanshop, da können Fanartikel erworben werden und es werden da auch im Vorfeld schon Gespräche geführt. Wir lassen in der Halbzeitpause mal so kleine Gruppen auftreten, wir lassen auch mal Kinder mit einlaufen, dass da auch mal die Mütter noch mit dazukommen. Wir haben schon so Dinge, dass das Ganze ein Event wird. Nach dem Spiel, ja, entweder wir haben einen VIP-Raum oder wir haben keinen, je nachdem stehen wir noch ein bisschen zusammen und dann trinkt man was. Oder wir gehen meistens noch geschlossen essen mit der Mannschaft. Und dann haben wir auch noch eine Pressekonferenz nach dem Spiel, dass die Leute noch ein bisschen da bleiben und man dann noch über Handball fachsimpeln kann" (2. BL, V-21, 142).

„Na ja, man kann sich zu essen und zu trinken kaufen. Bei uns ist es aber so, dass man keine Speisen und Getränke mit in die Halle nehmen darf und wir achten auch darauf, dass keine alkoholisierten Personen in die Halle kommen, damit es keine Ausschreitungen gibt. Ansonsten gibt es bei uns ein Rahmenprogramm nicht, denn wir sind ja meistens nicht die einzige Mannschaft, die an dem Tag spielt, wir versuchen schon, so einen BSV-Tag daraus zu machen, sprich, vorher spielen alle Jugendmannschaften und die können dann auch später da bleiben, um das Spiel zu sehen. Wir haben keine Cheerleader oder so, aber am letzten Spieltag der Saison, da machen wir immer so etwas um das Spiel drum rum, das ist bei uns schon was Besonderes. Aktionen oder Attraktionen rings um das Spiel herum gibt es nicht, die Zuschauer sollen ja wegen dem Spiel kommen" (2. BL, V-13, 135).

Die Auszüge aus den Experteninterviews zeigen, dass einige Vereine auch Maßnahmen der Eventisierung des Spieltags ergreifen, indem sie ihre Heimspieltermine zu einem Familientag machen oder Show-Einlagen mit hoher Aufmerksamkeitswirkung organisieren, um so die Verweildauer in der Sporthalle zu erhöhen. Allerdings verdeutlichen die Interviews auch, dass hier noch Unsicherheiten hinsichtlich eines passenden Rahmenprogramms bestehen.

Insgesamt sind in beiden Ligen Maßnahmen zur Zuschauerbindung und -gewinnung unterentwickelt. Weitere innovative Marketingmaßnahmen in diesen Bereichen könnten dabei in bessere Vermarktungsergebnisse überführt werden. Hierbei stellen die unzureichenden personellen Voraussetzungen der Clubs aber eine entscheidende Restriktion dar.

Aufbauend auf einer differenzierten Leistungspolitik bieten sich den Teams verschiedene Möglichkeiten der Gestaltung ihrer Preis- und Vertriebspolitik. Der Verkauf von Eintrittskarten ist – neben Mitgliedsbeiträgen – für die Bundesligisten eine klassische Einnahmequelle. Allerdings geben die befragten Frauenhandballvereine an, kaum preispolitische Spielräume zu haben.

Die Eintrittspreise der Erstligaclubs variieren zwischen 8 € in Kategorie III und 12 € in Kategorie I. Zudem werden VIP-Tageskarten für 30 € angeboten. Die unterschiedlichen Sitzplatzkategorien sind zugleich Instrument der Leistungspolitik. Hier erfolgt eine Differenzierung insofern, dass die Teilnehmerqualität am Spiel auf Sitzplätzen der teureren Kategorien höher ist. Im Schnitt kostet eine Eintrittskarte zu einem Spiel der 1. Handball BL Frauen 10 €. Viele Vereine bieten Dauerkarten an. Diese Saisonkarten werden in der 1. Liga zu Preisen zwischen 85 € und 135 € verkauft, eine Dauerkarte kostet im Schnitt 110 €. Der Verkauf von Dauerkarten ist in der 1. Liga mit durchschnittlich

27% an den verkauften Saisontickets noch sehr gering. Insbesondere im Hinblick auf die Reduzierung der Unsicherheit bezüglich der Zuschauereinnahmen pro Spieltag bietet es sich an, den Absatz von Dauerkarten zu steigern. Dahingehend unternehmen die Vereine bislang kaum Anstrengungen.
Die Eintrittspreise der Zweitligaclubs liegen niedriger, zwischen 5 € bis 8 €. Im Schnitt verlangen die Zweitligaclubs 6 € für ein Einzelticket. 77,8% der Zweitligaclubs bieten Saisonkarten zwischen 55 € und 88 € an. Im Durchschnitt kostet eine Dauerkarte in der 2. Handball BL Frauen 74 €. Die Clubs setzen zwischen 5% bis 25% ihrer Tickets über den Dauerkartenverkauf ab.
Die Preise für die Eintrittskarten sind bei allen Teams abgestuft. Neben den verschiedenen Sitzplatzkategorien werden unterschiedliche Zielgruppen berücksichtigt. Dabei nehmen die Teams hauptsächlich personenbezogene Preisdifferenzierungen vor, zumeist mit Preisnachlässen von 2 € für Senioren, Arbeitslose, Schüler und Studenten etc. Kinder, die Vereinsmitglieder sind, haben in vielen Zweitligaclubs sogar freien Eintritt.
Mehrere Bundesligisten befinden sich in Regionen, deren direktes Umfeld sich eher als wirtschaftlich schwach darstellt. Dies trifft vor allem auf ostdeutsche Standorte zu. Darauf reagieren die Teams, indem sie dies in der Festsetzung ihrer Eintrittspreise berücksichtigen.

„Da haben wir es hier im Osten schon schwerer als die Mannschaften aus dem Westen, von Leipzig mal abgesehen. Wir sind hier in einer Region, die nicht gerade in Geld schwimmt. Ich kann nur hoffen, mit der neuen Wirtschaft, die sich jetzt gerade hier ansiedelt, dass es etwas besser wird. Und wir brauchen mehr Arbeitsplätze für die Leute hier. Da merkt man, wenn wir mal drei Heimspiele im Monat haben, dass es für die Zuschauer nicht so leicht ist, dann auch dreimal 8,50 € zu zahlen und vielleicht noch mal 8,50 € für ihren Partner, das wird schon schwer" (1. BL, V-3, 211).

„Wir berücksichtigen die wirtschaftliche Situation bei unseren Eintrittspreisen. Wir haben grundsätzlich für Kinder, die Vereinsmitglieder sind, freien Eintritt, da müssen dann nur die Eltern zahlen. Aber es gibt auch Rabatte und wir haben einen Sozialpass, so etwas, wo zwei kommen können aber nur einer zahlt" (2. BL, V-13, 209).

Bei der Preisfestsetzung orientieren sich die Teams in erster Linie an Verbandsvorgaben sowie den anderen Vereinen der Liga. Teilweise vergeben die Teams Freikarten an Schulen oder initiieren Verlosungsaktionen, bei denen es Eintrittskarten zu gewinnen gibt. Solche Aktionen bleiben aber eher die Ausnahme und werden zumeist bei Spielen mit geringer Nachfrage eingesetzt. Üblich sind auch Ehrenkarten, d.h. es werden Freikarten an Bürgermeister und Familienangehörige der Spielerinnen vergeben.
Der Vertrieb der Eintrittskarten erfolgt in der Regel durch die Vereine selbst, lediglich der HC Leipzig bietet den Kauf von Eintrittskarten über einen externen Online-Ticketshopanbieter an. Die meisten Tickets werden direkt in der Halle am Spieltag an der Tageskasse abgesetzt. 91,7% der Erstligaclubs und 44,4% der Zweitligaclubs haben darüber hinaus Vorverkaufsstellen, z.B. in der Geschäftsstelle des Vereins, eingerichtet. Auch ist die Onlinebestellung über die Vereinshomepage üblich geworden. Bei acht Vereinen der 1. BL Frauen (67%) können Tickets direkt online bezogen werden.

Im Bereich der Kommunikationspolitik sind Werbung und Öffentlichkeitsarbeit zentrale Vermarktungsinstrumente der Clubs. Über sie wird das Bild des Frauenhandballs allgemein und der Vereinsmannschaften im Speziellen geprägt. Die Kommunikationspolitik umfasst alle Kommunikationsmaßnahmen der Teams, um sich mit ihren Zielgruppen auszutauschen (vgl. etwa Bruhn, 2007, S. 1ff.).

Da die Teams bestrebt sind, das Interesse an ihrer Sportart bzw. den Ligaspielen zu wecken, finden sich die meisten kommunikationspolitischen Maßnahmen im Vorfeld der Ligaspiele. Eng damit verbunden ist die Öffentlichkeitsarbeit der Clubs. In den letzten Jahren sind von den Vereinen zunehmend innovative Werbemaßnahmen ergriffen worden. Es wurden besondere Slogans für Werbekampagnen entwickelt. So etwa in Göppingen „Frisch Auf Frauen – Handball mit Gefühl" oder in Leipzig mit dem „EnterTORment". 41,7% (5 von 12 Erstligateams) haben bereits ähnliche Werbemaßnahmen ergriffen, um mehr Aufmerksamkeit zu erhalten und sich ein unverwechselbares Image zu geben. 55,6% der Zweitligateams haben sich für einen spezifischen Teamnamen entschieden. Sie setzen dabei anders als die Erstligateams auf „tierische" Namen (29,7%) wie Wildcats, Spreebirds, Dolphins, Bienen o.ä.

Dabei gestalten die Clubs ihren Kommunikations-Mix auf sehr unterschiedliche Weise. Ihre Werbebotschaften verbreiten die Handballvereine über verschiedene Kommunikationswege: Tageszeitungen, Plakate zur Spieltagsankündigung, Medien an Litfaßsäulen, in der Geschäftsstelle und weiteren Schaukästen der Vereine. Für die Zuschauer bieten die Clubs zudem Programm- bzw. Spieltagshefte an, die aktuelle Informationen rund um den Spieltag und die Teams beinhalten.

„Ja, über unsere Geschäftsstelle und die Plakataktionen und die Presse, wir haben auch noch einen Radiosender, der die Spiele ankündigt" (1. BL, V-3, 175).

„Wir haben Plakate und Spieltagsankündigungen und natürlich kommunizieren wir stark über das Internet. Diese Beilage zu Beginn der Saison, die wir jetzt hatten, wollen wir so auch jedes Jahr weiterführen. Es gibt auch Informationen über die Geschäftsstelle und die Tagespresse sowie das Hallenheft" (2. BL, V-14, 173).

„Es gibt Plakate und wir haben unsere Geschäftsstelle mit Schaukasten im Ort und natürlich über das Internet, wobei da unser Auftritt wirklich sehr schlecht ist" (2. BL, V-18, 172).

Manche Teams treten mit ihrer Mannschaft auch an öffentlichen Orten auf, um es bekannter zu machen und eine lokale Identifikation mit dem Team aufzubauen.

„Wir versuchen, mit unseren Damen Events zu machen, um so die Popularität erst mal zu steigern. Da gibt es einiges, was wir vorhaben. Diese Aktionen, die wir da machen, kommen auch sehr gut an, da können viele Wolfsburger die Spielerinnen persönlich kennenlernen" (2. BL, V-39, 99).

„Wir werden jetzt auch in der Stadt an Weihnachtsmärkten usw. verstärkt auftreten" (2. BL, V-33, 173).

„Wir versuchen mit unseren Damen Events zu machen und hatten vor kurzem was mit einem italienischen Restaurant gemacht, da haben unsere Damen einen ganzen Abend lang mal bedient. Wir haben jetzt vor, in einem Altersheim, dass unsere Damen da mal einen Tag lang zur Hand gehen und Arztbesuche etc. machen. Wir wollen mit einer Waschanlage demnächst was starten, da gibt es einiges, was wir vorhaben, um unsere Damen bekannter zu machen" (2. BL, V-39, 97).

Weitere Möglichkeiten der Aufmerksamkeitsgewinnung sind Anzeigenblätter der Stadt oder die Kontaktaufnahmen über die jungen Vereinsmitglieder.

„Da ist die Möglichkeit, über unsere Kinder im Verein an die Eltern zu kommen, um die Zuschauerzahlen steigern zu können. Das ist ja auch die beste Werbung" (1. BL, V-10, 98).

„Es gibt ja diese Zeitungen, die man nicht bezahlen muss, die einfach so eingeschmissen werden, und darüber versuchen wir, noch mehr Einfluss zu gewinnen, um dort zum einen den Verein darzustellen und zum anderen die 1. Mannschaft darzustellen und darüber eben noch mehr Leute für die Spiele zu interessieren" (2. BL, V-13, 96).

„Da wird schon versucht, mehr Zuschauer in die Hallen zu locken. Und es gibt ja auch den Trend im Frauenhandball in die Arenen zu gehen. Aber für die 2. Liga, denke ich, sollten wir an der Bekanntheit arbeiten. Und dann wenn die Zuschauer kommen, kann man darüber nachdenken, in andere Hallen zu gehen" (2. BL, V-33, 99).

Ferner nutzen die Teams der Handball BL Frauen das Internet intensiv als Kommunikationsplattform. Alle Vereine in der 1. und 2. BL verfügen über einen Internetauftritt; die Präsentation ist indes sehr unterschiedlich. Das Spektrum reicht von sehr professionell aufbereiteten Homepages – meist in Zusammenarbeit mit Agenturen – wie der HC Leipzig oder der HSG Sulzbach/Leidersbach – bis hin zu Seiten, die kaum Daten und Fakten bereithalten, wie des PSV Recklinghausen oder des TSV Nord Harrislee. Für die Website haben die Teams sehr treffende Internetadressen gewählt, entweder mit dem Vereinsnamen wie z.B. www.hc-leipzig.de und www.vfloldenburg.de oder mit dem Teamnamen www.rostock-dolphins.de. Nicht alle Bundesligaclubs haben eine spezielle Homepage nur für den Frauenhandball, wie TuS Weibern, PSV Recklinghausen oder TV Mainzlar, sondern sind in die Homepage des Gesamtvereins integriert.

Nach Aussage der befragten Experten wird die Mehrheit der Homepages ehrenamtlich betreut, vor allem in der 2. Handball BL Frauen. Das hat den Vorteil, dass für die Betreuung und Pflege der Homepage keine zusätzlichen Kosten entstehen. Ein Nachteil ist aber, dass die Aktualität nicht immer gewährleistet ist und z.T. technisches Know-how für eine grafisch ansprechende Präsentation fehlt. Die Aktualität ist insbesondere bei den Clubs der 1. Handball BL Frauen, die ihre Website meist in Zusammenarbeit mit Medienagenturen gestalten, gegeben; der Internetauftritt wird täglich aktualisiert. Eine regelmäßige Überarbeitung und Einstellung neuster Spielergebnisse und -berichte ist bei jedem Verein gewährleistet.

Das Layout der Homepage ist bei allen Vereinen sehr stimmig und zumeist an die Vereinsfarben angelehnt. Ein sehr gutes Beispiel bietet hier wieder der HC Leipzig, dessen Design übersichtlich gestaltet ist. Die Navigation fällt dem User entsprechend leicht.

Auf den Seiten der Erst- und Zweitligateams finden sich Top News und Presseberichte auf der Startseite. Ferner bieten alle Clubs die Möglichkeit, E-Mail-Anfragen unter der Rubrik Kontakt zu stellen. Des Weiteren finden sich auf den Seiten Anfahrtsbeschreibungen zur Spielstätte. Darüber hinaus gibt es Informationen zum Verein mit sportlichen Erfolgen und Informationen zu den einzelnen Teams.

Die separate Vorstellung der Bundesligamannschaft ist Bestandteil aller Vereinshomepages. Dazu gehören eine Kaderliste mit Mannschaftsfoto sowie eine Liste der aktuellen Zu- und Abgänge von Spielerinnen. Die Spielerinnen werden meist sehr ausführlich und mit Fotos vorgestellt. Nur vereinzelt gibt es Teams, die außer dem Namen keine weiteren Informationen zu den Spielerinnen präsentieren. Der HC Leipzig hat sogar Email-Kontaktdaten aller Spielerinnen auf seiner Website veröffentlicht.

Des Weiteren findet man auf allen Homepages Berichte über den aktuellen bzw. die nächsten Spieltage und Ergebnisse der laufenden Saison sowie Bundesligastatistiken. In der 1. Liga stellt der Live-Ticker einen attraktiven Bestandteil der Homepages dar. In der 2. Liga wird dieses Angebot weniger genutzt.

Die Besucherzahlen auf den einzelnen Homepages zeigen, dass diese eine wichtige Informationsquelle für Interessenten des Frauenhandballs sind. Gerade vor dem Hintergrund, dass die Medienberichterstattung über den Frauenhandball vergleichsweise gering ist und er im Fernsehen so gut wie gar keine Rolle spielt, hat das Internet für die Bundesligavereine wie für die Sportart insgesamt eine hohe Bedeutung.

So nutzen die Vereine das Internet auch, um den Zuschauern und Fans zu ermöglichen, sich in einem Internetforum auszutauschen. Sie versuchen den Fans hier eine interessante Kommunikationsplattform zu bieten, indem sie z.B. das jeweilige Hallenheft als Download, Wallpaper, Bildschirmschoner, Fotos und Autogrammkarten der Spielerinnen, Postkarten, Spiele und Videos und teilweise Handylogos zur Verfügung stellen. Außerdem führen die Teams Umfragen und Gewinnspiele online durch.

Zu ihren Fans pflegen die Erst- und Zweitligateams einen engen Kontakt. 75% aller Erst- und Zweitligateams haben inzwischen einen Fanclub gegründet. Die Teams der 1. Liga haben dabei mindestens einen oder sogar mehrere Fanclubs. Bei den Teams der 2. Handball BL Frauen gibt es allerdings bislang kaum entsprechende Fanbindungsmaßnahmen.

„Es gibt so etwas wie einen Fanclub, der agiert aber auf Eigeninitiative. Da sind wir froh, dass er da ist, da können wir uns aber nicht auch noch drum kümmern" (2. BL, V-18, 132).

„Ja, das haben wir gerade angefangen, auch mit einem Fanforum im Internet. Aber die Betreuung usw., da wird noch viel zu wenig gemacht" (2. BL, V-35, 131).

Die Erstligateams bemühen sich dagegen stärker um die Betreuung ihrer Fanclubs.

„Ja, wir hatten bis vor drei Jahren immer einen Fanclub gehabt, das ist ein bisschen eingeschlafen. Seit diesem Jahr haben wir einen neuen Fanclub gegründet, die helfen auch am Spieltag mit. Wir bemühen uns auch, da ab und an mal was für den Fanclub zu machen, Grillen, Badmintonturnier oder so, aber richtig betreut durch einen Fanbeauftragten oder so wird der noch nicht" (1. BL, V-10, 133).

„Es ist so, unser größter Fanclub, Saxonia, arbeitet sehr eng mit uns zusammen. Die helfen uns z.B., die Halle handballfähig zu machen. Das könntest du, wenn du dafür Mitarbeiter anstellen müsstest, gar nicht bezahlen. Da hast du keine Chance, das zu vergelten und sie kriegen im Endeffekt freien Eintritt zu den Spielen" (1. BL, V-4, 69).

Eine Strategie der Fanbindung ist auch der Verkauf von Fanartikeln. 87,2% aller Erst- und Zweitligaclubs bieten in irgendeiner Form Fanartikel an, wobei 72,7% der Clubs diese speziell für das Frauenbundesligateam gestalten.

Das Angebot an Fanartikeln der Teams unterscheidet sich dabei deutlich. Das Sortiment reicht von Schals, T-Shirts, Mützen, Trikots bis hin zu Tassen, Aufklebern, Getränkeflaschen, Kalendern, Wein, Fahnen, Wimpel, Schlüsselbändern, Feuerzeugen, Mousepads oder Kugelschreibern. Viele Vereine der Handball BL Frauen beschränken das Angebot auf wenige klassische Merchandisingartikel wie Schals, T-Shirts, Wimpel und Aufkleber.

Der Vertrieb der Fanartikel erfolgt vorrangig durch die Vereine selbst, meist mit entsprechenden Verkaufsständen am Spieltag. Allerdings werden insbesondere in der 1. Liga auch die neuen Medien für den Fanartikelvertrieb eingesetzt. Alle Erstligavereine haben einen Online-Fanshop, über den alle Fanartikel bestellt werden können.

Im Merchandising sehen die Marketingverantwortlichen der Bundesligaclubs auch noch ein ungenutztes Erlöspotential.

„Also, Merchandising ist ein gutes Stichwort. Wir haben angefangen was zu tun über zwei drei Jahre hinweg, aber da ist noch kein messbarer Erfolg, wo man schon von irgendwelchen nachhaltigen Prozentsätzen zur Abdeckung eines Etats sprechen könnte oder dürfte“ (2. BL, V-17, 118).

Der Verkauf von Fanartikeln kann nur dann strategisch erfolgreich sein, wenn er in eine systematische Markenführung der Vereine eingebettet ist. Dabei sind auch Maskottchen von Bedeutung, da sie vor allem auf die Generierung der Fans von morgen gerichtet sind und nachweislich zu einer Emotionalisierung bei den Kindern führen. Sie sind wichtige Sympathieträger und Kundenbindungsinstrument des Merchandisings. Mit dem HC Leipzig und dem BSV Buxtehude besitzen allerdings erst zwei Erstligisten ein Maskottchen.

8.2.2.2 Sponsorengewinnung und -pflege sowie Medien- und Öffentlichkeitsarbeit (B2B)

Insbesondere das Sponsoring sollte von den Vereinen als strategisches Investment gesehen werden, da sie, wie in Kapitel 6.1.2 aufgezeigt wurde, einen Großteil ihrer Erlöse aus dem Verkauf von Werberechten erzielen. Sponsoring erfordert unter wirtschaftlichen Prämissen ein konzeptionelles, strukturiertes Management (vgl. auch Hermanns, 2001, S. 396ff.). Ein strategisch ausgerichtetes Sponsoring erfordert sowohl den Kontakt zu lokalen Unternehmen als auch zur lokalen Politik zu pflegen. Inwieweit den Frauenhandball-Bundesligateams dieses Beziehungsmanagement im B2B-Bereich bereits gelingt, wird nachfolgend dargelegt.

Eine erfolgreiche Sponsorenakquise ist das Ergebnis eines effektiven Beziehungsmarketings der Clubs. Im Sponsoring wird von den Teams in der Regel ein möglichst breit aufgestellter Sponsorenpool aus einer Vielzahl von lokal ansässigen Unternehmen gebildet. Die Sponsorenakquise ist aber bislang kaum strategisch ausgerichtet. Hier weist ein Zweitligavertreter darauf hin, dass bei der

Sponsorensuche insbesondere die Affinität zwischen Sponsor und Gesponsertem berücksichtigt werden sollte.
Neben der Bandenwerbung, werden im Bereich der Textilwerbung Werbeflächen auf Trikots, Trainingsanzügen, Aufwärmkleidung und Freizeitkleidung verkauft. Außerdem können Nutzungsrechte an der Markierung von Fahrzeugen (Mannschaftsbus, Vereinsfahrzeuge, Spielerinnenfahrzeuge) erworben werden. Darüber hinaus gibt es Werbeflächen im Programmheft sowie auf Eintrittskarten, Autogrammkarten der Spielerinnen, Mannschaftspostern, Plakaten oder Briefbögen. Ferner können einzelne Werbedurchsagen an Spieltagen während der Halbzeitpause oder auch ganze Spieltage als so genanntes Match-Sponsoring von Sponsoren gebucht werden. Des Weiteren gibt es Sponsorentafeln für Pressekonferenzen und den VIP-Bereich oder exklusive Werbemöglichkeiten in Form einer Sponsorenpräsentation an Werbeständen in der Halle oder die Möglichkeit der Verteilung von give aways. Schließlich können Werbeflächen auf der Vereinshomepage genutzt werden. In der Saison 2006/07 traten zudem bei den 39 Vereinen acht Sportartikelhersteller als Ausrüster auf.
Aufgrund ihrer schwierigen Vermarktungssituation entwickeln die Clubs auch neue innovative Ideen zur Vermarktung von Werbeflächen wie nachfolgendes Beispiel zeigt:

„Ja natürlich, in erster Linie sind das die ganz normalen Aktivitäten Trikot-, Bandenwerbung. Wir haben aber auch die Möglichkeit, das alte Stadion des VfL Wolfsburg von außen zu vermarkten. Das ist sicherlich attraktiv und interessant für Sponsoren" (2. BL, V-39, 97).

Die Bedeutung der persönlichen Kontaktpflege zu den Sponsoren kommt in vielen Aussagen der Vereinsvertreter zum Ausdruck.

„Ja, das kommt natürlich schon auf den persönlichen Kontakt an. Es liegt ganz oft an der Ansprache und am persönlichen Kontakt. Man bietet denen die Plattform mit der Werbung und jedem größeren Sponsor tut man dann mal automatisch zwei oder vier VIP-Karten in sein Paket mit rein, damit er da oben sein Plätzchen hat und seinen Sekt und sein Essen kriegt oder so was" (1. BL, V-9, 155).

„Persönliche Kontakte sind entscheidend. Bei ganz vielen ist es auch Sympathie für den Sport. Andererseits gibt es hier schon den Faktor, dass einem Unternehmen, das hier neu herkommt, signalisiert wird, es wird schon gerne gesehen, wenn du was für den Handball tust" (1. BL, V-7, 162).

Eine entsprechend große Bedeutung sollte folglich dem professionellen Umgang mit den Sponsoren beigemessen werden.

Als Instrument der Sponsorenbindung werden im Profisport in erster Linie Hospitality-Maßnahmen eingesetzt. Diese bieten eine bedeutsame Plattform zur Anbahnung und Pflege von Geschäftsbeziehungen zu Dritten. Gelingt es, die Loyalität von politischen Entscheidungsträgern oder Firmenkunden zu gewinnen, sind diese ggf. dazu bereit, den Club etwa durch die Intensivierung des Sponsorings zu unterstützen. Die Bindung von Sponsoren erhöht zum einen die Erlöse und birgt zum anderen Potential für neue Partnerschaften. Die Gewinnung von Sponsoren erfordert demnach eine personalintensive Beziehungs- und Kontaktpflege von Vorstandsmitgliedern oder Managern. Die Einrichtung von Logen als Einnahmequelle im B2B-Bereich, womit besonders beim Fußball oder

Männerhandball ein neuer Kundenkreis erschlossen werden konnte, wurde bisher im Frauenhandball nicht übernommen.

Um den Kontakt zu lokalen Unternehmen und zur lokalen Politik zu pflegen, wird gegenüber Sponsoren sowie weiteren einflussreichen Personen (VIPs) hingegen während des Spieltags von einigen Vereinen eine VIP-Betreuung angeboten. Hierunter sind besondere Serviceleistungen für geladene Gäste oder Sponsoren zu verstehen. Diese Serviceleistungen beinhalten meist ein exklusives Catering in einem eigens dafür eingerichteten Bereich sowie eine besondere Betreuung vor, während und nach dem Spiel. Im Frauenhandball sind solche VIP-Bereiche noch selten anzutreffen.

„Ja, ich denke, da setzen wir auch neue Maßstäbe, was VIP bzw. Hospitality betrifft, hier in der Halle. Wir haben mindestens 300-400 VIP-Gäste, die wir pro Spiel betreuen und das auch auf sehr hohem Niveau. Also, Catering, keine Würstchen, von Kaffee bis hin zu Sekt, Wein und an warmen Gerichten gibt es da alles. Das gibt es sonst nicht noch mal und im Frauenbereich in Deutschland, denke ich, überhaupt nicht. Da sind wir auch vor vielen Männerbundesligisten, so wie mir das bescheinigt wird“ (1. BL, V-4, 75).

Alle Bundesligateams veranstalten regelmäßige Sponsorentreffen und stellen Spielerinnen für PR-Auftritte ab.

„Wir haben zum einen die Betreuung der Sponsoren bei den Spielen über den VIP-Bereich, zum anderen wird bei Vertragsgesprächen mit den Sponsoren auch gleich angesprochen, ob sie mit Spielerinnen oder der Mannschaft irgendwas machen wollen, dann befürworten wir das auch. Da sind die Sponsoren aber ganz unterschiedlich, manche interessiert das überhaupt nicht, andere wollen schon zwei-, dreimal was mit Spielerinnen oder der Mannschaft machen“ (1. BL, V-1, 150).

„Ja, wir haben einen VIP-Raum, wo unsere Sponsoren sehr professionell betreut werden. Und wir machen auch Sponsorentreffen und die sind zu allen Feiern immer eingeladen. Wenn die Sponsoren das wünschen, stehen unsere Damen selbstverständlich auch für PR-Auftritte usw. zur Verfügung“ (2. BL, V-14, 150).

„Wir haben eine VIP-Ecke, da werden kleine Schnittchen gereicht und Getränke. Also, Raum ist zu viel gesagt, das ist schon mit in der Halle und kein abgegrenzter Raum. Ja, wir machen auch mal ein Sponsorentreffen mit unseren Damen zusammen, aber es sind ja nicht so viele Sponsoren, sagen wir mal, wir haben fünf größere Sponsoren, die kommen ja noch nicht mal in die Halle, das sind nur die Kleinen, die sind immer da“ (2. BL, V-31, 149).

Nur wenige verkaufen innerhalb ihrer Sponsorenpakete einzelne VIP-Tickets. Die Vereine der 1. und 2. Liga unterscheiden sich insgesamt deutlich in ihrem Leistungsangebot im B2B-Bereich. Längst nicht jeder Club der 2. Liga bietet Hospitalityleistungen an, wohl aber sämtliche Erstligaclubs. Gleichwohl sind auch in den Erstligaclubs die Vermarktungsbedingungen nicht immer optimal.

„Die Räumlichkeiten in dieser Schule sind jetzt auch nicht optimal für eine VIP-Betreuung. Unser VIP-Raum liegt eigentlich 200 m von der Halle entfernt und bis die da mal hin gelaufen sind, fängt die 2. Halbzeit schon wieder an. Deshalb haben wir uns dahingehend beholfen, dass wir uns im Vorraum der Halle einen VIP-Raum aufbauen, der allerdings ein bisschen auf dem Präsentierteller ist und das ist auch nicht so optimal“ (1. BL, V-1, 150).

„Wir haben in der Halle weder Logen noch VIP-Räume, aber wir sperren oben einen Bereich ab, da können unsere VIPs auch das Spiel sehen und haben ein Hotel mit einem guten Catering. Ein mittlerer Sponsor ist bei uns schon ein VIP, das kann man nicht vergleichen mit den Männern, wo man erst ein VIP ist, wenn man 250.000 € gibt“ (1. BL, V-9, 153).

„Wir haben keine besonderen Leistungen für die Sponsoren außer der guten Werbung, die wir für die machen. Die kommen dann auch in die Halle und gucken, aber es gibt keinen VIP-Raum oder Sponsorentreffen oder so was, das kostet mich ja nur wieder und dafür habe ich kein Geld“ (2. BL, V-16, 150).

Probleme bei der Sponsorenbetreuung und Beziehungspflege bereitet somit eine unzureichende Infrastruktur der Hallen, die meist keine Räumlichkeiten zur Betreuung von Sponsoren aufweist. Die Vereine sind es aber gewohnt zu improvisieren. Hier haben diejenigen Teams, die ihre Spiele in modernen Hallen austragen, eindeutig Vermarktungsvorteile.
Die Voraussetzungen für eine strategische Partnerschaft zu Wirtschaftsunternehmen sind im Frauenhandball demnach personell und infrastrukturell eher ungünstig. Ein gutes Beziehungsmanagement zu den Sponsoren ist auch aufgrund des engen Zusammenhangs zwischen Medieninteresse und Sponsorenengagement unverzichtbar.

Angesichts der seltenen Berichterstattung über Frauenhandball in den Medien liegt ein strategisches Interesse der Bundesligaclubs darin, die Medienpräsenz über die Frauenhandballvereine zu steigern.

„Die Fernsehpräsenz muss noch ausgebaut werden, dafür ist die Bundesliga im Frauenhandball scheinbar noch nicht gut genug“ (2. BL, V-31, 160).

„Was mir eigentlich fehlt, man könnte im Frauenhandball auch durchaus mal im MDR berichten. Wir haben vier Bundesligamannschaften bzw. fünf in Sachsen und ich denke, da müsste schon mehr getan werden“ (2. BL, V-20, 161).

„Hin und wieder mal ein TV-Zusammenschnitt der 1. Liga, auch wenn es in den Regionalprogrammen wäre, das ist sicherlich wünschenswert“ (2. BL, V-18, 160).

Im Rahmen ihrer Kommunikationspolitik pflegen die Erst- und Zweitligaclubs den Kontakt zur regionalen Presse, zu TV-Sendern und zum Hörfunk. In regelmäßigen Abständen und im Anschluss an alle Bundesligabegegnungen finden Pressekonferenzen statt. Ein strategischer Ansatzpunkt liegt hier in einer guten Beziehung zu den lokalen Sportjournalisten.
Vereinzelt gelingt es den Clubs dadurch, TV-Übertragungszeiten von Bundesligaspielen in den Dritten Programmen des öffentlich-rechtlichen Fernsehens (MDR, WDR, NDR oder SWR) oder in Lokalsendern (z.B. rheinmain.tv, center.tv o.ä.) zu bekommen. Während in der 1. Liga immerhin über 75% der Teams regelmäßig in regionalen Fernsehsendern berichtet wird, haben nur 40,7% der Zweitligaclubs Übertragungszeiten in den Regionalsendern und das eher unregelmäßig. Weder aus der 1. noch der 2. Liga werden vollständige Spielbegegnungen übertragen, vielmehr handelt es sich um Zusammenfassungen von Spielhöhepunkten von wenigen Minuten. Vermarktungserlöse sind aus diesen Übertragungen nicht zu erzielen, vielmehr beteiligen sich die Clubs meist sogar an den Produktionskosten.
Mit einer gezielten Öffentlichkeitsarbeit versuchen die Vereine eine Qualitätsverbesserung des Produktes Handball BL Frauen zu erreichen. Der Handballsport wendet sich hier in jüngster Zeit auch der neuen Vermarktungsplattform Internetfernsehen zu, die in Zukunft sicher auch für die Frauenteams interessant werden dürfte.
Darüber hinaus lassen etwa die Hälfte der Vereine den Redaktionen regelmäßig Pressemitteilungen (z.B. Informationen über die Mannschaftsaufstellung, Transfers etc.) über Pressekontaktlisten zukommen.

Auf eine besondere Hervorhebung ihrer Starspielerinnen verzichten die Clubs im Rahmen ihrer Öffentlichkeitsarbeit in der Regel. Die Mannschaft steht bei ihnen im Vordergrund. Allerdings sehen sie durchaus die Werbewirkung herausragender Spielerinnen im Interesse der Medien. Ein strategischer Ansatz wäre hier der gezielte Aufbau von Stars. Nationalspielerinnen in der eigenen Mannschaft bieten hier günstige Voraussetzungen.

„Gesondert vermarkten wir die nicht, aber die stehen natürlich mehr im Mittelpunkt, denn wenn jetzt Nadine Härter von der WM zurückkommt, dann will die Presse die haben und die läuft dann von einem Termin zum anderen. Dann wollen die natürlich keine andere haben, aber wir behandeln eigentlich alle gleich" (1. BL, V-5, 170).

Die Zweitligateams haben meist keine Starspielerinnen in ihren Kadern. Sie setzen im Rahmen ihrer Medienarbeit daher auf andere Maßnahmen, um ihre Teams zu präsentieren.

„Im Moment nicht, weil es doch im Moment einfach gar keine große Rolle spielt. Wir versuchen eher, mit interessanten Geschichten drum herum was zu erreichen. Wir haben da gerade eine Serie bekommen, was essen unsere Spielerinnen so, sprich mit Rezepten, da ist das Interesse höher, so etwas mal zu bringen. Da sollen auch alle im Team irgendwie gleich behandelt werden" (2. BL, V-15, 164).

8.3 Zusammenfassende Einordnung der Marketingaktivitäten

Die Akzeptanz für Frauenhandball wächst und die Ausgangssituation im Wettbewerb der Teamsportarten um Zuschauer-, Sponsoren- und Medieninteresse der Bundesligen hat sich deutlich verbessert, nicht zuletzt durch die zunehmende Professionalisierung im Club- und Ligenmanagement. Zunächst entscheidet vor allem die Ressourcenausstattung der Clubs über die Vermarktungsmöglichkeiten, wohingegen ein strategisches Marketing-Management diese positiv beeinflussen kann.

Es hat sich gezeigt, dass die Erst- und Zweitligaclubs im Frauenhandball bereits eine Reihe von Maßnahmen ergreifen, um ihre Ressourcen mindestens zu sichern oder gar um ihre Vermarktungserträge zu steigern.

Im vorangegangenen Kapitel wurden die wichtigsten Ansätze des Marketing-Managements der Clubs dargelegt. Auch wenn die befragten Clubmanager explizit keine Strategien benennen konnten, handeln die Erst- und Zweitligaclubs indirekt sehr wohl strategisch, um sich im lokalen Teamsportmarkt zu positionieren. Strukturveränderungen in der Ligenorganisation unterstützen dabei die Vermarktungsvoraussetzungen der Vereine und innovative Marketingmaßnahmen (Eventisierung, Vereinssponsoring).

Bei den sehr unterschiedlichen lokalen Rahmenbedingungen bezüglich der Wirtschaftskraft und des Zuschauerpotentials gilt es, Strategien zu entwickeln, die zu den sportlichen Zielen des Vereins, den zur Verfügung stehenden Ressourcen und den Marktmöglichkeiten passen. Aus der Untersuchung heraus lässt sich keine Standardstrategie für eine erfolgreiche Vermarktung des Spitzenhandballs der Frauen benennen. Vielmehr zeigt sich – wie auch schon in der Analyse der Wettbewerbsposition (vgl. Kap. 7.2) –, dass es hierzu einer individuellen Vereinsberatung bedarf.

Wichtig ist aber, dass sich die Clubs mehr als bisher als Marktakteure verstehen und entsprechend marktbezogen handeln, da dadurch strukturelle Nachteile reduziert werden können (siehe dazu auch Klein & Kurscheidt, 2008, S. 525).

Zusammenfassend lassen sich die Marketingmaßnahmen, die von den Frauenhandball-Bundesligateams zur Positionierung innerhalb der Liga aber auch gegenüber der lokalen (Männer-)Teamsportkonkurrenz ergriffen werden, als Differenzierungsstrategie bezeichnen. Zentraler Ansatzpunkt einer Differenzierung auf Basis überlegener Produkte ist dabei die Optimierung ihrer sportlichen Leistung. Diese wird durch eine Optimierung der Zusammensetzung ihres Spielerinnenkaders zu beeinflussen versucht. Bei den meisten Vereinen steht die Rekrutierung bereits ausgebildeter deutscher Spielerinnen auf dem Transfermarkt im Vordergrund. Einzelne Vereine, wie die HSG Blomberg-Lippe, der Thüringer HC oder der VfL Oldenburg investieren stark in ihre eigene Nachwuchsarbeit. Wiederum andere Vereine rekrutieren bevorzugt ausländischer Spielerinnen.

Daneben ist die Gestaltung der zu vermarktenden Bundesligaspiele durch so genannte Sekundärleistungen ein Ansatzpunkt der Differenzierung. Einige Clubs setzen dabei auf moderne Multifunktionshallen als Spielstätten. Andere bieten den Zuschauern ein außergewöhnliches Catering oder Rahmenprogramm.

Eine explizite Differenzierungsstrategie, die darauf abzielt, leistungsbezogene Überlegenheit oder Wettbewerbsvorteile gegenüber anderen Vereinen über ein effektives Beziehungsmanagement zu gewinnen, spielt aber kaum eine Rolle. Die Vereine sind alle bemüht, ihre Beziehungen zu Sponsoren und zur kommunalen Sportverwaltung und -politik erfolgreich zu gestalten. Ein großes Versäumnis besteht dagegen darin, die Zuschauer und Fans in stärkerem Maße in ihre Kundenbindungsstrategien einzubeziehen. Erste Ansätze einer Markenpolitik gegenüber dem Handball interessierten Publikum zeigen sich bei den Teams in der Namensgebung der Clubs und entsprechenden Logos (Miezen, Elfen, Bären), die aber selten in eine stringente Clubmarkenpräsentation eingebunden ist.

Während sich die Vereine im sportlichen Bereich einem hohen Wettbewerb stellen, fehlt diese Orientierung im wirtschaftlichen Bereich weitgehend. Die Erst- und Zweitligateams nehmen ihre Ressourcenschwäche gegenüber anderen Vereinen meist als gegeben hin, ohne zu versuchen, sich zu verbessern. Ihre Ressourcenschwäche wird schlicht – wie für Vereine eher typisch – auf die endogenen Potentiale ihrer Organisation zurückgeführt (vgl. dazu auch Breuer, 2005, S. 156ff.). Der HC Leipzig als Marktführer im Frauenhandball bildet hier eine Ausnahme. Der HCL sieht seine Bundesligamannschaft als Produkt, das regional und bundesweit bestmöglich auf dem Markt positioniert und verkauft werden soll (vgl. auch Schwarz & Hunter, 2008, S. 147f.).

Es gibt im Frauenhandball kaum Teams, die explizit eine Nischenstrategie verfolgen. Insbesondere in Handball-Hochburgen stellt dies eine sinnvolle strategische Maßnahme dar. Teilweise sind an sehr wettbewerbsintensiven Teamstandorten auch Kooperationsstrategien in Form von Vereinskooperationen anzutreffen. So tragen etwa einige Frauenclubs ihre Heimspiele zusammen mit ansässigen Männerclubs aus, um eine breitere Öffentlichkeit zu erreichen.

Offenbar scheint eine Hybridstrategie, d.h. eine Kombination unterschiedlicher Strategien, im Frauenhandball erfolgversprechend zu sein, um sich im starken Wettbewerb der Teamsportarten zu positionieren. Die Positionierungspotentiale eines Vereins sind dabei von seiner Historie und einer starken regionalen Verankerung abhängig und besitzen deshalb zwangsläufig einen regionalen Bezug (vgl. Welling, 2004a, S. 401).

9 Vermarktungspotentiale und strategische Handlungsoptionen

Im Folgenden sollen die strategischen Optionen zur Ausschöpfung zukünftiger Vermarktungspotentiale aufgezeigt und Folgerungen für das Ligen- und Clubmanagement abgeleitet werden. Dabei werden zunächst die strategischen Empfehlungen für die Verbands- und Ligaebene und anschließend für die Clubebene dargelegt.

9.1 Verbands- und Ligaebene

Der Spitzenhandball der Frauen in Deutschland befindet sich im Wachstum und hat – ähnlich wie der Männerhandball – einen Aufschwung erfahren. Auch die Frauen profitieren von dem jüngst durch die WM 2007 im eigenen Land ausgelösten deutschen Handballboom, aber auch von eigenen Erfolgen. Die deutsche Frauenhandball-Nationalmannschaft knüpft außerdem wieder an die großen sportlichen Erfolge der Vergangenheit an und hat sich jüngst erneut in den Kreis der Top 5 Nationen in Europa eingefügt. Es sollte aber nicht bloß abgewartet werden, ob es gelingt, die sportliche Erfolgserie fortzusetzen und darüber das Zuschauer-, Sponsoren- und Medieninteresse für den Frauenhandball zu steigern. Vielmehr können Verband und Ligagesellschaft selbst in vielerlei Hinsicht aktiv werden.

Strategische Optionen für den Dachverband (DHB)

1. Aktive Öffentlichkeitsarbeit und Imagebildung

Die wachsende Beliebtheit des Handballs bei Mädchen und Frauen ist eine große Chance für die Weiterentwicklung des Frauenhandballs. Sowohl hinsichtlich der Mitgliederzahlen im Verband als auch des öffentlichen Interesses an der Sportart besteht ein noch ungenutztes Entwicklungs- und Vermarktungspotential, das vom DHB erkannt und stärker als bisher erschlossen werden sollte. Ferner gilt es, die vom Männerhandball ausgehenden positiven Impulse noch stärker auf den Frauenhandball zu übertragen.
Um das Interesse der Öffentlichkeit weiter zu steigern, empfehlen sich eigene Werbe- oder PR-Kampagnen für den Frauenhandball und eine gezielte Imagebildung, um dem Frauenhandball ein eigenes Profil zu geben. Ein klares Profil bzw. Image ist für eine gezielte Sponsorenakquise unverzichtbar. Frauenhandball sollte kein Abbild des Männerhandballs sein. Vor allem die lange Tradition des Handballs als Sportart für Frauen und Mädchen, die in Vergessenheit geraten ist, kann für eine Imagebildung genutzt werden. Attribute wie jung, attraktiv, dynamisch, familiär, authentisch oder fair wären in diesem Zusammenhang denkbar. Der Imageaufbau erfordert Medienanalysen in Form von Reichweiten- und Zielgruppenanalysen, sowie die Ermittlung von Image- oder Markenwerten, um darauf ein strategisches Marketing-Konzept aufbauen zu können.

Die jüngsten sportlichen Erfolge der Frauenhandball-Nationalmannschaft und vor allem die der Nationalmannschaft der Juniorinnen gilt es vom DHB in eine Steigerung des Bekanntheitsgrads des Frauenhandballs zu überführen. Der Aufbau von Stars und Initiativen im Mädchenhandball wirken dabei unterstützend. Offiziell ist vom DHB das Jahr 2008 als Jahr des Mädchenhandballs ausgerufen worden. Es gibt allerdings keine begleitenden Werbekampagnen, so dass die Aktionen kaum im Bewusstsein der Bevölkerung ankommen dürften. Dies ist wenig befriedigend angesichts der Zielsetzung, dem Mädchen- und Frauenhandball zu einem neuen Stellenwert zu verhelfen und ihm eine stärkere Mitgliederbasis zu verschaffen.

Daneben bietet sich auch die Förderung des Handballsports über die Schulen an. Kooperationen mit Grundschulen und weiterführenden Bildungseinrichtungen und eine gezielte Werbung für den Mädchenhandball sind hier zielführend. Mit seinen Talentfördermaßnahmen zeigt der DHB bereits ein hohes Engagement im vereinsorganisierten Sport. Er unterstützt alle Programme mit qualifizierten Trainern und finanziellen Mitteln. Für Nachwuchsspielerinnen sind entsprechende Förderungen möglich. Insgesamt ist die Nachwuchssituation des Mädchenhandballs auf einem guten Weg. Auf organisatorischer Ebene ist aber noch vieles zu leisten, um den Mädchen- und Frauenhandball differenzierter zu fördern, so etwa durch die Ausbildung qualifizierter Nachwuchstrainer und -trainerinnen.

2. Aufbau von weiblichen Stars

Mit Nadine Krause wurde erstmals eine deutsche Nationalspielerin zur Welthandballerin gewählt. Aber auch Grit Jurack als Kapitänin der Nationalmannschaft ist ein bekanntes Aushängeschild des deutschen Frauenhandballs. Nicht nur um die mediale Aufmerksamkeit und damit auch die Attraktivität der Sportart für Sponsoren zu steigern ist es sinnvoll, dieses Starpotential zu nutzen, sondern Stars sind immer auch Vorbilder und Identifikationsfiguren für Kinder und Jugendliche. Eine gezielte Einzelvermarktung von Nationalspielerinnen und Leistungsträgerinnen leistet hier eine wichtige und unterstützende Funktion beim Aufbau von Stars für den Frauenhandball. Die herausragenden Spielerinnen müssen viel stärker als bisher in der Öffentlichkeit präsent sein.

3. Ausweitung von TV-Übertragungszeiten

Darüber hinaus gilt es, in Kooperation mit dem Ligaverband an einer deutlichen Steigerung von TV-Übertragungszeiten zu arbeiten. Ein wegweisender Schritt in diese Richtung wurde jüngst mit den Doppelveranstaltungen der Nationalmannschaften (Herren und Frauen) gemacht. Die Spiele der Frauen- und Männer-Nationalmannschaft wurden nacheinander in einer Spielstätte ausgetragen. Durch die vollständige Übertragung der Vorbereitungsspiele der Männer im TV bekamen die Frauen erstmals auch Sendeminuten im öffentlich-rechtlichen Fernsehen. Daran gilt es anzuknüpfen und die TV-Präsenz deutlich auszuweiten. Hier bietet sich an, sowohl das kommunikative Potential der klassischen Massenmedien als auch der neuen Medien auszubauen und effektiv zu nutzen. Insbesondere das Internetfernsehen könnte in Zukunft eine Erhöhung der Medienpräsenz des Frauenhandballs bewirken. Die weitere Entwicklung von Sportplattformen wie z.B. hbl.tv bleibt allerdings zunächst abzuwarten; noch verzeichnen diese Anbieter eine relativ geringe Nachfrage bzw. Abonnenten.

4. Verbandspolitik bezogen auf Frauen intensivieren

Innerhalb der Verbandspolitik besteht ein ungenutztes Potential darin, dass zwar ein Drittel aller aktiven Handballspieler weiblichen Geschlechts sind, ihr Anteil bei den Funktionären aber gerade mal bei 8% liegt. Noch sind es in der Regel Männer, die den Frauenhandball unterstützen, Frauenabteilungen managen, Frauenmannschaften trainieren, Frauenspiele schiedsrichtern usw.
Obwohl Frauen durchaus Trainerlizenzen besitzen, sind derzeit kaum Trainerinnen im Spitzenbereich aktiv. Über die Verteilung von Sponsorengeldern wird eher von Männern entschieden, da nur wenige Frauen in entscheidenden Führungspositionen der Unternehmen anzutreffen sind. Meist investieren diese daher eher in den Männersport. Auch in der Sportberichterstattung sind es meist männliche Redakteure, die über den Frauenhandball berichten.
Eine stärkere Selbstorganisation des Frauenhandballs durch Frauen kann die Entwicklung der Sportart weiter vorantreiben, da sie eine an den Bedürfnissen der Handballerinnen orientierte Vermarktung gewährleistet. Von daher sollte der DHB ein Interesse daran haben, den Anteil an Vereinsmanagerinnen, Trainerinnen oder Schiedsrichterinnen durch entsprechende Maßnahmen zu erhöhen.

Strategische Optionen für den Ligaverband (HBVF)

Die HBVF ist der eigens für die Handball-Bundesliga Frauen zuständige Ligaverband. Sie kann die Vermarktung des Frauenhandballs mit folgenden Initiativen und strukturellen Maßnahmen vorantreiben.

1. Die Dachmarke Handball-Bundesliga Frauen stärken

Die Stärkung der Liga als Dachmarke stellt ein Mittel dar, den Bekanntheitsgrad der Handball BL Frauen zu erhöhen (vgl. Mohr & Bohl, 2002, S. 101ff.). Die Entwicklung eines strategischen Marketingkonzepts mit einem klaren Profil für die Handball BL Frauen und einem *eigenen Gesicht* bietet die Grundlage für diesen Markenaufbau. Gerade auf Ligaebene gilt es, ein stimmiges Markenimage zu entwickeln. Die einzelnen Vereine bzw. Teams bilden bei einer strategischen Vereinsmarkenführung unter der Dachmarke Bundesliga einen Markenverbund – ein so genanntes Co-Branding (vgl. auch Welling, 2004a, S. 410f.). Durch gezielte Imagekampagnen, die auf die Erhöhung des Bekanntheitsgrads der Marke Handball-Bundesliga Frauen abzielt, kann Frauenhandball sogar als Frauenteamsportart Nr. 1 ausgebaut werden. Eine Weiterentwicklung des Logos der

HBVF ist dabei empfehlenswert. Es sollte darin sofort ersichtlich werden, dass es sich um Frauenhandball handelt. Um die eigenständige Positionierung im wettbewerbsintensiven Teamsportmarkt hervorzuheben, ist es wichtig, sich durch ein besonderes Image klarer von der Konkurrenz abzuheben. Mit der Markenpositionierung kann die HBVF bewusst festlegen, welches Markenimage vermittelt werden soll, um sich gegenüber den Wettbewerbern zu differenzieren. Für eine klare Markenpositionierung sollten die lizenzierten Vereine daher insgesamt einen homogenen Auftritt garantieren. So sollte auch die Marke Handball-Bundesliga Frauen neben der eigenen Clubmarke entsprechend von den Teams an den Spieltagen einheitlich, etwa durch die optische Aufmachung der Eintrittskarten, Hallenhefte, VIP-Bereiche etc., d.h. durch die mehrfache Abbildung des Logos der Handball-Bundesliga Frauen, kommuniziert werden. Darüber hinaus wäre ein gleiches Leitbild über die Kultur, Geschichte und Tradition des Frauenhandballs sowie zielgerichtet zur Kommunikation einzigartiger Markenassoziationen der Liga einzusetzen.

2. Marketing Workshops für die Clubs anbieten

Da es in absehbarer Zeit wohl kaum möglich sein wird, nennenswerte Erträge aus einer zentralen TV-Vermarktung des Frauenhandballs oder etwa einem Ligensponsoring zu erzielen, bietet es sich an, von Seiten der HBVF die Vereine in ihrer Marketingarbeit durch Workshops zu stärken. Als problematisch für die zukünftige Entwicklung erweist sich die Dominanz einiger Topvereine der Handball BL Frauen. Hier gilt es, eine stärkere Zusammenarbeit der Vereine untereinander zu fördern und den Know-how-Transfer zu unterstützen, um damit letztendlich die Liga insgesamt zu stärken.

Eine Zentralvermarktung der Werberechte durch Ligasponsoring ist, wie bereits angesprochen, aufgrund des noch geringen Bekanntheitsgrades der Handball-Bundesliga Frauen schwer zu realisieren. Sie kann auch eher als Nachteil für die Vermarktung des Frauenhandballs angesehen werden, da sie die Vereine bei der Akquise eigener Sponsoren begrenzt. Eine optimale Ausnutzung lokaler dezentraler Vermarktungsmöglichkeiten ist gegenüber einer Zentralvermarktung daher vorzuziehen. Durch eine dezentrale Vermarktung bleiben Werberechte und Erlöse aus dem Ticketing weiterhin bei den Vereinen. Diese brauchen Anreize zur Verbesserung ihrer Einnahmesituation. Die Bundesligisten sind in ihrem jeweiligen regionalen Einzugsgebiet zudem meist gut verankert, was sich günstig auf die Gewinnung regionaler Sponsoren auswirkt.

3. Play-off Modus als Einstieg für TV-Übertragungszeiten nutzen

Die eingeführten Play-off Spiele sind eine geeignete Maßnahme, um die Zuschauernachfrage zu steigern. Darüber hinaus besteht hierdurch eine Chance, TV-Übertragungszeiten für die 1. Handball BL Frauen zu erzielen. Dabei sollten in Kooperation mit dem DHB sowohl die Play-off Spiele um die Deutsche Meisterschaft als auch das DHB-Pokalendturnier *Final Four* in Verhandlungen über

TV-Übertragungszeiten einbezogen werden, da diese beiden Highlights qualitativ hochwertige Begegnungen für interessierte TV-Sender sichern. Von Vermarktungserlösen aus TV-Verträgen sollten zukünftig alle Teams durch einen entsprechenden Verteilungsschlüssel profitieren.

4. Werbung und Öffentlichkeitsarbeit steigern

In überregionalen Medien sowie selbst in den Handballfachzeitschriften nimmt der Frauenhandball immer noch einen sehr geringen Raum ein. Die Öffentlichkeitsarbeit des Ligaverbands könnte ggf. durch Kampagnen oder eine eigene Zeitschrift für die Handball BL Frauen verstärkt werden. Bislang sind Informationen über die Handball BL Frauen ausschließlich über das Internet zu beziehen. Da dem Internet ein besonderer Stellenwert in Bezug auf die Informationsgewinnung zum Frauenhandball zukommt, sollte an der Präsentation auf der Homepage gearbeitet werden. Die Inhalte der Homepage des Ligaverbands sind bislang identisch mit denen der Internetplattform von handball-world.com Hier sollte ein eigener unabhängiger und professionell gestalteter Internetauftritt die Eigenständigkeit des Ligaverbandes hervorheben und Informationen auch über die aktuelle Saison hinaus gewährleisten. Wünschenswert wäre z.B. die Aufbereitung von Zuschauerzahlen in Statistiken über mehrere Saisons hinweg.

5. Reduzierung der sportlichen und wirtschaftlichen Unausgeglichenheit der Ligen

2008 ist die Einführung einer eingleisigen 2. Liga mit 16 Teams beschlossen worden, um der erheblichen Heterogenität sowohl zwischen den Teams der 1. und 2. Liga als auch der Teams innerhalb einer Liga entgegenzuwirken. Diese Reform stellt eine zielführende Maßnahme zur Attraktivitätssteigerung der Liga dar. Zur Saison 2004/05 wurde bereits der Spielmodus geändert und ein Play-off Modus in der Handball BL Frauen eingeführt. Diese Maßnahme ist sehr erfolgreich; sie hat zu einem Anstieg der Zuschauerzahlen geführt. Die Hallenauslastung insgesamt ist aber nach wie vor zu gering. Darüber hinaus sorgen die sehr uneinheitlichen Spielansetzungen der Bundesligabegegnungen für Irritation. Hier empfiehlt sich die Auswahl einheitlicher Wettkampftermine und die Anpassung des bisherigen Spielplans.

Die Eigenständigkeit des Ligaverbandes der Frauen HBVF ermöglicht es, dass die Bundesligavereine unabhängig vom Dachverband über wichtige Zukunftsfragen entscheiden können. Seitdem dem Ligaverband die Aufgabe und Befugnis zur Organisation und Durchführung der Bundesliga übertragen wurde und somit sämtliche Veranstaltungs- und Vermarktungsrechte sowie die Rechte zur Lizenzerteilung der Vereine an die HBVF übergegangen sind, konnte eine Verbesserung der Vermarktungssituation im Frauenhandball erreicht werden. Gleichzeitig zeigt sich, dass die relative Selbständigkeit bisher noch für Verunsicherung bei den Verantwortlichen der HBVF sorgt und vorhandene Vermarktungspotentiale ungenutzt bleiben.

9.2 Vereinsebene

Der Spitzenhandball der Frauen wird zunehmend attraktiver. Daher gilt es für die Bundesligaclubs, dessen spezifische Merkmale noch stärker als positiv herauszustellen, um zusätzliches Interesse bei potentiellen Nachfragern zu wecken. Die folgenden strategischen Hinweise sind dabei – angesichts der unterschiedlichen Vermarktungsbedingungen in den Clubs – zunächst allgemein formuliert. Um für die einzelnen Clubs situationsangepasste Handlungsoptionen geben zu können, wäre eine spezifische Vereinsberatung erforderlich.

Strategische Optionen für die Erst- und Zweitligaclubs der Handball BL Frauen

1. Positionierung als lokale Vereinsmarken

Der Schlüssel für eine gesteigerte Nachfrage nach Bundesligaspielen im Frauenhandball liegt in einem optimierten Vereinsmarketing. In vielen Vereinen herrscht Unsicherheit über die konzeptionelle Ausrichtung ihres Marketings, da sie bislang kaum auf Vermarktungserfahrung zurückgreifen können. Es mangelt oft an einem klaren Markenaufbau, um sich gegenüber der Konkurrenz zu differenzieren. Eine Möglichkeit ist, dass sich ein Frauenhandballclub durch gezielte Werbekampagnen als lokale Marke positioniert. Die dafür erforderliche Individualität erfüllen bislang aber nur wenige Vereine der Handball BL Frauen. Mehrere Teams sind Teil eines Mehrspartenvereins mit weiteren Sportarten oder Männerbundesligateams. Am ehesten haben explizite Frauenhandballvereine die Möglichkeit, sich als besondere Clubmarke darzustellen. Durch eine konsequente Markenführung können die Vereine unabhängig vom sportlichen Erfolg eine besondere Ausstrahlung und Identifikationspotentiale aufbauen, die nachhaltig Vermarktungsvorteile versprechen.

Die Identifizierungs- und Identifikationsfunktion wird wirksam durch die Aufladung mit emotionalen Werten, um sie für Zuschauer und Fans erlebbar zu machen (vgl. Welling, 2004a, S. 395). Ein strategisches Instrument ist dabei die Entwicklung von Leitbildern. Zur Leitbildentwicklung sind Fragen zu beantworten wie: Wer sind wir? Wo wollen wir hin? Was sind unsere Werte? Die Vereinsverantwortlichen sollten sich entscheiden, welches Leitbild sowohl lokal als auch überregional erfolgversprechend ist. Dies kann z.B. die Selbstdarstellung als professionell geführtes Sportunternehmen mit einer Reihe von Weltklasse-Spielerinnen wie beim HC Leipzig sein, oder die Selbstdarstellung als junges, erfolgreiches und ambitioniertes Team mit besonderer regionaler Identität, das in die 1. Handball BL Frauen aufsteigen will, wie beim TuS Metzingen.

Den sportlich weniger erfolgreichen Teams könnte der Aufbau als eine besondere Marke auch durch die Besetzung einer Nische gelingen, wie z.B. als Kultverein. Dadurch können auch diese Clubs für ihre Zielgruppen Leistungsvorteile generieren und umsetzen. Zur Unterstützung der Umsetzung bieten sich regionale PR-Kampagnen der Vereine an.

2. Ausschöpfung des Standortpotentials

An ihren regionalen Standorten müssen sich die meisten Clubs – bis auf die wenigen, privilegierten Clubs, die eine Alleinstellung an ihrem jeweiligen Teamstandort haben – gegenüber anderen, insbesondere Männerteamsportarten behaupten. Daraus können sich an wettbewerbsintensiven Standorten durch ein kooperatives Verhalten in Form einer friedlichen Koexistenz der ansässigen Teamsportclubs vor Ort durchaus Synergien für die Frauenclubs ergeben. Faktisch stehen die Teams an ihren Standorten aber untereinander im Wettbewerb. Diesen Wettbewerb zu erkennen und sich darauf bewusst einzustellen, ist eine neue Herausforderung für das Management der Vereine.
Wettbewerbsintensive Standorte bieten auch Chancen zur Kooperation. Ein Ansatzpunkt wäre hier, sich in Form von strategischen Allianzen, z.B. durch Spielgemeinschaften, zu vernetzen. Eine Kooperation ist vor allem dort aussichtsreich, wo sich vorhandene Ressourcen mehrerer Clubs zu einem Wettbewerbsvorteil vereinen lassen, da auf diesem Weg Leistungspotentiale zusammengeführt werden können (siehe auch Steinmann & Schreyögg, 2000, S. 208). Leider wird die Maßnahme der Bildung strategischer Allianzen aus Traditionsgründen und der daraus häufig resultierenden Rivalitäten benachbarter Vereine untereinander von den Vereinen meist nicht in Betracht gezogen. Sie befürchten dadurch auch einen Autonomieverlust.
Im Hinblick auf Sponsoren erweist sich die Standortkonstellation eines einwohnerstarken und ökonomisch prosperierenden Standorts als sehr günstig. An wirtschaftlich schwachen Standorten ist die Überlebensfähigkeit bei einer Quasi-Monopolstellung auch möglich. Langfristig gesehen dürften Standorte in größeren Städten dem Frauen-Bundesligahandball aber deutlich mehr Vermarktungspotentiale eröffnen. Die Durchdringung des Standortpotentials kann allerdings durch eine passfähige Gestaltung der Sponsorenbetreuung beeinflusst werden. Eine zunehmende Exklusivität und Individualität durch eine systematische Selektion potentieller Sponsoren scheint hier erfolgversprechend. Gelingt es den Frauenhandballclubs, ein passfähiges Sponsoringkonzept zu vermitteln, können sie unabhängig von der Größe des Teamstandortes Vermarktungsvorteile erzielen.

3. Ausschöpfung von lokalen Beziehungen (Netzwerken)

Durch ein strategisches Beziehungsmanagement an ihren jeweiligen Teamstandorten können die Vereine Ressourcen wie kommunale Sporthallen, städtische Subventionen oder Sponsoring durch halbstaatliche Unternehmen sichern oder erweitern. Hierzu ist insbesondere die Beziehungspflege zu politischen bzw. öffentlichen Amtsträgern förderlich, die wiederum zu einer verstärkten Unterstützung von Seiten der lokalen Wirtschaft führen kann. Es sind in jedem Fall Marketingaktivitäten notwendig, die lokale Politik und Wirtschaft für ein Engagement im eigenen Verein zu gewinnen. Die systematische Bildung und Pflege kommunaler Netzwerke hat somit auch indirekte Auswirkungen auf die Ausschöpfung des Standortpotentials. So lassen sich etwa die erforderlichen Mittel einer Hallensanierung meist durch öffentliche Zuschüsse generieren. Um dieses Potential auszuschöpfen, sollte die Lobbyarbeit der Clubs darauf abzielen, öffentliche Amtsträger für eine Vorstands- bzw. Aufsichtsratsfunktion im Verein zu gewinnen.

4. Wechsel in moderne Sportstätten

Ähnlich wie im Männerteamsport geht der Trend in der Handball BL Frauen zum Umzug in moderne Hallen und Arenen. Dabei praktizieren die Clubs meist einen punktuellen Wechsel in größere Hallen zu Topspielen. Hinsichtlich der Sportstätteninfrastruktur eröffnet sich durch diese Multifunktionshallen und -arenen mit eigens dafür vorgesehenen VIP-Bereichen ein zusätzliches Vermarktungspotential. Allerdings ist zu beachten, dass die Clubs der 1. und 2. Liga bislang kaum an Kapazitätsgrenzen ihrer bisherigen Sportstätten stoßen. Durch den Umzug in eine größere Halle werden zwar oft beachtliche Zuschauerzuwächse erzielt, aber aufgrund der höheren Hallenmieten erweist sich diese Maßnahme manchmal als weniger rentabel als der Verbleib in der herkömmlichen, kostengünstigen kommunalen Sporthalle.
Angesichts der gestiegenen Bedeutung des Komforts für Zuschauer und Sponsoren bieten moderne Hallen deutliche Vorteile. Die Teams sollten die vorhandenen Möglichkeiten einer separaten VIP-Betreuung vor Ort noch stärker nutzen. Um Exklusivität für Sponsoren und andere Wirtschaftspartner zu schaffen, ist nicht zwangsweise der Bau von Logen notwendig, auch VIP-Zelte oder andere Räumlichkeiten und ein entsprechendes Catering mit Fingerfood und Prosecco etwa können den Zweck erfüllen. Insbesondere vor dem Hintergrund, dass Sponsoreneinnahmen zwischen 50-95% des Etats ausmachen und somit die wichtigste Einnahmequelle der Vereine darstellen, kommt einer entsprechenden Betreuung der Sponsoren eine hohe Bedeutung zu.

5. Ausschöpfung des Managementpotentials

Die Erst- und Zweitligaclubs haben analog zur Verbandsebene begonnen, ihren Bundesligabetrieb organisatorisch aus dem Verein auszugliedern und mit der Umwandlung der Clubs in Kapitalgesellschaften bessere Voraussetzungen für ein vom Stammverein unabhängiges Handeln auch im Bereich der Vermarktung geschaffen. Hier hat sich in den letzten Jahren eine beachtliche Professionalisierung insbesondere bei den Teams der 1. Handball BL Frauen vollzogen. Allerdings besteht noch eine sehr starke Asymmetrie sowohl innerhalb der 1. Liga wie auch zwischen der 1. und 2. Liga.
Während die Umwandlung der Lizenzspielabteilung in Spielbetriebs-GmbHs von vielen Vereinen vollzogen wurde, lässt die notwendige Hauptamtlichkeit im Management und die dadurch geringe Anwendung betriebswirtschaftlicher Kriterien in Zielsetzung und Führung auf sich warten. Obwohl die Ressourcenausstattung der Vereine sehr unterschiedlich ist, sind alle Clubs faktisch mehr und mehr zu Wirtschaftsunternehmen geworden, allerdings meist ohne die ehrenamtlichen Führungsstrukturen abzulegen. Zumeist entsteht ein Mangel an qualifizierten Mitarbeitern, insbesondere im

Bereich Marketing und Öffentlichkeitsarbeit. Die Vereine sehen sich mit der Erarbeitung von Vermarktungskonzepten bislang zum Teil überfordert. Folglich erfüllen diese nicht die Ansprüche potentieller Wirtschaftspartner. Viele Fehler könnten durch ein entsprechendes Fachwissen vermieden werden. Hintergrund der geringen Hauptamtlichkeit im Vereinsmanagement ist laut den Vereinsinterviews, dass die Finanzmittel für Fachpersonal fehlen. Bei Etats von bis zu 1,2 Mio. € sowie insgesamt gestiegenen Gesamtetats der Vereine lässt sich diese Argumentation schwer nachvollziehen. Es hat sich bereits in der Praxis gezeigt, dass sich höhere Ausgaben für zusätzliches, qualifiziertes Personal durch dessen Einsatz bei der Sponsorenakquirierung bereits nach einer Spielzeit durch erhöhte Sponsoreneinnahmen amortisiert haben.

6. Ausschöpfung des Marketingpotentials

Angesichts der breiten Finanzierungsgrundlage von Sportvereinen sind auch die Bundesligateams im Frauenhandball nicht ausschließlich darauf angewiesen, sämtliche Ressourcen über den „Markt" zu erschließen. Bei den Markterlösen stellt sich die Situation nicht selten so dar, dass sich die Clubs z.B. mit den erzielten Sponsoringerlösen vorschnell zufriedengeben. Sie könnten bei einer starken sportlichen Position weitaus bessere Vermarktungsergebnisse erzielen, wenn Marketingkonzepte stärker im Mittelpunkt des Vereinshandelns stehen würden. Ein optimiertes Vereinsmarketing ist zugleich der Schlüssel zu einem attraktiveren Produkt Handball BL Frauen. Dazu gehört auch eine laufende Beobachtung des Teamsportmarkts über die eigene Sportart hinaus. Bislang erfolgt keine systematische Beobachtung des Marktumfelds.
Um sich von den Wettbewerbern abzugrenzen, ist noch mehr Kreativität in der Clubvermarktung gefragt. Dabei erscheint es sinnvoll, Differenzierungen der Anspruchsgruppen in Zuschauer und Fans (B2C) sowie Medien- und Wirtschaftspartner (B2B) vorzunehmen, da diese unterschiedliche Bedürfnisse haben. Darüber hinaus eröffnet eine gezielte Bearbeitung der genannten Schlüsselmärkte Zuschauer und Sponsoren sukzessive die Möglichkeit der Erschließung der anderen beiden Geschäftsfelder Merchandising und Medien für den Frauenhandball. Es zeigt sich, dass die Vermarktungsformen nicht losgelöst voneinander betrachtet werden können, sondern in Wechselwirkung zueinander stehen. So hängen z.B. die Vermarktungserfolge im Sponsoring indirekt von der Präsenz in den Medien und dem Zuschauerinteresse im Frauenhandball ab. Diese wiederum beeinflussen die Attraktivität und Popularität der Sportart und lassen sie als Werbeträger für Sponsoren interessant erscheinen.

Optionen im Bereich Fanarbeit und Zuschauergewinnung (B2C)

Bisher konzentrierten sich die Clubs in ihrem Marketing sehr stark auf die Sponsorenbeziehungen, weniger auf die Kundenbindung im Hinblick auf Fans und Zuschauer. Eine Verstärkung von Marketingaktivitäten in diesem Bereich ist dringend zu empfehlen. Die Vereine sollten aber klarer formulieren, welche Zielgruppen sie erreichen möchten. Bislang haben aus Marketingsicht weder die Teams der 1. Liga noch die Teams der 2. Liga Erkenntnisse über ihre Zuschauerstruktur systematisch erschlossen. Dabei wäre die genaue Kenntnis über die Zusammensetzung des Publikums gerade im Hinblick auf zukünftige Maßnahmen im Zuschauermarkt wichtig. Durch Zuschauerbefragungen lassen sich z.B. neben soziodemographischen Daten und regionalen Einzugsgebieten auch Motive der Besucher für den Besuch eines Frauenhandballspiels herausfinden.

Die Bedeutung der Zuschauer für Vermarktungserlöse wird meist unterschätzt; dabei sind unter ökonomischen Gesichtspunkten die Zuschauer unmittelbar und mittelbar budgetrelevant. Der Verkauf zusätzlicher Eintrittskarten steigert direkt die Einnahmen des Vereins. Vollbesetzte Hallen wecken das Interesse der Sponsoren wie auch der Medien und führen im günstigen Fall zu Zuwächsen im Bereich der Werbe- und TV-Erlöse.

Bei entsprechender Identifikation der Fans mit ihrem Verein bzw. mit einem Team entsteht eine Begeisterung und daran gekoppelt ein Gemeinschaftserlebnis, was insbesondere auch in ländlicheren Regionen oder weniger wettbewerbsintensiven Standorten zu höheren Zuschauerzahlen der Clubs führen kann. Hier gilt es gezielt, Identifikationsmöglichkeiten für Zuschauer zu schaffen. Im Bereich der Kommunikationspolitik sind vor allem Auftritte der Spielerinnen an öffentlichen Orten oder die Verteilung von Merchandisingartikeln in Schulen oder – wie dies schon von einigen Clubs praktiziert wird – auf Wochen- oder Weihnachtsmärkten geeignet, um eine lokale Identifikation mit dem Verein aufzubauen.

Um eine frühe Gewinnung und Bindung der Fans zu realisieren, gilt es vermehrt aktiv um Zuschauer zu werben und auf ihre Wünsche einzugehen. Die Clubs sollten gezielt Ideen entwickeln, um *neue* und *alte* Zuschauer zum Besuch der Heimspiele zu bewegen. Dabei sind neben einer gezielten Plakatierung und der Verteilung von Flyern etwa Gewinnspiele, Happy Hour nach dem Spiel, Freibieraktionen usw. denkbar. Auch Sonderaktionen, wie die Abgabe von give aways an Fans durch Sponsoren o.ä., können Zuschauer anwerben. Darüber hinaus wirkt ein ungewöhnliches Cateringangebot, wie z.B. bereits von einem Club praktiziert, Gemüsepfanne statt belegter Brötchen und Würstchen, oder etwa eine Sektbar, speziell für die weibliche Zielgruppe ansprechend (vgl. auch Berrett & Slack, 2001, S. 21ff.). Um mehr Zuschauer zu erschließen, sind auch der Hallenkomfort sowie eine Verbesserung der Aufenthaltsqualität entscheidende Faktoren. Eine steigende Zufriedenheit der Zuschauer kann dann in monetäre Rückflüsse transformiert werden.

Die Sicherstellung einer Mindestauslastung der Halle kann außerdem durch Dauerkartenverkäufe gesteigert werden. Bislang ist der Dauerkartenverkauf bei den Clubs eher unbefriedigend. Der Verkauf von Dauerkarten kann aus Vereinssicht das Risiko der Zuschauereinnahmen minimieren, da diese kalkulierbar werden. Dieses Potential haben die Bundesligavereine bisher nicht hinreichend erkannt. Insbesondere für die Vereine mit einer geringen Auslastung der Halle ist eine Maximierung der Einnahmen aus Dauerkarten interessant. Erst bei einer hohen Auslastung sollte die Zahl der

Dauerkarten begrenzt werden, um neue Zuschauer nicht durch den Mangel an Tagestickets abzuschrecken. Auch im Zusammenhang mit einem Dauerkartenverkauf sind Zusatzangebote, wie z.B. zeitlich begrenzte Sales Promotion (Erwerb des Trikots zu einem Sonderpreis, wenn man in einem bestimmten Zeitraum eine Dauerkarte erwirbt) oder give aways (T-Shirts, Aufkleber o.ä. gratis zur Dauerkarte), denkbar.

Im Fokus besonderer Anstrengungen zur Zuschauergewinnung sollten zunächst Topspiele stehen, da diese bei positiven Erfahrungen auch zum zukünftigen Besuch motivieren. Aber auch bei weniger attraktiven Spielbegegnungen sind Marketingaktivitäten unverzichtbar, allein schon, um dem negativen Eindruck leerer Zuschauerränge zu begegnen.

Als preispolitisches Instrument bietet es sich an, die Höhe der Eintrittskarten so zu staffeln, dass sie im Vorverkauf erkennbar günstiger sind. So ist auch die Auslastung gezielt durch Werbemaßnahmen bis zum Spieltag beeinflussbar. Durch eine dynamische Preispolitik sind die Zuschauereinnahmen in der Regel steigerbar.

Um die Attraktivität der Spiele für Zuschauer zu erhöhen, bieten sich besondere Maßnahmen bezogen auf die Leistungspolitik oder das Rahmenprogramm an. So können Topspiele z.B. von vornherein mit einem Topspielzuschlag oder Termine, die weniger nachgefragt werden, als „uniformdays" gekennzeichnet werden, so dass alle Zuschauer, die etwa zu den Spitzenspielen oder an uniformdays in voller „Vereinsmontur" kommen, Vorteile haben. Hierfür eignen sich des Weiteren Couponaktionen (beim Kauf von fünf Tickets gibt es zwei Freibier gratis o.ä.), Verlosungen (VIP-Tickets, oder etwa ein spezieller Sitzplatz nah an der Mannschaft) usw. Eine weitere Möglichkeit, um den Ticketabsatz im Vorfeld zu steigern, eröffnet der Verkauf von Eintrittskarten im Block für mehrere gezielt ausgewählte Spielbegegnungen, die dann für einen Spezialpreis oder inklusive eines Freigetränks oder Würstchens o.ä. angeboten werden. Darüber hinaus sind bei weniger attraktiven Spielbegegnungen auch Gruppenaktionen „Zwei für Eine" denkbar, damit ein zusätzlicher Anreiz gegeben ist, gerade auch zu diesen Spielen zu kommen.

Außerdem bieten sich als Kundenbindungsinstrument so genannte Kundenclubs, in diesem Fall Fanclubs und deren Betreuung, an. Einige wenige Clubs haben bereits ein Maskottchen als Identifikationsfigur für Kinder entwickelt. Hier besteht hinsichtlich der Namensgebung der Clubs ein ungenutztes Potential, da es bislang nicht weiter zur Vereinsmarkenbildung eingesetzt wird. Ein entsprechendes Maskottchen könnte diesen Markierungsaspekt unterstreichen.

Um den Ticketverkauf insgesamt zu steigern, sind die Distributionssysteme so zu optimieren, dass der Zuschauer einen möglichst geringen zeitlichen Aufwand hat, um Karten für einen Spieltag zu kaufen. Die Bezahlung und Bestellung sollte jederzeit durch Telefon, Fax oder Internet gewährleistet sein.

Optionen im Bereich Merchandising (B2C)

Der Fanartikelverkauf ist nicht nur zur Erreichung ökonomischer, sondern vor allem kommunikativer Ziele von Bedeutung (vgl. z.B. Rohlmann, 2002, S. 373ff.). Hier schöpfen die Frauenhandballclubs ihr Potential noch nicht aus. Um eine nachhaltige Zuschauerbindung zu erreichen, können die Teams die emotionale Bindung ihrer Fans noch weiter festigen, indem sie ihnen Fanartikel zum Kauf anbieten. Die Fans demonstrieren durch den Kauf von Merchandisingartikeln auch für Außenstehende eine sichtbare Verbundenheit zu ihrem Verein. So wird eine langfristige Identifikationsbasis geschaffen und der Vereinsname wird für die Anhänger zu einer Marke, deren Wertschätzung durch die Fans in einem gewissen Maße auch vom sportlichen Erfolg abgekoppelt wird (vgl. ebd., 2001, S. 426). Für das Konzept der Markenpositionierung sind Fanartikel demnach unerlässlich, weshalb die Vereine diesen B2C-Bereich trotz geringer Gewinnaussichten weiter professionalisieren sollten. Die meisten Vereine betreiben das Fanartikelgeschäft noch recht unstrukturiert. Insbesondere bei den Teams der 2. Handball BL Frauen ist das Angebot eher zufällig zusammengestellt. Hier bietet sich den Vereinen ein Potential, wenn sie ihr Angebot an Fanartikeln optimieren. Neben den finanziellen Möglichkeiten wird oft der kommunikative Nutzen von den Clubs außer Acht gelassen.

Strategien zur Erschließung von Merchandisingmärkten sind, neben der Platzierung von Verkaufsständen in den Hallen und der Eröffnung von Verkaufsstellen in der Stadt, der Ausbau eines internetgestützten Merchandisingvertriebs oder die Kooperation mit Sportartikelgeschäften. Optimierungsmöglichkeiten bestehen bezüglich des Sortiments sowie des Bestellvorgangs. Dabei ist darauf zu achten, dass die Präsentation sowohl in der Halle oder dem Fanshop als auch im Internet abgestimmt ist.

Ferner muss das Merchandising in ein ganzheitliches Fanmarketingkonzept integriert werden. Nur dann ist es in diesem Zusammenhang ein zusätzlicher Werbeträger für den Verein. Eine gute Fanarbeit führt dazu, sowohl „alte" Fans zu halten als auch „neue" Fans hinzuzugewinnen.

Optionen im Bereich Sponsoring (B2B)

Die meisten Sponsoren der Frauenhandball Erst- und Zweitligaclubs kommen aus dem näheren lokal-regionalen Umfeld. Hier spielen persönliche Kontakte, emotionale oder gesellschaftliche Gründe eine Rolle für ein Sponsoringengagement (vgl. dazu auch Kern, Haas & Dworak, 2002, S. 394ff.). Die Clubs müssen sich in Zukunft noch stärker um die Akquisition und Betreuung von Sponsoren kümmern. Für lokale Unternehmen ist eine TV-Präsenz zwar gut, aber nicht unbedingt notwendig für ein Sponsorenengagement. Ziel sollte daher sein, regionale Unternehmen für Frauenhandball zu begeistern und mit einer Sponsoringpartnerschaft auch werbewirksam in die Öffentlichkeit zu treten, um die Kommunikationsplattform für beide Seiten zu verbreitern.

Bei einzelnen Clubs ist derzeit die Hauptfinanzierung durch einzelne Unternehmer oder Mäzene gesichert. Eine solche einseitige Abhängigkeit ist aber sehr riskant, da unvorhergesehene Zahlungsausfälle die Clubs gefährden können. Sie sollte daher möglichst vermieden werden (siehe Insolvenz des 1. FC Nürnberg Handball).

Darüber hinaus werden insbesondere die ostdeutschen Frauenhandballclubs von kommunalen Energieversorgern oder örtlichen Sparkassen o.ä. unterstützt. Hier ist das Beziehungsmanagement gegenüber der lokalen Politik und Verwaltung weiter zu intensivieren, um die notwendige Unterstützung an diesen eher strukturschwachen Standorten zu erreichen.

Im Rahmen des Sponsorings gibt es eine Vielzahl von Einsatzmöglichkeiten. Die Vereine sollten ihren Sponsoren ein nach Preis und Umfang gestuftes Sponsoringpaket anbieten. Hier bieten sich mehrere Möglichkeiten, von der Sponsorenpyramide bis hin zu Sponsorenpools mit vielen Kleinsponsoren bzw. Kleinstsponsoren. In der Regel verfügen die Vereine über einen Sponsorenpool mit der Beteiligung einer Vielzahl von mittelständischen Unternehmen, die den Clubs eher kleinere Geldsummen zukommen lassen. Dadurch ge-staltet sich die Sponsorensuche der Erst- und Zweitligateams sehr zeitaufwendig, sie erstreckt sich oft über den ganzen Saisonverlauf. Dem Aufbau möglichst langfristiger Sponsorenbeziehungen und einer gezielten Pflege dieser Beziehungen sollte gerade dort besondere Beachtung geschenkt werden (vgl. dazu auch Hermanns, 2008, S. 287f.). Mit einer erfolgreichen Akquisition sind die sponsoringspezifischen Tätigkeiten für die Vereine keineswegs beendet. Es kommt darauf an, langfristig eine enge Zusammenarbeit mit dem Sponsor zu gewährleisten. Die Vereine sollten signalisieren, dass sie ein ernsthaftes Interesse am Gelingen einer dauerhaften Zusammenarbeit haben. Eine professionelle Vorgehensweise bei der Akquisition und Betreuung vorhandener und potentieller Sponsoren erfordert vor allem die Übertragung der Sponsorensuche an Mitarbeiter, die eine entsprechende Ausbildung oder entsprechendes Know-how mitbringen.

Eine Erweiterung der strategischen Partnerschaft zwischen Club und Sponsor ist die Vermarktung des Vereinsnamens. Jüngst hat die HSG Blomberg-Lippe diesen Schritt vollzogen; sie heißt seit der Saison 2007/08 HSG Provital Blomberg-Lippe. Dabei darf allerdings die Gefahr eines Identitätsverlusts nicht unterschätzt werden. Strategische Partnerschaften zwischen Sponsor und Club lassen sich im B2B-Bereich sicher noch weiter ausbauen. Hier haben die Teams der HBVF sogar einen Vorteil gegenüber dem Männerhandball, denn dort ist die Vermarktung des Vereinsnamens noch nicht erlaubt.

Außerdem ist aus strategischer Sicht eine Interessenvertretung des Vereins in die lokale Verwaltung und Politik hinein sehr wichtig. Für die Existenz des Spitzenhandballs der Frauen ist es unabdingbar, noch stärker als bisher von sozialen Netzwerken zwischen Politik und Wirtschaft zu profitieren. Politische Vertreter der Städte und Gemeinden sind aufgrund des stark regionalen Bezugs des Frauenhandballs für die Clubs von besonderer Bedeutung, einerseits um Fürsprecher bei potentiellen

Sponsoren zu gewinnen und andererseits, wenn diese als Lobbyisten des Vereins sogar über ein Amt im Präsidium des Vereins direkt begünstigend für den Verein wirken können. Die kommunale Unterstützung stellt eine nicht zu unterschätzende Ressource zur Existenzsicherung der Clubs gerade im Wettbewerb zwischen den Teamsportarten dar.

Die Clubs sollten in ihrem Beziehungsmanagement möglichst alle Anspruchsgruppen, d.h. Fans/Zuschauer, Sponsoren, lokale Sportpolitik und wie noch ausgeführt wird, die lokalen Medien berücksichtigen.

Optionen im Bereich Medienarbeit (B2B)

Vor allem die Medienarbeit über die Presse bietet dem Frauensport eine Präsentationsmöglichkeit. Die Pressearbeit ist in Bezug auf die Lokalzeitungen bei den meisten Clubs sehr ausgeprägt. Sie haben erkannt, dass Lokalzeitungen und Lokalradios auf lokaler Ebene wichtige Multiplikatoren für sie darstellen. In den Vermarktungsstrategien des Frauenhandballs sollte daher nicht zu starr auf eine dauerhafte Präsenz im Fernsehen fokussiert werden. Vielmehr ist es erfolgreicher, sich noch stärker auf eine regionale Kommunikation zu konzentrieren. Gerade im regionalen und lokalen Bereich haben Tageszeitungen und Radio eine größere Ausstrahlung als TV-Übertragungen in den Dritten Programmen, die für die Frauenclubs dennoch von hoher Bedeutung sind.

Vor allem im Internetauftritt liegt für die Vereine der Handball BL Frauen ein erweiterbares Vermarktungspotential. Durch eine gelungene und professionelle Homepage können die Fans zumindest über das Internet informiert und gebunden werden. Der Internetpräsenz kommt auch ein besonderer Stellenwert gegenüber dem Fachpublikum und der Presse zu. Eine stärkere Präsenz des Frauenteamsports in den Massenmedien steht zwar in unmittelbarem Zusammenhang mit der Kontinuität internationaler Erfolge, aber auch mit einer stärkeren Professionalisierung der Medienarbeit in den jeweiligen Vereinen.

Die Medienarbeit ist wichtiger Bestandteil der Kommunikationspolitik der Clubs und sollte mit weiteren Maßnahmen, wie z.B. Pressemappen und -konferenzen sowie innovativen PR-Aktionen und einer professionell gestalteten Homepage, kombiniert werden.

10 Schlussbetrachtung und Ausblick

Im Vorfeld der Untersuchung zur ökonomischen Situation des Spitzenhandballs der Frauen in Deutschland lagen nur unzureichende Erkenntnisse über die Entwicklung des Frauenhandballs und die aktuelle Vermarktungssituation der Sportart vor. Dieses Forschungsdefizit kann durch die vorliegende Studie nicht vollends beseitigt werden, allerdings wurden einige zentrale Erkenntnisse für den empirischen Gegenstand wie die ökonomische Ligasportforschung gewonnen.

Die Anwendung und Übertragung des sozioökonomischen Ligasport-Marktmodells auf den Frauenteamsport hat gezeigt, dass dieses prinzipiell geeignet ist, die Ressourcenausstattung und Marktbeziehungen im Frauenhandball zu erklären. Im Rahmen der quantitativen Auswertung wurde die Relevanz der Modellvariablen empirisch nachgewiesen, allerdings zeigte sich, dass rein ökonometrische Modelle die Vermarktungssituation im Frauenhandball nicht hinreichend aufklären konnten. Insbesondere hat aber die Auswertung der Vereins- und Verbandsinterviews dazu beitragen, Abläufe und Prozesse im Frauenhandball aufzuklären und die begrenzte Datenlage zu kompensieren. Die Experteninterviews ermöglichten detaillierte Einblicke in die Managementstrategien und Vermarktungsaktivitäten der Bundesligaclubs. Neben spezifischen Erkenntnissen für die Marketingpraxis des Frauenhandballs liefert die vorliegende Arbeit auch einen Beitrag zum wissenschaftlichen Erkenntnisfortschritt. Diese neuen Einsichten werden nachfolgend unter Bezugnahme auf bisherige Erkenntnisse resümiert und diskutiert.

Regionalökonomische Gegebenheiten als Einflussfaktoren auf die Ressourcenausstattung der Clubs wurden bislang kaum in Studien zur Ligasportökonomieforschung einbezogen. Dabei stellte bereits Rottenberg (1956) heraus, dass ligeninterne Ungleichgewichte bei regionalökonomischen Disparitäten ihren Ausgangspunkt nehmen. Erklärungen des Teamsportwettbewerbs beziehen sich bei Rottenberg und späteren Autoren stark auf die Diskussion Großstadt (großes Marktpotential) vs. Kleinstadt (kleines Marktpotential) (vgl. etwa Swieter, 2002, S. 148ff.; Quirk & Fort, 1992). Teilweise lassen sich diese Befunde auch für die Handball BL Frauen bestätigen. So überraschte es durchaus, dass Frauenhandball längst kein Kleinstadtphänomen mehr ist und insbesondere die Teams der 1. Handball BL Frauen überwiegend in großen Städten beheimatet sind. Es hat sich gezeigt, dass sich den Clubs einerseits durch ein entsprechend großes Zuschauer- und Sponsorenpotential an einem wirtschaftlich starken Standort Vermarktungsvorteile eröffnen. Andererseits lassen sich, entgegen diesen Studien, auch an kleineren Standorten, an denen die Frauenclubs quasi eine Monopolstellung genießen, Vermarktungsvorteile erzielen. Dies ist häufiger in ostdeutschen als in westdeutschen Städten der Fall. Selbstverständlich ist die Vermarktung bei einem großen Marktpotential und in einer wirtschaftlich prosperierenden Region leichter, aber auch bei schwierigen ökonomischen Gegebenheiten können innovative Vermarktungsformen der Clubs diese Nachteile teilweise kompensieren. Bei hoher Wettbewerbsintensität mit weiteren hochklassig spielenden Vereinen vor Ort ist es wichtig, Synergien zu nutzen und sich zu vernetzen. In diesem Zusammenhang gilt es besonders, die Zusammenarbeit mit Vertretern der Stadt und der lokalen Wirtschaft voranzutreiben. Es bleibt also festzuhalten: Regionale Nachteile lassen sich durch ein effizientes Management z.T. wettmachen. Umgekehrt kommt es nicht selten vor, dass ein schwaches Management vorhandene Potentiale ungenutzt lässt. In diesem Fall bleibt auch der sportliche Erfolg hinter der lokalen Wirtschaftskraft zurück.

Zum Einfluss des Liga- und Verbandsmanagements lassen sich folgende Ergebnisse festhalten: Hinsichtlich der Debatte zur Ausgeglichenheit des Wettbewerbs im Ligasport hat die Frauenhandball-Bundesliga, konkret der Ligaverband HBVF, mit der Veränderung des Spielmodus auf einen in der sportökonomischen Forschung diskutierten Ansatzpunkt zur Regulierung der Spielstärke zurückgegriffen. Die weiteren Interventionsmöglichkeiten, wie die in den USA praktizierten Regulierungen des Zugangs der Teams zum Spielermarkt (Draft Systeme, Salary Caps) erscheinen für die Handball BL Frauen indes kaum anwendbar. Regulierungen zum Spielerinnenmarkt oder Gehaltsobergrenzen erübrigen sich aufgrund der noch geringen Erwerbsmöglichkeiten der Handballerinnen ohnehin. Eher wäre es eine Überlegung wert, Gehaltsuntergrenzen für Handballerinnen einzuführen, damit diese finanzielle Freiräume erhalten, ihren Sport intensiver betreiben zu können. Bislang sind die Spielerinnen kaum in der Lage, ihren Lebensunterhalt durch den Leistungssport zu bestreiten; sie müssen sich in der Regel noch über ihren Sport hinaus durch Erwerbstätigkeit finanzieren. Des Weiteren ist eine zentrale Umverteilung von Erlösen, etwa aus der TV-Vermarktung, zwar denkbar, aber mangels TV-Einnahmen kaum realisierbar. Auch aus einem Ligasponsoring lassen sich kaum nennenswerte Erlöse zur Umverteilung erzielen, wie das Beispiel des Ballsponsors zeigt. Die sportökonomische Diskussion über die Möglichkeiten des Ligaverbandes zur Sicherung der Attraktivität des sportlichen Wettbewerbs, erscheint im Frauenhandball somit nicht weiterführend. Die These der Notwendigkeit der sportlichen und wirtschaftlichen Ausgeglichenheit einer Liga ist auch für den Frauenhandball zu hinterfragen. Die seit Jahren bestehenden Disparitäten zwischen den Teams, sichtbar in der Dominanz einer gleich bleibenden Spitzengruppe von Vereinen im Kampf um den Deutschen Meistertitel, müssten den Spannungsgrad der Handball BL Frauen eher herabsetzen. Dennoch sind die Zuschauerzahlen in der 1. Liga stetig gestiegen. Dies kann darin begründet liegen, dass der Konsum eines Frauenhandballspiels zu einem großen Anteil aus Geselligkeitsaspekten und der Identifikation mit einem Verein erfolgt und nicht aufgrund eines stetigen Spannungsgehalts (vgl. auch Messing & Lames, 1996). Allerdings müssten diese angenommenen Nachfragepräferenzen durch neuere Zuschauerbefragungen in der Handball BL Frauen überprüft werden. Aus solchen Befragungen ließen sich auch fruchtbare Ansätze einer Zielgruppen- bzw. Marktsegmentierung ableiten.

Auch die Annahme der Sportökonomie zum Handlungsmodus in Teamsportclubs müssen, bezogen auf den Frauenhandball, kritisch diskutiert werden. In unterschiedlichen Forschungsarbeiten werden wettbewerbstheoretische Besonderheiten meist auf der Basis neoklassischer Gleichgewichtsmodelle diskutiert. Diese Ansätze legen in der Regel ein rationales Handeln der Marktakteure zugrunde. Sie sehen das Management von Teamsportclubs in der Regel als Gewinnmaximierer, das sich vollkommen rational auf transparenten Märkten verhält. Clubinterne Strukturen und Veränderungen der Managementfähigkeiten werden dabei nicht berücksichtigt. Eine direkte Übertragbarkeit dieser Modelle aus dem Männer-Profiteamsport auf den Teamsport Frauenhandball muss ebenfalls angezweifelt werden. Es zeigt sich, dass die Manager der Frauenhandballclubs keineswegs gewinnorientiert und ausschließlich markt-rational handeln. So ist nur eine geringe Transparenz über den eigenen relevanten Markt vorhanden. Der Wettbewerb zu anderen Teamsportvereinen um Zuschauer und Sponsoren wird zwar wahrgenommen, er führt das Clubmanagement allerdings nicht dazu, gezielt darauf zu reagieren. Vielmehr wird zumeist von einer friedlichen Koexistenz aller Teamsportclubs in einer Region ausgegangen, was die Sensivität für entgangene Marketingchancen verringert. Allerdings hat sich im Verlauf der Arbeit gezeigt, dass die Vereine der Handball BL Frauen zukünftig ohne ein strategisches Marketing-Management nicht auskommen werden. Zugleich kann vermutet werden, dass mit einer besseren Ausschöpfung der Vermarktungschancen auch ein Beitrag zur Chancenangleichung des Frauenteamsports an den hoch professionalisierten Männerteamsport geleistet wird. Chancengleichheit ist jedoch ohne eine stärkere Professionali-sierung des Frauenteamsports nicht erreichbar.

Durch einen gezielten Ausbau der Management- und Marketingkompetenzen ließe sich zudem eine wichtige Ressource der Teamsportclubs verbessern, die in vorliegenden Studien bislang weitgehend unbeachtet geblieben ist (Ausnahmen sind u.a. Keller, 2008; Daumann & Drewes, 2007; Wadsack, 2004). Eine Erhöhung der Zahl hauptamtlicher Mitarbeiter könnte den Vermarktungserfolg der Erst- und Zweitligaclubs der Handball BL Frauen deutlich steigern.

Des Weiteren zeigte sich, dass das in der Anreiz- und Wettbewerbstheorie viel diskutierte Problem der Überinvestitionen infolge von Positionswettkämpfen im Teamsport und die so genannten „Rüstungswettläufe“ der Teams auch im Frauenteamsport existent sind. In der Regel werden in den Clubs der Handball BL Frauen zur Steigerung des sportlichen Erfolgspotentials Investitionen in die Spielstärke einer Investition in ein professionelles Management vorgezogen. Allerdings erscheint es besonders ratsam, nicht nur in das sportliche Leistungspotential, sondern auch in innovative Marketingmaßnahmen zu investieren. Langfristig gesehen hat ein gut funktionierendes Management den größten Einfluss auf den sportlichen und wirtschaftlichen Erfolg eines Bundesligateams. Die Veränderungen der Rahmenbedingungen im wettbewerbsintensiven Teamsportmarkt stellen künftig große Herausforderungen an die Anpassungsfähigkeit der einzelnen Vereine. Dem Clubmanagement kommt in diesem Zusammenhang die Aufgabe zu, die Überlebensfähigkeit des Vereins sicherzustellen. Dies erfordert auch neue, bislang ungewohnte Entscheidungen zu treffen. Allerdings vollziehen sich Veränderungen in den Clubs, die bislang vorwiegend ehrenamtlich geführt wurden und sich am Amateurideal orientieren, in der Regel eher langsam. Dies ruft Probleme der Steuerbarkeit und Beratung von Vereinen hervor, da eingespielte Regeln und Verhaltensweisen zu *verlernen* immer auch die Auflösung bisher vertrauter Sicherheiten bedeutet. Andererseits gehen Clubs, die nicht im Sinne von lernenden Organisationen agieren und an in der Vergangenheit erlernten Routinen unter sich ändernden Umfeldbedingungen festhalten, zu Grunde (vgl. Willke, 2008, S. 123; Thiel & Meier, 2004, S. 103ff.). Dies führt dann zum Marktaustritt. Für die Bundesligateams bedeutet dies den sportlichen Abstieg.

Die Befunde zum Marketing-Management der Erst- und Zweitligaclubs der Handball BL Frauen zeigen, dass diese durchaus auf ihre komplexen und dynamischen Umfelder reagieren. Strukturelle Veränderungen der Vereinsverfassung, ihrer Mitarbeiterschaft und Produktoptimierungen, wie die Eventisierung der Spielbegegnungen, können dabei als Resultate organisationaler Lernprozesse verstanden werden. Die BL-Teams lernen sozusagen aus den Erfahrungen, die sie in ihrem operativen Tagesgeschäft sammeln. Dadurch erfolgt ein Aufbau von Kernkompetenzen, häufig durch die Entwicklung organisationaler Routinen. Dies bewirkt dementsprechend Veränderungen im zukünftigen Handeln der Clubs, was sich wiederum auf die Managementeffizienz (etwa in Bezug auf die Transferpolitik) und dadurch auch auf den sportlichen Erfolg der Teams auswirkt. Effizienz stellt allerdings für die Clubs zunächst keinen Zwang dar, auch wenn sie sich durchaus das Ziel setzen, die ihnen zur Verfügung stehenden Ressourcen möglichst optimal einzusetzen.

Zusammenfassend haben die strukturellen Veränderungen der Vereine bereits zu einer Qualitätssteigerung in der Leistungserstellung geführt. Die Ausgliederung der Bundesligaabteilungen in Kapitalgesellschaften, verbesserte Managementfähigkeiten, sich öffnende internationale Spielerinnenmärkte und zuschauerfreundlichere und komfortablere Spielstätten haben die Inputqualität merklich erhöht. Sie beeinflussen auch den Output und die damit erzielbaren Erlöse. In der Summe führen die dargelegten Entwicklungen zu einer gesteigerten Effizienz im Einsatz der Produktionsfaktoren. Diese forciert zugleich eine weitere Professionalisierung. Ein nach ökonomischen Gesichtspunkten agierendes Management wird dabei in Zukunft immer unverzichtbarer. Denn die zunehmende Ökonomisierung macht es für die Clubs im Spitzenhandball immer schwerer, die wirtschaftlichen Herausforderungen des Auf- und Abstiegs zu bewältigen. Hier ist mehr Beratung und Förderung von Seiten des Ligaverbandes gefragt. Mit einer Weiterentwicklung des Spitzenhandballs auf der Ebene der Vereine wird zugleich die gesamte Liga sportlich wie wirtschaftlich gestärkt.

Die Vermarktung des Frauenhandballs wird durch professionellere Vereins- und Managementstrukturen zwar erleichtert, es bleibt aber festzuhalten, dass die Clubs hier in einer schwierigen Situation sind. Sie werden es auch in Zukunft schwer haben, sich im stark männerdominierten Teamsport zu behaupten. Ihre Vermarktung erfolgt schon allein deshalb unter erschwerten Bedingungen, da die Entscheider bei den Wirtschaftsunternehmen zumeist Männer sind und bislang eher eine Affinität zum Männerhandball, -fußball usw. haben. Für sie ist eine Unterstützung des Frauenhandballs ein ungewohntes Terrain, auf dem die Erfahrungen und teilweise das Interesse fehlen.

Einerseits ist die Vermarktungssituation des Frauenhandballs zwar nicht vergleichbar mit der Situation im hoch professionalisierten Männerteamsport, andererseits muss er sich in dem von Männerligen beherrschten Teamsportmarkt unter der Anwendung der dort üblichen Marketing-Management-Methoden behaupten, um die erforderlichen Ressourcen zu sichern. Es hat sich gezeigt, dass noch Unsicherheiten über erfolgreiche Strategien zur Vermarktung des Frauenhandballs bestehen. Dies ist sicherlich auch dadurch beeinflusst, dass Nischenmärkte im Sport, wie der Frauenhandball oder Frauenfußball, in der sportökonomischen Literatur bislang nicht hinreichend erforscht sind. Daher können die Ergebnisse der vorliegenden Arbeit für weiterführende Studien auf dem Gebiet des ressourcenschwachen Teamsports und insbesondere des wirtschaftlich rückständigen Frauenteamsports anregen. Für weitere Forschungsarbeiten auf dem Gebiet der Ökonomie des Teamsports bietet es sich an, die abstrakte Marktbetrachtung durch Analysen des Handlungspotentials in den Vereinen zu ergänzen. Ein organisationstheoretischer Zugang wäre hier der bereits angesprochene Ansatz des organisationalen Lernens (vgl. etwa Willke, 2005; Hennemann, 1997; Agyris & Schön, 1980 & 1978). Er könnte fruchtbare Einsichten zu Veränderungen im Verhalten von Managern und Clubs liefern. Letztendlich sind es die Vereinsverantwortlichen, ob haupt- oder ehrenamtlich tätig, die eine Anpassung an sich wandelnde Markt- und Umfeldbedingungen herbeiführen müssen. Limitierende Vorschriften der Ligenorganisation (Draft Systeme, Kaderbeschränkungen, Mindestetat o.ä.) können die Kreativität der Marketing-Manager einschränken und sollten daher in der Handball BL Frauen vermieden werden. Vielmehr gilt es, positive Anreizstrukturen zu schaffen, um kreative und innovative Vermarktungsideen zu fördern.

Welche Richtung der Spitzenhandball der Frauen in Deutschland einschlagen wird, ist noch ungewiss. Gelingt es den Vereinen der Handball BL Frauen nicht, die notwendigen Ressourcen durch eine verbesserte strategische Vermarktung zu sichern, wird der Frauenhandball wohl auch weiterhin ein Schattendasein führen.

Literatur- und Quellenverzeichnis

Agergaard, S. (2004). Danish Women's Handball and the Media: From Iron Ladies to Little Girls. *Dansk Sociologi, 15* (2), 91-106.

Akerlof, G. A. (1976). The Economics of Caste and the Rat Race and other woeful Tales. *Quarterly Journal of Economics, 90*, 599-617.

Amberger, G. W. (1921). *Handballspiel.* Leipzig, Zürich: Grehtlein.

Anders, G. (1988). Sport und Wirtschaft: Bestandsaufnahme – Perspektiven – Orientierungen. In G. Anders, E. Strähl & A. Moor (Hrsg.), *Sport und Wirtschaft* (S. 199-205). Magglingen: Schriftenreihe der Eidgenössischen Turn- und Sportschule Magglingen (ETS).

Anders, G. (2006). Geschlechtsbezogene Partizipation im Spitzensport. In I. Hartmann-Tews & B. Rulofs (Hrsg.), *Handbuch Sport und Geschlecht* (S. 164-174). Schorndorf: Hofmann.

Argyris, C., & Schön, D. (1978) *Organizational learning: A theory of action perspective,* Reading: Addison Wesley.

Argyris, C. and Schön, D. (1996) *Organizational learning II: Theory, method and practice,* Reading: Addison Wesley.

Babin, J.-U. (1995). *Perspektiven des Sportsponsoring.* Frankfurt/Main: Lang.

Backhaus, K., Erichson, B., Plinke, W. & Weiber, R. (2006). *Multivariate Analysemethoden* (11., überarb. Aufl.). Berlin [u.a.]: Springer.

Bahlke, S., Benning, A. & Cachay, K. (2004). *Trainer ... das ist halt einfach Männersache. Studie zur Unterrepräsentanz von Trainerinnen im Spitzensport.* Köln: Sport & Buch Strauß.

Bagozzi, R., Gopinath, M. & Nyer, P. (1999). The Role of Emotions in Marketing. *Journal of the Academy of Marketing Science, 27* (2), 184-206.

Bahren, N. (2007). Das Projekt Comeback. *Handball Magazin, 1*, 48-54.

Bamberg, G. & Baur, G. (1998). *Statistik* (10., überarb. Aufl.). München [u.a.]: Oldenbourg.

Bamberger, I. & Wrona, T. (1996). Der Ressourcenansatz und seine Bedeutung für die Strategische Unternehmensführung. *Zeitschrift für betriebswirtschaftliche Forschung und Praxis*, 48 (2), 130-153.

Barney, J. B. (1986). Strategic factor markets: Expectations, luck and business strategy. *Management Science, 32* (10), 1231-1241.

Barney, J. B. (1991). Firm Ressources and Sustained Competitive Advantage. *Journal of Management, 17* (1), 99-120.

Barney, J. B. (2003). *Gaining and Sustaining Competitive Advantage* (2. Aufl.). Upper Saddle River: Prentice Hall.

Baur, J. & Beck, J. (1999). *Vereinsorganisierter Frauensport.* Aachen: Meyer & Meyer.

Becker, C. (2007). Handball-WM 2007 – Eine Vermarktungsanalyse der 20. Herren Handball-Weltmeisterschaft 2007 in Deutschland. In L. Nuschke (Hrsg.), *Vermarktungspotentiale des Spitzensports* (S. 55-64). Göttingen: Sierke.

Beckmann, A. (2008). Die öffentliche Frau. *Handball Premium Magazin, 1*, 38-40.

Benner, G. (1992). *Risk Management im professionellen Sport.* Bergisch Gladbach: Eul.

Benz, U. (Hrsg.). (1993). *Frauen im Nationalsozialismus* (Dokumente und Zeugnisse). München: Beck.

Berens, W. (Hrsg.). (2003). *Profifußball und Ökonomie.* Hamburg: Kovac.

Berg Sörensen, I. (1976). Dänemark. In H. Überhorst (Hrsg.), *Geschichte der Leibesübungen* (Band 5) (S. 84-99). Berlin: Bartels & Wernitz.

Berliner Turnrath (1917). *Nachrichtenblatt für den Berliner Turnrath* (No. 812 November 1917). Berlin.

Berliner Turnverein von 1850 (1975). *Festschrift zum 125-jährigen Bestehen.* Berlin.

Bernett, H. (1995). Geschichte des Handballspiels. Vom lokalen Experiment zum Weltsport. In Meynert, J. (Hrsg.), *Und auch der Handball ist rund ...* (S. 19-49). Bielefeld: Westfalen Verlag.

Berrett, T. & Slack, T. (2001). A Framework for the Analysis of Strategic Approaches Employed by Non-profit Sport Organisations in Seeking Corporate Sponsorship. *Sport Management Review, 4* (1), 21-45.

Bette, K.-H. (2005). Beratung von Sportorganisationen: Konzepte und Voraussetzungen. In C. Breuer & A. Thiel (Hrsg.), *Handbuch Sportmanagement* (S. 131-147). Schorndorf: Hofmann.

Bieling, M. Eschweiler, M. & Hardenacke, J. (Hrsg.). (2004). *Business-to-Business-Marketing im Profifußball.* Wiesbaden: Dt. Univ.-Verlag.

Bieling, M. Eschweiler, M. & Hardenacke, J. (Hrsg.). (2004). Business-to-Business-Marketing im Profifußball – eine Einführung. In M. Bieling, M. Eschweiler & J. Hardenacke (Hrsg.), *Business-to-Business-Marketing im Profifußball* (S. 3-24). Wiesbaden: Dt. Univ.-Verlag.

Bird, P. J. (1982). The Demand for League Football. *Applied Economics, 14* (6), 637-649.

Borggrefe, C. Cachay, K. & Thiel, A. (2006). *Sozialkompetenz von Trainerinnen und Trainern im Spitzensport. Eine Studie zur theoretischen Begründung und empirischen Überprüfung*. Köln: Strauß.

Borland, J. (2006). The production of professional team sports. In W. Andreff & S. Szymanski (Eds.), *Handbook on the Economics of Sport* (pp. 22-26). Cheltenham, Northampton: Edward Elgar.

Bortz, J. & Döring, N. (2006). *Forschungsmethoden und Evaluation* (4., überarb. Aufl.). Heidelberg: Springer.

Boysen, S. (2006). Bei allen den Spaß wecken. *Handball Magazin, 1*, 38-39.

Boysen, S. (2008). Zweigleisig eintönig? Die Verschmelzung von Nord und Süd findet nicht statt. Doch die Debatte geht weiter. *Handball Premium Magazin, 8*, 80-83.

Brandmaier, S. & Schimany, P. (1998). *Die Kommerzialisierung des Sports. Vermarktungsprozesse im Fußball-Profisport*. Hamburg: LIT.

Braun, S. & Hansen, S. (Hrsg.). (2008). *Steuerung im organisierten Sport*. Hamburg: Czwalina.

Braungardt, W. (1922). *Handball und Faustball*. Hamburg: Westermann.

Breuer, C. (2002). *Das System der Sozialen Arbeit im organisierten Sport*. (2., aktual. Aufl.). Köln: Sport & Buch Strauß.

Breuer, C. (2005). Strategische Steuerung von Sportorganisationen. In C. Breuer & A. Thiel (Hrsg.), *Handbuch Sportmanagement* (S. 148-163). Schorndorf: Hofmann.

Brosius, F. (2006). *SPSS 14*. Heidelberg: Redline.

Bruggink, T. H. & Eaton, J. W. (1996). Rebuilding attendance in Major League Baseball: The demand for individual games. In J. Fizel, E. Gustafson & L. Hadley (Eds.), *Baseball Economics – Current Research* (pp. 9-31). Westport: Praeger.

Bruhn, M. (1991). *Sponsoring, Unternehmen als Mäzene und Sponsoren* (2. Aufl.). Frankfurt/Main [u.a.]: Gabler.

Bruhn, M. (2005). *Marketing für Nonprofit-Organisationen. Grundlagen, Konzepte, Instrumente*. Stuttgart: Kohlhammer.

Bruhn, M. (2007). *Kommunikationspolitik* (4., überarb. Aufl.). München: Vahlen.

Bruhn, M. & Michalski, S. (2004). *Marketing als Managementprozess. Grundlagen und Fallstudien*. Zürich: Versus.

Burmann, C. & Meffert, H. (2005). Theoretisches Grundkonzept der identitätsorientierten Markenführung. In H. Meffert, C. Burmann & M. Koers (Hrsg.), *Markenmanagement. Identitätsorientierte Markenführung und praktische Umsetzung* (2., vollständ. überarb. und erw. Aufl.) (S. 37-72). Wiesbaden: Gabler.

Büch, M.-P. (1979). Modell und Realität der Fußball-Bundesliga – eine ökonomische Betrachtung. *Zeitschrift für Wirtschafts- und Sozialwissenschaften, 99*, 447-466.

Büch, M. P. & Frick, B. (1999). Sportökonomie: Erkenntnissinteresse, Fragestellungen und praktische Relevanz. *Betriebswirtschaftliche Forschung und Praxis, 55* (2), 109-123.

Büch, M. P. & Schellhaaß, H.-M. (1978). Ökonomische Aspekte der Transferentschädigung im bezahlten Mannschaftssport. *Jahrbuch für Sozialwissenschaft, 29*, 255-274.

Büch, M.-P. & Schellhaaß, H. M. (2005). Einführung in die Ökonomik von Sportligen. In M.-P. Büch & H. M. Schellhaaß (Hrsg.), *Ökonomik von Sportligen* (S. 11-14). Schorndorf: Hofmann.

Bühl, A. & Zöfel, P. (2005). *SPSS 12. Einführung in die moderne Datenanalyse unter Windows* (9., überarb. und erw. Aufl.). München: Pearson.

Cachay, K. & Riedl, L. (2001). Das Flaschenhalssyndrom. Zur Problematik globalisierter Spielermärkte und nationaler Auswahlmannschaften. In M.-P. Büch (Hrsg.), *Verschwinden nationale Auswahlmannschaften in einer offenen Gesellschaft* (S. 13-24). Köln: Sport & Buch Strauß.

Cachay, K., Thiel, A. & Meier, H. (2001). *Der organisierte Sport als Arbeitsmarkt. Eine Studie zu Erwerbsarbeitspotenzialen in Sportvereinen und Sportverbänden*. Schorndorf: Hofmann.

Cachay, K., Riedl, L., Wagner, C. & Thiel, A. (2004). *Global Player – Local Hero. Der Sportverein zwischen Spitzensport, Publikum und Vermarktung*. Unveröffentlichter Projektbericht, Universität Bielefeld.

Cachay, K., Wagner, C., Riedl, L. & Thiel, A. (2005). Produkte des Spitzensports. In C. Breuer & A. Thiel (Hrsg.), *Handbuch Sportmanagement* (S. 258-273). Schorndorf: Hofmann.

Clanton, R. E. & Dwight, M. P. (1997). *Team Handball: Steps to success*. Champaign: Human Kinetics.

Combrink, C. (2004). *Relevanz und Irrelevanz von Geschlecht in in ehrenamtlichen Führungsgremien von Sportjugendverbänden – eine vergleichende Analyse der Jugendvorstands- und Präsidiumsmitglieder nordrhein-westfälischer Sportfachverbände.* Münster: Lit.

Combrink, C. & Hartmann-Tews, I. (2006). Relevanz und Irrelevanz von Geschlecht in ehrenamtlichen Führungsgremien im Sport. In P. Gieß-Stüber und G. Sobiech (Hrsg.), *Gleichheit und Differenz in Bewegung. Entwicklungen und Perspektiven für die Geschlechterforschung in der Sportwissenschaft* (S. 86-96). Hamburg: Czwalina.

Couvelaere, V. & Richelieu, A. (2005). Brand Strategy in Professional Sports: The Case of Frensh Soccer Teams. *European Sport Management Quarterly, 5* (1), 23-46.

Danielson, M. N. (1997). *Home Team: Professional Sports and the American Metropolis.* Princeton: University Press.

Daumann, F. & Drewes, M. (2007). Ansätze einer evolutorischen Sportökonomik am Beispiel des Wettbewerbs in professionellen Sportligen. In M.-L. Klein & M. Kurscheidt (Hrsg.), *Neue Perspektiven ökonomischer Sportforschung* (S. 69-98). Schorndorf: Hofmann.

Deloitte (2008). Die wirtschaftliche Entwicklung deutscher Profiligen. *Sponsors Clubmanagerreport*, 4-13.

Demmert, H. G. (1973). *The Economics of Professional Team Sports.* Lexington: Lexington Books.

Desbordes, M. & Chadwick, S. (Eds.). (2007). *Marketing & Football. An International Perspective.* Oxford: Butterworth-Heinemann.

DHB (Hrsg.). (1993). *Amtliches Jahrbuch des Deutschen Handball-Bundes 1993/94.* Dortmund: Deutscher Handball-Bund.

DHB (Hrsg.). (1997). Handball Frauen-WM 1997. Statistisches Jahrbuch 1996/97. Dortmund: Beckmann.

Dierickx, I., & Cool, K. (1989). Asset Stock Accumulation and Sustainability of Competitive Advantage. *Management Science, 25* (12), 1504-1514.

Dietl, H. M. & Franck, E. (2000). Effizienzprobleme in Sportligen mit gewinnmaximierenden Kapitalgesellschaften – eine modelltheoretische Untersuchung. *Zeitschrift für Betriebswirtschaft, 70*, 1157-1175.

Digel, H. (1993). Handball im Wandel – Perspektiven zukünftiger Entwicklungen. In H. Digel (Hrsg.), *Talente im Handball – Auf der Suche nach neuen Wegen* (S. 7-33). (Berichtsband zum DHB Kongress 1992). Aachen: Meyer & Meyer.

Digel, H. (Hrsg.). (1993). *Talente im Handball – Auf der Suche nach neuen Wegen.* (Berichtsband zum DHB Kongress 1992). Aachen: Meyer & Meyer.

DiMaggio, P. & Powell, W. W. (1983). The iron cage revisited: institutional isomorphism and collective rationality in organisational fields. *American Sociological Review, 48*, 147-160.

Dippold, T. (1913). Schwedische Spiele. *Monatsschrift für das Turnwesen, 32*, 383-384.

Dobson, S. & Goddard, J. (2001). *The Economics of Football.* Cambridge [u.a.]: Cambridge University Press.

Downward, P. & Dawson, A. (2000). *The Economics of Professional Team Sports.* London, New York: Routledge.

Drewes, M. (2001). *Wettbewerb und finanzieller Ausgleich in professionellen Sportligen: ein Vergleich unter besonderer Berücksichtigung der deutschen Fußball-Bundesliga.* Frankfurt/Main: Peter Lang.

Eckstein, P. P. (2006). *Angewandte Statistik mit SPSS* (5., aktual. Aufl.). Wiesbaden: Gabler.

Eggers, E. (Hrsg.). (2004). *Handball: eine deutsche Domäne.* Göttingen: Die Werkstatt.

Eggers, E. (2007). Ein neues TV-Magazin. *Handballwoche, 53* (3), 15.

Enderle, G. (2000). *Vermarktung von Fernsehübertragungsrechten im professionellen Ligasport: sportökonomische und wettbewerbstheoretische Aspekte.* Berlin: Vistas.

Enderle, G. (2007). Rechtehandel und -verwertung im Sport. In T. Schierl (Hrsg.), *Handbuch Medien, Kommunikation und Sport* (S. 230-242). Schorndorf: Hofmann.

Erning, J. (2000). *Professioneller Fußball in Deutschland: eine wettbewerbspolitische und unternehmensstrategische Analyse.* Berlin: Verlag für Wirtschaftskommunikation.

Etzioni, A. (1975). *A comparative analysis of complex organizations: on power, involvement, and their correlates.* New York: The Free Press.

Etzioni, A. (2003). Toward a new socio-economic paradigm. *Socio-Economic Review, 1*, 15-134.

Fischer, F. (1991). *„1992 – 75 Jahre Handball: Eine Chronik von Fritz Fischer".* Werne: Beckmann.

Flick, U. (2008). *Triangulation.* Wiesbaden: VS.

Flynn, M. A. & Gilbert, R. J. (2001). The Analysis of Professional Sports Leagues as Joint Ventures. *The Economic Journal, 111* (469), 27-46.

Fort, R. D. & Quirk, J. (1995). Cross-subsidization, Incentives, and Outcome in Professional Team Sports Leagues. *Journal of Economic Literature, 33*, 1265-1299.

Franck, E. (1995). *Die ökonomischen Institutionen der Teamsportindustrie: eine Organisationsbetrachtung*. Wiesbaden: Dt. Univ.-Verl.

Franck, E. (1999). Zur Organisation von Sportligen – Übersehene ökonomische Argumente jenseits von Marktmacht und Kollusion. *Die Betriebswirtschaft, 60*, 531-547.

Franck, E. & Müller, C. (2001). Zur Vermarktung von Sportligen: Ökonomische Überlegungen am Beispiel der Fernsehvermarktung der Fußball-Bundesliga. In A. Hermanns & F. Riedmüller, (Hrsg.), *Management-Handbuch Sportmarketing* (S. 231-251). München: Vahlen.

Frick, B. (1999). Kollektivgutproblematik und externe Effekte im professionellen Team-Sport: „Spannungsgrad" und Zuschauerentwicklung im professionellen Fußball. In H. D. Horch, J. Heydel & A. Sierau (Hrsg.), *Professionalisierung im Sportmanagement* (S. 144-160). Aachen: Meyer & Meyer.

Frick, B. (2001). Die Einkommen von „Superstars" und „Wasserträgern" im professionellen Team-Sport – ökonomische Analyse und empirische Befunde. *Zeitschrift für Betriebswirtschaft, 71*, 701-720.

Frick, B. (2004). Die Voraussetzungen sportlichen und wirtschaftlichen Erfolges in der Fußball-Bundesliga. In M. Bieling, M. Eschweiler & J. Hardenacke (Hrsg.), *Business-to-Business Marketing im Profifußball* (S. 71-93). Wiesbaden: Gabler.

Frick, B. Lehmann, E. & Weigand, J. (1999). Kooperationserfordernisse und Wettbewerbsintensität im Team-Sport. In J. Engelhard & E. J. Sinz (Hrsg.), *Kooperation im Wettbewerb: Neue Formen und Gestaltungskonzepte im Zeichen von Globalisierung und Informationstechnologie* (S. 497-523). Wiesbaden: Gabler.

Fritz, T. (2006). *Fußball und Strategie*. München [u.a.]: Hampp.

Fühler, B. (1930). *Das Handballspiel*. Berlin: Weidmann.

Galli, A., Gömmel, R., Holzhäuser, W. & Straub, W. (Hrsg.). (2002). *Sportmanagement*. München: Vahlen.

Gärtner, M. & Pommerehne, W. (1978). Der Fußballzuschauer - ein homo oeconomicus? Eine theoretische und empirische Analyse. *Jahrbuch für Sozialwissenschaft, 29*, 88-107.

Gieß-Stüber, P. (1997). Trainerinnen – (k)ein Beruf für Frauen. In I. Hartmann-Tews & K. Petry (Hrsg.), *Die bewegte Frau* (S. 15-20). Köln: Sport & Buch Strauß.

Gieß-Stüber, P. (2002). „Von der lasst ihr euch was sagen…?" Wie erleben Trainerinnen ihre Situation in den Sportspielen? In K. Ferger, N. Gissel & J. Schwier (Hrsg.), *Sportspiele erleben, vermitteln, trainieren* (S. 93-107). Hamburg: Czwalina.

Gladden, J. M., Irwin, R. L. & Sutton, W. A. (2001). Managing North American Major Professional Sports Teams in the New Millennium: A Focus on Building Brand Equity. *Journal of Sport Management, 15* (4), 297-317.

Gladden, J. M. & Funk, D. C. (2002). Developing an Understanding of Brand Associations in Team Sport: Empirical Evidence from Consumers of Professional Sport. *Journal of Sport Management, 16* (1), 54-82.

Grant, R. M. (1991). The Resource-based Theory of Competitive Advantage: Implications for Strategy Formulation. *California Management Review, 33* (3), 114-135.

Grant, R. M. & Nippa, M. (2006). *Strategisches Management* (5., aktual. Aufl.). München [u.a.]: Pearson.

Grupe, O. (Hrsg.). (1981). *Sport: Theorie der Gymnasialen Oberstufe* (Bd. 2. Sportartspezifische Beiträge Teil 2.). Schorndorf: Hofmann.

Gundel, S. & Hecker, A. (2007). Finanzierung und Betrieb von Teamsportstätten für unterklassige Ligen. In M.-L. Klein & M. Kuscheidt (Hrsg.), *Neue Perspektiven ökonomischer Sportforschung* (S. 179-199). Schorndorf: Hofmann.

Guttmann, A. (1992). *Women's Sports: A History*. New York: Columbia University Press.

Hafkemeyer, L. (2003). *Die mediale Vermarktung des Sports: Strategien und Institutionen*. Wiesbaden: Dt. Univ.-Verl.

Hall, R. (1992). The strategic analysis of intangible resources. *Management Journal, 13*, 135-144.

Hammann, P. (2004). Eine zielgruppenorientierte Marketingkonzeption für Fußballclubs. In P. Hammann, L. Schmidt, & M. Welling (Hrsg.), *Ökonomie des Fußballs* (S. 331-356). Wiesbaden: Dt. Univ.-Verl.

Hammann, P., Schmidt, L. & Welling, M. (Hrsg.). (2004). *Ökonomie des Fußballs*. Wiesbaden: Dt. Univ.-Verl.

Hardenacke, J. & Hummelsberger, M. (2004). Paradigmenwechsel im Profifußball – Kennzahlen zum Wandel vom Altruismus zur marktorientierten Unternehmensführung. In M. Bieling, M.

Eschweiler & J. Hardenacke (Hrsg.), *Business-to-Business Marketing im Profifußball* (S. 51-70). Wiesbaden: Gabler.

Hartmann-Tews, I. (2004). Sportentwicklung in Europa unter Einbeziehung von Frauen. *Aus Politik und Zeitgeschichte (Beilage zur Wochenzeitung Das Parlament) B26*, 31-38.

Hartmann-Tews, I. & Rulofs, B. (2002). Die Bedeutung von Geschlechterkonstruktionen in der Sportberichterstattung. In J. Schwier (Hrsg.), *Mediensport – Ein einführendes Handbuch (S. 125-150)*. Hohengehren: Schneider.

Hartmann-Tews, I. & Rulofs, B. (2003). Sport in den Medien – ein Feld semiotischer Markierung von Geschlecht? In I. Hartmann-Tews, P. Gieß-Stüber, M.-L. Klein, C. Kleindienst-Cachay & K. Petry (Hrsg.), *Soziale Konstruktion von Geschlecht im Sport* (S. 29-68). Opladen: Leske + Budrich.

Hartmann-Tews, I., Dahmen, B. & Combrink, C. (2003). Gendering Prozesse in Sportorganisationen – Zur (Re-)Produktion von Geschlechterverhältnissen in Führungsgremien des Sport. In I. Hartmann-Tews, P. Gieß-Stüber, M.-L. Klein, C. Kleindienst-Cachay & K. Petry (Hrsg.), *Soziale Konstruktion von Geschlecht im Sport* (S. 152-187). Opladen: Leske + Budrich.

Hartmann-Tews, I., Gieß-Stüber, P., Klein, M.-L., Kleindienst-Cachay, C. & Petry, K. (2003), *Soziale Konstruktion von Geschlecht im Sport*. Opladen: Leske + Budrich.

Hartmann-Tews, I. & Rulofs, B. (2005). "Goldmädel, Rennmiezen und Turnküken" Revisted – A Comparison of Newspaper Coverage of Sports and Gender Representation in Germany 1979 and 1999. In A. Hofmann & . E. Trangbaek (Eds.), *International Perspectives on Sporting Women in Past and Present* (pp. 307-320). University of Copenhagen: Denmark.

Hax, A.C. & Majluf, N. S. (1991). *Strategisches Management*. Fankfurt [u.a.]: Campus.

Heike, F. (2007). Wie im Wunderland. *Handball Premium Magazin, 12*, 14-19.

Heinemann, K. (1995). *Einführung in die Ökonomie des Sports*. Schorndorf: Hofmann.

Heinemann, K. (1999). Ökonomie des Sports – eine Standortbestimmung. In H.-D. Horch, J. Heydel & A. Sierau (Hrsg.), *Professionalisierung im Sportmanagement* (S. 13-47). Aachen Meyer & Meyer.

Heinemann, K. (2007). *Einführung in die Soziologie des Sports* (5., erw. und überarb. Aufl.). Schorndorf: Hofmann.

Heinemann, K. & Schubert, M. (1992). *Ehrenamtlichkeit und Hauptamtlichkeit in Sportvereinen. Eine empirische Studie zur Professionalisierung am Beispiel eines ABM-Programms*. Schorndorf: Hofmann.

Hennemann, C. (1997). *Organisationales Lernen und die lernende Organisation: Entwicklung eines praxisbezogenen Gestaltungsvorschlages aus ressourcenorientierter Sichtweise*. München [u.a.]: Hampp.

Hermanns, A. (2001). Entwicklungsperspektiven des Sponsorings. In A. Hermanns & F. Riedmüller (Hrsg.), *Management-Handbuch Sport-Marketing* (S. 389-408). München: Vahlen.

Hermanns, A. (2008). Vermarktung und Management von Sponsoringrechten im Sport. In A. Hermanns & F. Riedmüller (Hrsg.), *Management-Handbuch Sport-Marketing* (2. Aufl.) (S. 273-291). München: Vahlen.

Hesse, K. (1968). *Das große Buch vom Sport (Handball: Feldhandball – Hallenhandball)*. Freiburg: Herder.

Hilbert, A. (1998). *Zur Theorie der Korrelationsmaße*. Köln: Eul.

Hilf, M. & Pache, E. (1996). Das Bosman-Urteil des EuGH. Zur Geltung der EG-Grundfreiheiten für den Berufsfußball. *Neue Juristische Wochenschrift, 49* (18), 1169-1177.

Hirsch, F. (1980). *Die sozialen Grenzen des Wachstums: eine ökonomische Analyse der Wachstumskrise*. Reinbek: Rowohlt.

Hohenauer, H. (2006). HC Leipzig – kleiner Klub ganz groß. *SPONSOR^S, 11* (8), 31.

Hohenauer, R. (2007). Handballer legen kräftig zu. *SPONSOR^S, 12* (6), 18-19.

Homburg, C. & Krohmer, H. (2006). *Marketingmanagement. Strategie – Instrumente – Umsetzung-Unternehmensführung*. Wiesbaden: Gabler.

Horch, H.-D., Niessen, C. & Schütte, N. (2003). *Sportmanager in Verbänden und Vereinen*. Köln: Sport & Buch Strauß.

Horrigan, C. (1998). Commercial Opportunities and Marketing Strategies for Women's Athletics. In N. Davies (Ed.), *From a Great Past to an Even Brighter Future. Women's Athletics on the Eve of the New Millennium* (pp. 63-70). Monaco: Multiprint.

Hovemann, G. (2005). Das Problem der Rechtsformwahl im Sport. In C. Breuer & A. Thiel (Hrsg.), *Handbuch Sportmanagement* (S. 228-237). Schorndorf: Hofmann.

Hölscher, T. (2005). Probleme in der Jugend. *Handball Magazin, 8*, 36-37.

Hübl, L. & Swieter, D. (2002). Fußball-Bundesliga: Märkte und Produktbesonderheiten. In L. Hübl, H. H. Peters & D. Swieter (Hrsg.), *Ligasport aus ökonomischer Sicht* (S. 13-72). Aachen: Meyer & Meyer.
Hübl, L., Peters, H. H. & Swieter, D. (Hrsg.). (2002). *Ligasport aus ökonomischer Sicht*. Aachen: Meyer & Meyer.
Kahn, L. M. (1991). Discrimination in Professional Sports: A Survey of the Literature. *International and Labor Relations Review, 14* (3), 395-418.
Kalle, T. O. (2004). Modus – 27 Spiele bis zum Titel. *Handball Magazin. Bundesliga-Special Frauen, 9*, 14.
Kalle, T. O. (2005a). Double-Sieger Nürnberg kriegt finanziell gerade noch die Kurve. Erster Härtetest im Frauen-Handball. *Frankfurter Allgemeine Zeitung, 208*, 33.
Kalle, T. O. (2005b). Die Krux mit den Dreamteams. *Handball Magazin, 5*, 39-40.
Kalle, T. O. (2005c). Triumph wider die Pleite. *Handball Magazin, 5*, 42-43.
Kalle, T. O. (2008a). 18 + 18 = 20. *Handball Premium Magazin, 6*, 68-69.
Kalle, T. O. (2008b). Bob der Baumeister. Retter in Hamburg, Gestalter in Berlin, Trainer aus Leidenschaft: Bob Hanning inspiriert die Liga. *Handball Premium Magazin, 7*, 60-65.
Kalle, T. O. & von Gehren, S. (2007). Die Augen der Sieger. *Handball Premium Magazin, 7*, 20-23.
Kapferer, J. N. (1992). *Strategic brand management*. New York: The Free Press.
Kelle, U. (2007). *Die Integration qualitativer und quantitativer Methoden in der empirischen Sozialforschung*. Wiesbaden: VS.
Keller, K. L. (1993). Conceptualizing, measuring and managing customer-based brand equity. *Journal of Marketing, 57* (1), 1-22.
Keller, C. (2008). *Steuerung von Fußballunternehmen. Finanziellen und sportlichen Erfolg langfristig gestalten. Berlin*: Erich Schmidt.
Kern, M., Haas, O. & Dworak, A. (2002). Finanzierungsmöglichkeiten für die Fußball-Bundesliga und andere Profisportligen. In A. Galli, R. Gömmel, W. Holzhäuser & W. Straub (Hrsg.), *Sportmanagement*. (S. 396-447). München: Vahlen.
Kesenne, S. (1996). League Management of Professional Team Sports with Win Maximizing Clubs. *Europan Journal for Sport Management, 2*, 14-22.
Kesenne, S. (2002). Improving the competitive balance and the salary distribution in professional team sports. In C. P. Barros, M. Ibrahimo, & S. Szymanski (Eds.), *Transatlantic Sport. The Comparative Economics of North American and European Sports* (pp. 95-108). Cheltenham/Northampton: Edward Elgar.
Kieser, A. & Kubicek, H. (1992). *Organisation* (3. Aufl.). Berlin [u.a.]: de Gruyter.
Kietzmann, N. (2008). *Vermarktungschancen der Sportart Handball in den USA*. Saarbrücken: Dr. Müller.
Kipker, I. (2002). *Die ökonomische Strukturierung von Teamsportwettbewerben*. Aachen: Shaker.
Kipker, I. (2003). Determinanten der kurzfristigen TV-Nachfrage in der Formel 1 – Superstar vs. Spannungseffekte und Implikationen für die Wettbewerbspolitik. In H. Dietl (Hrsg.), *Globalisierung des wirtschaftlichen Wettbewerbs im Sport* (S. 85-104). Schorndorf: Hofmann.
Klaffke, T. (2003). *Die geographische Verteilung der Teamstandorte in professionellen Sportligen*. Berlin: Logos.
Klein, M. L. (1990). Wenig Frauen am Ball (I.). *Sportjournalist, 40* (12), 21-23.
Klein, M.-L. (2007). Wirtschaftliche Aspekte des Frauenfußballs in Deutschland. In G. Gdawietz & U. Kraus (Hrsg.), *Die Zukunft des Fußballs ist weiblich. Beiträge zum Mädchen- und Frauenfußball* (S. 52-76). Aachen: Meyer & Meyer.
Klein, M.-L. (2008). Vermarktung der Frauenfußball-Bundesliga in Deutschland – Situationsanalyse und konzeptioneller Ausblick. In & H. Dietl, E. Franck & H. Kempf (Hrsg.), *Fußball – Ökonomie einer Leidenschaft* (S. 39-56). Schorndorf: Hofmann.
Klein, M.-L. & Mintert, S. (2007). Zuschauer/innen im Frauenfußball – Ergebnisse einer Pilotbefragung beim Bundesliga-Club FCR 2001 Duisburg e.V. In I. Hartmann-Tews & B. Dahmen (Hrsg.), *Sportwissenschaftliche Geschlechterforschung im Spannungsfeld von Theorie, Politik und Praxis* (S. 128-138). Hamburg: Czwalina.
Klein, M.-L. & Kurscheidt, M. (2008). Bessere Vermarktung von Sportangeboten in ressourcenschwachen Umfeldern. In A. Hermanns & F. Riedmüller (Hrsg.), *Management-Handbuch Sport-Marketing* (2. Aufl.) (S. 509-526). München: Vahlen.
Klewenhagen, M., Klotz, P., Kroll, C. & Sohns, M. (2002). Mannschaftssport. Absturzgefahr. *SPONSOR^s*, 7 (7), 18-26.
Klotz, P., Sohns, M. & Weilguny, M. (2005). Sportarten mit Potenzial. *SPONSOR^S, 10* (3), 16-18.
Klotz, P. & Weilguny, M. (2007). Online-TV. Sportmedien 2.0. *SPONSOR^S, 12* (6), 10-12.

Koch, P. (1995a). Handball im Nationalsozialismus. Zum Verhältnis einer Sportart zur Politik seit 1993. In J. Meynert (Hrsg.), *Und auch der Handball ist rund ...* (S. 105-130). Bielefeld: Westfalen Verlag.

Koch, P. (1995b). Zurück zu den Anfängen? Der Frauenhandball in der Hochburg Minden-Lübbecke. In J. Meynert (Hrsg.), *Und auch der Handball ist rund ...* (S. 225-288). Bielefeld: Westfalen Verlag.

Kotler, P. & Bliemel, F. (2001). *Marketing-Management. Analyse, Planung und Verwirklichung* (10., überarb. und aktual. Aufl.). Stuttgart: Schäffer-Poeschel.

Köster, U. (2006). Kein Thema an der Newa. *Handball Magazin, 1*, 14.

Köster, U. (2007). Die Aschenputtel. *Handball Magazin, 4*, 36-37.

Köster, U. (2008). Ein fast perfektes Dinner. *Handball Premium Magazin, 1*, 32-37.

Kroemer, U. (2008). Dynamisch statt brutal. *Handball Premium Magazin, 1*, 8.

Kroemer, U. & Schmidts, B. (2008). Pause vorbei! *Handball Premium Magazin, 8*, 32-37.

Kromrey, H. (2006). *Empirische Sozialforschung* (11., überarb. Aufl.). Stuttgart: Lucius & Lucius.

Kruse, J. (2000). Sportveranstaltungen als Fernsehware. In H. M. Schellhaaß (Hrsg.), *Sportveranstaltungen zwischen Liga- und Medieninteresse* (S. 15-39). Schorndorf: Hofmann.

Kruse, J. (2001). Stars als Produkte der Medien. In M. Gaitanides & J. Kruse (Hrsg.), *Stars in Film und Sport* (HFM-Schriftenreihe Bd. 3) (S. 65-81). München: Fischer.

Kruse, J. & Quitzau, J. (2002). Zentralvermarktung der Fernsehrechte an der Fußball-Bundesliga. *Zeitschrift für Betriebswirtschaft, 72* (Ergänzungsheft 4 „Sportökonomie"), 63-82.

Kubat, R. (1998). *Der Markt für Spitzensport: eine theoretischen und empirische Analyse*. Bern [u.a.]: Lang.

Kurscheidt, M. (2004). Stand und Perspektiven ökonomischer Forschung zum Fußball – eine dogmenhistorische Annäherung. In P. Hammann, L. Schmidt & M. Welling (Hrsg.), *Ökonomie des Fußballs* (S. 25-58). Wiesbaden: Dt. Univ.-Verl.

Kurscheidt, M., Klein, M.-L. & Deitersen-Wieber, A. (2003). A Socioeconomic Approach to Sports: Lessons from Fitness and Event Markets. *European Journal of Sport Science, 3* (3), 71-80.

Kurscheidt, M., Klein, M.-L. & Mielke, G. (2009). *Vermarktung von Teamsport in ressourcenschwachen Umfeldern: Eine ökonomische Analyse der Teamsportbranche in Deutschland unter besonderer Berücksichtigung regionaler Märkte*. Projektbericht, Ruhr-Universität Bochum.

Lamprecht, M. & Stamm, H. (2002). *Sport zwischen Kultur, Kult und Kommerz*. Zürich: Seismo.

Lamnek, S. (2002). Qualitative Interviews. In E. König & P. Zedler (Hrsg.), *Qualitative Forschung* (S. 157-193). Weinheim [u.a.]: Beltz.

Lange, R. (2007). Ich will mitreissen. *Handball Premium Magazin, 8*, 38-43.

Lucas, S. (2008). „Provital" statt HSG. Blomberg-Lippe zukünftig mit neuem Namen. *Handballwoche, 54* (Sonderheft 01/08), 43.

Luhmann, N. (1984). *Soziale Systeme*. Frankfurt/Main: Suhrkamp.

Maleri, R. (1997). *Grundlagen der Dienstleistungsproduktion* (4., voll. überab. und erw. Aufl.). Berlin [u.a.]: Springer.

March, J. G. & Olsen, J. P. (Eds.). (1976). *Ambiguity and choice in Organizations*. Universität Bergen.

Marcum, J. P. & Greestein, T. N. (1985). Factors Affecting Attendance in Major League Baseball II: A Within-Season Analysis. *Sociology of Sport Journal, 4*, 314-322.

Marlowe, K. B. (1995). Now playing: Team Handball. *Wall Street Journal, 226* (40), A11.

Mayring, P. (2000). *Qualitative Inhaltsanalyse. Grundlagen und Techniken* (7. Aufl.). Weinheim: Beltz.

Mayring, P. (2001). Kombination und Integration qualitativer und quantitativer Analyse. *Forum Qualitative Social Research, 2* (1), Art. 6. Zugriff am 20. Juni 2009 unter http://qualitative-research.net/fqs-texte/1-01/1-01mayring-d.htm

Mayring, P. (2002). *Einführung in die Qualitative Sozialforschung* (5., überarb. Aufl.). Weinheim: Beltz.

Mayring, P. (2007). Mixing qualitative and quantitative methods. In P. Mayring, G. L. Huber, L. Gürtler & M. Kiegelmann (Hrsg.), *Mixed methodology in psychological research* (pp. 27-36). Rotterdam: Sense.

McDonald, M. G. (2000). The Marketing of the Women's National Basketball Association and the Making of Postfeminism. *International Review for the Sociology of Sport, 35* (1), 35-47.

Messing, M. & Lames, M. (Hrsg.). (1996). *Empirische Untersuchungen zur Sozialfigur des Sportzuschauers*. Niedernhausen: Schors.

Meuser, D. & Nagel, U. (2005). ExpertInneninterviews – vielfach erprobt, wenig bedacht. In A. Bogner (Hrsg.), *Das Experteninterview. Theorie, Methode, Anwendung* (S. 71-93). Wiesbaden: VS.
Meynert, J. (Hrsg.). (1995). *Und auch der Handball ist rund ...* . Bielefeld: Westfalen Verlag.
Millermann, G. (1962). *Deutsche Handball-Geschichte*. Unveröffentlichtes Manuskript, Mannheim.
Mohr, S. & Bohl, M. (2002). Markenbildung als Kernelement der Wettbewerbsstrategie von Sportverbänden. In G. Trosien & M. Dinkel (Hrsg.), *Sport und neue Märkte* (S. 96-106). Butzbach-Griedel: Afra.
Monz, C. (2005). Lützellinden vor dem Ende. *Handball Magazin, 7*, 36.
Müller, C. (1999). Fußball-Klubs als Kapitalgesellschaften – institutionen-ökonomisch betrachtet. In H. Horch, J. Heydel, & A. Sierau (Hrsg.), *Professionalisierung im Sportmanagement* (S. 122-140). Aachen: Meyer und Meyer.
Müller, M. (2007). Das Geschlecht des Fußballs – „Zur Polarisierung der Geschlechtercharaktere". *Sport und Gesellschaft, 4* (2), 113-141.
Nagel, S. (2008). Sind Sportvereine steuerbar? Zur Begrenztheit der Rationalität bei Entscheidungsprozessen in Sportvereinen. In S. Braun & S. Hansen (Hrsg.), *Steuerung im organisierten Sport* (S. 149-166). Hamburg: Czwalina.
Neale, W. C. (1964). The Peculiar Economics of Professional Sports: A Contribution of the Theory of the Firm in Sporting Competition and in Market Competition. *Quarterly Journal of Economics, 78* (1), 1-14.
Noble, K. & Luthcke, J. (2000). Handball. *Time South Pacific, 37*, 104.
Nolden, O. (2007a). Und plötzlich war da Handball. *Handball Magazin 2*, 46-47.
Noll, R. G. (Ed.). (1974). *Government and the Sport Business*. Washington: Brookings.
Nufer, G. & Bühler, A. (Hrsg.). (2008). *Management und Marketing im Sport*. Berlin: Erich Schmidt.
Oediger, F. (2008a). Werbemittelanalyse im Handball. *SPONSOR^S*, 13 (6), 26-27.
Oediger, F. (2008b). Der Kampf um Reichweite. *SPONSOR^S*, 13 (9), 16-20.
Oediger, F. (2008c). „Lernen, wie Verlage ticken. Interview mit Pit Gottschalk, Chefredakteur „SPORT BILD". *SPONSOR^S*, 13 (9), 22.
o.V. (1925). Beibehaltung des Frauenhandballs. *Handball, 29*, 227.
Papendick, D. (2009). *Positionierung des Frauenhandballs in den Medien*. Diplomarbeit, Ruhr-Universität Bochum.
Parensen, A. (2004). Der Fußballmarkt in Deutschland und seine Bearbeitung durch Agenturen. In P. Hammann, L. Schmidt, & M. Welling (Hrsg.), *Ökonomie des Fußballs* (S. 307-329). Wiesbaden: Dt. Univ.-Verl.
Parkhouse, B. L. (2001). *The Management of Sport*. Boston: Mc Graw Hill.
Parlasca, S. (1993). *Kartelle im Profisport: Die wettbewerbspolitische Problematik der Mannschaftssportligen Major League Baseball, National Football League und Fußball-Bundesliga*. Ludwigsburg, Berlin: Verlag Wissenschaft und Praxis.
Pazen, B. (2005). Weltklasse und voll des Lobes. *Handball Magazin, 7*, 30-33.
Pazen, B. (2006). Die Saat geht endlich auf. *Handball Magazin, 1*, 16.
Pazen, B. (2007). Aufschwung in eine ungewisse Zukunft. *Handball Magazin, 1*, 56.
Penrose, E. T. (1959). *The Theory of the growth of the Firm* (3. Aufl.). Oxford [u.a.]: Blackwell.
Peymani, B. (2008). Abseits des großen Kicks. *Horizont Sport Business, 1*, 45-49.
Pfeffer, J. & Salancik, G. R. (1978). *The External Control of Organizations: A Resource Dependence Perspective*. New York: Harper.
Pfister, G. (Hrsg.). (1980). *Frau und Sport. Frühe Texte*. Frankfurt: ohne Verlag.
Pfister, G. (1986). Weiblichkeitsmythen, Frauenrolle und Frauensport. In S. Schenk (Hrsg.). *Frauen – Bewegung – Sport* (S. 53-76). Hamburg: VSA.
Pfister, G. (1991). Die Frau in der Arbeitersportbewegung. In Frisch heran – Brüder! Hört ihr das Klingen. Die Alltagsgeschichte des Berliner Arbeitersportvereins Fichte. Die Lebenserinnerungen von Walter Giese. *NISH*, 30-43.
Pfister, G. (2002). Versportlichung und Gendering. Wurf- und Fangspiele im Wandel. *Sportpädagogik, 6*, 40-43.
Pilz, G. A. (1982). *Wandlungen der Gewalt im Sport*. Ahrensburg: Czwalina.
Pommer, J. & Kaiser, D. (2008). Vermarktung von Sportligen – Das Beispiel Deutsche Basketball Bundesliga. In A. Hermanns & F. Riedmüller (Hrsg.), *Management-Handbuch Sport-Marketing* (2., überarb. Aufl.) (S. 509-526). München: Vahlen.
Porter, M. E. (1993). *Nationale Wettbewerbsvorteile: erfolgreich konkurrieren auf dem Weltmarkt*. Wien: Ueberreuter.

Porter, M. E. (1999a). *Wettbewerbsstrategie: Methoden zur Analyse von Branchen und Konkurrenten* (10. Aufl.). Frankfurt/Main: Campus.
Porter, M. E. (1999b). *Wettbewerb und Strategie*. Müchen: Econ.
Porter, M. E. (2000). *Wettbewerbsvorteile*. Frankfurt/Main [u.a.]: Campus.
Quirk, J. & Fort, R. (1992). *Pay Dirt: The Business of Professional Team Sports*. Princeton: Univ. Press.
Quitzau, J. (2002). *Die Vergabe der Fernsehrechte an der Fußball-Bundesliga*. Frankfurt: Peter Lang.
Rieckhoff, W. (1943). *Historische Untersuchungen über die Vorläufer und Anfänge des deutschen Handballspiels*. Dissertation: Universität Hamburg.
Rieder, H. & Hofmann, J. (1997). Der Handballsport im Nachwuchsbereich und seine Entwicklung. *Leistungssport, 27* (5), 30-37.
Riedl, L. (2006). *Spitzensport und Publikum. Überlegungen zu einer Theorie der Publikumsbindung*. Schorndorf: Hofmann.
Riedl, L. & Cachay, K. (2001). Das Bosmann-Urteil und die Folgen für die Nachwuchsförderung im Spitzensport. In H. Digel (Hrsg.), *Spitzensport. Chancen und Probleme* (S. 212-230). Schorndorf: Hofmann.
Riedl, L. & Cachay, K. (2002). *Bosmann-Urteil und Nachwuchsförderung: Auswirkungen der Veränderung von Ausländerklauseln und Transferregelungen auf die Sportspiele*. Schorndorf: Hofmann.
Riedmüller, F. (2001). Zur Vermarktung von Sportveranstaltungen. In A. Hermanns & F. Riedmüller, (Hrsg.), *Management-Handbuch Sportmarketing* (S. 265-284). München: Vahlen.
Riedmüller, F. (2003). *Dienstleistungsqualität bei professionellen Sportveranstaltungen: Entwicklung und Überprüfung eines Erklärungsmodells*. Frankfurt/Main [u.a.]: Lang.
Rohlmann, P. (1998). *Sportmarketing und Merchandising. Grundlagen erfolgreicher Fanartikelvermarktung mit einer empirischen Studie aus dem Profifußball*. Rheine: PR-Marketing.
Rohlmann, P. (2001). Merchandising – Quo vadis? Zukünftiger Stellenwert des Sport-Merchandising. In A. Hermanns & F. Riedmüller (Hrsg.), *Management-Handbuch Sportmarketing* (S. 423-439). München: Vahlen.
Rohlmann, P. (2002). Sportmerchandising. In A. Galli, R. Gömmel, W. Holzhäuser & W. Straub (Hrsg.), *Sportmanagement* (S. 373-393). München: Vahlen.
Rohlmann, P. (2005). Bedeutung, Erfolgsfaktoren und Potenziale von Sportmerchandising. In G. Schewe, & P. Rohlmann (Hrsg.), *Sportmarketing. Perspektiven und Herausforderungen vor dem Hintergrund der Fußball-WM 2006* (S. 85-109). Schorndorf. Hofmann.
Rottenberg, S. (1956). The Baseball Players´ Labor Market. *Journal of Political Economy, 64*, 242-258.
Roy, P. (2004). *Die Zuschauernachfrage im professionellen Teamsport: eine ökonomische Untersuchung am Beispiel der deutschen Fußball-Bundesliga*. Aachen: Shaker.
Rulofs, B. & Hartmann-Tews, I. (2006). Zur sozialen Konstruktion von Geschlecht in der medialen Vermittlung von Sport. In I. Hartmann-Tews & B. Rulofs (Hrsg.), *Handbuch Sport und Geschlecht* (S. 230-242). Schorndorf: Hofmann.
Satterlee, T. (2001). Making Soccer a `Kick in the grass`: The Media's Role in Promoting a Marginal Sport, 1975-1977. *International Review for the Sociology of Sport, 36* (3), 305-317.
Schaffrath, M. (1996). *Sport on air: Studie zur Sportberichterstattung öffentlich-rechtlicher und privater Radiosender in Deutschland*. Berlin: Vistas.
Schaffrath, M. (Hrsg). (1999). *Die Zukunft der Bundesliga. Management und Marketing im Profifußball*. Göttingen: Die Werkstatt.
Schädlich, G. (1971). Handball. In E. Beyer (Hrsg.), *Reclams Sportführer* (S. 455-462). Stuttgart: Reclam.
Schelenz, C. (1928). Das Handballspiel. In C. Diem, H. Sippel & F. Breitshaupt (Hrsg.), *Stadion – Das Buch von Sport und Turnen, Gymnastik und Spiel* (S. 172-181). Berlin: Neufeld & Henius.
Schellhaaß, H. M. (2002). Neuer Sport in neuer Ökonomie? In G. Trosien & M. Dinkel (Hrsg.), *Sport und neue Märkte* (S. 27-50). Butzbach-Griedel: Afra.
Schellhaaß, H. M. (2004). Sport als Teil des öffentlich-rechtlichen Programmauftrages. In M.-P. Büch, W. Maennig & H.-J. Schulke (Hrsg.), *Sport im Fernsehen – zwischen gesellschaftlichem Anliegen und ökonomischen Interessen* (S. 83-95). Köln: Sport & Buch Strauß.
Schellhaaß, H. M. (2005). Die zentrale Vermarktung von Sportübertragungsrechten aus sportökonomischer Sicht. In M.-P. Büch & H. M. Schellhaaß (Hrsg.), *Ökonomik von Sportligen* (S. 183-198). Schorndorf: Hofmann.

Schellhaaß, H. M. & Enderle, G. (1999). *Wirtschaftliche Organisation von Sportligen in der Bundesrepublik Deutschland*. Köln: Sport & Buch Strauß.

Schellhaaß, H. M. & Enderle, G. (2000). *Wirtschaftliche Organisation von Sportligen in der Bundesrepublik Deutschland* (2. Aufl.). Köln: Sport & Buch Strauß.

Schellhaaß, H. M. & Hafkemeyer, L. (2002). *Wie kommt der Sport ins Fernsehen? Eine wettbewerbspolitische Analyse*. Köln: Sport & Buch Strauß.

Schellhaaß, H. M. & Büch, M. P. (2005). Sportspiel aus sportökonomischer Sicht. In A. Hohmann, M. Kolb, & K. Roth (Hrsg.), *Handbuch Sportspiel* (S. 176-188). Schorndorf: Hofmann.

Schilhaneck, M. (2006). *Markenmanagement im professionellen Teamsport*. Arbeitspapier, Universität Bayreuth.

Schimank, U. (2001). Die gesellschaftliche Entbehrlichkeit des Spitzensports und das Dopingproblem. In H. Digel (Hrsg.), *Spitzensport – Chancen und Probleme* (S. 12-25). Schorndorf: Hofmann.

Schmidt, I. (2005). *Wettbewerbspolitik und Kartellrecht* (8., neu berab. Aufl.). Stuttgart: Lucius & Lucius.

Schnitzler, E. (2007). Finanzloch von 300.000 Euro. *Handballwoche, 53* (36), 29.

Schubert, M. (2005). Sport-Marketing – einige Überlegungen zu den konstitutiven Grundlagen eines neuen Forschungs- und Aufgabenfeldes. In C. Breuer & A. Thiel (Hrsg.), *Handbuch Sportmanagement* (S. 239-257). Schorndorf: Hofmann.

Schwarz, E. C. & Hunter, J. D. (2008). *Advanced Theory and Practice in Sport Marketing*. Amsterdam [u.a.]: Butterworth Heinemann

Schwier, J. & Schauerte, T. (2007a). Helden, Stars und Vorbilder im Feld des Mediensports. In T. Schauerte & J. Schwier (Hrsg.), *Vorbilder im Sport* (S. 139-160). Köln: Strauß.

Schwier, J. & Schauerte, T. (2007b). Nutzung von Sportangeboten in den Medien. In T. Schierl (Hrsg.), *Handbuch Medien, Kommunikation und Sport* (S. 200-211). Schorndorf: Hofmann.

Scully, G. W. (1974). Pay and Performance in Major League Baseball. *American Economic Review, 64*, 6.

Scully, G. W. (1989). *The Business of Major League Baseball*. Chicago: University of Chicago Press.

Shank, M. D. (2002). *Sports Marketing: A Strategic Perspective* (2., Edition). Upper Saddle River: Prentice Hall.

Shaw, S. & Hoeber, L. (2003). "A Strong man is direct and a direct woman is a bitch": Gendered discourses and their influence on employment roles in sport organizations. *Journal of Sport Management, 17* (4), 317-329.

Sigloch, J. (2003). Rechenschaft im gemeinnützigen Sportverein – Grundfragen der Rechnungslegung und Besteuerung. In J. Sigloch & C. Kimmer (Hrsg.), *Rechnungslegung und Besteuerung im Sport* (S. 1-17). Wiesbaden: Dt. Univ.-Verl.

Sinning, S. (2005). *Trainerinnen im Frauenfußball*. Schorndorf: Hofmann.

Sinning, S. (2006). Aufbruchstimmung im Mädchen- und Frauenfußball! – Welche Wirkungen zeigt die aktuelle Erfolgsbilanz? In P. Gieß-Stüber & G. Sobiech (Hrsg.), *Gleichheit und Differenz in Bewegung. Entwicklungen und Perspektiven für die Geschlechterforschung in der Sportwissenschaft* (S. 130-139). Hamburg: Czwalina.

Southall, R. M. & Nagel, S. (2007). Marketing professional soccer in the United States: the success and failures of MLS and WUSA. In M. Desbordes & S. Chadwick (Eds.), *Marketing & Football. An International Perspective* (pp. 366-394). Oxford: Butterworth-Heinemann.

Steinmann, H. & Schreyögg, G. (2000). *Management. Grundlagen der Unternehmensführung. Konzepte – Funktionen – Beispiele* (5., überarb. Aufl.). Wiesbaden: Gabler.

Swieter, D. (2002). *Eine ökonomische Analyse der Fußball-Bundesliga*. Berlin: Duncker & Humblot.

Teichmann, K. (2007). *Strategie und Erfolg von Fußballunternehmen*. Wiesbaden: Dt. Univ.-Verlag.

Thibault, L., Slack, T & Hinings, B. (1994). Strategic Planning for Nonprofit Sport Organizations: Empirical Verification of a Framework. *Journal of Sport Management, 8* (3), 218-233.

Thiel, A. (1997). *Steuerung im organisierten Sport: Ansätze und Perspektiven*. Stuttgart: Nagelschmid.

Thiel, A. (2002). *Konflikte in Sportspielmannschaften des Spitzensports: Entstehung und Management*. Schorndorf: Hofmann.

Thiel, A. & Meier, H. (2004) . Überleben durch Abwehr – Zur Lernfähigkeit des Sportvereins. *Sport und Gesellschaft* 1, (2), 103-124.

Thiel, A., Meier, H. & Cachay, K. (2006). *Hauptberuflichkeit im Sportverein*. Schorndorf: Hofmann.

Thiel, A. & Mayer, J. (2008). Besonderheiten des Managements von Sportvereinen. In S. Braun & S. Hansen (Hrsg.), *Steuerung im organisierten Sport* (S. 130-148). Hamburg: Czwalina.

Trosien, G. (Hrsg.). (2000). *Die Sportbranche. Wachstum – Wettbewerb – Wirtschaftlichkeit* (2., überarb. Aufl.). Frankfurt/Main [u.a.]: Campus.

Trosien, G. (2003). Sport in der wirtschaftlichen Entwicklung: Eine Hinführung. In G. Trosien & M. Dinkel (Hrsg.), *Grenzen des Sportkonsums* (S. 10-26). Butzbach-Griedel: Afra.

Trosien, G. (2004). Die Sportvermarktung und ihr Einfluss auf den Sport. In T. Schauterte & J. Schwier (Hrsg.), *Die Ökonomie des Sports in den Medien* (S. 197-219). Köln: Herbert von Halem.

Uhrich, S. & Königstorfer, J. (2007). Atmosphäre bei Sportveranstaltungen – Ein umweltpsychologisches Rahmenkonzept. In M.-L. Klein & M. Kurscheidt (Hrsg.), *Neue Perspektiven ökonomischer Sportforschung* (S. 139-157). Schorndorf: Hofmann.

Urban, D. & Mayerl, J. (2006). *Regressionsanalyse: Theorie, Technik und Anwendung* (2., überab. Aufl.). Wiesbaden: VS.

Voigt, U. (1986). Frauen und Sportverein. In G. A. Pilz (Hrsg.), *Sport und Verein* (S. 104-113). Hamburg: Rohwolt.

Von der Lippe, G. (1994). Handball, gender and sportification of body-cultures: 1900-1940. *International Review for the Sociology of Sport, 29* (2), 211-221.

Von der Lippe, G. (1998). Ball Games Among Women in Norway. *North American Society for Sport History* (Proceedings and Newsletter), 77.

Von der Lippe, G. (2002). Media Image: Sport, Gender and National Identities in Five European Countries. *International Review for the Sociology of Sport, 37* (3-4), 371-395.

Wadsack, R. (2004). Management von Profiligen Situation und Perspektive in Deutschland. In A. Krüger & A. Dreyer (Hrsg.), *Sportmanagement* (S. 290-299). München: Oldenbourg.

Wadsack, R. (2008). Mitglieder- und Kundenorientierte Organisation von Vereinen und Verbänden. In A. Hermanns & F. Riedmüller (Hrsg.), *Management-Handbuch Sport-Marketing* (2. Aufl.) (S. 131-146). München: Vahlen.

Wagner, H. (1972). *Handball '72. Handbuch des deutschen und internationalen Handballsports (1917-1972)*. Nürnberg: Duckhaus Nürnberg.

Weichert, W. (Hrsg.). (1978). *Handball: Unterrichtsmaterialien zur Sportlehrerausbildung für den schulischen und außerschulischen Bereich* (Texte zur Theorie der Sportarten Bd. 1). Schorndorf: Hofmann.

Welge, M. K. & Al-Laham, A. (2008). *Strategisches Management* (5., vollst. überarb. Aufl.). Wiesbaden: Gabler.

Welling, M. (2004a). Die Fußball- Vereinsmarke – Konzeptionelle Grundlagen und ausgewählte Besonderheiten der Markenführung von Fußballvereinen. In P. Hammann, P. Schmidt & M. Welling (Hrsg.), *Ökonomie des Fußballs* (S. 391-418). Wiesbaden: Dt. Univ.-Verlag.

Welling, M. (2004b). Absatzmarktbezogene Business-to-Business Geschäftsbeziehungen von Fußballclubs. In M. Bieling, M. Eschweiler & J. Hardenacke (Hrsg.), *Business-to-Business- Marketing im Profifußball* (S. 25-50). Wiesbaden: Dt. Univ.-Verlag.

Welling, M. (2004c). Grundlagen der Absatz- und Produktionsprozesse bei Produkten der Teamsportindustrie – dargestellt am Beispiel des Gutes Fußballspiel. In P. Hammann, L. Schmidt & M. Welling (Hrsg.), *Ökonomie des Fußballs* (S. 269-306). Wiesbaden: Dt. Univ.-Verl.

Welling, M. (2005). Markenführung im professionellen Ligasport. In H. Meffert, Burmann, C. & M. Koers (Hrsg.), *Markenmanagement. Identitätsorientierte Markenführung und praktische Umsetzung* (S. 495-522) (2., vollständ. überarb. und erw. Aufl.). Wiesbaden: Gabler.

Welling, M. (2006). *Ökonomik der Marke. Ein Beitrag zum Theoreinpluralismus in der Marktforschung*. Wiesbaden: Dt. Univ.-Verl.

Wernecken, J. (2000). *Wir und die anderen ... Nationale Stereotype im Kontext des Mediensports*. Berlin: Vistas.

Werners, B. & Wülfing, T. (2007). Optimierung von Spielplänen am Beispiel der Fußball-Bundesliga-Saison 2006/07. *Zeitschrift für Planung und Unternehmenssteuerung, 18* (2), 207-221.

Wesp, G. (1998). *Frisch, fromm, fröhlich Frau. Frauen und Sport zur Zeit der Weimarer Republik*. Königstein: Helmer.

Wessel, M. (2004). *Imageanalyse der Sportart Handball – unter Berücksichtigung der Möglichkeiten des Imagetransfers durch Sponsoring im Handball*. Diplomarbeit, Ruhr-Universität Bochum.

Wiegels, C. (1975). Gescheitert – trotzdem geht es aufwärts. *Deutsche Handballwoche, 22* (11), 223.

Willke, H. (2005). Organisationales Lernen: Die Intelligente Organisation. In C. Breuer & A. Thiel (Hrsg.), *Handbuch Sportmanagement* (S. 114-130). Schorndorf: Hofmann.

Willke, H. (2008). Zur Steuerungsproblematik von Organisationen. In S. Braun & S. Hansen (Hrsg.), *Steuerung im organisierten Sport* (S. 112-148). Hamburg: Czwalina.

Wolf, A. (2005). *Vermarktungsstrukturen und Vermarktungssituation in der 1. Frauenhandball-Bundesliga.* Diplomarbeit, Ruhr-Universität Bochum.

Woratschek, H. (1998). Sportdienstleistungen aus ökonomischer Sicht. *Sportwissenschaft, 28* (3-4), 344-357.

Woratschek, H. (2002). Theoretische Elemente einer ökonomischen Betrachtung von Sportdienstleistungen. *Zeitschrift für Betriebswirtschaft, Ergänzungsheft 4 Sportökonomie*, 1-22.

Woratschek, H. (2004). Kooperenz im Sportmanagement – eine Konsequenz der Wertschöpfungslogik von Sportwettbewerben und Ligen. In K. Zieschang, H. Woratschek & K. Beier (Hrsg.), *Kooperenz im Sportmanagement* (S. 9-29). Schorndorf: Hofmann.

Woratschek, H. & Beier, K. (2001). Sportmarketing. In D. K. Tscheulin & B. Helmig (Hrsg.), *Branchenspezifisches Marketing* (S. 205-235). Wiesbaden: Gabler.

Wunderlich, E. (2006). *Handball. Die Welt eines faszinierenden Sports.* München: Copress.

Zieschang, K., Woratschek, H. & Beier, K. (Hrsg.). (2004). *Kooperenz im Sportmanagement.* Schorndorf: Hofmann.

Zimbalist, A. (1997). Gender Equity and the Economics of College Sports. *Advances in the Economics of Sport, 2,* 203-223.

Zimbalist, A. (1999). *Unpaid Professionals. Commercialism and Conflict in Big-Time College Sports.* Princeton: University Press.

Zimbalist, A. S. & Szymanski, S. (2005). *National Pastime: How Americans Play Baseball and the Rest of the World Plays Soccer.* Washington: Brookings.

Internetquellen

DHB (Stand 2005). *Satzung.* Zugriff am 21. September 2006 unter http://www.deutscherhandballbund.de/content/pdf/satzungen2006/A_DHB_Satzung_01102005.pdf

DHB (Stand 2006). Grundlagenvertrag Bundesligen (Frauen). Zugriff am 21. März 2007 unter http://www. suedwesthandball.de/BL-Grundlagenvertrag-Frauen.pdf

DHB (Stand 2006). Grundlagenvertrag Bundesligen (Männer). Zugriff am 21. März 2007 unter http://www. suedwesthandball.de/BL-Grundlagenvertrag-Maenner.pdf

DHB (2006a). *DHB-Spielabzeichen.* Zugriff am 13. Juli 2008 unter http://www.dhb.de/fileadmin/redakteure/0403_dhb_jugend/Spielabzeicheninfo.pdf

DHB (2006b). Anforderungsprofile DHB-Spielabzeichen. Zugriff am 13. Juli 2008 unter http://www.dhb.de/fileadmin/redakteure/0403_dhb_jugend/Spielabzeichen%20in%20Bronze%2C%20Silber%2C%20Gold2.pdf

DHB (2006c). *DHB Logo.* Zugriff am 21. März 2006 unter http://www.dhb.de/

DHB (2006d). *Meilensteine.* Zugriff am 30. Juli 2006 unter http://www.deutscherhandballbund.de/frame. php?c=d_meilensteine&u1=dhb_intern&u2=d_meilensteine

DHB (2007a). *Hannibal-Medaille.* Zugriff am 11. Juli 2008 unter http://www.dhb.de/fileadmin/redakteure/0403_dhb_jugend/Hanniball_Medaille.pdf

DHB (2007b). *Leitfaden Kooperation Schule-Handballverein. DHB-Impulskampagne 2007.* Zugriff am 14. Juli 2008 unter http://www.dhb.de/index.php?eID=tx_cms_showpic&file=uploads%2Fpics%2Fposter.jpg&width=800m&height=600m&bodyTag=%3Cbody%20style%3D%22margin%3A0%3B%20background%3A%23fff%3B%22%3E&wrap=%3Ca%20href%3D%22javascript%3Aclose%28%29%3B%22%3E%20%7C%20%3C%2Fa%3E&md5=8b3fd63c32a8a8cb7e83f98152721a7c

DHB (2007c, 26. März). *Spielen mit Hand&Ball DHB-Schulaktionspreis 2007.* Zugriff am 21. Mai 2007 unter http://www.deutscherhandballbund.de/content/pdf/jugend/wm_07_schulbrosch_flyer.pdf

DHB (2007d). *Die sportliche Bilanz.* Zugriff am 26. Juli 2008 unter http://www.dhb.de/index.php?id=5

DHB (2008a). *Mädchen-Handballcamp.* Zugriff am 11. Juli 2008 unter http://www.dhb.de/fileadmin/redakteure/0403_dhb_jugend/Maedchencamp_BadWild-ausschr2008.pdf

DHB (2008b, 1. Mai). *Sportinternate und Stützpunkte.* Zugriff am 21. Mai 2008 unter http://www.dhb.de/fileadmin/redakteure/0403_dhb_jugend/Sportgymnasien_Stuetzpunktschulen.pdf

DHB (2008c, 20. Juli). *6.500 Zuschauer erleben in der Porsche-Arena 27:24 Erfolg gegen Schweden.* Zugriff am 23. Juli 2008 unter http://www.dhb.de/index.php?id=107&tx_ttnews[tt_news]=601&tx _ttnews[backPid]=20&cHash=0d04f8ce56

DHB (2008d, 19. Juli). *Remis gegen Schweden/Clara Woltering wieder ein starker Rückhalt.* Zugriff am 23. Juli 2008 unter http://www.dhb.de/index.php?id=391&tx_ttnews [pointer]=2&tx_ttnews[tt_news] =597&tx_ttnews[backPid]=20&cHash=7418dcfefb
DHB (2008e, 5. Dezember). *Mehr als eine Million Zuschauer: DSF vermeldet Spitzenwerte.* Zugriff am 20. Dezember 2008 unter http://www.dhb.de/index.php?id=486&tx_ttnews[pointer]=15&tx_ttnews [tt_news]=821&tx_ttnews[backPid] =20&cHash=5d84841ec8
DOSB (2007, 22. November). *Bestandserhebung 2007.* Zugriff am 02. Januar 2008 unter http://www.dosb.de/fileadmin/fm-dosb/downloads/2007_DOSB_Bestandserhebung.pdf
DOSB (2008, 17. Dezember). *Bestandserhebung 2008.* Zugriff am 21. Januar 2009 unter http://www.dosb.de/fileadmin/fm-dosb/downloads/bestandserhebung/2008_2_Bestandserhebung.pdf
EHF (2006a, 14. November). *European Cup 2007/08 Men.* Zugriff am 02. Juni 2008 unter http://home.eurohandball.cm/ehf_files/ehf_news/sr_ranking-nations/Placedistrbution07_08_men.pdf
EHF (2006b, 22. November). *European Cup 2007/08 Women.* Zugriff am 02. Juni 2008 unter http://home.eurohandball.cm/ehf_files/ehf_news/sr_ranking-nations/Placedistrbution07_08_women. pdf
HBVF (Stand 2006). *Durchführungsbestimmungen für die Handballbundesliga Frauen 2006/07* Zugriff am 21. März 2007 unter http://www.hbvf.de/download/df_bl.pdf
HBL (Stand 2006). *Durchführungsbestimmungen für die Handball-Bundesliga Männer 2006/07.* Zugriff am 21. März 2007 unter http://www.toyota-handball-bundesliga,de/pics/medien/1_1152690393/ Durchfuehrungsbestimmungen_2006-2007.pdf
HBL (2008). *HBL_Zahlen_Daten_Fakten.* Zugriff am 01. Januar 2009 unter http://www.toyota-handball-bundesliga.de/pics/medien/1_1215691641/HBL_-_Zahlen,_Daten,_Fakten_250608. pdf
Horizont Sport Business Monthly (1/2008, 15. Januar). *Schwerpunkt Handball.* Zugriff am 21. Mai 2008 unter http://www.sportbusiness.horizont.net/news/doc/8808.pdf
Naber, C. (2007, 02. März). Nach repräsentativer Umfrage gewann der Handball durch die WM über zehn Millionen neue Anhänger. Zugriff am 20. Juni 2007 unter http://www.sport-news.de/sportnachrichten_ print/96/
Nolden, O. (2007c, 4. Juli). Der TV-Vertrag ab der Saison 2006. Zugriff am 30. Juli 2008 unter http://www. handballimfernsehen.de/detailansicht.php?id=878
Nürnberger Zeitung (NZ-online). (2009, 28. Januar). Noch immer fehlt es Clubfrauen an Geld. Zugriff am 11. Februar 2009 unter http://www.nz-online.de/artikel.asp?art=958814&kat=32&man=4
Prognos (2007). *Prognos Zukunftsatlas 2007 – Deutschlands Regionen im Zukunftswettbewerb.* Zugriff am 21. September 2008 unter http://www.prognos.com/fileadmin/pdf/Atlanten/Zukunftsatlas_07/Pro-gnos_Zukunftsatlas_2007_Auf_einen_Blick.pdf
Schultz Jørgensen, S. (2005). The World's Best Advertising Agency: The Sports Press. *Mandagmorgen, 37*, 1-7. Zugriff am 20. August 2007 unter http://www.playthegame.org/upload/sport_press_survey_ english.pdf
WUSA (2008, 16. September). *Business Report.* Zugriff am 21. Januar 2009 unter http://www.wusa.com/2008numbers_080916.html

Sonstige verwendete Dokumente

Zeitschriften zum Handball

Deutsche Handballwoche (1970-1993). Fachzeitschrift für den Handballsport mit amtlichen Mitteilungen des Deutschen Handball-Bundes. Köln: Deutscher Sportverlag.
Handball (1925). Amtliches Reichsorgan des Nationalsozialistischen Reichsbundes für Leibesübungen.
Handball aktuell (1989-1990). Amtliches Organ des Deutschen Handball-Bundes. Bergkamen.
Handballwoche (1993-2008). Neumünster.
Handball Magazin (2004-2007). Facts, News, Service. Münster : Philippka.
Handball Magazin Spezial (2004-2008). Bundesliga Frauen. Münster: Philippka.
Handball Premium Magazin (2007-2008). Facts, News, Service. Münster: Philippka.
World Handball Magazin 01/2006, 58-61.

Marktstudien zum Handball

Sport + Markt (2007a) *Handball*. Sport + Markt AG Köln.
Sport + Markt (2007b). *Frauenfußball 2007*. Sport + Markt AG Köln.
Sportfive (2007). *Handball Champions League – be part of the passion*. Hamburg: Sportfive GmbH & Co. KG.

Statistische Jahrbücher und Chroniken zum Handball

Deutscher Sportverlag (Hrsg.). (2002). *25 Jahre Handball-Bundesliga*. Köln: Deutscher Sportverlag.
DHB (Hrsg.). (1972). *Handball'72. Handbuch des deutschen und internationalen Handballsports (1971-1972)*. Dortmund: Deutscher Handball-Bund.
DHB (Hrsg.). (1986). *Amtliches Jahrbuch des Deutschen Handball-Bundes 1986*. München: Bartels & Wernitz.
DHB (Hrsg.). (1987). *Amtliches Jahrbuch des Deutschen Handball-Bundes 1987*. München: Bartels & Wernitz.
DHB (Hrsg.). (1988). *Amtliches Jahrbuch des Deutschen Handball-Bundes 1988/89*. München: Bartels & Wernitz.
DHB (Hrsg.). (1989). *Amtliches Jahrbuch des Deutschen Handball-Bundes 1989/90*. München: Bartels & Wernitz.
DHB (Hrsg.). (1990). *Amtliches Jahrbuch des Deutschen Handball-Bundes 1990/91*. München: Bartels & Wernitz.
DHB (Hrsg.). (1991). *Amtliches Jahrbuch des Deutschen Handball-Bundes 1992*. Dortmund: Deutscher Handball-Bund.
DHB (Hrsg.). (1996). *Amtliches Jahrbuch des Deutschen Handball-Bundes 1996/97*. Dortmund: Deutscher Handball-Bund.
DHB (2005). *Internationale Hallenhandballregeln*. Dortmund: Deutscher Handballbund.
Grandjean, P. (1960). *Westdeutsche Handballchronik*. Düsseldorf: Westdeutscher Handballverband.
IHAF (1937). *Jahrbuch der Internationalen Amateur-Handball-Federation: mit Satzungen und Spielregeln für Feld-Handball und Hallen-Handball*. Berlin: Limpert.
o.V. (1990). *Handball: die offiziellen Regeln. Wissenswertes von A-Z*. Niedernhausen/Ts.: Falken.
o.V. (1999). *Handball: Das Jahrbuch*. Berlin: Deutscher Sportverlag.

SPRINGER NATURE

GPSR Compliance

The European Union's (EU) General Product Safety Regulation (GPSR) is a set of rules that requires consumer products to be safe and our obligations to ensure this.

If you have any concerns about our products, you can contact us on ProductSafety@springernature.com

In case Publisher is established outside the EU, the EU authorized representative is:

Springer Nature Customer Service Center GmbH
Europaplatz 3
69115 Heidelberg, Germany

Kolibri 360 GmbH
Ferdinand-Jühlke-Straße 7
99095 Erfurt, Deutschland
produktsicherheit@kolibri360.de